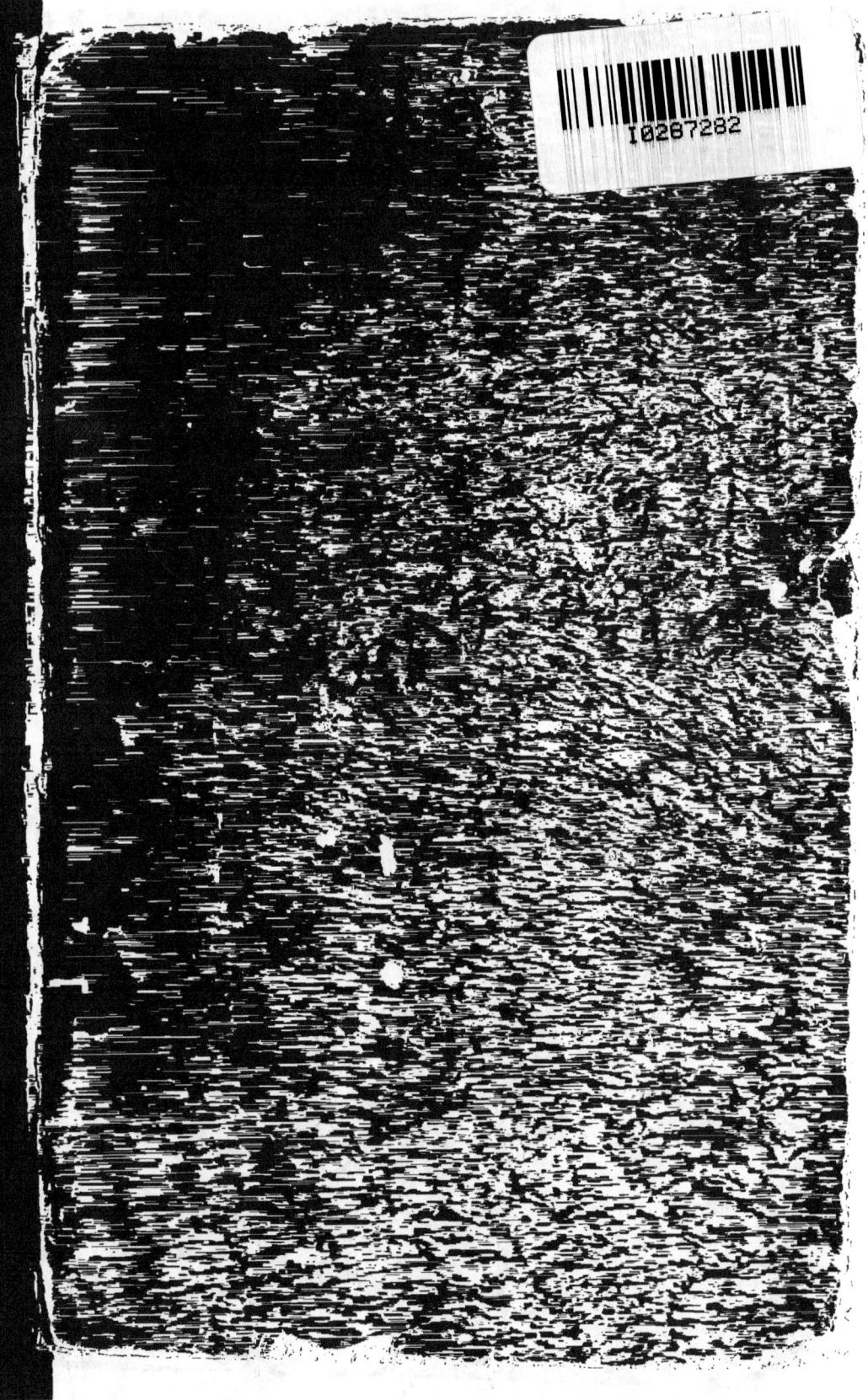

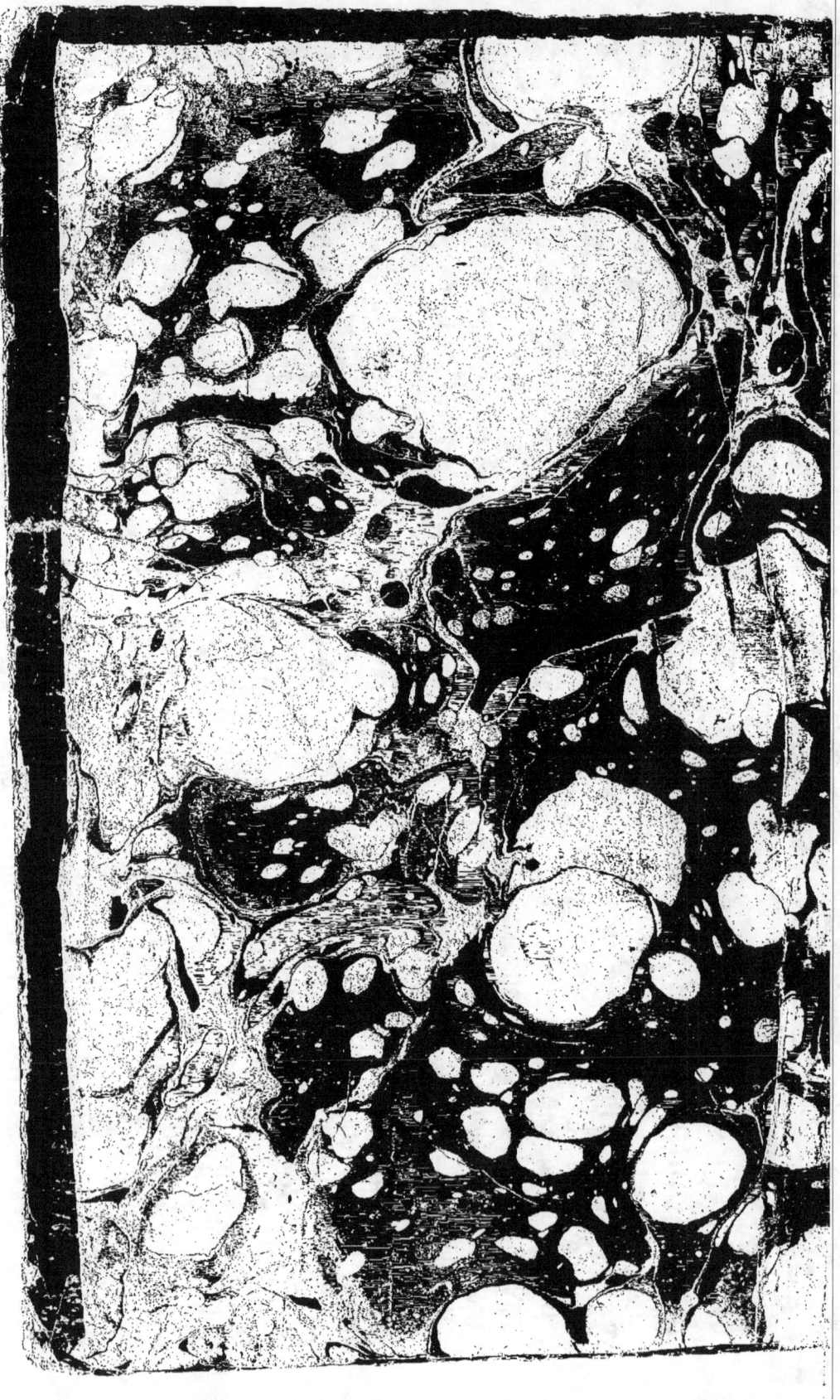

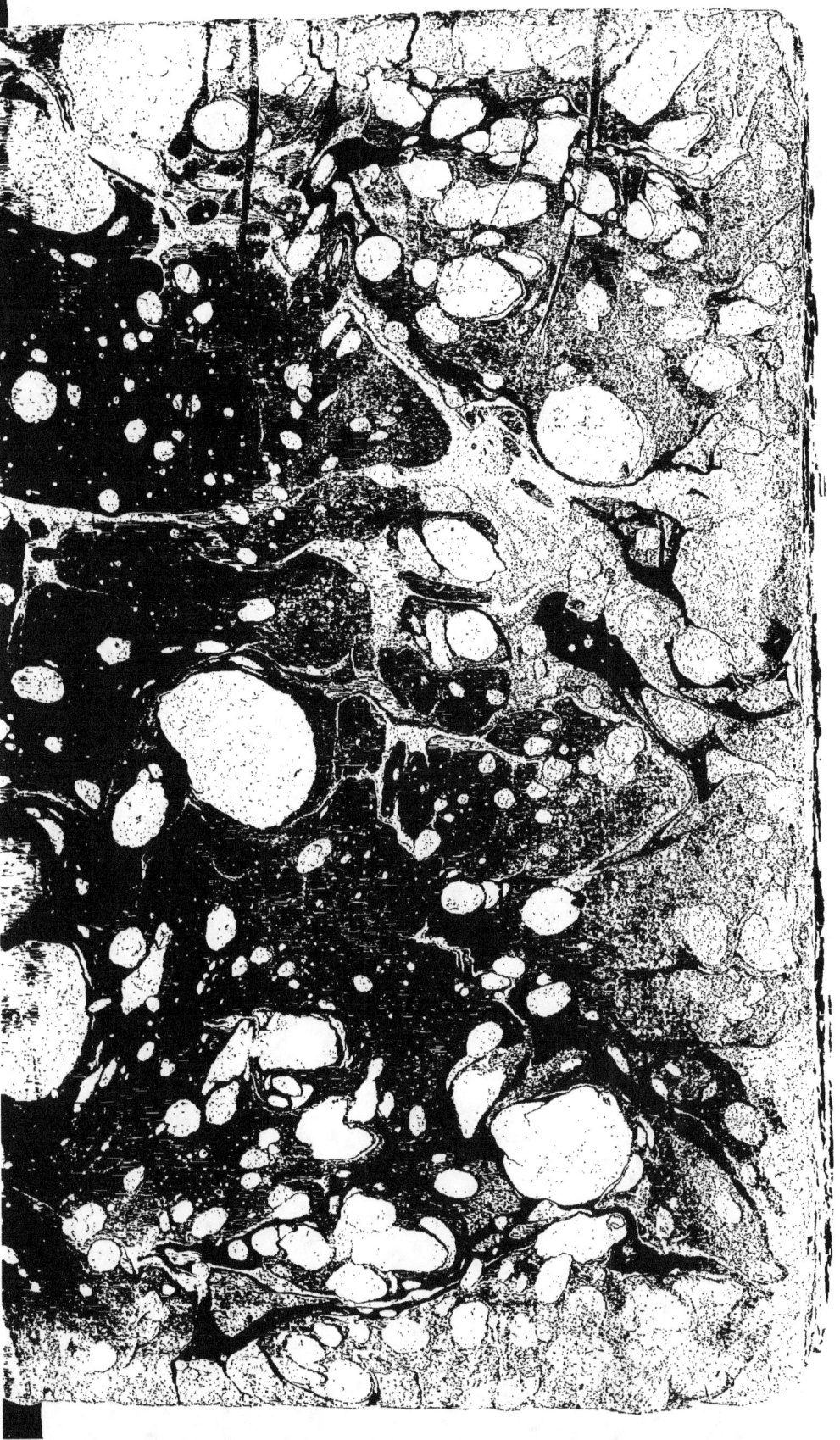

ESSAIS
SUR L'ARCHITECTURE
DES CHINOIS,
SUR
LEURS JARDINS,
LEURS PRINCIPES DE MÉDECINE,
ET
LEURS MŒURS ET USAGES;
AVEC DES NOTES.
DEUX PARTIES.

~~~~~~

PREMIÈRE PARTIE.
DE L'ARCHITECTURE ET DES JARDINS
DES CHINOIS.

~~~~~~

A PARIS,
DE L'IMPRIMERIE DE CLOUSIER,
RUE DE SORBONNE, N°. 390.

~~~~~~

AN XI. M. DCCCIII.

AVERTISSEMENT.

On donne dans ce volume, divisé en deux Parties, après des intentions contraires, et par déférence aux encouragements réitérés de quelques amis, pour lesquels seuls est destiné le petit nombre d'exemplaires qu'on en a fait tirer, quatre Essais différents, ou petits Traités, renfermant chacun un tout : l'un sur l'Architecture des Chinois, l'autre sur leurs Jardins, un troisième sur les Principes de Médecine adoptés par cette nation, et le quatrième sur ses Mœurs et Usages.

Ils font partie d'une Collection générale, que l'on a commencée avant 1780, sur les Principes religieux, moraux, physiques et politiques de cet Empire, et aussi sur les Sciences et Arts qui y fleurissent depuis quelques milliers d'années ; ce qui embrassoit avec l'Histoire naturelle, telle qu'on a pu s'en procurer des documents par les ouvrages les plus estimés qui ont paru dans les deux siècles précédents, une série d'objets importants et très-variés, pouvant faire trois volumes in-4°. Ils ont nécessité un grand nombre d'Extraits de Livres françois et étran-

AVERTISSEMENT.

gers, et de lectures dont le Rédacteur s'est fait un paisible amusement, en se proposant néanmoins de leur donner son Cabinet pour tombeau, à moins que l'Homme-de-Lettres qui en est maintenant le dépositaire et le propriétaire, n'en juge autrement ; le choix du tout et des parties séparées étant laissé entièrement à l'habileté de sa plume exercée et bien connue du public.

On n'a indiqué dans le texte de ces quatre Essais que par des lettres initiales, quelques-uns des Amis amateurs des Arts et pleins de complaisance, qui ont bien voulu épurer le style dénué de prétentions. Si ces Essais ont quelque succès, il sera dû à leurs observations et révisions. Qu'ils me permettent ici de leur offrir le tribut de ma juste et sincère reconnoissance.

Les Notes trop longues relatives au texte, sont renvoyées à la fin de chaque Essai.

TABLE

TABLE
DES
CHAPITRES ET ARTICLES.

PREMIÈRE PARTIE.
DE L'ARCHITECTURE DES CHINOIS.

	Pages
INTRODUCTION et Idées générales sur l'Architecture des Chinois et sur les Lois somptuaires....................	1
CHAPITRE I. Des Matériaux employés dans les Bâtiments, etc............	7
ARTICLE I. Des Matériaux, Bois, Briques, etc.	ibid.
ARTICLE II. Des Colonnes.................	12
ARTICLE III. Des doubles Toits et des Tuiles vernissées........................	14
ARTICLE IV. Des Echafauds...............	18
ARTICLE V. Des Entrelas de Maçonnerie......	19
ARTICLE VI. Des Galeries.................	20
ARTICLE VII. Des Fenêtres, des Portes d'appartements, des Ferrures et des Fourneaux.....	21
CHAPITRE II. Des Temples et Pagodes : Description de la Pagode de Chanteloup.....................	26
ARTICLE I. Des Temples, etc................	ibid.
ARTICLE II. De la Pagode de Chanteloup.....	33
CHAPITRE III. Des Palais, des Maisons	

a iij

vj Table des Chapitres et Articles.

Pages.

des Grands, des riches Particuliers et de celles de la ville de Maïtmat-skin.. 57
Maisons de Maimat-skin...................... ibid.
Chapitre IV. *Des Léou, des Tours, etc.* 60
Article I. Des Léou, ou Bâtiments à plusieurs étages................................. ibid.
Article II. Des Tours...................... 62
Article III. Des Arcs de Triomphes......... 68
Chapitre V. *Des Ponts, Chaussées, etc.* 71
Article I. Des Ponts, des Chaussées et Canaux. ibid.
Article II. De la grande Muraille........... 78
Chapitre VI. *Mesures et Poids chinois.* 86
Notes sur l'Architecture des Chinois......... 93

DES JARDINS CHINOIS.

Introduction........................ 97
Chapitre I. *Idées des Chinois sur les Jardins*........................ 106
Chapitre II. *Formes de leurs Jardins, et distribution des Eaux*........... 110
Chapitre III. *Règles dans le Tracé des Jardins, et Point central des Vues*... 123
Chapitre IV. *Ornements qu'ils y admettent*........................ 132
Chapitre V. *Précis Historique des anciens Jardins des Empereurs, et de ceux de la Dynastie régnante*...... 140
Article I. Jardins d'*Yuen-ming-Yuen*........ ibid.

TABLE DES CHAPITRES ET ARTICLES.

Pages.

ARTICLE II. Des Maisons de plaisance des Empereurs, et de celles situées à *Yuen-ming-Yuen*. 158

ARTICLE III. Explication des XX Planches des Palais Européens d'*Yuen-ming-Yuen*........ 170

*Descriptiption de six Peintures de quelques Maisons de plaisance de Kien-Long, dans le parc d'*Yuen-ming-Yuen. 190

ARTICLE IV. Détails sur la Décoration intérieure des Palais de l'Empereur, etc............ 209

DESCRIPTION d'une autre Maison de plaisance à *Yang-tchéou*............................ 216

CHAPITRE VI. *Des Serres chinoises et de leurs formes, etc*.................. 221

CHAPITRE VII. *Récapitulation sur le goût, la beauté et les avantages des Jardins chinois, et mention du Lac* Si-hou... 229

NOTES sur les Jardins Chinois............... 233

FIN de la Table de la première Partie.

SECONDE PARTIE.
ESSAIS SUR LA MÉDECINE DES CHINOIS.

	Pages
Avant-Propos	247
Dissertation et Théorie générale sur la Médecine et la Diététique des Chinois.	258
Extrait d'un Mémoire sur la préparation des Viandes	272
Médecine, Ière Partie	282
Secret du Pouls	283
Observations sur les prédictions des crises par le pouls	292
De la petite Vérole	296
Des maladies des yeux et de la Nyctalopie	305
Notice du Livre Si-Yuen, sur les divers signes de mort violente	312
Notice du Cong-fou des Bonzes Tao-tsée.	316
Médecine, IIème Partie	319
Introduction	ibid.
Règne végétal	326
Règne minéral et animal	335
De l'Herbier chinois	338
Recueil de Remèdes	343
Des Ou-poey-tse	346
Tablettes médicinales	348

TABLE DES CHAPITRES ET ARTICLES. ix
Pages.
Du Ngo-kiao, *ou Colle de peau d'âne.* 349
Du sang de Serf.................... 352
Notes sur la Médecine des Chinois......... 356

MOEURS ET USAGES DES CHINOIS.

Introduction........................	373
Allumettes.........................	376
Bains..............................	377
Batons d'odeurs, espèce de Bougies.........	378
Bougies, Chandelles et Mèches.............	379
Bourses............................	381
Bracelets...........................	382
Briquets...........................	384
Brouettes, Chaises-à-Porteurs, etc. *Voy.* Portefaix..........................	385
Chapelets et Colliers..................	*ibid.*
Chars et Chariots.....................	387
Charbon de terre.....................	389
Chaussures et petitesse des pieds...........	390
Cloches et Tambours..................	395
Comédiens.........................	398
Cris de Pékin. *Voyez* Description, *à la fin du volume*............................	402
Cuirasse Tartare et Casaque..............	*ibid.*
Danseurs de corde et Bateleurs............	405
Dépêches. *Voyez* Postes................	409
Deuil..............................	*ibid.*
Distinctions des rangs, et Récompenses honorifiques.............................	414
Écoles.............................	419

	Pages.
Ecrans....................................	419
Education................................	420
Eventails.................................	421
Famine...................................	425
Femmes..................................	ibid.
Festins, Repas et Visites................	431
Fêtes, Réjouissances publiques et Fêtes données par l'Empereur................	435
Cérémonies de l'ouverture des Terres.......	438
Fête célébrée dans le mois de Novembre......	440
Fêtes à certaines époques..................	441
Grands *Yen-Yen*.......................	443
Filles (Jeunes).......s..................	449
Foires....................................	451
Guérites.................................	ibid.
Jeune....................................	452
Jeux.....................................	ibid.
Livre qui contient l'état annuel de la Chine....	457
Loupes...................................	458
Mandarins...............................	ibid.
Mariages et Noces......................	461
Marionnettes............................	469
Miao-tsée *et Explication de XI Peintures*................................	471
Miroirs de métal.........................	478
Modes...................................	481
Noblesse.................................	ibid.
Odeurs et Parfums......................	483
Peste.....................................	486
Des Plumails et du *Jou-y*...............	489
Pompe funèbre..........................	492

TABLE DES CHAPITRES ET ARTICLES.   xj
                                              Pages
PORTEFAIX, Brouettes, Chaises de voyage et
   Chaises-à-porteurs 495
POSTES et Dépêches........................ 500
PRÉSENS (usage des)...................... 505
PRISONS..............2.................... 508
SALLE où l'on prend le Thé................ 512
SÉPULTURES, et Cérémonies avant et après les
   Obsèques.............................. ibid.
DESCRIPTIONS de III Peintures relatives aux objets
   précédents 517
SPECTACLES............................... 523
SUPERSTITION, Horoscope et Astrologie judiciaire. 525
TABAC.................................... 533
TIRER au Blanc.......................... 534
TROMPETTES.............................. ibid.
TRÔNE de l'Empereur..................... 535
VOLEURS, Filoux et Mendiants............ 536
VOYAGEURS............................... 539

Usages anciens et modernes (quelques). ibid.
NOTES sur les Mœurs et Usages des Chinois.. 544
*Description d'un Recueil de 50 Peintures
   des Cris de Pékin*.................. 553
Description d'un autre Recueil de Peintures....................... 561
*État de la Collection de mes Recueils,
   peints ou gravés, sur la Chine*...... 564

FIN de la Table de la seconde Partie.

xij

DE L'ARCHITECTURE

DE L'ARCHITECTURE

DES

CHINOIS,

EN GÉNÉRAL ET EN PARTICULIER ; avec quelques descriptions d'Édifices publics remarquables, et principalement celle des Palais de l'Empereur à Pékin, suivies d'éclaircissements sur les Hôtels des Grands et sur les Maisons particulières.

INTRODUCTION et Idées générales sur l'Architecture des Chinois et ses Lois somptuaires.

L'ARCHITECTURE des Chinois porte le caractère de la plus haute antiquité : on y remarque, comme dans les anciens monuments, de l'Égypte (*a*), la forme pyramidale, le goût des colonnes et leurs usages, pour servir de points d'appui ; mais l'art n'a point acquis dans la Chine la perfection qu'on admire chez les Grecs et les Romains. Le climat très-chaud des Chinois, et surtout leur sol souvent ébranlé par de violents tremblements de terre, particulièrement dans la partie du Nord, où est depuis long-temps la résidence de l'Empereur et le siége de l'Empire, ont exigé d'autres principes et d'autres lois de l'Architecture.

L'objet unique du Gouvernement est de perpétuer l'Empire et de ne point le laisser s'écarter de l'exemple de ses ancêtres. Tous les rangs sont marqués, des lois somptuaires en maintiennent l'ordre : l'habitation doit toujours répondre à la dignité des personnes. Il ne peut régner de magnificence que dans les palais de l'Empereur et des Princes, ou dans les ouvrages publics : c'est-là que se déploie le génie de l'Architecte chinois. S'il ne s'élève pas à la perfection que nous connoissons, il a dans ses proportions, dans sa symétrie, dans la variété et le choix de ses ornements, dans toute son ordonnance, des beautés de détail, quelquefois même des hardiesses et toujours une grandeur qui étonne, grandeur qui est la première beauté de l'Architecture. Ce qui mérite notre attention encore, c'est une grande simplicité et une grande diversité de moyens. Dans les points essentiels les Chinois sont peut-être aujourd'hui nos maîtres.

Pour connoître leur Architecture et leurs

différents ouvrages, il faut considérer, à la suite de leurs idées générales sur l'art, les matériaux qu'ils emploient, leurs pagodes ou leurs temples, leurs palais, leurs tours, leurs arcs de triomphes, les maisons pour les Grands et pour les différentes classes du peuple ; la matière, la forme et l'usage de leurs colonnes, les diverses parties de leurs édifices ; leurs ponts, leurs chaussées et leurs canaux. Nous terminerons ces détails par un précis sur la grande muraille qui ferme la Chine du côté du Nord, ouvrage le plus grand et le plus étonnant qui ait jamais été exécuté par les mains des hommes.

Nous aurions dû joindre aux descriptions des palais et des maisons de plaisance impériales, celle des jardins, partie fort essentielle, liée intimement à l'Architecture chinoise : si malgré cette correspondance, nous en avons fait deux petits Traités, c'est pour mieux faire connoître chacun, et pour montrer jusqu'à quel point les Chinois savent ménager la nature et l'art, et user habilement de toutes les ressources de l'Architecture pour l'embellissement de leurs jardins. Tous les deux contribuent, dans leur ensemble, à la connoissance des maisons de plaisance de l'Empereur, dans les jardins duquel se trouvent réunis le goût et la magnificence du plus riche empire de l'Orient et de l'Univers.

La Chine distingue, comme nous, l'Architecture publique et civile ; celle des temples surtout, et l'Architecture navale et hydraulique. Nous destinons ce petit Traité à l'Architecture publique seule.

Les temples, les palais, les ponts et les digues déposent en faveur des Chinois par leur solidité, leur noblesse et leur grandeur.

Les murailles des villes ont l'épaisseur, la hauteur et la majesté de celle des Anciens (b). Celles de Pékin surtout et ses portes, par exemple, sont dignes d'une ville impériale. La beauté des portes consiste dans leur prodigieuse élévation, qui de loin font un grand effet. Leurs voûtes sont de marbre et le reste est bâti en briques fort épaisses, solidement maçonnées. Les murs de la ville répondent à la grandeur des portes : ils sont si élevés qu'ils dérobent la vue de tous les bâtiments, et si larges qu'on y monte la garde à cheval. La paix dont cette nation jouit, en fait plutôt un embellissement qu'une défense. Que lui serviroit, dit M. Cibot, la profonde théorie des Cohorn et des Vauban contre des barbares qui l'environnent ?

« Ses lois de police concernant les bâtiments,

pour prévenir les abus des richesses et maintenir les rangs, ont fixé toutes les mesures et les proportions convenables aux diverses espèces de palais, hôtels et maisons : elles prescrivent aussi dans le plus grand détail comment doit être le *fou*, ou palais d'un Prince du premier, du second ou du troisième ordre, d'un Comte de la famille Impériale, d'un Grand de l'Empire, d'un premier Président de quelque grand Tribunal, d'un Mandarin, d'un Lettré : et ces lois vont jusqu'à régler ce qui concerne les édifices publics des Capitales et des autres villes, selon leur rang, et relativement aux maisons des particuliers, non seulement pour la façade qui donne sur la rue, mais même pour l'intérieur des cours éloignées. La loi ne défend pas à un homme en place ce qu'on peut appeler dépenses de bien-être, de commodité et de plaisir, quand elles sont enfermées dans sa maison; mais s'il est accusé de luxe, il faut qu'il prouve deux choses : la première, que l'argent qu'il a dépensé, étoit un argent bien acquis, ce qui dit beaucoup dans un examen légal; la seconde, qu'aucun de ses parents n'étoit dans le besoin (1) ».

Nous ne sommes pas encore parvenus, malgré

---

(1) Le P. le Comte. — Hist. univers. *in*-4°. XX. 13. — Mém. des Miss. François de Pékin, tome II, 499.

nos grandes perfections acquises avant et depuis 1789, à cette sagesse de Gouvernement; mais le temps est un grand maître.

Un Artiste Anglois, Chambers, qui a écrit sur l'Architecture des Chinois, dit dans sa Préface (1) : « Si je trouve chez eux de la grandeur et de la sagesse, c'est comparativement avec les peuples qui les environnent. On ne sauroit cependant disconvenir que notre attention ne soit due à cette race d'hommes distincte et singulière qui, demeurant dans un pays que sa situation et sa politique ont séparés de toutes les nations policées, a su, sans le secours de l'exemple, former ses mœurs et inventer ses arts ». Cet éloge modeste s'agrandira de lui-même par les faits.

---

(1) Architect. des Chinois. *Londres*, 1757, in-fol. fig.

CHAPITRE PREMIER.

Des Matériaux employés dans les Bâtiments, et des différentes parties qui contribuent à la solidité, à la facilité de leurs constructions, ainsi qu'à élever les édifices, à les clorre et à les orner tant en dehors qu'en dedans.

Article I. *Des Matériaux, Bois, Briques, Pierres, Marbre,* etc.

Les matériaux dont on se sert pour bâtir sont les bois et les briques; ils sont en grande abondance dans l'Empire. On emploie la tuile pour couvrir les bâtiments; le mortier propre à la construction est fait de chaux et de sable : on fait aussi usage d'un ciment de chaux et tuileau, comme mortier plus solide.

On bâtit peu en pierres à la Chine, et on y éprouve la disette de pierre tendre, mais si cette disette la prive de la solidité apparente de nos maisons, les siennes ne suffisent pas moins aux besoins, à la commodité, à l'agrément de la vie : par leur construction en bois, elles résistent aux plus forts ébranlements, ce que les autres ne feroient pas (1). On y trouve

---

(1) Dans tous les pays les constructions en bois résistent plus aux tremblements de terre que les édifices en pierres.

en revanche la brique et partout de la terre propre à en faire de très-bonne. Les montagnes et les îles voisines des côtes, ainsi que la Tartarie, sont la ressource générale de l'Empire pour les bois de charpente ; et quoiqu'on bâtisse presque partout en bois, à cause des tremblements de terre, cette ressource seroit très-suffisante, sans la grande consommation qui s'en fait pour les barques dont les grandes rivières sont couvertes. La rareté du bois de charpente en quelques endroits, n'a d'autre mauvais effet que de rapetisser les maisons des pauvres et de rendre la construction de celles des riches plus dispendieuses (1).

Les briques, selon Chambers, sont ou simplement séchées au soleil, ou cuites au four. Les murs des maisons ont communément dix-huit pouces d'épaisseur. Les briques sont environ de la grandeur des nôtres, et voici comme on les met en œuvre. Les ouvriers placent sur la fondation trois ou quatre couches entièrement solides : ils disposent ensuite leurs briques alternativement en long et en large des deux faces de mur, de manière que celles qui sont en travers se rencontrent et occupent toute l'épaisseur, au lieu qu'il reste un vide entre celles qui sont placées en long : sur cette couche ils en mettent une seconde, où toutes les briques sont en long ; les joints des briques qui sont en travers dans la première, sont dans celle-ci couverts

---

(1) Mém. des Miss. Franç. de Pékin, tom. IV, in-4°. 323 et suiv.

De l'Architecture des Chinois.

d'une brique entière. L'ouvrage se continue ainsi alternativement de bas en haut, et par ce moyen on économise le temps, et on diminue beaucoup les frais du travail et le poids du mur même.

Les Lettres édifiantes, *Recueil* 33, indiquent la composition et la fabrique d'une espèce de briques fort chères qui s'emploient pour le pavé des appartements de l'Empereur. On les appelle *kint-chouen* ou briques de métal, parce qu'après avoir été travaillées, elles sonnent comme si elles étoient de cuivre : elles ont deux pieds quarrés et se font dans les provinces méridionales. L'espèce de sable qu'on y emploie se prépare de la même manière que l'émeri fin qu'on veut faire servir à polir des ouvrages de métal, c'est-à-dire, qu'ayant délayé ce sable avec de l'eau dans quelque vase, après qu'on a laissé reposer cette eau pour qu'elle y dépose les particules les plus grossières, on la verse dans d'autres vases où on la laisse reposer encore assez long-temps, afin que les particules les plus fines dont elle est imprégnée, gagnent le fond. C'est de ce dépôt qu'est formée cette espèce de briques : son grain est si fin, qu'on en cherche les fragments pour aiguiser les rasoirs et pour polir divers ouvrages de métal. Chacune de ces briques revient à 40 onces d'argent, ce qui fait cent écus de notre monnoie de France : il y a vingt ans qu'elles coûtoient 375 livres. Lors de la pose, on unit ensemble ces briques avec une espèce de mastic composé de vernis ;

et après la pose on les enduit d'un vernis qui rend leur superficie brillante et si dure, qu'en marchant dessus elles ne s'usent pas plus que le feroit un pavé de marbre.

Les briques dont on se sert pour les grands édifices, sont ordinairement travaillées très-proprement au-dehors, et quelquefois ornées de différents dessins en sculpture.

Quoiqu'il y ait à douze ou quinze lieues de *Pékin* de très-beau marbre blanc, et qu'on en tire des masses énormes pour les sépultures, on ne s'en sert pas, selon le P. Duhalde, pour la bâtisse des maisons. On les emploie pour les degrés qui montent aux salles du palais ; on évite avec grand soin les masses trop lourdes dans la construction des bâtiments ordinaires, qui ne sont qu'en bois : on se contente de creuser en terre les fondements jusqu'à deux pieds, et l'on réserve la solidité pour les grands édifices qui l'exigent.

Les Sages de cette nation ont pensé que tout ce qui est difficile à entreprendre, dispendieux dans l'exécution, et qui intéresse l'utilité commune, doit être bâti avec une solidité qui résiste, s'il se peut, à la durée des siècles ; mais que les édifices de décoration dont le Gouvernement est chargé, ne doivent avoir de solidité qu'autant qu'il en faut pour qu'ils durent quelques générations.

« Ce n'est pas la crainte de la dépense, observe M. Cibot, qui a empêché de bâtir en marbre ou en pierre, puisque l'Empereur *King-Tsong*, de la Dynastie des *Tang*, qui monta sur le trône en 825, dépensa huit cent mille onces d'argent à faire traîner une seule poutre du fond de l'Empire. Ce n'est pas non plus la difficulté de transporter des colonnes et de gros blocs de marbre, puisque les jardins de l'Empereur ont été semés de rochers énormes, leurs palais bâtis sur des assises immenses de blocs d'albâtre, et que les marches des escaliers étoient de marbre blanc, toujours d'une seule pièce, quelques larges et quelques longues qu'elles fussent. Ce n'est pas la disette de pierres et de marbre, puisque toutes les provinces en ont en abondance, et que les rues de quelques villes sont pavées en marbre de toutes couleurs, parce qu'on l'a plus à la main que la pierre. Ce n'est pas enfin la difficulté de tailler la pierre, puisqu'on l'emploie dans tant d'ouvrages publics et que tout est en pierres dans plusieurs sépultures, même les battants des grandes et petites portes. La dureté du marbre n'est pas un obstacle pour les Chinois, ils savent le travailler et le polir, puisqu'il est hors de doute qu'ils ont la science de travailler et de polir la pierre d'*Yu* qui résiste bien davantage, et qu'ils en font de petits meubles, etc. » (1). Mais si l'on ne bâtit ni en pierre ni en marbre, ce n'est pas seulement à cause des tremblements de terre, c'est encore et principalement parce que dans les provinces du midi, la chaleur et

---

(1) Mém. des Miss. de Pékin, II, 529.

l'humidité du climat rendroient les appartemens fort malsains, et que par le froid du nord, ils deviendroient absolument inhabitables pendant plus de la moitié de l'année.

Article II. *Des Colonnes.*

Les colonnes sont au moins aussi communes dans les édifices des Chinois que dans ceux des Européens. Elles servent à soutenir le toit et deviennent en cela partie essentielle des bâtimens : ordinairement elles sont de bois avec des bases de pierre ou de marbre; il ne s'y trouve point de chapiteaux, mais à leur place le haut du fût est traversé par les poutres. Leur hauteur est de huit ou douze diamètres; la diminution s'y fait graduellement de bas en haut, et le bas du fût se termine en ove, faisant l'effet contraire du congé des colonnes antiques. Cette même particularité se trouve dans les Antiquités de l'Égypte publiées par le Capitaine Norden et récemment dans le voyage de M. Denon. Les bases montrent une grande diversité de profils; il n'y en a point de fort beaux, mais les plus réguliers que Chambers ait vus, sont les six (c) dont il a donné les dessins dans la Planche XII de son ouvrage (1).

Souvent les poutres et les colonnes, selon le même Auteur, sont faites de bois précieux, et quelquefois elles sont enrichies de représen-

---

(1) Chambers, édifices des Chinois. *Londres*, 1757, grand in-fol. p. 12.

tations de monstres et de feuillages en marqueterie d'ivoire, de cuivre et de nacre de perles ; mais ordinairement étant de bois communs, on les enduit à plusieurs couches du beau vernis que les Chinois savent préparer.

On n'appuie donc pas les poutres ni les toits sur les murs. Les quatre ordres d'Architecture admis en Europe peuvent n'être pas inconnus à la Chine, mais ce peuple s'est fait des principes et des règles qui y suppléent.

La hauteur des colonnes est proportionnée à celle de l'édifice : leur emploi pour soutenir le poids du toit paroît le meilleur dans un pays ou l'on ne bâtit que des rez-de-chaussée, à cause des tremblements de terre qui ont fait tant de dégat dans Pékin. Les colonnes en général ne résistent pas toujours, mais leur emploi est une méthode sûre, lorsqu'on ajoute les précautions qu'on prend pour les palais de l'Empereur et pour les hôtels des Grands, précautions qui ont conservé, depuis plus de trois cent cinquante ans, la grande salle à neuf rangs de colonnes de la sépulture de *Yong-lo*, malgré les tremblements de terre horribles que le *Pe-tche-li* a essuyés. On pense bien que l'Architecture n'a pas de ressources contre des balancements et des vacillations interrompues tout-à-coup par des trémoussements redoublés et des soubresauts subits qui font tout écrouler (1).

---

(1) Mém. des Miss. de Pékin, tome II, *in*-4°. 518 et suiv.

La manière chinoise de bâtir nécessite par conséquent un emploi bien plus fréquent des colonnes qu'en Europe ; elles servent chez eux également à la décoration extérieure.

M. Grosier dit, que l'Architecture chinoise n'est point livrée à une routine aveugle, qu'elle a ses principes et ses règles ; que dès qu'une colonne a deux pieds de diamètre à sa base, il faut qu'elle en ait quatorze de hauteur, et que d'après l'une ou l'autre de ces mesures, on peut déterminer celles de toutes les parties du bâtiment (1).

Ce principe admis, on ne croit pas moins être dans le cas d'observer qu'une colonne qui a deux pieds de diamètre à sa base sur quatorze de hauteur, doit paroître courte, et il est aisé d'en juger par l'élégance et le svelte de notre colonne Corinthienne qui a dix fois en hauteur le diamètre de sa base, tandis que la colonne chinoise n'a que sept diamètres, proportion du Toscan et du plus ancien Dorique.

Article III. *Des doubles Toits et des Tuiles vernissées.*

Les doubles toits admis dans l'Architecture chinoise sont construits sur des plans bien différents des nôtres : ils présentent un coup-d'œil charmant et sont posés sur les colonnes des bâtimens. Les vents du nord et les pluies d'été

---

(1) Supplément à l'Hist. gén. de la Chine, *in*-4°.

sont tels que ces toits ont dû nécessairement être faits autrement qu'en Europe.

On ne peut juger des doubles toits, selon que le disent les Missionnaires de Pékin, que par des peintures exactes, telles que celles qui ont été envoyées en France à un Ministre amateur et protecteur des Arts (M. Bertin) : par ces peintures soignées (que nous avons vues) on pourra connoître leur forme, leur goût et leurs différents plans ; encore ne donneront-elles jamais une idée vraie de la majesté que les doubles toits ajoutent à un grand bâtiment, de l'éclat dont ils relèvent l'Architecture nationale, et surtout de l'effet qu'ils produisent dans l'ensemble de toutes les parties d'un palais. La différence de leur hauteur, la variété de leurs ornements, la diversité et le mélange de leurs couleurs, ne peuvent être compris que par les yeux. On dira peut-être que tout cela est réservé pour les temples de l'Empire et pour les grands palais de l'Empereur ; mais c'est applaudir à la politique économique des Chinois, et ce n'est pas faire un reproche à leur Architecture.

En Europe les toits en terrasses, ou à l'Italienne, et les toits en mansardes ont été préférés par le public, malgré leurs inconvénients. Les toits doubles tels qu'on en voit dans les palais de l'Empereur, où il y en a de plusieurs espèces, s'ils étoient employés par un habile Architecte, fourniroient, au moyen de leurs tuiles vernissées, un nouvel éclat aux maisons royales et en feroient un ornement superbe.

Ici le temple appelé *Tien-tan*, est d'une magnificence que rien ne peut égaler chez l'Empereur (1).

Dans les villes presque toutes les maisons sont couvertes de tuiles : ces tuiles sont en demi-canal et fort épaisses : on les couche sur la partie convexe ; et pour couvrir les joints dans les endroits où les côtés se touchent, on en met de nouvelles, mais renversées. Les chevrons et les pannes sont rondes ou quarrées : sur les chevrons on couche des briques minces et de la forme de nos grands carreaux, ou de petites planches de bois sur lesquelles on étend un enduit de mortier. Quand ce mortier est un peu sec, on couche les tuiles : ceux qui peuvent en faire la dépense, lient les tuiles avec de la chaux ; les gens du commun se servent de mortier (2).

Chambers confirme ces procédés, et les éclaircit en disant que les tuiles sont plates et sémi-cylindriques, que les dernières se mettent sur les joints des premières. La manière dont elles sont tenues, est représentée dans la Planche XII de son ouvrage sur les Chinois. Le peuple, ajoute-t-il, laisse comme les Goths, toujours en vue la charpente du plancher.

Dans les beaux édifices les bouts des poutres qui passent en saillie sous les doubles toits,

---

(1) Mém. des Miss. de Pékin, II, 525.
(2) Duhalde, II, 84.

De l'Architecture des Chinois.

sont sculptés en tête de dragons et d'autres animaux, d'autres fois en feuillages, et les consoles qui les soutiennent sortent de la bouche des mascarons taillés en demi-bosse sur les colonnes.

Au palais de l'Empereur les tuiles des doubles toits qui sont vernissées en jaune, jettent un tel éclat, que quand le soleil y donne on les croiroit dorées. La crête et les arrêtes de ce toit sont formés de différents ouvrages en sculpture de même matière que les tuiles et également vernissés. On vernit ces tuiles en diverses couleurs, la plupart très-vives ; savoir, en bleu, en vert, en rouge, en violet et en couleur de chair ; mais on ne s'en sert que chez l'Empereur ou pour les temples. Les tuiles jaunes sont principalement destinées pour les combles des appartements que ce Prince habite.

C'est d'après M. Cibot (1) une espèce de faïence grossière ; mais placées au haut d'un édifice, l'éclat de leur vernis et la variété des couleurs en relèvent l'Architecture, et lui donnent un air de magnificence que le plomb doré ne peut égaler. Qu'on juge de l'effet que doit faire un toit couvert de tuiles brillantées par tant de couleurs différentes, dans une longue suite de bâtiments sur lesquels on les a distribuées avec goût et symétrie ! Ces tuiles impériales sont fort pesantes, et il est difficile de s'en

---

(1) Mém. des Miss. de Pékin, XIII, 396.

procurer. Leur grande manufacture est dans les montagnes à l'occident de Pékin.

Article IV. *Des Échafauds.*

M. Cibot (1) dans ses Remarques sur l'ouvrage de M. Paw dit, que les Architectes du palais impérial, n'emploient pour les échafauds des plus énormes bâtiments, ni poutres, ni charpente ; qu'à l'aide de longues perches de pin auxquelles on ne donne pas un coup de hache, où l'on n'enfonce pas un clou, et qu'on fait servir pendant plusieurs générations, on dresse des échafauds de cent et de cent cinquante pieds de haut et immensément longs, sur lesquels on porte à bras toutes sortes de matériaux, comme si l'on montoit une colline : les ouvriers y vont et viennent comme dans une rue, et quelque multipliés qu'ils soient, ils ne s'embarrassent pas les uns les autres. Le plus grand bâtiment, ajoute-t-il, se commence et se finit, sans qu'on entende parler d'aucun accident.

On conçoit, en effet, qu'avec les secours de pareils rampants très-étendus, on peut monter commodément les édifices les plus considérables, et que cela doit tenir à une antiquité très-reculée, et à un usage perpétué dans l'Asie d'âge en âge. Les plus lourds fardeaux peuvent, au besoin, se rouler ainsi sans danger depuis le bas jusqu'au faîte ; et n'y auroit-il pas lieu

---

(1) Mém. des Miss. de Pékin, II, 499.

de croire que les Egyptiens employoient ces longs et solides rampants, pour conduire graduellement et jusqu'à la plus grande hauteur de leurs monuments, les masses souvent d'un poids énorme qu'ils vouloient transporter et placer ?

Observons encore que nos échafauds volants ressemblent en quelque sorte à ceux de la Chine, car leurs différentes pièces ne sont liées qu'avec des cordes, ce qui doit avoir lieu chez les Chinois. Des constructions en briques n'ont pas besoin d'échafauds massifs de charpente. Les Italiens, qui emploient ordinairement la brique en matériaux, les font parvenir à toutes les hauteurs par le moyen des treuils garnis de sceaux qui la portent ainsi que le mortier sous la main des ouvriers.

Article V. *Des Entrelas de maçonnerie.*

C'est un des ornements les plus ordinaires, les plus fréquents et les plus variés que les Chinois emploient dans la maçonnerie et dans les boiseries.

Au rapport de Chambers, ils y réussissent très-bien. Leurs entrelas pour la maçonnerie sont faits d'une terre glaise bien conditionnée, jetée dans des moules de bois. Chaque figure d'une certaine grandeur est composée de plusieurs pièces assemblées avec tant de propreté qu'on n'aperçoit qu'avec peine les jointures.

Ainsi chez nous sont jetées en plâtre, dans

des moules, les plus belles parties de nos corniches d'appartements, etc. et c'est de l'habileté du poseur et de la recherche que dépend la difficulté de reconnoître les joints.

Selon le P. le Comte, les carreaux de porcelaine entroient dans les ornements intérieurs et extérieurs d'Architecture des Chinois : ils les employoient au lieu de marbre, et en incrustoient les bâtiments.

Article VI. *Des Galeries.*

Ce n'est qu'en Chine qu'on peut voir des galeries telles qu'on va les dépeindre, d'après le Frère Attiret (1).

Elles servent à joindre des corps de bâtiments assez éloignés les uns des autres. Quelquefois du côté intérieur, elles sont en pilastres, et au-dehors elles sont percées de fenêtres différentes entr'elles pour la figure. Quelquefois elles sont toutes en pilastres, comme celles qui vont d'un palais à un de ces pavillons ouverts de toutes parts, qui sont destinés à prendre le frais. Ce qu'il y a de singulier, c'est que ces galeries ne vont guère en droite ligne : elles font cent détours, tantôt derrière un bosquet, tantôt derrière un rocher, quelquefois autour d'un petit bassin. Rien n'est si agréable que cette inégalité : il y a dans tout cela un air champêtre qui enchante et qui enlève.

---

(1) Lettres édif. première édit. 27°. Rec. 37.

A Pékin la galerie du côté du midi, qui est devant les fenêtres de l'appartement de l'Empereur, forme un avant-toit et garantit les croisées des pluies et des ardeurs du soleil.

On appelle *Lun-kan* ces galeries : elles sont toutes ouvertes et font partie des édifices les plus ordinaires dans l'Architecture chinoise. Les deux côtés de la grande cour d'entrée du palais impérial à Pékin, et qui donnent sur les jardins, sont formés par des bâtiments immenses dont le *Lun-kan* va d'un bout de la cour à l'autre (1).

ARTICLE VII. *Des Fenêtres, des Portes d'Appartements, des Ferrures et des Fourneaux.*

LES maisons toutes orientées au midi, ont leurs façades en fenêtres, et les croisées des appartements sont toutes en papier mince collé sur un treillis : cependant, comme le remarque M. Cibot (2), il y a telle maison européenne, impériale, mais dans le parc d'*Yuen-ming-yuen*, où par singularité et pour se rapprocher du costume étranger, les fenêtres sont vitrées. On fait des glaces à Canton, ajoute-t-il ; et il a trouvé dans un livre publié dès le 10e siècle, par les ordres de l'Empereur *Tai-tsong*, que sous les Han occidentaux, les fenêtres de la grande salle du palais nommé *Tchao-yang*,

---

(1) Mém. des Miss. de Pékin, XIV, 343.
(2) Ibid. II, 568.

étoient toutes en *lieou-li,* ou verre, et que la lumière y pénétroit tellement qu'on y auroit trouvé un cheveu.... Que l'on avoit dès-lors poussé le luxe si loin, que l'Empereur *Ou-ti,* qui monta sur le trône l'an 130 avant l'ère chrétienne, avoit dans son palais des fenêtres en agates blanches réduites en lames et en feuilles très-minces : d'où il conclud que les Chinois ayant aussi du talc très-beau et à bas prix, il faut que le local et le climat ayent empêché l'emploi qu'on pouvoit faire du talc et du verre pour les fenêtres.

CHAMBERS dit qu'à Canton les fenêtres sont faites toutes de lames fines des écailles d'huîtres, qu'elles sont assez transparentes pour laisser entrer le jour, et qu'elles tiennent lieu de verre.

M. Valmont de Bomare (1) fait mention d'une espèce d'huître, appelée par les Naturalistes *la vitrée* ou vitre chinoise, et par les Hollandois vitre transparente, que les Indiens et les Chinois taillent en carreaux, et dont ils se servent en guise de verre à vitre (2).

POUR certains vitraux de l'Empereur on a employé la nacre de perles réduite en lames ou feuillets minces ; c'est la suite d'un ancien luxe. Que des souverains, que les princes, les grands et quelques particuliers opulents se permettent intérieurement ces magnificences, ce sont des

---

(1) Dictionn. d'Hist. nat. *in*-8°.
(2) J'ai dans mon Cabinet, à Paris, une lame de l'huître nommée *la vitrée.*

exceptions à l'usage général, mais l'économie, le bon marché, l'habitude et la commodité font qu'on préfère l'usage du papier.

Les Auteurs de l'Histoire Universelle (1) rapportent, d'après les voyageurs, qu'au lieu de vitres on se sert en Chine d'écailles d'huîtres fort minces et d'étoffes fines enduite d'une cire luisante. Chacun use de ses moyens pour satisfaire ses goûts, mais la majeure partie des vitraux est en papier.

Pendant combien d'années n'avons-nous pas vu employer du papier huilé au lieu de vitraux, et parmi le peuple, et aux châssis des ateliers et des manufactures ! Nos verres de Bohême et les glaces non étamées sont presque récentes, eu égard à l'usage précédent des petits carreaux de verre.

Le Frère Attiret dit qu'il lui a fallu venir en Chine pour voir des portes et des fenêtres de toutes façons et de toute figure : de rondes, d'ovales, de quarrées et de tous les poligones ; en forme d'éventail, de fleurs, de vases, d'oiseaux, d'animaux, de poissons, enfin de toutes les formes régulières et irrégulières.

Les portes des appartements de l'Empereur pour les grandes pièces sont à deux battants, et en plein bois, jusqu'à la hauteur de trois pieds ; le surplus est à jour et forme des fleurs, des caractères et divers autres dessins. Voyez

---

(1) Tome XX, *in*-4°. p. 141.

dans le Traité des Jardins l'article *Palais* et appartements de l'Empereur.

Chez les grands et chez les princes, au palais même et dans les appartements de l'Empereur, il n'y a point de ferrures aux portes, ni aux fenêtres. Elles sont coloriées, vernissées, dorées et chargées des ornements d'étiquette ; mais tout y est en bois : elles s'ouvrent et se ferment comme au village, et il en sera de même dans mille ans. Ce n'est pas qu'on ignore que les ferrures seroient plus commodes, ni qu'on ne sache en faire ; mais on a prévu que des portes et des fenêtres ainsi fermées conserveroient la simplicité, la sûreté de celles des campagnes ; et cela est en effet arrivé de la sorte.

Par le mot ferrures M. Cibot qui a donné cet article, entend ferrures de portes ; mais comment supplée-t-on en bois aux ferrures et pentures, aux gonds ou pivots, aux charnières, etc. qui sont nécessaires pour tenir aux dormants des portes quelconques à deux vantaux ou à un seul ?

L'adresse et la patience des Chinois se ploient à tout, d'après des modèles ou sous de bons guides. M. Cibot a encore consigné le fait suivant : « Quand l'Empereur régnant fit bâtir sa seconde maison européenne, M. Castiglione fit entrer une grille de fer dans son plan, et M. Thébaud, son collègue, se chargea de diriger les ouvriers du palais et de la faire exécuter ; ils en furent quittes pour y mettre plus de temps et plus de soins. Leur grille, quoique chargée d'ornements, eut toute la légèreté et l'élégance qu'on y pouvoit désirer, et elle plût beaucoup lorsqu'elle fut placée » (1).

Les fourneaux ordinaires qui échauffent le pavé des chambres en Chine, sont en dehors dans une fosse où descend deux fois par jour le domestique chargé d'entretenir les feux. Ils sont tous en forme de cône tronqué; et par un canal qui s'insinue sous les briques dont on se sert, au lieu de carreaux, ils communiquent à la chambre une chaleur modérée, et produisent le même effet que nos poëles en terre cuite.

On emploie pour l'usage de la cuisine et pour chauffer les chambres, du charbon de terre nommé en chinois *mei*; on en distingue principalement de deux sortes : l'une appelée *ing-mei*, charbon dur; l'autre *joan-mei*, charbon mou ou foible... Avec de la poudre de l'une de ces deux sortes, de la cendre tirée des fourneaux, de la terre pour lier le tout et un peu d'eau, on fait des mottes à brûler auxquelles on donne la forme d'une brique.

Le charbon de bois dont on se sert pour allumer le charbon de terre, produit souvent de la fumée.

Les Chinois ne donnent pas grande attention à cette incommodité quand elle est légère : parce qu'un des côtés de leur chambre étant tout

---

(1) Mém. des Miss. Fr. de Pékin, XI, 160.

en fenêtres, qui ne sont que d'un papier mince, comme on l'a dit, et se ménageant assez communément quelques petits carreaux ouverts au haut des fenêtres, l'air peut se renouveler et la fumée se dissiper (1).

Lors des grands froids, les brasiers en Chine, mis dans de grands bassins de cuivre, servent comme en Italie, à tempérer encore l'air des appartements.

CHAPITRE II.

Des Temples et Pagodes ; description de la Pagode de Chanteloup.

Article I.

En Chine et chez les peuples de l'Inde les Pagodes sont, comme on le sait, destinées au culte des idoles.

Chambers observe que les édifices dont les Chinois se servent pour le culte sacré, n'ont point, comme ceux des Anciens, des formes qui leur soient propres ; que l'espèce particulière de construction qu'ils nomment *Ting*, ou *Kong*, qui est la principale pièce d'une Pagode et de toute autre Maison, entre indifféremment dans toutes sortes d'édifices ; qu'on en voit dans presque tous les temples, dans tous

---

(1) Mém. des Miss. Fr. de Pékin, XI, 160.

les palais, et enfin dans tous les bâtiments, où l'on a voulu montrer de la magnificence.

Il ajoute qu'à Canton on voit un grand nombre de temples appelés *Pagodes* par les Européens ; que plusieurs de ces temples sont extrêmement petits et ne consistent qu'en une seule chambre ; que quelques autres ont une cour environnée de galeries au bout desquelles se trouve le *Ting*, ou grande salle, où les idoles sont placées ; qu'il y en a cependant un petit nombre qui sont composés de plusieurs cours entourées de galeries ; que les Bonzes y ont des cellules, et les idoles diverses salles ; que ce sont proprement des Couvents, dont quelques-uns renferment un grand nombre de Bonzes qui y sont attachés par des vœux particuliers, et qui y vivent dans l'exacte observance de certaines règles.

La plus considérable de ces Pagodes, dit-il, est celle de *Ho-nan*, dans le faubourg méridional de cette ville (1). Elle occupe une grande étendue de terrain. Aussi contient-elle, outre les temples des idoles, des logements pour deux cents Bonzes, des hôpitaux pour plusieurs animaux, un potager spacieux et un cimetière. Les Prêtres et les animaux y sont enterrés pêle-mêle, et honorés également par des monuments et des épitaphes... Les pavillons sont de diverses formes ; les colonnades en bois ont des bases de

---

(1) Ville dépendante de la belle et délicieuse Province de ce nom, baignée par le fleuve Hoang-ho.

marbre; tous les bâtiments sont couverts de tuiles faites d'une espèce grossière de porcelaine peinte en vert et vernissée... Les Chinois ont dans ces temples des vases de fer, dont ils se servent pour brûler des morceaux de papier doré dans les sacrifices qu'ils font à leurs idoles les jours de fête (1).

Tout ceci ne nous donne pas une grande idée de la majesté des Temples de cette Nation. La ville de Canton n'a pas vraisemblablement de plus beaux édifices que ceux qui viennent d'être décrits; mais la capitale de l'Empire, et ce que M. Cibot a consigné dans les Mémoires des Missionnaires de Pékin, rameneront les lecteurs à d'autres pensées.

On estime communément qu'il y a dix mille *Miao*, ou Temples d'idoles dans la ville de Pékin et dans la banlieue. La plupart de ceux qu'on y voit dans la première enceinte du palais sont beaux, et quelques-uns magnifiques. Ceux des provinces ne doivent sûrement pas leur être comparés. Les *Miao*, dispersés çà et là dans le reste de la ville et aux environs, sont presque tous bâtis sur des plans différents. Dans le grand nombre il y en a d'immenses et dont les bâtiments sont d'assez bon goût : quelques-uns sont médiocres, et les autres des chapelles. Ceux qui renferment un grand nombre de Lamas, ou de Bonzes, ou de *Tao-sée*, expression synonyme, ou de *Ki-kou*, espèce de Bonzesses,

---

(1) Architecture des Chinois, *Londres*,... *in*-fol.

sont communément beaux et bien entretenus. Les foires qui ont lieu chaque mois dans les différents quartiers de la ville, se tiennent toutes dans les grands *Miao*, dont les vastes et nombreuses cours, toutes bordées de galeries, sont en effet très-propres à cet usage. Mais c'est par le *Tien-tan*, et le *Ti-tan*, les deux édifices les plus considérables de Pékin, où l'Empereur se rend solennellement chaque année, pour les sacrifices au Ciel et à la Terre, qu'on peut juger de l'Architecture chinoise : elle y déploie toutes ses beautés, toutes ses richesses et ses magnificences (1).

Le *Tien-tan* est une rotonde avec un toit à trois étages : chaque toit est distingué par la couleur de ses tuiles ; le supérieur est de couleur de bleu céleste, celui du milieu est jaune, l'inférieur est vert. Son enclos est d'environ dix lis de circuit, ou une lieue commune de France (2).

L'Empereur, en vertu de la loi des premiers âges, consignée dans plusieurs endroits des *King* et suivie par toutes les Dynasties, ne peut, disent les Missionnaires, avoir dans aucun de ses palais, rien qui soit d'une Architecture aussi riche, aussi magnifique que le *Tien-tan*. Cette loi s'étend à tout ce qu'on y voit, et à tout ce qui y sert, même les instru-

---

(1) Mém. des Miss. de Pékin, II, 571.
(2) Description de Pékin, par Delisle et Pingré, 1765, broch. *in-4°*.

ments de musique. Les flûtes, les tambours, les *kin*, les *ché* dont on fait usage dans la musique des sacrifices, sont non seulement d'un travail plus exquis et d'une matière plus choisie, mais encore faits sur d'autres dimensions et toujours plus grands, en sorte qu'il est vrai de dire qu'on n'entend qu'au *Tien-tan* la grande musique et la grande symphonie chinoise.

Ces deux Temples sont dédiés au *Chang-ti*, mais sous deux différents titres. Dans l'un, c'est l'Esprit éternel qu'on adore; dans l'autre, c'est l'Esprit créateur et conservateur du monde.

Si la Capitale est distinguée par les édifices destinés au culte religieux, les provinces ne sont pas moins bien partagées en temples d'idoles. Témoin le magnifique *Miao*, que l'Empereur régnant a fait élever en l'honneur de tous les attributs de *Fo*, à Géhol dans la Tartarie, et qui lui a coûté vingt millions de France.

La description de la belle et superbe Pagode de l'île d'Emouy, faisant le port de la province de Fokien, qui a dans son ressort l'île Formose, a paru d'abord dans le 29ᵉ Recueil des Lettres édifiantes, page 75 et suivantes. Le P. Laureati ne croit pas que dans le reste de l'Asie, la superstition ait érigé à l'esprit de mensonge de plus beau temple que celui qui est dans l'île d'Emouy. M. Grosier a enrichi de cette description son Supplément in-4°, à l'Histoire générale de la Chine du P. de Mailla.

Nous renvoyons aux sources; mais M. Coxe va nous fournir quelques traits intéressants plus récents sur les Temples : ils sont pris dans le Journal du savant M. Pallas, dont il avoit eu communication. Les ouvrages de ce célèbre Voyageur sont maintenant publics : il parle en homme éclairé de ce qu'il a vu.

« Le Temple ou Pagode, de *Maitmat-skin*, la dernière ville de la Tartarie chinoise, limitrophe des frontières de la Sibérie, est un édifice élégant dans le goût chinois. Il est richement décoré à l'extérieur de colonnes vernissées, de sculptures dorées, de petites cloches et d'autres ornements particuliers à l'Architecture chinoise. Il règne en dedans une grande profusion de dorures qui répondent à la parure de l'extérieur. Les murailles sont presque toutes couvertes de peintures qui représentent les exploits les plus célèbres de la principale idole... Ce Temple en renferme cinq d'une stature colossale, assises les jambes croisées sur des piédestaux, dans trois niches qui remplissent tout le côté du nord...

« Il est situé devant la Maison du Gouverneur et proche de la principale porte qui regarde le sud... Les étrangers le voient en tout temps sans la moindre difficulté, pourvu qu'ils soient en compagnie d'un des Prêtres ou Bonzes, qui se trouve toujours au milieu de la cour. Cette cour est environnée de chevaux de frise : on y entre du côté du sud; il y a deux portes avec un petit bâtiment entr'elles. L'extérieur de ce petit bâtiment offre deux niches défendues par des grillages, au fond desquelles on trouve deux chevaux d'argile de grandeur naturelle, grossièrement faits. Ils sont sellés et bridés : à côté, il y a deux hommes habillés comme deux palfreniers. Le cheval à droite est châtain ; l'autre, de plus forte taille, a la crinière et la queue noires. Le premier est dans l'attitude du galop et le second dans celle du pas. On aperçoit près de chacun une bannière déployée d'étoffe de soie jaune avec des dragons d'argent en broderies.

« Deux tours de bois environnées de galeries sont au milieu de cette cour. La tour orientale contient une grosse cloche de fer, qu'on frappe de temps en temps avec un maillet de bois : l'autre renferme deux timbales d'une grandeur énorme pareilles à celles dont les Calmouks se servent dans leurs cérémonies religieuses. Des bâtiments habités par les Prêtres du Temple règnent tout autour de la cour.

« Cette cour extérieure communique par une belle porte avec la cour intérieure : celle-ci est bordée de chaque côté de petits compartiments ouverts sur le devant et défendus par un grillage : ces compartiments offrent les légendes des idoles représentées dans une suite de tableaux historiques. A l'extrémité la plus éloignée de cette seconde cour, on voit un grand bâtiment construit du même style que l'Architecture du Temple. En dedans il a soixante pieds de long et trente de large ; il est rempli d'anciennes armes et d'instruments de guerre d'une grosseur prodigieuse,

prodigieuse, telles que des lances, des faulx, de longues piques qui ont un large fer, des boucliers, des cottes d'armes et des trophées militaires qui représentent des mains, des têtes de dragons et d'autres figures sculptées. Tous ces instruments de guerre sont bien dorés et rangés par ordre sur des gradins le long de la muraille. En face de l'entrée on voit flotter un grand étendard jaune orné de feuillages et de dragons en broderie d'argent. Au-dessous il y a sur une espèce d'autel une suite de petites tablettes oblongues qui portent des inscriptions chinoises.

» UNE galerie ouverte, décorée des deux côtés de pots de fleurs, conduit de la porte de derrière de l'arsenal à la colonnade du Temple.. On remarque dans les entre-colonnements deux tablettes d'ardoises, entourées de cadres de bois d'environ six pouces de haut et larges de deux ; on y lit des inscriptions relatives à la bâtisse du Temple ou Pagode (1) ».

ARTICLE II.

IL existe en France une belle Pagode qui a attiré la curiosité, les regards et l'admiration de tous les voyageurs : on la doit à la reconnoissance du Duc de Choiseul. Touché de l'amitié, du zèle et du dévouement que lui

---

(1) Coxe, Nouvelles découvertes des Russes, *in*-4°. 1781, p. 279.

avoient montré tant de personnes illustres; après sa disgrace et son exil de la Cour de Louis XV, il conçut, selon que le dit M. Dutens (a), qui parle de ce Ministre en homme attaché et plein de sensibilité, le dessein d'ériger dans son parc de Chanteloup, situé près d'Amboise sur les bords de la Loire, un monument durable et digne du sentiment dont il étoit pénétré. La dépense (à laquelle le Duc de Choiseul ne regarda jamais) ne l'étonna pas. Une somme considérable fut employée à cet ouvrage ; l'exécution ne prit que trois années, et tous les yeux surpris furent attirés... vers la Pagode de Chanteloup, qui est le plus bel édifice en ce genre, que dans les temps anciens et modernes aucun particulier, aucun grand Seigneur ait fait élever... On ne parle pas du Château, dont la magnificence est connue...

Parmi les beautés des Jardins de Kiew, à six mille de Londres, la Princesse de Galles, sur les conseils du Lord Bute, a fait bâtir une Pagode à l'imitation de celles de la Chine. Elle est en briques jusqu'au troisième étage ; les autres étages sont en bois : aussi a-t-elle été faite sans aucune autre intention que d'être un objet propre à être vu de loin, et pour procurer dans le parc de la Princesse une vue étendue des environs.

« La Pagode de Chanteloup, au contraire, est toute bâtie de pierres de taille, dont la coupe très-estimée des Architectes, la rend si solide, que, selon les apparences, il n'y a à craindre contre la durée de ce monument, que les événements extraordinaires.

« Elle est à sept étages: le rez-de-chaussée est entouré d'une colonnade; le second étage est rond, les autres sont octogones et vont en diminuant vers le haut. Moins écrasé que la pyramide et plus large vers sa base que l'obélisque, ce monument offre aux yeux des spectateurs la forme la plus élégante et la plus agréable dont l'Architecture puisse être susceptible. Quelque hardie que paroisse l'entreprise, l'esprit est tranquillisé par la solidité de sa structure, l'œil est enchanté par l'élégance de la forme et des proportions ; et le résultat de cet ensemble occasionne un saisissement de plaisir que je n'ai jamais senti en contemplant aucun autre édifice.

« On entre par un perron, dans un vestibule ouvert à seize embrasures, bâti en voûte comme les autres étages, dont toutes les voûtes sont percées par l'escalier. Delà on monte dans un salon à huit croisées, revêtu de tables de marbre de six pieds et demi de haut, sur quatre de large. La première qui s'offre à la vue indique l'objet du monument.

« Les cinq tables suivantes sont toutes remplies des noms des personnes qui sont venues à Chanteloup pendant l'exil du Duc de Choiseul, écrits en lettres d'or et par ordre alphabétique. La sixième représente le plan et la coupe de la Pagode, avec cette inscription au-dessous:

Ce monument
Construit sur les dessins et par les soins
De Louis Denys le Camus, Architecte,
Fut commencé le 2 du mois de Septembre 1775.
Achevé le 30 du mois d'Avril de l'année 1778.
Sa hauteur est de 120 pieds et demi.
Le dernier étage
Est élevé au-dessus du niveau de la mer
De 95 toises et quatre pouces.

« Au bas de la cinquième table de marbre est une inscription touchante, pour perpétuer la reconnoissance du Duc de Choiseul à Madame la Duchesse de Choiseul son épouse, et à la Duchesse de Gramont sa sœur, qui pendant son exil ont fait le bonheur de ses jours et l'ornement de sa retraite ».

Cette description si bien faite par M. Dutens et abrégée ici, est étrangère à mon sujet, mais elle y rentre naturellement ; et un tel rapprochement ne déplaira pas sans doute à mes lecteurs. On sait qu'après la mort du Duc de Choiseul, arrivée en 1785, sa belle Terre d'Amboise a été acquise par le Duc de Penthièvre, ce père des pauvres, qui n'est plus ; et la Princesse de Lamballe sa brue, dont la fin a été si funeste !... La Pagode existe-t-elle encore ? je l'ignore.

CHAPITRE III.

Des Palais, des Maisons des Grands, des riches Particuliers et de celles de la Ville de Maitmat-skin.

En nous bornant au plan que nous nous sommes fait de donner l'histoire ancienne des Palais et de leur distribution, puis de traiter séparément des jardins qui environnent toujours les palais, nous procédons à l'ancienne histoire de ces édifices, fort simples d'abord, et devenus magnifiques selon le goût et le luxe des Empereurs de chaque Dynastie. M. Cibot et ses collègues (1) seront nos principaux guides dans cette description sommaire.

Il résulte de tout ce qu'on trouve dans les plus anciens monuments sur le palais du sage Empereur *Yao*, qu'on avoit planté plusieurs allées d'arbres à la porte d'entrée qui étoit tournée au midi, et que c'étoit sous ces allées qu'on attendoit l'audience. Cette entrée donnoit sur une grande cour qui avoit deux portes latérales, l'une à l'orient et l'autre à l'occident. Au fond étoit la porte par où *Yao* entroit dans sa maison, derrière laquelle étoit le marché : dans le milieu de la cour s'élevoit une plate-forme de trois pieds de haut et toute de terre ; on y

---

(1) Duhalde, le P. le Comte, et Mém. des Miss. Fr. de Pékin.

montoit par trois marches de gazon pour entrer dans la salle d'audience qui étoit ouverte aux quatre expositions, ou rhumbs de vent nord et sud, est et ouest : elle n'avoit que du chaume pour toit.

Chun, successeur d'*Yao*, avoit donné, selon le *Chou-king*, aux quatre portes de son palais un air de grandeur et de majesté qui inspiroit le respect. Les portes du midi, de l'orient et de l'occident s'ouvroient sur la grande cour qui les environnoit : la porte du nord étoit livrée au service des domestiques. Cet usage des premiers temps de la Monarchie s'observe encore aujourd'hui dans tous les grands palais. *Chun*, à son couronnement, fit ouvrir les quatre portes de la salle d'audience pour être entendu de tout le monde.

Ce fut l'Empereur *Yu* qui bâtit le premier palais et qui rendit sa demeure plus digne d'un souverain : c'est tout ce qu'on en sait ; il faut descendre jusqu'à la troisième Dynastie pour trouver des détails.

Le *Tchéou-li*, le *Li-ki*, parlent en plusieurs endroits des palais des Empereurs de la troisième Dynastie. Le palais du Prince occupoit à-peu-près le tiers de la ville où il faisoit sa résidence, et le tiers de ce terrain étoit un jardin du côté de l'occident ; mais comme les cinq premières cours et leurs bâtiments étoient moins larges que les six *kong* de l'Empereur et les six *mei* de l'Impératrice, qui terminoient le palais, il y avoit encore un petit jardin du côté de l'est le long des cours. La première cour, qui se nommoit *la porte élevée*, étoit plantée d'arbres; la seconde, dite *des salles et des palais*, étoit celle où étoient les salles des Ancêtres; la troisième, nommée *la Cour des Cérémonies*, étoit celle où s'arrêtoient les Princes étrangers et où étoient les Receveurs de la Cour et plusieurs bureaux; la quatrième, qu'on appeloit *la Cour des Audiences*, étoit environnée des logements des grands Officiers et des salles d'audiences des Ministres; la cinquième enfin, se nommoit *la Cour du chemin*, parce que c'étoit la dernière pour entrer dans la demeure de l'Empereur, et celle où il passoit pour venir à la salle du Trône, qui étoit au milieu sur une plate-forme et qui avoit quatre portes comme celle du palais modeste de *Yao*.

Si l'on compare le plan et la distribution du palais impérial d'aujourd'hui avec cette ancienne description, on verra qu'il a été bâti sur le modèle de celui des *Tchéou*, mais plus dans le grand et avec cette magnificence que les temps ont amenée. Tout y annonce véritablement la grandeur, la puissance, la richesse et la majesté d'un Empereur. Quoique les bâtiments qui en environnent les cinq cours, ne soient qu'en bois, les couleurs, la dorure, le vernis et la beauté des tuiles jaunes, vertes et violettes, dont ils sont couverts, répondent si bien à leur largeur et à leur élévation, que le coup-d'œil en est également imposant.

La première cour a 870 pieds de large sur 1200 de longueur; la seconde, 250 sur 334; la troisième, 250 sur 996; la quatrième, 450 sur 400; la cinquième, qui conduit à la salle du Trône, 450 sur 360.

Les jardins sont aujourd'hui, comme du temps de la Dynastie des *Tchéou*, à l'occident et d'une grandeur immense, ainsi qu'on peut le voir dans la Carte gravée à Londres. Les premières cours sont accompagnées d'un jardin à l'est, de même que du temps des *Tchéou*.

Nous ne faisons cette remarque que pour confirmer l'adoption des anciens usages et la preuve que les révolutions des siècles n'y ont point apporté de changements. Les Lettrés chinois n'ont pas oublié cette réflexion, et ils démontrent que les murs de Pékin, la muraille jaune, les fossés et les murs du palais, l'enceinte de la demeure propre de l'empereur, correspondent aux agrandissements successifs dont parle l'histoire.

Dans les premiers temps, vers lesquels nous reportons encore l'attention, l'Empereur avoit sa maison au milieu de la colonie et attenante à la salle où l'on s'assembloit pour les affaires. Cette salle n'étant pas assez vaste pour les grandes assemblées, on y fit quatre portes, et la multitude se tint autour dans la cour : voilà l'origine de la salle du Trône. La colonie s'étant répandue dans les terres, on augmenta la maison de l'Empereur de tout le logement nécessaire pour sa famille. Ses Officiers et ses aides se logèrent auprès, et on l'environna d'un fossé et d'une muraille pour être en sûreté contre les surprises des mutins et des rebelles, qui ont toujours des motifs pour se soustraire au sceptre des lois. L'Empire s'étant agrandi par les progrès de la population, et la famille Royale s'étant accrue elle-même, on garda cette première enceinte pour elle et pour les tribunaux où étoient les tributs et les registres publics. Les marchands, les ouvriers attachés à la Cour et les officiers qui étoient de service, se rangèrent autour de cette grande enceinte dans les endroits que n'occuppoient pas les jardins et les terres de l'Empereur : ils s'y environnèrent d'un mur pour leur propre sûreté. Cette enceinte ne suffisant plus, quand la Cour fut devenue la capitale d'un grand Empire, on bâtit de nouvelles maisons tout autour ; on les aligna en rues pour la commodité publique, et on s'y environna de murailles qu'on fit plus hautes et plus fortes à proportion que l'état des affaires exposoit à y être attaqué. Ce plan de capitale une fois trouvé, on l'a suivi depuis : c'étoit le besoin qui l'avoit tracé, et le besoin est le guide le plus sûr de nos inventions.

Ces traits historiques nous permettent des rapprochements modernes, que l'on suivra avec plus d'intérêt.

Le bâtiment que les Européens appellent *la Salle du Trône*, est élevé sur une plateforme de marbre blanc, orné de tout ce que l'Architecture a inventé de plus magnifique, et ouvert en effet aux quatre points cardinaux par de grandes portes qui donnent sur la belle galerie dont il est entouré. Le Trône de l'Empereur est élevé sur une estrade couverte de riches tapis. Le Monarque n'y monte que pour de grandes cérémonies; il y reçoit les hommages des Princes tributaires, des Princes de son sang, des Grands de l'Empire et des premiers Magistrats de tous les Tribunaux, prosternés à terre dans la grande cour, qui est au bas de la plate-forme; comme *Chun* les recevoit dans la salle d'Audience où il étoit.

Quant aux placets qu'il reçoit des Ministres et des Députés de ses Tribunaux, à qui il donne Audience tous les jours pour les affaires de l'Empire, il y a une salle destinée à cet usage dans laquelle ils sont introduits et où l'on parle au Prince avec la plus grande liberté (1).

Le P. le Comte décrit ainsi le palais impérial de Pékin (2). « Il consiste en neuf grandes cours de plein-pied toutes sur une même ligne, car je ne compte pas, dit-il, celles qu'on a pratiquées sur les ailes pour les officiers et les écuries. Les portes de communication sont de marbre et portent de gros pavillons d'une Architecture gothique, dont la charpente, qui est à l'extrémité du toit, devient un ornement

---

(1) Mém. des Miss. de Pékin, I, 225 et suiv.
(2) Tome I, in-12, p. 104.

DE L'ARCHITECTURE DES CHINOIS. 43

assez bizarre par un grand nombre de pièces de bois posées en saillies les unes sur les autres en forme de corniche, ce qui de loin produit un assez bel effet.

Les ailes des cours sont fermées ou par de petits corps-de-logis ou par des galeries; mais quand on vient aux appartements de l'Empereur, les portiques soutenus par de grosses colonnes, les degrés de marbre blanc par lesquels on monte dans les salles avancées, les toits éclatants de tuiles dorées (c'est-à-dire, en couleur jaune vernissée), les ornements de sculpture, les vernis, les dorures, les pavés qui sont presque tous de marbre ou de porcelaine, mais surtout le grand nombre des différentes pièces qui le compose: tout cela présente un ensemble majestueux et magnifique, convenable au palais d'un grand Prince ».

Duhalde a donné aussi la description de ce somptueux édifice dans le Tome 2ᵉ *in-fol.* p. 10 et suiv. de son grand ouvrage.

Le Frère Attiret a écrit plus récemment en 1743: « Que ce palais est au moins de la grandeur de Dijon, qu'il comprend en général quantité de corps de bâtiments détachés les uns des autres, mais dans une belle symétrie, et séparés, tant par de vastes cours que par des jardins et des parterres; que la façade de tous ces corps de bâtiments est brillante par la dorure, le vernis et les peintures; que l'intérieur est meublé de tout ce que la Chine, les Indes et l'Europe ont de plus beau et de plus précieux; nous avons cité jusqu'à présent tous témoins oculaires (1).

Deux Savants Astronomes de l'Académie des Sciences, dans la description qu'ils ont publiée en 1765, de Pékin et du *Tsé-kin*, ou palais impérial (2) disent :

« La forme de ce palais est une espèce de quarré un peu plus long que large : il est environné de fortes murailles crénelées, construites de briques, et couvert de tuiles vernissées de couleur jaune : sur chaque porte est un pavillon vaste et élevé : de semblables pavillons terminent aussi les quatre coins de l'enceinte du palais, qui a environ six lis de tour. Le *li*, mesure itinéraire des Chinois, contient 296 de nos toises. Les murs sont environnés d'un large fossé revêtu de pierres de taille : vis-à-vis des portes septentrionale, orientale et occidentale, on traverse ce fossé sur des ponts-levis.

« Le dedans du palais est une enfilade de cours et de salles, ou d'appartements, qui semblent se disputer le prix de la beauté et de la magnificence ».

M. Cibot, dans ces dernières années, corrige quelques erreurs de ceux qui ont écrit avant lui, et il enrichit encore les descriptions précédentes. « Le Louvre (3), dit-il, seroit au large

---

(1) Lettres édif. XXVII, Rec. in-12.
(2) Brochure in-4°.
(3) Mém. des Miss. de Pékin.

DE L'ARCHITECTURE DES CHINOIS. 45

dans une des cours du palais de Pékin, et on en compte un bon nombre, depuis la première entrée jusqu'à l'appartement le plus reculé de l'Empereur. Le palais, qui offre l'aspect le plus imposant à un étranger, a deux cents trente-six toises deux pieds de l'est à l'ouest, et trois cents deux toises neuf pieds du nord au midi : à quoi il faut ajouter que les trois avant-cours, quoiqu'environnées de bâtiments, et plus grandes que les autres, ne sont pas comptées dans ces mesures. Tant de milliers de toises, (la toise chinoise est de dix pieds : voyez *Mesures*) toutes couvertes et environnées de tours, de galeries, de portiques et d'immenses bâtiments, produisent d'autant plus d'effet que les formes en sont plus variées, les proportions plus simples, les plans plus assortis et leur totalité plus rapprochée du même but : car tout s'embellit à mesure qu'on approche du Trône et des appartements de l'Empereur; les cours latérales ne peuvent pas être comparées à celle du milieu; ni celles qui sont des premières aux cours qui sont plus reculées. Il en est de même de tout le reste.

« Les derniers bâtiments qui sont, non pas de porcelaine, ni dorés, comme le dit la fable, mais d'une faïence grossière émaillée en jaune de citron et chargée d'ornements en relief, enchérissent sur les autres par leur couronnement et par les angles de l'arrête qui sont plus décorés.

« Les péristyles des bâtiments intérieurs sont

bâtis sur une plate-forme de marbre blanc, au-dessus de laquelle ils ne sont élevés que de quelques marches; mais cette plate-forme, qui a sa hauteur et sa largeur déterminées,... est ouverte par trois escaliers de marbre, un grand au milieu et deux latéraux, séparés les uns des autres par des balustrades de marbre en rampe, entre lesquelles sont des gradins qui portent de grands vases de bronze et des figures symboliques... Il faudroit des volumes pour décrire les différents palais de l'Empereur dans la Capitale et aux environs, dans les provinces et au-delà de la grande muraille.... Mais quoique la politique les ait commandés pour soutenir la majesté du Trône, elle a eu l'attention de les faire tous plus petits, moins magnifiques, moins ornés que celui de Pékin, et même quelquefois très-simples ».

Nous terminons cet article par le trait suivant, donné par M. Amiot (1), trait qui atteste la bonté de l'Empereur pour ses peuples et sa prévoyance (a).

« Ce Prince voulant employer à beaucoup de travaux publics un grand nombre d'hommes que la famine avoit chassés des provinces et fait refluer dans la capitale, a donné l'ordre de construire un magnifique palais pour s'y retirer, lorsqu'après avoir atteint la quatre-vingt-sixième année de son âge, il abdiquera l'Empire et ne se mêlera plus des affaires du Gouvernement...

---

(1) Mém. des Miss. Fr. de Pékin, XIII, 468.

DE L'ARCHITECTURE DES CHINOIS. 47

Ce palais d'attente (élevé aux frais de son trésor particulier, dans l'immense enceinte dont nous avons parlé) est déjà achevé et meublé en partie à la manière du pays. L'Empereur y a ajouté tout ce qui étoit plus particulièrement de son goût, en fait de curiosités étrangères, et chaque jour il y ajoute quelque chose de nouveau. C'est un délassement qu'il prend après avoir vaqué avec ses Ministres aux affaires de l'Etat.

« Le désir de secourir le plus grand nombre possible d'indigents lui a fait venir la pensée de décorer l'extérieur de ce même palais de plusieurs *Pei*, ou arcs de triomphes, sur lesquels on doit graver les principaux événements de son glorieux règne. Plusieurs milliers de travailleurs se sont en conséquence transportés dans les carrières de marbre pour en détacher des blocs de quinze à vingt pieds en quarré : plusieurs autres milliers ont été occupés à les transporter, à les tailler, à leur donner la forme, à y graver les caractères et à les placer sur leurs piédestaux, qui sont eux-mêmes des blocs énormes sculptés en forme de tortues. Indépendamment de ces travaux, l'Empereur avoit fait creuser de nouveau un canal qui prend au pied de la montagne dite *Hiang-chan* jusqu'à la rivière près du faubourg de Pékin du côté de l'ouest ; ce qui comprend un espace d'environ trois lieues de longueur.

« Les petits bâtiments qui sont semés dans les jardins et parcs du Souverain et des Princes, n'ont pas cette sorte de symétrie monotone à laquelle les hôtels des Grands, les Tribunaux, les édifices publics sont assujettis, ni à ce sérieux qui leur est convenable. Le même goût qui a fait imaginer ces vallons enfoncés, ces grottes sauvages, ces rochers escarpés, a donné naissance à la liberté de la construction de ces petits édifices pour assurer plus de relief et de piquant à leur ravissante irrégularité ».

Les anciens Chinois avoient coutume de tourner toutes les maisons au midi, parce que, selon eux, c'étoit l'exposition la plus saine et la plus commode. Cet usage ancien, qui est devenu une étiquette de grandeur pour les palais, a tellement prévalu pour les maisons des particuliers, que jusques dans les villes on cherche cette exposition, et on s'y attache, aux dépens même du coup-d'œil des rues.

Dans les grands édifices composés en général, comme les moindres, d'un seul rez-de-chaussée, ce rez-de-chaussée est élevé de plusieurs pieds par une plate-forme : il doit avoir une galerie par-devant, et sa hauteur du pavé au plafond est depuis quinze jusqu'à quarante pieds.

La magnificence des maisons, selon le goût Chinois, consiste d'ordinaire dans la grosseur des poutres et des colonnes, dans le choix du bois le plus précieux et dans la belle sculpture des portes. Ils n'ont point d'autres degrés que ceux qui servent un peu à élever la maison au-dessus du rez-de-chaussée ; mais le long du corps-de-logis règne une galerie couverte de la largeur

largeur de six à sept pieds et revêtue de belles pierres de taille.

On voit plusieurs maisons où les portes du milieu de chaque corps de bâtiment se répondent; ainsi l'on découvre d'abord en y entrant une longue suite de pièces ou d'appartements. Chez les gens du commun les murailles sont faites de briques qui ne sont pas cuites, mais par le devant elles sont incrustées de briques qui le sont.

Les maisons des Grands et celles des personnes riches, comparées aux nôtres, ne méritent pas grande attention; on ne doit pas, quant aux premières, selon Duhalde, leur donner le nom de palais; elles n'ont que le rez-de-chaussée, mais elles sont plus élevées que les maisons ordinaires. La couverture est propre; le haut du toit a divers ornements; le grand nombre des cours et des appartements, puis des pièces propres à loger les domestiques, suppléent à leur beauté et à leur magnificence.

Ce n'est pas que les Chinois n'aiment le faste et la dépense; mais la sage coutume du pays et le danger de faire des dépenses superflues et contraires à l'usage les arrêtent malgré eux; de plus les lois somptuaires en imposent à tous les états.

Les hôtels des principaux Mandarins, des Princes et des personnes riches et puissantes, surprennent par leur vaste étendue.

Ces hôtels que les Mandarins occupent ap-

Prem. Part. D

partiennent à l'Empereur, qui les loge : leurs charges ne sont proprement que des commissions dont on les dépouille, quand ils ont fait quelque faute ; et lors même que leur conduite est sans reproche, on leur donne souvent, au moment où ils s'y attendent le moins, le gouvernement d'une province dans laquelle ils sont obligés de se rendre : cette instabilité, ces vicissitudes, les empêchent de meubler richement une maison qu'à chaque instant ils peuvent abandonner.

L'exécution prompte et rapide d'un bâtiment (1) est un mérite très-grand aux yeux de tout propriétaire opulent. A la Chine l'Empereur, les Grands et les autres États en recueillent le fruit à proportion de leur aisance. Les édifices, suivant ce que dit le Frère Attiret, à l'occasion des pavillons élevés dans les jardins de l'Empereur, étant tous des rez-de-chaussée, on multiplie les ouvriers à l'infini : tout est fait, ajoute-t-il, quand la plate-forme est assise et que l'on porte les matériaux sur le lieu, il n'y a plus qu'à les poser ; et après quelques mois de travail, la moitié de l'ouvrage est finie. On diroit que c'est un de ces palais fabuleux, qui se forme tout-d'un-coup par enchantement dans un beau vallon ou sur la croupe d'une montagne.

M. Chambers (2) n'a séjourné qu'à Canton ;

---

(1) Lettres édif. 27e. Rec. 39.
(2) Architecture des Chinois, *in-fol.* 7 et suiv.

s'il avoit pu se procurer une entrée dans l'intérieur de l'Empire et observer les grands édifices de la capitale, les détails suivants, qui sont curieux en eux-mêmes, le seroient davantage, d'après la comparaison, et on auroit eu le goût et le sentiment d'un Architecte européen sur la décoration générale du palais impérial, à joindre aux réflexions des savants Missionnaires, de qui seuls nous tenons des renseignements.

L'Artiste anglois parle ainsi d'un bâtiment dont la singularité l'a frappé, et qui est placé au milieu d'un petit lac, dans un jardin de Canton.

« Le soubassement qui le soutient est assez haut ; une balustrade l'environne. Les bases des douze colonnes de ce pavillon ont un profil fort semblable à celui d'une base toscane de Palladio. Le toit qui repose sur ces colonnes est couronné d'une lanterne. L'idée de l'ornement du haut est prise de celui qui se trouve sur le sommet des tours. Le haut du fût des colonnes est percé par des poutres qui soutiennent le toit, et dont les extrémités sont ornées de petits mascarons et de clochettes : une frise ornée d'entrelas règne tout autour dans les entre-colonnes sous le toit ».

Il ajoute : « La distribution des maisons est parfaitement uniforme, il seroit peu convenable et dangereux de se singulariser à cet égard ».

Les Chinois mettent en cours et en allées

plus de la moitié du terrain des maisons. Celles des marchands de Canton sont toutes au bord de l'eau : elles sont étroites et fort longues. Le rez-de-chaussée est traversé au milieu par une longue allée qui s'étend de la rue à la rivière. Les appartements occupent les deux côtés : chacun d'eux consiste en un salon pour recevoir les visites, en une petite chambre à coucher et quelquefois en un cabinet ou une étude. Au-devant de chaque appartement se trouve une cour, à l'extrémité de laquelle il y a ordinairement un vivier ou une citerne avec un roc artificiel au milieu. On y fait croître des bambous et diverses sortes de plantes : tout ceci forme un petit paysage assez joli. La citerne ou le vivier renferme des poissons dorés : quelques-uns sont si familiers, qu'ils viennent à la surface de l'eau et se laissent nourrir à la main. Les côtés des cours sont quelquefois ornés de pots à fleurs et quelquefois d'arbrisseaux fleuris, de vignes ou de bambous, qui forment des cabinets de verdure. On place généralement au milieu, sur un piédestal, un grand vase de porcelaine, où croissent de belles fleurs, telles que le *Lien-hoa* et le Nénuphar, plantes aquatiques qui se tirent des lacs et des marais. On tient souvent dans ces petites cours des faisans, des poules de Bantam, et d'autres oiseaux curieux à beau plumage, et animaux rares dont le soin est, selon M. Poivre, un des plus doux amusements des Chinois opulents.

Les Planches V et VIII de l'ouvrage de

Chambers donnent le plan du joli bâtiment précédemment décrit et de quelques maisons de particuliers aisés.

« La grande chambre, continue-t-il, pour faire connoître les ameublements, a communément 18 à 20 pieds de long, sur 20 de large; le côté qui regarde la cour est entièrement ouvert, mais une natte de cannes, qu'on abaisse quand on veut, garantit de la pluie et des ardeurs du soleil. Le pavé est composé de quartiers de pierre ou de marbre de diverses couleurs. Les murs des côtés sont revêtus de nattes, à la hauteur de 3 ou 4 pieds de terre ; le reste est proprement garni de papier blanc, cramoisi ou doré. Au lieu de tableaux les Chinois suspendent de grandes pièces de satin ou de papier, mises en cadres, et peintes en imitation du marbre ou du bambou. On y voit écrits, en caractères d'un bleu d'azur, des distiques de morale et des proverbes, tirés des ouvrages des Philosophes chinois. Le fond du salon est tout composé de portes brisées, dont le dessus est un treillis, couvert d'une gaze peinte, qui fait entrer le jour dans la chambre à coucher. Les portes sont de bois ; l'ouvrage en est très-propre : elles sont ornées de divers caractères et de figures, et quelquefois enduites d'un riche vernis, et peintes en rouge, en bleu, en jaune, ou en quelqu'autre couleur.

« Les meubles du salon consistent en chaises, en tabourets, et en tables faites de bois de rose, d'ébène, de bois vernissé, et quelquefois simplement de bambou, qui est à bon marché, et cependant fort propre. Lorsque les meubles sont de bois, les placets sont souvent de marbre ou de porcelaine. Quoique ces siéges soient durs, ils n'ont rien de désagréable dans un climat où les ardeurs de l'Eté sont excessives. Des guéridons de quatre à cinq pieds de haut, placés aux coins de la chambre, soutiennent des assiettes ou des jattes de citrons et d'autres fruits odoriférants, des branches de corail dans des vases de porcelaine, et des globes de verre qui contiennent des poissons dorés, avec une herbe assez semblable au fénouil. Les Chinois mettent aussi sur les tables, qui ne sont faites que pour l'ornement, de petits paysages, composés de rocailles, de plantes, et d'une espèce de lis qui croît au milieu des cailloux couverts d'eau. Ils ont encore des paysages artificiels, faits d'ivoire, de cristal, d'ambre, de perles et de diverses pierreries: j'en ai vu qui coûtoient mille taels ou plus de trois cents guinées; leur industrie se marque éminemment dans ces sortes d'ouvrages. Outre ces paysages les tables sont décorées de vases variés de porcelaine et de petits vaisseaux de cuivre fort estimés. Les formes de ces vases sont généralement simples et agréables : ceux qui sont réellement antiques se vendent un prix excessif, et un seul ne coûte pas moins de 300 livres sterlings. On les conserve dans des boîtes de carton, et ce n'est que dans des occasions extraordinaires qu'on en fait parade : personne n'y touche que le maître ; et pour en ôter la poussière, il se sert de temps en temps de pinceaux (ou de plumails) faits pour cet usage.

L'un des principaux ornements des appartements consiste dans les lanternes (1).

« Une cloison de portes brisées, ou de grands vantaux, fait la séparation du salon et de la chambre à coucher. Quand il fait chaud, on ouvre ces portes dans la nuit pour donner passage à l'air frais. La chambre où l'on couche est fort petite, et elle n'a pour tout meuble que le lit, et quelques coffres vernissés où l'on renferme les habits, etc. Les lits sont quelquefois de la dernière magnificence : les cadres ressemblent fort à ceux dont nous nous servons en Europe ; ils sont faits de bois de rose sculpté, ou d'ouvrages de laque : les rideaux sont de taffetas ou de gaze, quelquefois à fleurs d'or, et communément teints en bleu ou en pourpre. Une bande de satin d'un pied de large vers le haut, fait le tour du lit, et l'on y voit dans des compartiments de diverses formes des dessins de fleurs, de paysages, ou de figures humaines, entremêlés de sentences morales et de fables, écrites en encre de la Chine, en vermillon.

« Les meubles du cabinet consistent en fauteuils, en lits de repos et en tables : il s'y trouve des tablettes chargées de livres; et sur une table, près de la fenêtre, sont rangés, dans le plus

---

(1) On verra dans le Traité des Jardins, l'*article VI*, sur la décoration intérieure des Palais, sur les ameublements, etc. : l'abondance des détails nous y fera revenir.

grand ordre, des pinceaux, et tout ce dont on a besoin pour écrire, les instruments dont les Chinois se servent pour les calculs arithmétiques (l'abaque), et quelques livres chinois.

« Outre ces appartements, le rez-de-chaussée renferme encore la salle à manger, la cuisine, le logement des domestiques, le bain, les commodités, les bureaux et comptoirs, et vers la rue les boutiques.

« L'étage supérieur consiste en plusieurs grandes salles que l'on divise comme l'on veut, si l'on a des étrangers à loger. Les cloisons se font au moyen de grandes feuilles de paravent de 2 ou 3 pieds de large sur 10 à 12 de hauteur, que l'on tient en réserve pour le besoin : on les fixe en peu d'heures au plancher et au plafond, pour former autant d'appartements qu'il est nécessaire. Quelques-unes de ces feuilles sont coupées depuis le haut jusqu'à 4 pieds de terre; leurs ouvertures remplies de très-minces écailles d'huîtres, qui tiennent lieu de verre, sont assez transparentes pour faire entrer le jour.

« La façade des maisons chinoises, qui regarde la rue, est employée en boutiques; elles n'ont aucune autre ouverture que la porte, devant laquelle on pend une natte où l'on place un écran pour empêcher les passants d'y regarder. Les maisons des marchands de Canton ont un air assez gai et assez joli de la rivière ».

Après la description des hôtels des grands dans la capitale, et des maisons des riches par-

DE L'ARCHITECTURE DES CHINOIS. 57
ticuliers de Canton, nous croyons qu'on verra encore avec intérêt ce que M. Coxe dit des maisons de la dernière ville Tartare de la Chine, dont nous avons parlé à l'article *Temples* (1). C'est fournir des pièces de comparaison en différents genres.

Maisons de Maitmatschin, *ville chinoise, frontière de la Tartarie et de la Sibérie* (2).

La ville de *Maitmatschin* est une forme oblongue; sa longueur est de 600 verges, et sa largeur de 400 : (selon l'évaluation générale, la verge répond à 10 pieds de France). Elle contient 200 maisons et environ 1200 habitants; elle a deux rues principales, larges d'environ 8 verges qui se coupent l'une et l'autre vers le milieu, à angles droits, et deux autres plus petites, qui se prolongent du nord au sud. Ces rues ne sont pas pavées, mais couvertes de gravier et d'une propreté singulière.

Les maisons, qui sont spacieuses et bâties en bois d'une manière uniforme, ont un seul étage, et leur hauteur n'excède pas 14 pieds ; elles sont enduites de plâtre et peintes en blanc; elles ont toutes, au milieu, une cour de 70

(1) Coxe, nouvelles découvertes des Russes. *Paris*, 1781, in-4°. pag. 272.
(2) Cette vaste étendue de pays, appelée aujourd'hui *Sibérie*, et conquise par les Russes, s'étend des confins de l'Europe jusqu'à l'Océan Oriental, et de la Mer Glaciale jusqu'aux frontières actuelles de la Chine.

pieds en quarré parsemée de gravier, et elles paroissent fort propres ; elles contiennent une salle, quelques magasins et une cuisine. Le toit des maisons qui appartiennent aux gens les plus riches, est de planches, mais celui des autres est de lattes recouvertes de terre. Du côté de la rue, la plupart de ces édifices ont des arcades de bois, soutenues par de gros poteaux. Les fenêtres sont aussi grandes qu'en Europe ; mais comme le verre et le talc de Russie sont chers, on y supplée avec du papier, et avec quelques carreaux de vitre pour éclairer la salle.

CETTE salle a rarement vue sur la rue ; c'est une espèce de boutique où les différents échantillons des marchandises sont placés, dans des armoires garnies de rayons, et fermées avec des portes de papier pour en écarter la poussière. Les fenêtres sont communément ornées de petites peintures, et les murailles tendues en papier de la Chine. Une moitié du plancher est d'un argile bien battu, et l'autre est couverte de planches, et s'élève d'environ un pied. C'est-là que la famille s'assied le jour et dort la nuit. A côté de cette espèce d'estrade, et à-peu-près sur le même niveau, il y a un poële quarré fait en briques, ayant dans la partie supérieure une excavation (1) cylindrique, droite et perpendiculaire ; on le chauffe avec de petits morceaux de bois. Le tuyau de fumée sort du fond du poële, et se prolongeant en zig-zag au-dessous

---

(1) C'est sans doute un tuyau de chaleur, la fumée ayant son issue particulière.

de l'estrade, aboutit à une cheminée qui débouche dans la rue. Ainsi, quoique le poêle soit toujours ouvert et la flamme visible, jamais la chambre n'est remplie de fumée. On ne trouve presque aucun meuble dans l'intérieur de la maison, excepté une grande table à manger, et deux autres plus petites, vernissées et placées sur l'estrade; l'une de celles-ci porte toujours un réchaud rempli de feu, où on allume les pipes, quand le poêle n'est pas chaud.

On voit dans la grande pièce plusieurs petites niches couvertes de rideaux de soie, devant lesquelles il y a des lampes qu'on allume les jours de fêtes. Ces niches renferment des idoles de papier peint, un vase de pierre ou de métal, où l'on rassemble les cendres de l'encens, plusieurs petits ornements, et des fleurs artificielles. Les Chinois permettent volontiers aux étrangers de tirer ces rideaux et de regarder leurs idoles.

Le même climat des provinces méridionales de la Chine a décidé dès l'antiquité la même bâtisse, à-peu-près, et les mêmes divisions des appartemens au Japon. La plupart des maisons au rapport de Thunberg (1), sont très-spacieuses, quoiqu'elles ne soient composées, comme celles des Chinois, que d'un rez-de-chaussée et d'un seul étage. Les Japonois n'occupent jamais que le rez-de-chaussée; le premier (dans les maisons des particuliers) ne servant que comme magasin ou grenier. Ces maisons sont

---

(1) Thunberg, voyage au Japon. 1794, in-8°.

d'une construction particulière à ce peuple (et elles diffèrent en cela de celles des Chinois); elles sont de charpente et en panneaux faits avec des morceaux de bambou, recouverts de terre glaise, au point qu'à l'extérieur on les croiroit bâties en pierres. La division intérieure se fait par le moyen de châssis de bois sur lesquels on colle un gros et fort papier. Ces châssis, qui glissent dans les coulisses, (comme nos décorations théâtrales), peuvent se mettre en place et s'enlever à volonté, et cela dans très-peu de temps, selon qu'on veut multiplier les pièces, ou leur donner plus d'étendue.

CHAPITRE IV.

Article I. *Des Léou, ou bâtiments à plusieurs étages.*

PENDANT plusieurs siècles l'usage a été de construire pour les grands, des édifices à plusieurs étages, nommés *Léou*, lorsque la cour étoit dans les provinces du midi. Les petits palais que les Empereurs bâtissoient dans leurs jardins de plaisance, étoient des *Léou*. Leur goût pour cette espèce d'architecture, en vint jusqu'à bâtir d'immenses corps-de-logis, qui avoient, depuis 150 pieds de haut jusqu'à 200; et les pavillons, ou tours, des extrémités, s'élevoient au-delà de 300; mais comme tout ce qui n'est pas fait pour le climat, ne sauroit se soutenir long-temps, les Empereurs se

DE L'ARCHITECTURE DES CHINOIS. 61

dégoûterent des *Léou*, même avant d'avoir quitté les provinces du midi. Cependant, soit pour en conserver l'idée, soit magnificence, ou pour mettre plus de variété dans les bâtiments, il y a encore des *Léou* à plusieurs étages dans le parc d'*Yuen-ming-yuen*, dans celui de *Ge-ho-eulh*, en *Tartarie*, et dans les grands jardins du palais de *Pékin*. On en voit aussi plusieurs dans les grandes rues de cette capitale, et un très-grand nombre dans plusieurs villes du *Kiang-nan* et *Tché-kiang*.

« A quoi, pour les grands, serviroient des *Léou*, ajoute M. Cibot (1), auteur de ces recherches historiques, quand ils ont cinq grandes cours environnées de bâtiments ? Les *Léou* ne seroient pas plus convenables pour le peuple, à qui il faut une cour reculée pour les femmes. Enfin, un rez-de-chaussée bâti sur une plateforme élevée, précédée, comme dans toutes les grandes maisons, d'une cour d'entrée au midi, et agrandi d'un jardin au nord, n'est-il pas plus sain qu'un bâtiment à plusieurs étages ? Au moins est-il certain, qu'autant les rues des villes gagnent pour le coup-d'œil, en Europe, à être bordées de hautes maisons, autant on est à plaindre d'être réduit à respirer l'air de ces rues, surtout quand elles sont étroites.

« Qui sait si la Chine ne doit pas à cela d'être moins exposée aux maladies épidémiques qu'en occident ? Car, enfin, une ville toute en rez-

(1) Mém. des Mission. de Pékin, in-4°. II, 531.

de-chaussées, dont les rues sont larges, et les maisons dégagées par des cours, doit être aussi saine que la campagne, puisque l'air y circule librement. En un mot les grandes chaleurs et les grands froids ne permettent pas d'habiter des bâtiments de cette espèce ». Ces *Léou* recevront des explications plus grandes dans l'article suivant.

Article II. *Des Tours.*

Les Chinois, selon Chambers, donnent le nom de *Taa* à leurs tours, et les Européens les appellent pagodes, édifices dont nous avons parlé précédemment, en les considérant comme temples destinés au culte des idoles ; mais il s'agit ici des tours qui sont fort communes à la Chine. Duhalde dit, qu'en certaines provinces il s'en trouve dans chaque ville et même dans les gros bourgs. Les plus considérables de ces édifices sont la fameuse tour de porcelaine de *Nankin* et celle de *Tong-tchang-fou*. Nous ne parlerons que de la première, quoique l'une et l'autre soient d'une grande magnificence.

La forme de ces Taas, continue l'historien, est assez communément la même ; ce sont des octogones divisés en sept, huit et quelquefois dix étages, qui de la base au sommet diminuent par degrés, tant en hauteur qu'en largeur. Chaque étage a une espèce de corniche qui soutient un toit, au coin duquel sont suspendues des clochettes de cuivre. Autour de chaque étage règne une galerie étroite bordée d'une balustrade ; ces édifices portent ordinairement au sommet une longue perche ou mât, d'une force convenable, et environné de divers cercles de fer, dont les diamètres sont différents pour conserver la forme pyramidale : huit chaînes de fer les soutiennent, étant attachées par un bout au haut du mât, et par l'autre aux angles du toit du dernier étage.

A l'aide de ces préliminaires, le lecteur ne sera pas arrêté. La description de la tour de Nankin, donnée par Nieuhof, Ambassadeur des Hollandois en 1655, et celle publiée sur la fin du siècle dernier par le P. le Comte ; toutes deux d'accord par les traits principaux donnent de l'ensemble de cet édifice, l'idée de l'ouvrage le plus solide et le plus singulier de l'orient.

C'est un octogone d'environ 40 pieds de diamètre, de sorte que la largeur de chaque face est de 15 pieds. Les étages sont au nombre de 9, dont chacun est orné d'une corniche, 3 pieds au-dessous des fenêtres, et d'un toit en saillie qui couvre la galerie extérieure, régnant autour de chaque étage, galerie bordée d'une balustrade. A chaque angle du toit sont suspendues des clochettes de cuivre, qui rendent un son fort agréable quand elles sont agitées par le vent. Les galeries sont décorées de peintures : la lumière a été bien ménagée par des ouvertures dans ces étages, qui ont tous la même hauteur, à l'exception du premier qui est plus haut que chacun des autres. Ce premier étage au-dehors est revêtu de porcelaine, et les autres offrent un mélange de teintes vertes et jaunes, ou émaillées de ces couleurs. Les matériaux employés sont liés avec tant d'habileté que l'ouvrage entier paroît d'une seule pièce.

L'escalier intérieur est petit, peu commode et extrêmement haut. Les étages sont séparés entr'eux par d'épaisses solives qui se croisent pour soutenir le plancher, et qui forment un plafond embelli d'une grande variété de peintures.

Le P. Lecomte ayant compté 190 degrés, chacun de 10 pouces, la hauteur totale doit être de 158 pieds. En y joignant celle du perron, celle du neuvième étage, qui n'a pas de degré, et celle du toit, on peut donner à cette tour 200 pieds depuis le rez-de-chaussée.

Le couronnement de l'ouvrage est une des plus belles parties. Il consiste en un fort long mât, diminuant de circonférence à mesure qu'il s'élève, garni, comme on vient de le dire, de cercles de fer de différents diamètres, cercles maintenus par des chaînes de même métal, etc. Une grosse boule dorée termine le sommet, ou la pyramide, qui élève encore la tour de 30 pieds.

On prétend que cette tour a été construite par les Chinois, lorsque les Tartares eurent fait la conquête de la Chine, sous Gengiskan, dans le 13e siècle. De la galerie la plus haute on découvre, non seulement la ville de Nankin, mais encore tout le pays voisin au-delà du grand fleuve *Kiang*, appelé par les Chinois *le fils de la mer*.

A

DE L'ARCHITECTURE DES CHINOIS.   65

A en croire M. Sonnerat, toutes les tours sont à neuf étages, et c'est une suite de la superstition des Chinois pour le nombre neuf. Il prescrit une règle générale, que Chambers n'a pas admise, et qui est affoiblie par l'extrait suivant de M. Cibot, relativement aux usages et à l'élévation des tours chinoises : mais il est très-différent de plaisanter sur les usages d'une nation, ou d'en être instruit. M. S. ajoute, peut-être avec raison, que ces tours avoient été construites pour annoncer dans la capitale, par le moyen des signaux, ce qui se passoit jusqu'aux limites du royaume; qu'il y en avoit de trois en trois lieues, mais qu'elles tombent aujourd'hui en ruines, et qu'elles ne servent que de corps-de-garde (1).

« LE mot de tour, dit le savant Missionnaire (2), est un terme vague, dont les Européens se servent également pour indiquer ;

1°. LES *Tai*, ou plates-formes élevées des anciens Chinois, pour observer le ciel, pour suivre les révolutions de l'atmosphère et en faire le journal, puis pour prendre le grand air et jouir au frais de la vue de la campagne.

2°. LES *Hou* ou *Léou*, c'est-à-dire des édifices à plusieurs étages et isolés, ronds, quarrés, hexagones, octogones, en pierre, en brique, en faïence ou en bois, et très-fameux depuis que *Tsin-chi-hoang* en eut fait élever un si

---

(1) Sonnerat, Voyage aux Ind. Orient. II. in-4°. 30.
(2) Mém. des Missionn. de Pékin, II, 565 et suiv.

Prem. Part.   E

grand nombre, tous plus magnifiques les uns que les autres.

3°. Les *Ta*, espèce de tour sépulcrale ou superstitieuse, qui est massive pour l'ordinaire, comme une pyramide, d'une figure bizarre et singulière, et qui n'est pas un ouvrage chinois, l'idée en étant toute due aux Lama.

« On a envoyé en France (à M. Bertin), avant 1789, plusieurs peintures de ces trois espèces de tours.... *Sou-chi-pa* disoit dans une ode, long-temps avant l'ère chrétienne : « Quand j'élève mes regards vers le *hou* de pierre, il me faut chercher son toit dans les nues ». *Tou-po* dit de celui de la capitale des Tang : *l'émail de ses briques dispute l'éclat à l'or et à la pourpre, et réfléchit en arc-en-ciel jusqu'à la ville, les rayons du soleil qui tombent sur chaque étage.* Le *hou* de *Lo-yang*, nommé *Y-fong*, étoit à douze étages, et avoit aux six façades de chaque étage quatre fenêtres en fleurs de nénuphar toutes dorées. Tel de ces édifices a eu 500 pieds de hauteur. Il y a eu de ces *hou* en marbre blanc, en briques dorées, en bois de cèdre et même en cuivre, au moins en partie. Le nombre des étages étoit 3, 5, 7, 9, et alloit jusqu'à 13. Leur forme extérieure varioit beaucoup, ainsi que leur décoration intérieure. Nous trouvons qu'il y en avoit qui étoient à galerie ou à balcon, et qui diminuoient à chaque étage de la largeur de la galerie ou du balcon. D'autres avoient un escalier qui tournoit tout autour avec sa rampe, et qui s'arrêtoit tantôt à une face de chaque étage, tantôt à l'autre pour faire un repos. Quelques-uns étoient bâtis au milieu des eaux, sur un massif énorme fait de rochers escarpés, où l'on faisoit croître des arbres et des fleurs, et sur lesquels on ménageoit des cascades et des chutes d'eaux. On montoit sur ce massif par des escaliers taillés grossièrement, qui tournoient autour d'un gros rocher, et passoient sous un autre, ou même au travers, par des voûtes et des cavernes imitées de celles des montagnes, et suspendues comme elles en précipices. Quand on étoit arrivé sur la plate-forme, on y trouvoit des jardins enchantés. C'est du milieu de ces jardins que s'élevoit le *Léou*, qui devoit être d'une magnificence extraordinaire, pour représenter ceux des immortels, ou être comme une grande pointe de rocher couverte, du bas en haut, d'arbrisseaux et de fleurs sauvages, qui croissoient çà et là.

« LE dernier Empereur de la Dynastie des Chang, laquelle a duré et dépassé l'an 1153 avant Jésus-Christ, fit bâtir une pyramide quarrée, dont le circuit étoit de près d'une lieue de ce temps-là, et qui avoit 10,000 pieds de hauteur. Le pied d'alors, selon les Antiquaires chinois, n'avoit au plus que six pouces d'aujourd'hui. »

CETTE élévation paroît bien considérable : l'Historien chinois, d'après lequel M. Cibot cite ce fait, sans autre déploiement de circonstances, ni de localité, mérite-t-il une confiance entière : car la hauteur de 10,000 pieds réduits à 5ooo, répond à environ 8oo et plus de nos toises ? Quelle hauteur incroyable !

Les Tartares Manchoux, ayant pris la religion des Lama, ont adopté la superstition des *Ta*, et ont fait bâtir des tours de diverses hauteurs dans les lieux qu'ils ont déterminés être convenables à procurer le bonheur, d'après leurs idées superstitieuses.

Article III. *Arcs de triomphe nommés Pay-léou.*

Les arcs de triomphe ont la plupart pour ornements, des figures d'hommes, d'oiseaux, de fleurs fort ressemblantes et travaillées à jour, qui sont comme liées ensemble par des cordons en saillie, évidés nettement, et engagés les uns dans les autres sans confusion ; ce qui montre l'habileté des ouvriers d'alors. Car on remarque que les arcs de triomphe, nouvellement érigés dans quelques villes, n'ont rien qui approche des anciens pour le talent. La sculpture y est fort épargnée, et paroît grossière ; tout y est massif, rien de vide ni d'animé.

Dans les anciens, comme dans les nouveaux *Pay-léou*, l'ordre est le même : il est bien différent du nôtre, tant par la disposition générale que par la proportion des parties. Nul chapiteau ni corniche ; ce qui a quelque rapport à nos frises, est d'une hauteur qui choque l'œil accoutumé à l'Architecture européenne ; cette hauteur est au contraire d'autant plus du goût des Chinois, qu'elle donne plus de place aux ornements qui bordent les inscriptions qu'on veut y graver.

Les arcs de triomphe ornent les rues d'un grand nombre de villes dans chaque province.

Canton, au rapport de Chambers, est décoré de plusieurs *Pay-léou*, mais ils ne sont pas beaux, et le plus passable est celui donné dans la Planche XI de son ouvrage.

M. Cibot prévient (1) qu'on ne voit pas dans les arcs de triomphe chinois, dans les portes des villes, dans les palais et les appartements de l'Empereur, nos caryatides, nos termes, nos bustes, ni nos statues; et que si l'on mettoit ce genre de décoration sous les yeux des Chinois, ils ne les adopteroient pas. Cette nation, qui a le mérite d'être originale, ajoute-t-il, n'imite qu'avec peine les inventions des autres peuples. Il faut des ordres absolus pour qu'elle s'y ploie, à l'égard des travaux que l'Empereur commande dans ses palais, et qui sont alors dirigés par quelque Européen choisi parmi les missionnaires; ou qu'étant très-épris de l'amour du gain, les ouvriers Chinois soient, comme à Canton, bien payés de tout ce qu'ils imitent venant d'Europe. Les liaisons continuelles et commerciales qu'ils ont avec les Européens adoucissent leur répugnance pour cette imitation d'objets étrangers contraires à leurs usages et à leur manière

---

(1) Duhalde, etc. Mém. des Missionn. de Pékin.

d'opérer, accréditée chez eux depuis des milliers d'années.

On voit un très-grand nombre d'arcs de triomphe, non seulement dans toutes les villes des Chinois, mais sur les montagnes, sur les collines, et le long des chemins. Ces monuments ont été érigés pour éterniser la mémoire de leurs héros, c'est-à-dire, des Princes, des Généraux, des Philosophes et des Mandarins qui ont rendu service au public, ou qui se sont signalés par de grandes actions. On en compte plus de 1100 élevés à la gloire de leurs hommes illustres, parmi lesquels il y en a près de 200 d'une grandeur et d'une beauté extraordinaire. Quelques-uns ont aussi été érigés en l'honneur des femmes illustres, qui par leur sagesse et leurs vertus, ont mérité et obtenu que leur mémoire se conservât par de pareils monuments, que l'histoire n'omet pas.

Ces arcs de triomphe ont ordinairement une porte ou trois au plus, savoir une grande au milieu, et deux plus petites aux côtés. Quelques-uns sont de bois, à la réserve des piédestaux construits en marbre; d'autres sont en pierre, et d'autres en partie de pierre et en partie de bois. Les anciens, comme on l'a dit, sont travaillés avec plus d'art et de magnificence que ceux élevés depuis la Dynastie conquérante et régnante, qui sont plus grossiers et montrent que les arts ont décliné après cette époque. On y voit des figures humaines, des grotesques, des fleurs, des oiseaux qui s'élancent en diverses attitudes, et d'autres ornements qui ont tant de saillie qu'ils paroissent presque détachés. Ces sortes d'ouvrages ont leur beauté, surtout quand plusieurs sont placés de file dans une longue rue, ou au milieu d'une grande place, ou dans la campagne, à quelque distance du chemin (1).

CHAPITRE V.

ARTICLE I. *Des Ponts, des Chaussées et Canaux.*

LES Chinois distinguent plusieurs espèces de ponts : les ponts de besoin, les ponts de commodité, les ponts de passage, les ponts de magnificence, les ponts à demeure, les ponts passagers, les ponts de fantaisie, de caprice et de curiosité. Les règles pour les construire sont très-différentes. Les ponts des trois premières espèces sont si multipliés, surtout dans les provinces du midi, qui sont arrosées de tant de de rivières, et entrecoupées de tant de canaux, qu'on n'exagéreroit peut-être pas (c'est cependant une trop forte assertion de M. Cibot) en disant qu'il y a plus de ponts à la Chine que dans tout le reste de l'univers. Combien n'en a-t-il pas fallu faire sur le canal impérial ? Les ponts de cette espèce sont, par leur commodité et leur utilité, des ouvrages dignes de la majesté de l'Empire : les uns sont en pierres ou en marbre, ou en

---

(1) Hist. Univers. 4e. XX, 217.

briques; les autres en bois ou en bateaux : ceux-ci sont connus sous le nom de *ponts flottants*. Sur le fleuve Jaune et sur le Kiang il y en a plusieurs qui l'emportent autant sur celui de Rouen que ces fleuves sur la Seine : si l'on donnoit leurs dimensions en hauteur, largeur et longueur, on ne seroit pas cru.... On ne peut s'empêcher d'admirer la hardiesse, les lumières, la prévoyance et les efforts de génie des architectes habiles qui ont dirigé ces ouvrages, et qui leur ont donné une solidité qui a résisté à plusieurs siècles. Que l'on pense à la puissance des Empereurs, qui étendoient leur sceptre jusqu'à la mer Caspienne et jusqu'à l'Inde, et l'on sera moins surpris d'entendre parler de ponts de marbre, de ponts larges de 20 toises, de ponts chargés d'ornements et de bas-reliefs jusques dans l'eau, de ponts bordés d'une double allée d'arbres, de ponts couverts d'un long pérystile par les côtés et aux deux bouts, de ponts et galeries, et surmontés d'une plate-forme, etc. Un Empereur de la Dynastie des *Soui*, en fit faire, dans la seule ville de *Sou-tcheon*, 40, dont aucun ne ressembloit à l'autre.... Les ponts vraiment utiles et dont la description mériteroit d'être faite avec soin, sont ceux qui ont été imaginés et exécutés d'un jour à l'autre, pour subvenir à la rupture d'un autre pont, remédier à une inondation, faciliter la communication d'une armée, lui ouvrir un passage, ou pour abréger le chemin des vivres qu'on lui portoit... Aussi les noms de ponts en *arc-en-ciel, en levier, en balancier, à poulies, en* coulisses, à double bascule, en compas, en fagots encrés, en poutres empaillées, en barques renversées, en cordes tendues, etc. ne sont-ils rappelés que pour les hommes de génie à qui ces noms seuls diront des choses.

Un censeur intègre n'hésita pas de faire des représentations hardies à l'Empereur *Yang-ti*, le Sardanaple de la Chine, sur l'abus des ponts qu'il multiplioit dans ses jardins pour les embellir, tandis que les plus nécessaires se détérioroient dans toutes les provinces de l'Empire (1).

Les ponts de pierres sont la plupart (2) bâtis comme les nôtres sur de grands massifs de pierres, capables de rompre la force de l'eau, et dont la voûte, pour sa largeur et sa hauteur, laisse un passage libre aux plus grosses barques. Leur nombre est très-grand à la Chine, et l'Empereur actuel n'épargne jamais la dépense, quand il en faut construire pour l'utilité publique.

Il n'y en a guère de plus beau que celui qu'on voit à *Fou-tcheou-fou*, capitale de la province de *Fo-kien*. La rivière qui passe auprès de cette ville, est large d'une demi-lieue : elle est quelquefois divisée en petits bras, et quelquefois coupée par de petites îles. Des uns et des autres on en a fait comme un tout en joignant les îles par des ponts qui, tous ensemble, font huit stades, ou lis, et 76 toises chinoises. Un

---

(1) Mém. des Miss. de Pékin, II, 537.
(2) Duhalde, tom. I, fol. 31 et suiv.

seul, qui est le principal, a plus de cent arcades bâties en pierres blanches, et garnies sur les côtés de balustrades en sculpture.

Mais le plus beau de tous est celui de *Suenotcheou* : il est bâti sur la pointe d'un bras de mer, que sans ce secours, il faudroit passer en barque et souvent avec danger. Selon Duhalde, il a 2520 pieds chinois de longueur, sur 20 de large (proportion qui paroît peu vraisemblable) (1). Il est soutenu de 252 gros piliers, 126 de chaque côté. Toutes les pierres, tant celles qui traversent d'un pilier à l'autre, que celles qui portent sur ces traversiers et qui les joignent ensemble, sont d'une égale longueur et d'une même couleur grisâtre; l'épaisseur est aussi la même.

On ne comprend pas aisément où l'on a pu trouver, et comment on a taillé tant de rochers également épais et également larges, ni comment, malgré leurs poids énormes, on a pu les placer sur des piliers assez hauts pour laisser passer de gros bâtiments qui viennent de la mer. Les ornements n'y manquent pas; ils sont faits de la même espèce de pierre que le reste du pont. Tout ce qu'on voit ailleurs est beaucoup moins considérable, quelque estime qu'on en fasse dans le pays.

Il y en a quelques-uns qui font partie du chemin percé au travers des montagnes qui en-

---

(1) Le pied chinois est de 10 pouces; et la toise de 10 pieds. Voyez ci-après le chap. VI.

vironnent la ville de *Hang-tchong-fou* : ils sont en quelques endroits d'une hardiesse incroyable; leur élévation est telle qu'on ne voit pas, sans frissonnement et sans une espèce d'horreur, le fond du précipice. Quatre cavaliers y peuvent marcher de front : chacun de ces ponts a des garde-foux pour la sûreté des voyageurs ; et l'on a bâti, à certaines distances des villages dans ces pays montueux, des hôtelleries pour leur commodité.

Ming-hoang, de la Dynastie des Tang, fit faire un pont tout de fer et de bronze : on observe dans la construction de ces monuments autant la hardiesse des Architectes que la variété et la fertilité des moyens. C'est aussi dans la construction des voûtes que les Artistes chinois déploient leur science, lorsqu'ils édifient des portes de villes et d'autres monuments publics, pour lesquels on doit désirer la solidité et la longue durée.

Voilà les grands et importants ouvrages qui ne doivent jamais être oubliés par les Princes occupés de l'avantage des peuples : l'entretien des grands chemins d'un Empire demande égament leurs soins.

Chambers avertit qu'il a donné, dans la planche VII de son ouvrage, le dessin d'un joli pont qui ornoit le jardin d'un marchand à Canton; il ajoute : « ce pont étoit tout de bois, à la réserve d'un garde-fou de brique, ou terre cuite, et des pilliers de pierres, couvertes d'un enduit de plâtre, et suivant la coutume des Chinois, bizarrement décorées de figures irrégulières. Ces ornemens ont néanmoins leur symétrie régulière, de laquelle résulte une élégance et un agrément, au premier coup-d'œil, propre à fixer avec plaisir l'attention : l'emploi qu'on en pourroit faire, dans nos jardins, réussiroit auprès des amateurs délicats ».

Nous ne voyons, d'après la lecture des relations des deux dernières Ambassades angloises et hollandoises en Chine, rien d'essentiel à ajouter aux renseignemens précédens, si ce n'est l'observation suivante de M. Staunton : « plusieurs ponts sont jetés sur des pierres encaissées dans des claies ; on les construit avec promptitude et à peu de frais. On a recours à ces encaissemens qui se confondent d'eux-mêmes, dans les endroits où l'ouvrage le plus solide ne résisteroit pas long-temps aux torrens qui se précipitent du haut des montagnes. Ces encaissemens sont de différentes dimensions, et proportionnés à l'accroissement que prend la rivière quand elle déborde..... D'autres ponts, celui nommément de *Jen-seng*, ville grande et très-peuplée, est formé de bateaux, et s'ouvre pour laisser passer les barques, les joncques, etc. Cette ville, dans la traversée paroît aussi longue que celle de Londres, et contenoit, au rapport des Mandarins, 700,000 ames (1).

Un voyageur plus récent encore, Monsieur

---

(1) Amb. de lord Macartney, tom. III, 13, et tom. II, 208.

Cossigny, très-impartial dans toutes ses assertions, dit dans son voyage à Canton (1) : « Rendons aux Chinois le tribut d'éloges qui leur est dû; ils ont été les premiers à construire des canaux de navigation et des ponts, qui sont les travaux les plus utiles que puisse entreprendre une nation. On voit l'application qu'ils ont su faire de la géométrie à ces constructions, et leur science dans la coupe des pierres ».

Le grand nombre de fleuves, de rivières et de canaux qui arrosent la Chine ; leur inappréciable utilité pour fertiliser les terres, l'abondance infinie qu'ils procurent au pays, en facilitant le transport des marchandises, de toutes les extrémités de l'Empire dans les grandes villes et dans la capitale, ont toujours fixé l'attention du gouvernement. Ainsi, soit pour contenir les inondations des fleuves, et arrêter les ravages qu'a causés le *Hoang-ho*, ou le fleuve Jaune, soit pour surveiller les bords du canal royal (*Hiu-ho*), il a fallu élever des digues de toutes espèces, et construire des écluses, des chaussées d'une grande solidité ; tous ces travaux sont familiers aux Chinois, qui en cultivent l'art depuis des siècles, et le mettent journellement en pratique. Aussi voit-on, comme le long du cours du *Pei-ho*, et partout où le besoin l'a exigé, des parapets de granit, des levées d'une grande hauteur, jointe à la solidité, et l'attention qu'on a eue, d'employer des hommes de mérite, habiles in-

_____
(1) Page 352.

génieurs en ponts et chaussées, quoique ce titre ne soit pas connu en Chine, pour opposer des boulevards aux inondations fréquentes qui ont désolé des villes et des provinces entières. M. Staunton rend justice aux Chinois, en toute occasion, dans sa relation de l'ambassade de L. Macartney, page 233. Ce savant anglois et M. Van-Braam, qui ont traversé la Chine, et qui ont eu des facilités d'examiner, de comparer, sont fort différents de quelques voyageurs intrépides renfermés dans Canton, où ils ont écrit dans leur cabinet des diatribes contre ceux dont ils n'avoient lu qu'avec passion et de forts préjugés, les ouvrages importants.

ARTICLE II. *De la grande Muraille.*

LA nature a pris soin de fortifier la Chine dans les endroits foibles où elle pourroit être attaquée. La mer, qui environne six de ses provinces, est si basse vers les côtes, qu'il n'y a point de grand vaisseau qui puisse en approcher sans se briser; et les tempêtes y sont tellement fréquentes, qu'il n'est point d'armée navale qui puisse y tenir en sûreté. Des montagnes inaccessibles s'élèvent à l'occident; et la Chine n'en est pas moins défendue de ce côté-là, qu'elle l'est par la mer et par la grande muraille.

CE fut dans des vues politiques que le fameux Empereur *Tsin-che-hoang-ti*, connu sous le nom d'*Incendiaire des livres*, se détermina, l'an 214 avant Jésus-Christ, à faire construire cette muraille célèbre, qui borne la Chine au

DE L'ARCHITECTURE DES CHINOIS. 79

septentrion, afin de renfermer les trois grandes provinces du *Pe-ke-li*, de *Chen-si* et de *Chan-si*, et de les couvrir contre les irruptions si fréquentes des Tartares, leurs redoutables voisins.

Cette muraille s'étend depuis la mer jusqu'aux extrémités de la province de *Chen-si*; elle peut avoir 500 lieues de long, et sa largeur est telle, que six cavaliers peuvent y marcher de front.

Elle est bâtie en majeure partie en briques, de même que celles qui environnent les grandes villes de cet Empire; et il y a des tours et des corps-de-garde, de distance en distance.

Deux choses font particulièrement admirer cette entreprise. La première est que dans sa vaste étendue de l'orient à l'occident, elle passe en plusieurs endroits par-dessus des montagnes très-hautes, sur lesquelles elle s'élève peu, étant fortifiée à certaines distances par de grosses tours, qui ne sont éloignées les unes des autres que de deux traits d'arbalète, pour ne pas laisser d'endroits sans défense. On ne comprend pas comment a pu être élevé à une si grande hauteur cet énorme boulevard, dans des lieux secs et arides, où il a fallu porter de fort loin, et avec des travaux incroyables, l'eau, la brique, le ciment, et tous les matériaux nécessaires pour la construction d'un pareil ouvrage.

La seconde est que cette muraille n'est pas continuée sur une même ligne, mais qu'elle forme des sinuosités en divers endroits, selon la disposition des montagnes; de telle manière qu'au lieu d'un mur, on pourroit dire qu'il y en a presque trois qui entourent cette grande partie de la Chine vers le septentrion, où elle regarde la Tartarie.

C'est ainsi que Duhalde, fort abrégé ici, a présenté les motifs et l'exécution de la grande muraille (1).

Le Père Gerbillon, qui, dans ses différents voyages en Tartarie, à la suite de l'Empereur Kang-hi, observa soigneusement ce rempart de la Chine, et plusieurs endroits où le temps avoit fait des brèches, dit que sa bâtisse est composée de deux faces de mur, chacune d'un pied et demi d'épaisseur, dont l'intervalle est rempli en terre jusqu'au parapet. Il a quantité de créneaux, comme les tours dont il est flanqué. A la hauteur de 6 ou 7 pieds depuis le sol, le mur est bâti de grandes pierres quarrées, mais le reste est de briques, et le mortier paroît excellent. Sa hauteur totale est entre 18 et 20 pieds, mais il y a peu de tours qui n'en ait au moins 40, sur une base de 15 à 16 pieds quarrés, qui diminue insensiblement, à mesure qu'elle s'élève. On a fait des degrés de brique ou de pierre, sur la plate-forme, qui est entre les parapets, pour monter et descendre plus facilement.

Nous trouvons dans une relation de la Tartarie asiatique, volume in-12, imprimé à Amsterdam

---

(1) Duhalde, I., 38 et suiv.

DE L'ARCHITECTURE DES CHINOIS.

en 1737, page 66, le détail ci-après; car il est bon d'avoir les opinions des voyageurs et des historiens.

« On prétend que cette grande muraille a en totalité plus de 350 lieues d'Allemagne en long; et il est étonnant, qu'après avoir subsisté tant de siècles, elle soit encore à présent en si bon état.

« La fondation est partout en pierres de taille, jusqu'à 6 pieds de hauteur; le reste jusqu'à la hauteur de 5 toises est en briques, de sorte qu'elle a en tout 6 *toises* d'élévation et environ 4 de largeur (1). En dehors elle est toute revêtue de pierres de taille, du moins du côté par où l'on arrive de Sélinginsk (2). Elle a quatre grandes portes de fer; savoir: celle de Léatong, de Daouré, de Leling, du Thibet, et de 500 toises en 500 toises, de grandes tours quarrées d'environ 12 toises de hauteur, qui en défendent l'entrée ».

On dit qu'elle étoit autrefois gardée par un million d'hommes, mais à présent que les Tartares de l'est obéissent à la Chine, le nombre en est infiniment moindre, et l'on se contente de garder les postes les plus importants.

C'est pour arrêter les irruptions que les Tartares faisoient en Chine que fut élevée, selon

---

(1) Cette élévation de 36 pieds paroit la plus vraisemblable, eu égard à la hauteur des tours.
(2) Selinginsk, ville de Russie, dans la Sibérie, sur la rive orientale du Sélinga, à 300 lieues de Pékin.

Prem. Part. F

le témoignage de tous les historiens (1), cette fameuse muraille, qui commence dans le voisinage du fleuve Jaune (le Hoang-ho), et qui s'étend jusqu'à la mer de Kamtzachatka. Le tiers de la nation fut, dit-on, employé à la construire, et l'ouvrage fut porté en cinq ans à sa perfection, quoiqu'il fallut pratiquer de larges voûtes pour le cours des eaux, et ménager des issues pour le passage des troupes. Lorsqu'on dit qu'elle a 500 lieues de longueur, on y comprend les espaces remplis par les montagnes, et ceux où il n'y a qu'un fossé ; car on ne doit strictement compter que 100 lieues de murs, construits partie en brique et partie en terre battue. Ils sont flanqués par intervalle d'un grand nombre de tours, suivant l'ancienne méthode de fortifier les places. Ce monument de l'activité chinoise fut si solidement établi, qu'il subsiste encore presque entier, après 2000 ans.

Le boulevard par lequel cette muraille commence à l'extrémité orientale, est, suivant les rédacteurs de l'histoire universelle (2), en grosse masse de pierre élevée dans la mer, sur un fondement de plusieurs vaisseaux, pleins de fer et de grands quartiers de pierre, qu'on a fait couler à fond, et sur lesquels l'ouvrage a été élevé, et si bien cimenté, qu'il en eut coûté la vie à l'Architecte, si l'on eut pu faire entrer un clou entre les pierres. Ce boulevard est à l'orient de Pékin et presque à la même hauteur, et d'une force

---

(1) Raynal, tom. II, 199.
(2) Hist. Univer. in-4°. XX, 211.

extraordinaire : à une petite distance, à l'occident, on trouve la première porte, nommée *Chang-hai-quan*, qui est d'une grande élévation et d'une extrême solidité ; les autres portes sont construites de la même manière, et toutes sont défendues par des forts assez grands, dans le goût des Chinois. Après cette construction les vastes Etats de l'Empire de Chine étoient protégés, ou hors d'insulte de tous côtés, et comme séparés de l'univers ; savoir : au nord, par ce nouveau rempart, à l'occident, par de hautes et inaccessibles montagnes, et par d'immenses déserts sablonneux ; enfin, au midi et à l'orient, par l'océan.

Les auteurs des différentes relations s'accordent tous sur les faits principaux qui vont être confirmés par MM. Cibot et Amiot, nos écrivains les plus récents : on y trouvera des faits historiques curieux.

Les Annales racontent, dit M. Cibot (1), comment le prince de Tchao, nommé *Ou-ling*, commença la grande muraille, l'an 303 avant l'ère chrétienne, et la conduisit depuis les confins du *Pe-tche-li* jusqu'au *Hoang-ho*, puis le prince de *Yen*, depuis le *Leao-tong*, jusqu'à la province de *Chen-si*, et encore les princes de *T'sin*, depuis *Ting-tao-fou*, jusqu'à la première entrée du Hoang-ho. Elles racontent aussi que *T'sin-che-hoang-ti* fit rétablir, compléter et joindre ces trois parties de murs, quand il eut réuni

---

(1) Mém. des Miss. de Pékin, II, 461.

tout l'Empire sous son sceptre ; mais que pour la partie qui va depuis le nord de *Ting-tao-fou* jusqu'à *Kiu-yu-koan*, à l'extrémité occidentale du *Chen-si*, elle ne fut bâtie que plus de 200 ans après, sous le règne du célèbre *Ou-ti*, des Han occidentaux.

Dans l'histoire de l'Empereur *Tsin-che-hoang-ti*, par M. Amiot (1), il est dit que ce prince, le premier de sa Dynastie, lorsqu'il fut paisible possesseur du trône, fit plutôt reconstruire que rétablir et rejoindre la grande muraille ; que l'an 214 avant Jésus-Christ il employa les bras de quatre millions d'hommes pour cet immense ouvrage, qu'il les fit surveiller par trois cent mille hommes de ses troupes, à la tête desquels étoit son général *Mong-tien*, à qui il devoit ses plus importantes victoires, et qu'on ne cessa de travailler que dix années après.

Cette opinion diffère de la précédente, mais elle se rapproche davantage, quant aux époques et aux faits principaux, du récit des autres historiens, et nous avons cru devoir les présenter toutes deux.

M. Staunton, d'après les traditions chinoises, dit que l'époque certaine de l'achèvement remonte à trois siècles au-delà de l'ère chrétienne. Il relève son admirable solidité et les travaux immenses qu'elle a occasionnés ; enfin, il la considère comme propre, faute d'autres

---

(1) Mém. des Miss. de Pékin, III, 264.

ennemis, à écarter des fertiles provinces de la Chine, les bêtes féroces qui abondent dans la Tartarie. On trouve dans le même volume des détails curieux sur la hauteur, l'épaisseur de ce mur immense, et aussi sur les tours qui le défendent, d'après les mesures prises par le capitaine Parish (1).

Le frère Attiret, comme le dit M. Amiot (2) en 1754, avoit été vivement frappé à la vue de ce long rempart de l'Empire : il trouvoit que les Missionnaires qui en ont parlé fort au long, n'en donnoient qu'une foible idée. Il s'étoit proposé d'en faire le dessin, mais ses travaux multipliés le lui permettoient-ils ? Il disoit que c'est un des plus beaux ouvrages qu'il y ait au monde, eu égard au temps où cette muraille immense a été faite, et à la nation qui l'a imaginée et exécutée.

Le frère Attiret, ou quelqu'autre Missionnaire Jésuite, a cependant rempli cette laborieuse tâche : le dessin de la grande muraille a été levé et envoyé en Europe aux Jésuites de Paris, ou à M. Rouillé, Ministre de la Marine; car M. Messier, célèbre Astronome de l'Académie des Sciences, et associé à toutes celles de l'Europe ; M. Messier, de l'Institut National, à qui l'on peut et l'on doit rendre cette rare justice, que les travaux, les succès et la réputation n'ont fait qu'accroître sa

---
(1) Amb. de lord Macartney, III, 16, 22, 25.
(2) Lett. Edif. XXIII ; 318.

modestie et l'oubli de lui-même, se rappelle très-bien qu'il y a 30 années environ, étant élève du savant Joseph-Nicolas Delisle, l'Astronome, il a copié pour lui, et certainement avec l'exactitude, la précision qu'on lui connoît, une carte immense, ou dessin sur satin, donnant l'étendue entière et tous les contours de la grande muraille. L'original a disparu, mais la copie laissée entre les mains de M. Delisle a été placée, selon l'opinion de M. Messier, dans le dépôt des plans et cartes de la Marine, mis depuis sous l'inspection de M. de Chabert.

Le P. Dentrecolles écrivoit, vers 1730, que la construction de la grande muraille étoit d'une telle solidité, qu'elle a résisté aux siècles qui se sont écoulés; qu'il n'y a d'autres ouvertures que celles qu'on y a faites à mains d'hommes, et que tout le reste, jusqu'à la cîme des montagnes les plus hautes a tenu même contre les tremblements de terre:

CHAPITRE VI.
Mesures et Poids des Chinois.

Les mesures ont ici leur place convenable à la suite de l'Architecture; mais les poids et les monnoies s'y trouvent, et nous ne détacherons rien de cet excellent mémoire qui nous a été donné par le savant Gabriel Brotier, notre ami.

Le pied Chinois.

Sous la dynastie des *Hia*, il étoit de 10

pouces; sous celle des *Chang* il étoit de 12 pouces.

Quand cette Dynastie eut pris le nom de *Yn*, le pied fut de 9 pouces.

Sous la dynastie des *Tcheou*, il fut de 8 pouces.

Sous la dynastie des *Tsing*, ou des Tartares, qui gouvernent maintenant la Chine, le pied est aujourd'hui comme il étoit au commencement, de 10 pouces.

On distingue 3 sortes de pieds, le pied de palais, celui des ouvrages publics, et celui des tailleurs.

Le pied du palais, est au pied de Paris, comme $97\frac{1}{2}$ à 100. M. de Mairan avoit reçu du père Parennin un demi-pied de la Chine, bien et duement étalonné; en le comparant avec notre pied de roi, il en a conclu que le pied de la Chine équivaut à 11 pouces 10 lignes et quatre dixièmes de ligne de notre pied. Les divisions et sous-divisions sont toutes décimales.

Le pied du tribunal des ouvrages publics, qui s'appelle *Kong-pou*, dont se servent les Architectes et les ouvriers, est d'une ligne plus court que le pied du palais.

Le pied des tailleurs pour mesurer les soieries, draps, toiles, etc. est de 7 lignes plus long que le *kong-pou*.

Ce pied des tailleurs a quelques différences dans les diverses provinces ou villes : par exemple, le pied des tailleurs est, à *Nankin*, d'un pied un pouce et sept lignes du pied de Paris, et dans la province de *Nankin* il n'est que d'un pied et un pouce.

Le Tchang, ou la toise chinoise, contient dix pieds Chinois. Le pied Chinois se nomme *tché*.

Division du pied Chinois. Le pouce est la dixième partie du pied, en Chinois, le *tsun*.

Le *ten*, le grain du gros millet, ou la ligne, est la dixième partie du pouce.

Le *ly* est la dixième partie du *fen*.

Le *hao* est la dixième partie du *ly*, ou la centième partie d'une ligne.

Le *sée* est la dixième partie du *hao*, ou la millième partie d'une ligne.

Le *hou* est la dixième partie du *sée*.

L'*ouei* est la dixième partie du *hou*.

Le *kié* est la dixième partie du *ouei*, ou la dix millième partie du *fen*.

Le Pas et le Li Chinois.

Le pas est de 6 pieds Chinois.

Le *li* à 300 pieds Chinois, et selon d'autres, 360.

Les Missionnaires évaluent continuellement dans leurs ouvrages 10 *li* à une lieue commune de France.

Le P. Gaubil a examiné avec la plus scrupuleuse attention le pied Chinois, dont se sont servi les Arpenteurs que l'Empereur avoit chargé de lever les plans de la ville tartare de *Pékin* ; il a trouvé que le pied étoit à notre pied de roi, comme 1000 à 1016. Le *li*, selon cette évaluation, est de 296 de nos toises.

DE L'ARCHITECTURE DES CHINOIS. 89

Le Mou Chinois. Le mou, ou l'arpent contient 100 pas Chinois, et le pas est de 10 pieds (1).

CENT *mou* font un *fu*, ou la portion d'un père de famille; il a encore, outre cela, 5 *mou*, ou 500 pas, pour sa maison ou son habitation.

Sous la dynastie des *Hia*, on donnoit à chaque père de famille 50 *mou*, et il payoit pour impôt le produit de 5 *mou*, c'est-à-dire la dixième partie.

Sous la dynastie des *Yn*, les terres furent divisées en quarrés. 630 *mou* formoient 9 quarrés, dont l'espace se nommoit *ching*, parce que cette figure quarrée ressemble au caractère chinois *ching*. Chacun de ces 9 quarrés contenoit 70 *mou*: huit pères de famille les cultivoient. Le quarré du milieu, qu'on nommoit le quarré public, ou le quarré commun, étoit cultivé en commun par les 8 pères de famille, et il étoit consacré à payer l'impôt. On payoit alors le neuvième. Les huit autres quarrés latéraux appartenoient à chacun des 8 pères de famille sans aucun impôt.

Sous la dynastie des *Tchéou*, on donna à chaque père de famille 100 *mou*. Dans les campagnes voisines de la métropole, on suivoit la loi de la Dynastie des *Hia*. Dix pères de famille, cultivoient 1000 *mou*. Ces 1000 *mou* étoient entourés d'un canal: on nommoit cet espace un

---

(1) Le *T'chang*, ou la toise chinoise contient 10 pieds chinois. M. de Mairan a évalué le *Pied chinois* à 11 pouces 10 lignes et 4 dixièmes de ligne de notre pied.

90 DE L'ARCHITECTURE DES CHINOIS.

keu, Dans les campagnes éloignées de la métropole, on suivoit la loi de la dynastie des *Yn* : huit pères de famille cultivoient ensemble neuf quarrés, ou 900 *mou*, qu'on appeloit un *ching*. Ces 10 ou ces 8 pères de famille, payoient pour impôt un dixième. Mais sur cette dixième portion qui payoit l'impôt, on défalquoit dans la part des 10 pères de famille, 20 *mou* pour leurs maisons et leurs jardins. Dans la part des 8 pères de famille, on défalquoit 14 *mou* sur les 70 *mou* du neuvième quarré, pour le même usage.

Le pied antique, étoit beaucoup plus court que le pied moderne. Selon le docteur *Kin-ly-Kiang*, 41 *mou* modernes, font 100 *mou* anciens.

Divisions pour les mesures anciennes des possessions chinoises.

Six pieds font un pas.
Cent pas font un *mou*.
Cent *mou* font un *fu*, ou la portion d'un père de famille.
Trois *fu* font un *uo*, ou une suite de *mou* quarrés.
Trois *uo* font un *ching*, ou neuf quarrés chacun de 100 *mou*.
Le *ching* est une figure quarrée, dont tous les côtés sont de 300 pas, ou d'un *li* : ainsi toute la figure contient 90,000 pas quarrés, c'est-à-dire, 9 *fu*, ou 900 *mou*.

Divisions pour les mesures anciennes des habitations chinoises.

Quatre *ching* font un *ye*, ou un petit hameau.
Quatre *ye* font un *tien*.

Quatre *tien* font un *hien*, ou une ville murée.

Quatre *hien* font un *tu*, ou une contrée, ou un grand quarré dont chaque côté contient 32 *li*.

Poids Chinois.

Kin, la livre chinoise : elle contient 16 onces, qui font 18 onces de la livre de France, poids de marc.

Léang, l'once chinoise, ou la seizième partie de la livre chinoise. Cette once est plus forte que celle de France, d'un gros. L'once de France ne pèse que 8 gros ; l'once chinoise en pèse neuf. Les Portugais lui ont donné le nom de Tael ; et c'est sous ce nom qu'elle est connue en Europe.

Tsien, la dixième partie du *léang* ou de l'once chinoise. Les Portugais donnent au *tsien* le nom de *mas*.

Fen, la dixième partie du *tsien*.

Li, la dixième partie du *fen*.

Hao, la dixième partie du *li*.

Quand il s'agit de poids d'or ou d'argent, la livre chinoise a plusieurs autres divisions au-dessous du *hao*.

Se, la dixième partie du *hao*.

Fou, la dixième partie de *se*.

Tchin, la dixième partie de *fou* : *tchin* signifie grain de poussière.

Yai, la dixième partie du *tchin*.

Miao, la dixième partie de *yai*.

Mo, la dixième partie de *miao*.

Tsiun, la dixième partie de *mo*.

Sun, la dixième partie du *tsiun*.

Outre le *kin*, ou la livre, les Chinois ont le *che*, ou le *tan*, qui est de 120 *kin*, ou de 120 livres : c'est la charge d'un homme fort.

Monnoie Chinoise.

Les Chinois n'ont que de la monnoie de cuivre.

Valeur du poids d'argent chez les Chinois.

Le *léang*, ou le *tael*, ou l'once chinoise, vaut 7 liv. 10 sols de notre monnoie de France: ainsi dix *taels* font 75 liv. tournois.

Le *tien* vaut 15 s. 0 d.
Le *fen*, vaut 1 . . 6
Le *li*, vaut . . . . 1 $\frac{4}{5}$
Le *Hao* vaut . . . . $\frac{9}{50}$ de denier.

Valeur du poids d'or chez les Chinois.

La valeur du poids d'or varie chez les Chinois selon que l'or est plus ou moins commun. Il est ordinairement plus commun dans les mois où les vaisseaux d'Europe arrivent à Canton.

Poids Chinois pour le blé, le riz, etc.

Tan, ou *che*.
Teu, dixième partie du *tan*.
Chin, dixième partie du *teu*.
Ho, dixième partie du *chin*.
Cho, dixième partie du *ho*.
Chao, dixième partie du *cho*.
Chua, dixième partie du *chao*.
Quey, dixième partie du *chua*.
So, dixième partie du *quey*.

Fin.

NOTES
SUR L'ARCHITECTURE DES CHINOIS.

Page 1. (*a*). Les Égyptiens n'ont pas connu les ordres d'Architecture, mais ils ont employé les pilastres et les colonnes; ils les ont ornés de chapiteaux, de bandeaux, de bases et de cannelures; ils ont profilé et décoré les entablements.

Dans l'emploi des colonnes, ils ne les ont pas regardées comme un moyen solide pour percer et aligner les espaces immenses que leurs bâtiments occupoient; mais elles leur étoient nécessaires pour soutenir leurs plafonds, puisqu'ils ignoroient absolument l'art de faire des voûtes.

Quand les bois auroient été communs en Égypte, les Égyptiens se seroient bien gardés d'en employer dans leurs bâtiments : ils employoient les pierres et vouloient qu'elles ne dussent leur force qu'à elles-mêmes et à la justesse de leur coupe : c'est pourquoi ils n'ont jamais introduit aucun métal pour la liaison de leur bâtisse.

La grandeur des pierres que les Égyptiens ont mises en œuvre est seule capable d'exciter l'admiration. Quelle patience n'a-t-il pas fallu pour les tailler; quelles forces pour les mettre en place? (*Caylus*, *Antiquités*, *Discours*, *tome 1. Paris*, 1752, in-4°.)

Les Grecs ont tiré de l'Égypte leurs premières connoissances en Architecture; mais quelle grâce, quelle perfection ne lui ont-ils pas donné, en inventant les ordres Dorique, Ionique et Corinthien, ce dernier si superbe ; en fixant les élégantes proportions de ces ordres, et donnant des modèles achevés dans tous les genres? N'admirera-t-on pas toujours la beauté, la pureté de leurs dessins dans la sculpture dont ils ont déployé les richesses?

P. 4. (*b*) Un ami aussi distingué par son goût en Architecture que par sa science de l'Antiquité, et qui n'est plus, m'a communiqué la note suivante :

« Je ne crois pas que les murs de l'enceinte des villes

eussent en général chez les Anciens l'épaisseur des nôtres, selon la manière de fortifier depuis deux cent cinquante ans. Les murs de Rome construits sous Aurélien, n'en approchent pas : ils ne sont point appuyés par des terre-pleins, comme nos bastions, nos courtines, nos demi-lunes, etc. ce qui leur donne à la crête une largeur capable de recevoir trois ou quatre voitures de front. Au reste, toutes les anciennes murailles de nos villes sont assez larges, pour qu'on puisse y monter les gardes et y faire les rondes à cheval.

P. 12. (c) Nous ne connoissons dans l'Architecture que quatre ordres à la rigueur, et on peut les appeler primitifs ; et six en comprenant le Toscan et le Composite ; l'un et l'autre connus et employés chez les anciens. Le premier, simple sans ornements, et se rapprochant du Dorique, mais avec des proportions encore plus mâles. Le second, formé à son chapiteau de l'Ionique et du Corinthien, mêmes proportions que le Corinthien pour la longueur du fût ; quelques différences dans les ornements.

P. 34. (a) OEuvres mêlées de Dutens, 1784, in-8°. p. 349. — M. Barthelemy de l'Acad. des Belles-Lettres, dans son éloquent voyage *du jeune Anacharsis en Grèce*, *Paris*, 1788, 5 *vol.* in-4°. a fait passer son souvenir des bienfaits et les noms de ses protecteurs, M. le Duc et Madame la Duchesse de Choiseul, à la postérité. L'éloge de ce savant Antiquaire survivra certainement à la gloire que ce Ministre s'est acquise dans son ministère, qui a été moins heureux par ses opérations politiques que funeste pour la France.

P. 46. (a) L'empereur *Kien-Long*, fils aîné d'*Yong-Tching* est monté sur le trône en 1736, et parvenu à un âge très-avancé, est décédé en 1797, peu après le départ de l'Ambassadeur Hollandois, M. Van-Braam. Nous avons cité ce Prince de glorieuse mémoire, dans ces petits Traités, ou *Essais*, toutes les fois que nous avons dit seulement l'Empereur.

Fin des Notes.

DES

JARDINS CHINOIS.

DES JARDINS CHINOIS.

INTRODUCTION.

L'art des Jardins est né dans l'Orient : il s'y est maintenu d'âge en âge, et après tant de siècles, nous en trouvons les principes et les règles dans les Jardins chinois. C'est aux Missionnaires, qui demeurent à Pékin dans le palais de l'Empereur, que nous en devons la connoissance.

Chambers, Architecte anglois, qui a résidé à Canton, et qui s'est instruit dans les conversations qu'il a eues avec Lepqua, peintre chinois, nous a donné quelques développements intéressants ; mais M. Cibot a puisé des documents beaucoup plus étendus de l'*Essai sur les Jardins de plaisance de la Chine*, dans les ouvrages de *Lieou-tcheou*, et dans les historiens anciens, dont les textes, si difficiles pour les Européens, lui étoient si familiers. La correspondance que j'entretiens moi-même, depuis long-temps, avec les Missionnaires de la Chine, m'a procuré quantité de détails curieux. Je réunirai toutes ces connoissances ;

je rappellerai l'origine de l'art, et j'oserai tracer sommairement le tableau des Jardins chinois.

Pour mettre de l'ordre dans un sujet riche par lui-même, en attendant que des mains plus habiles perfectionnent ce plan, j'exposerai dans les sept petits chapitres suivants :

1°. L'idée des Chinois sur les Jardins.

2°. La forme qu'ils leurs donnent, et la distribution des eaux.

3°. Les règles qu'ils suivent en traçant les Jardins.

4°. Les ornements dont ils les décorent.

5°. La différence qu'il y a entre les Jardins de l'Empereur et ceux des grands et des particuliers ; avec la description des Maisons de plaisance du Souverain et celle de ses Jardins.

6°. La construction et la forme des serres à la Chine.

7°. Le goût, la beauté et les avantages de ces Jardins.

De quelque manière qu'on envisage mes recherches, elles auront un avantage, celui d'offrir des matériaux réunis et rassemblés pour élever l'édifice.

Mais avant que de commencer la description

DES JARDINS CHINOIS.

des Jardins chinois, l'histoire sommaire des Jardins anciens et modernes, écrite en latin par le savant Gabriel Brotier, et qui termine son édition latine du poëme du P. Rapin, *vol. in-12, Paris* 1780, nous ayant donné la pensée d'en traduire librement quelques-uns des traits les plus remarquables, j'y trouverai un rapprochement qui pourra plaire à mes lecteurs; le voici :

Les Grecs, dans le beau siècle de Périclès, donnèrent de la forme et de la grâce à leurs Jardins, et ils excellèrent dans ce genre comme dans tous les arts et les sciences, qu'ils puisèrent chez les Egyptiens. Les monuments trouvés dans les ruines d'Herculanum, attestent le goût, la magnificence qu'ils portèrent d'abord dans la Sicile et dans la partie de l'Italie, appelée la grande Grèce, d'où ils les communiquèrent au reste de cette contrée. Possédant souverainement les lois et les principes de l'Architecture, qui leur doit son excellence et sa perfection (*a*); les Jardins grecs qu'ils élevèrent à Pouzol, à Naples, dans le golfe de Bayes, à Mizène, à Surentum, à Caprée, etc. étoient embellis d'édifices, de temples, de portiques, de colonnes, de statues, où les marbres paroissoient avec autant de profusion que de magnificence. Les aspects les plus délicieux y étoient ménagés pour l'étendue de la vue sur la mer, ou sur les campagnes les plus fertiles et les plus riantes. Les allées d'arbres, les fleurs de toutes les espèces, les pièces d'eaux courantes contribuoient à l'élégance des Jardins, et les galeries couvertes ouvroient des promenoirs vastes contre les ardeurs du soleil.

Les Romains vertueux alors, et occupés alternativement de la guerre et de la fertilité de leurs champs, se bornoient à la culture des grains et des légumes nécessaires à la vie; celle des arbres fruitiers et utiles firent partie de leurs travaux agricoles. Telle fut Rome pendant plusieurs siècles; mais à l'époque où Lucullus, vainqueur de Mithridate et de Tigrane, apporta dans la capitale les premières dépouilles de l'Orient, le luxe des Jardins, et celui des maisons de campagne commença, fit en peu de temps des progrès incroyables, et continua sous les Empereurs jusqu'après le règne d'Adrien.

Le grand Pompée, Jules-César, Auguste et le célèbre Marius, de l'ordre équestre, mais habile jardinier; Mécène, Salluste, Atticus et d'autres grands personnages, Sénèque ensuite, ne se contentèrent plus de leurs Jardins de Rome : les collines de Tusculum, celles voisines du Tibre, et la Campanie leur offrirent des emplacements plus spacieux, qu'ils changèrent en Jardins délicieux, où les étangs, les viviers empoissonnés abondamment furent entretenus avec de grandes dépenses. Toutes les richesses de l'Asie et de la Grèce subjugée; les belles statues, les tableaux enlevés de Corinthe et des autres villes, vinrent décorer à l'aide des artistes Grecs les superbes édifices qu'ils élevèrent. Les obélisques, les statues, les trophées convenables à un peuple victorieux du monde entier, rappelèrent les conquêtes qu'il devoit à sa valeur, et aux illustres généraux qui les avoient environné de tant de gloire.

Le poëte Manilius, qui vivoit du temps d'Auguste, et dont M. Pingré a donné, en 1786, une savante traduction françoise du poëme des *Astronomiques*, fait mention dans son livre V, page 141, des Jardins de Rome embellis par les fleurs. « La pâle violette, dit-il, déploie sa belle couleur auprès de la Jacinthe pourprée. On y voit le lys, le pavot, émule des brillantes couleurs de Tyr, et la rose dont la tendre beauté est si agréablement relevée par un beau rouge incarnat. Les côteaux sont ornés de bosquets agréables et de gazons toujours verts. Les prairies émaillées de fleurs naturelles, et les fleurs qui doivent leur beauté à la culture, rassemblées et groupées ensemble dans les parterres, offrent aux yeux des guirlandes ravissantes.

Les Empereurs qui succédèrent à Auguste portèrent à des excès difficiles à croire la somptuosité des Jardins.

Adrien, successeur de Trajan et proclamé Empereur l'an 117 de l'ère chrétienne, ne se permit pas de faire tracer ses Jardins dans Rome, mais il choisit, par respect pour les terrains dûs à l'habitation des Citoyens, à l'exemple sage de quelques-uns de ses prédécesseurs, la montagne de Tivoli. Sa maison de campagne et ses Jardins avoient 10,000 pas géométriques d'enceinte (1). On exécuta sur ses ordres ce que les siècles précédents n'avoient pas vu, malgré la profusion de Néron, et ce qu'on ne verra jamais, au rapport des historiens. Tout ce que les voyages du prince, dans les provinces

---

(1) Winkelman, Hist. de l'art de l'antiquité, trad. de l'allemand en franç. *Leipsic*, 1781, 3 vol. in-4°. *fig.* confirme cette immense étendue. — On trouvera dans le XXIIIe. vol. des Œuvres gr. in-fol. de Piranèse, le plan de la *Villa Adriana*, Collection annoncée à Paris, l'an IX.

de l'Empire, lui avoient offert de monuments et d'objets importants, il les fit élever pour embellir ses Jardins relativement à leur étendue. Les temples, les portiques, les bains, les étangs, les Naumachies, un lycée, une académie, le Prytanée des Grecs, ce que la renommée, et ce que les connoissances particulières de l'Empereur lui rappelèrent des merveilles de l'Egypte, de l'Asie et de la Grèce fut réuni à Tivoli, d'après un choix savant et éclairé. La peinture, la sculpture, les pavés en mosaïques dans les salons, tous les talents, à la voix d'Adrien, concourrurent à donner une perfection rare aux compositions qui étoient de son goût. Les chutes d'eaux des collines se précipitoient dans des réservoirs immenses, d'autres couloient sur une pente douce et répandoient la fraîcheur, favorisée encore par l'ombrage d'un nombre d'allées de grands arbres. Parmi les arbres et arbrisseaux étrangers, étoit l'arbrisseau précieux sur lequel les Arabes recueillent le baume de la Mecque, que Vespasien et Tite avoient apporté à Rome, après la conquête de la Judée.

En Europe nulle connoissance des Jardins pendant les treize premiers siècles de l'ère chrétienne. Le cardinal Hippolyte d'Est, fit revivre cet art enchanteur, vers l'an 1542. Guillaume de Porta, dont le génie contribua si puissamment à renouveler les arts et à les faire fleurir en Italie, et qui eut pour approbateur le célèbre Michel-Ange Buonaroti, aida de ses plans le cardinal d'Est. Le cardinal choisit Tivoli pour l'emplacement de ses jardins, et se mettant dans le voisinage de l'ancienne *Ville Adrienne*, il voulut imiter ou suivre, autant que ses grandes richesses le lui permettoient, l'exemple et les traces de l'Empereur Adrien ; mais il ne remplit son projet qu'en dépensant alors 500,000 livres de France, qui reviennent maintenant, si l'on considère la rareté de l'argent à cette époque, à 17,000,000. On peut juger, d'après une somme si considérable qui fut sacrifiée, des beautés, des magnificences en bâtiments, en obélisques, en statues, en monuments tirés de l'ancienne Rome, puis en chutes d'eaux, en plantations, etc. qui décorèrent ces nouveaux Jardins. Les princes de la pourpre romaine furent entraînés par cet exemple à se procurer tant de choses merveilleuses. En 1603 le cardinal Aldobrandin établit son palais et ses jardins sur la colline de Tusculum, et Jacques de Porta y déploya tous ses talents.

Puis le célèbre André le Nostre, digne d'être

né sous le règne de Louis XIV, fut le créateur de nouveaux Jardins, dont il embellit Saint-Germain, Versailles, Saint-Cloud, Chantilly, les Tuileries et les environs de Paris : ils donnèrent le ton à tous les Jardins que l'on forma en Europe jusqu'à ce que, vers le milieu du siècle dernier, les Jardins anglois, ou plutôt *Chinois*, aient changé les plans, les distributions et les décorations précédentes.

Cet épisode me ramène à mon sujet, c'est-à-dire à l'histoire des Jardins d'une Nation, qui n'a jamais puisé ses connoissances dans les lumières d'une autre, et qui ne doit qu'à elle seule, depuis 3000 ans, la composition de ses Jardins.

Fin de l'Introduction.

CHAPITRE PREMIER.

Idée des Chinois sur les Jardins (b).

Il faut un espace immense pour faire un beau Jardin chinois, à cause des différentes compositions qui doivent en faire partie. Les grands parcs d'Angleterre ne sont qu'une imitation de ceux de la Chine, et les riches particuliers de France, qui dans un terrain peu spacieux, se sont flattés d'abord de créer un Jardin anglois, et par une erreur plus grande un Jardin chinois, n'ont fait dans leurs essais que des jouets d'enfants (c). Des dessins mieux conçus, et tracés dans de grands emplacements, ont ensuite offert, soit à Erménonville, soit à Guiscard, des modèles d'un nouvel art des Jardins ; et celui de Trianon a présenté une charmante miniature dans le genre qui nous étoit inconnu. Le chevalier Temple a considéré, dans son traité des Jardins, ceux des Chinois, comme des chefs-d'œuvres de l'art, trop difficiles à imiter.

Voici les idées des Chinois, relativement à leurs Jardins. Si *Lieou*, ou d'autres Auteurs chinois, ont fourni des textes à notre savant missionnaire M. Cibot, son imagination brillante et son agréable touche, animées par les objets de comparaison qu'il avoit sous les yeux, ont embelli et secondé tous les développements qu'il a consignés dans ses ingénieux exposés des Jardins chinois. Tels sont les suivants, et ceux qui enrichiront chaque article de ce petit traité : on reconnoîtra aisément la plume qui les a tracés, et répandus dans les différents volumes des Mémoires des missionnaires de Pékin.

Lieou-Tcheou (1) va au-devant des difficultés qu'on peut se faire sur les jardins chinois, et il se demande ainsi : « Que cherche-t-on dans un jardin de plaisance ; que veut-on surtout y trouver ? Un adoucissement de la privation pénible du spectacle, toujours aimable, délicieux et nouveau des campagnes, qui font le séjour naturel de l'homme. Un jardin doit donc être l'image vivante et animée, de tout ce qu'on y trouve pour produire dans l'âme, les mêmes sentiments, et rassasier la vue des mêmes plaisirs ».

« La nature seule, sans autre parure ni ornement que la simplicité, le négligé, le désordre et l'anti-symétrie qu'elle a dans les plus belles campagnes, et qui y plaisent toujours également, paroît dans les jardins de la Chine. Les règles de l'art peuvent s'en offenser, mais les yeux en sont ravis, et l'âme la plus usée s'y trouve sensible à mille impressions de plaisir, de joie et de volupté. Un jardin chinois de bon goût, est un terrain où la beauté du local, les agréments de la situation et la variété des points de vue sont embellis par un mélange assorti, mais naturel, de côteaux et de collines, de vallées et de plaines, d'eaux courantes et d'eaux

---

(1) Mém. des Miss. Fr. de Pékin, XI, 160.

plates, de petites îles et de golphes, de bosquets et d'arbres isolés, de plantes et de fleurs, de cabinets et de grottes, de berceaux riants et de solitudes sauvages, sérieuses, et comme détachées du reste de l'Univers. On y jouit des charmes de la campagne, et des agréments de chaque saison, sans que les traces affligeantes d'un travail continuel, en émoussent ou en troublent le sentiment.

« Ne peut-on pas en appeler à la nature, et s'en rapporter à ce qu'elle enseigne à l'homme, dans des lieux où une terre fertile, une exposition heureuse, un climat tempéré la mettent à même d'étaler toutes les beautés? Les jardins de délices qu'elle forme à la Chine, ont des monts et des montagnes, qui en cherchent ou en fuient d'autres, des allées tortueuses, des arbres plantés çà et là sans ordre et sans régularité, des eaux qui prennent différentes formes, et serpentent dans les canaux qu'elles se sont creusés ou que l'art a aidé, de façon que l'œil recréé en voit le spectacle avec une satisfaction toujours nouvelle (1).

« L'art, continue l'agréable historien, se montre partout dans les jardins d'Europe, et il se cache dans ceux des Chinois. On croit ne voir qu'un endroit, que la nature s'est plu à orner et à embellir; on y voit jusqu'à ses caprices, ses négligences, ses irrégularités et ces passages rapides, dont la surprise est le premier but.

---

(1) Mém. des Miss. Franç. de Pékin, tom. VIII, in-4°. 318.

« Enfin, pour se faire une idée des jardins chinois, il faut supposer qu'en s'attachant à copier la belle nature, on cherche à réunir dans un espace borné, ce qu'elle a semé vaguement dans les scènes, et les perspectives innombrables des campagnes. On n'aime ici dans un jardin que le jardinage, et l'on en éloigne tout le faste qui n'y a pas de rapport.

« Si l'on veut se figurer à-peu-près l'effet de toutes les parties rassemblées, il faut supposer que les collines sont tellement jetées, élevées, abaissées, liées, coupées, distribuées, couvertes d'arbrisseaux, d'arbres à fleurs, de grands arbres, revêtues de gazons, hérissées de rochers, qu'elles varient entièrement la décoration des scènes. Il faut supposer aussi que la terre, qui est entre les collines et les eaux, est ornée de parterres, de vergers, de tapis de verdure, de morceaux incultes et abandonnés aux herbes sauvages. Il faut supposer encore que les rivages des eaux, qui ne sont pas en rochers escarpés, sont ici en sable et en cailloux, là en verdure, ailleurs en roseaux ; dans quelques endroits, en pente de fossé, dans d'autres en murailles, et que les eaux plus ou moins profondes, ont des cascades, des brisements, des murmures et des pièces unies comme une glace. Enfin, il faut supposer, pour terminer l'esquisse du tableau général, que les palais, bâtiments, galeries (sorte de balcons couverts qui les entourent, ou qui leur servent de communication entr'eux), sont les uns d'une magnificence de roman, les autres simplement propres, quelques-uns dans le genre le plus simple, et plusieurs même en paille, en roseaux et en bambou, comme dans les villages ». Toutes ces suppositions qui sont d'après la vérité, varient prodigieusement les scènes du jardin, et en doublent en quelque sorte l'étendue, parce que le même bosquet, par exemple, semble différent suivant l'endroit où l'on est placé (1).

CHAPITRE II.

Formes que les Chinois donnent à leurs Jardins et à la distribution des Eaux.

On cherche avant tout, dans la situation des Jardins chinois, la salubrité de l'air, la bonté de l'exposition, la fertilité de la terre, un agréable mélange de monticules et de côteaux, de petites plaines et de vallons, de bosquets et de prairies, d'eaux plates et de ruisseaux. Autant on aime à y voir des montagnes du côté du nord, pour servir d'abri, se procurer du frais en été, assurer des eaux, terminer agréablement la perspective à l'horizon, et profiter toute l'année des premiers et des derniers rayons du soleil, autant on est soigneux d'éviter que ces jardins soient dominés par des terres voisines, et ouverts à la curiosité publique.

---

(1) Mém. des Miss. de Pékin, tom. II, in-4°. 455, et suiv. — *Ibid.* 643. — *Ibid.* tom. VIII, 318.

Des Jardins Chinois.

Les collines, côteaux, monticules et hauteurs, sont presque toujours couverts en entier de différents arbres, tantôt plantés de près et serrés comme dans les forêts, tantôt épars çà et là, et isolés comme dans les champs. La teinte de leur verdure, la fraîcheur de leur feuillage, la forme de leur tête, la grosseur de leur tronc et la hauteur de leur tige, décident s'ils seront placés au nord ou au midi, au sommet, sur les flancs des collines, ou dans les gorges et les défilés qu'elles forment. Cette distribution est le chef-d'œuvre du goût, parce qu'elle doit produire les ombres et les clairs du paysage, animer ce qui seroit languissant, adoucir ici ce qui auroit trop de saillie, soutenir ailleurs ce qui paroîtroit trop isolé, cacher les étranglements, assortir les points du vue, et se prêter partout à la perspective qui tranche sur l'horizon, ou qui va se perdre dans son éloignement.

Les intérêts de chaque saison doivent être balancés et ménagés, de sorte que chacune ait son règne, et que toutes se donnent la main. Les pêchers, les abricotiers, les cerisiers à fleurs doubles, et les Bertin, ou *Yu-lan* à belles fleurs blanches odorantes, forment pour le printemps, un amphithéâtre enchanteur. On les réunit à l'abricotier sauvage, tout blanc de fleurs dans la même saison : si l'on en fait des groupes séparés, parce que cet arbre ne demande aucune culture, et qu'il se contente du plus mauvais terrain, on lui abandonne les expositions les moins favorables, telles que les gorges des collines les plus enfoncées. Les acacia, les frênes, les planes ou platanes, se voûtent en scènes de verdure et en berceaux pour l'été. L'automne (*d*) a les saules pleureurs, ou à branches pendantes, les trembles, les peupliers à feuilles satinées. L'hiver a les cèdres, les cyprès et les pins, qui conservent leur verdure.

Comme la projection des collines et des monticules est très-variée, les arbrisseaux sont pour les endroits où leur pente est plus douce, ou brusquement rompue par des avancements ou des coudes. Dans les faces qui sont coupées à pic, ou avancées en demi-voûtes, ou élevées en précipices, les rochers dont elles sont hérissées, ne laissent de l'espace que pour les arbrisseaux isolés qui en augmentent l'air sauvage, et tranchent sur leurs groupes bisarres.

Un vallon entouré de côteaux et de monticules, forme par lui-même un paysage riant et fait pour le plaisir des yeux. Plus l'enceinte en est irrégulière, échancrée et tortueuse, plus il offre de variétés, selon les divers points de vue sous lesquels on le voit.

Plus un jardin est vaste, plus il y a de petits vallons ; mais aucun ne doit ressembler à l'autre. Celui-ci est allongé comme le niveau de nos grandes allées, puis il se recourbe à une de ses extrémités pour se cacher où il finit. Celui-là s'élargit, s'étend, se déploie dans son centre et s'ouvre en issues de toutes

parts

parts. L'un se rétrécit en scènes par degrés, et va, ce semble, finir sous l'horizon ; l'autre s'arrondit en ovale, et paroît s'isoler et se détacher de tout. Les passages qui conduisent d'un vallon à l'autre, sont si négligemment disposés, que rien n'y prépare à la surprise des regards, et au doux tressaillement de l'âme, quand on découvre le bassin en entier. Comme leur enceinte s'allonge ou s'accourcit, s'étend ou se resserre, s'enfonce ou s'avance, selon l'endroit par lequel on en approche, on croit toujours les voir pour la première fois.

Les changements de chaque saison, ajoutent à l'illusion et en augmentent le plaisir, comme dans les campagnes ; mais ce n'est que par les yeux, qu'on peut comprendre jusqu'où l'on est touché, de trouver ainsi des prairies émaillées de fleurs, des champs couverts de moissons, des pièces de terre labourées, avec leurs buttes arides, leurs bornes et leurs fossés couverts de roseaux. Si l'on y rencontre quelques quarrés ou quelques bordures de fleurs cultivées, leur peu d'étendue semble annoncer que c'est une licence pour laquelle on demande grâce.

Les Chinois admettent quelquefois les décorations étudiées ; mais ils s'en passent le plus souvent, parce qu'ils possèdent supérieurement l'art d'animer le paysage de leurs jardins par les eaux qu'ils y conduisent, par la manière dont ils les y distribuent, et le parti excellent qu'ils en tirent.

Si la source d'un ruisseau est élevée et domine

Prem. Part. H

leurs vallons, ils ne l'y font descendre qu'en cascades et en gradins, c'est-à-dire, en tombant de rochers en rochers, par des détours et des chutes où il se perd, pour reparoître d'une manière d'autant plus agréable, qu'elle est plus capricieuse, plus irrégulière, et l'effet seul de la fuite.

Au défaut de cette grande ressource, ils se donnent toute la pente du terrain pour le remplir de petites chutes bruyantes, tantôt en arrêtant le cours des eaux par de petites écluses, tantôt en les faisant comme revenir sur elles-mêmes, par des détours singulièrement imaginés, pour les conduire à des canaux plus profonds.

En Europe, toutes nos pièces d'eaux sont arrondies au compas, ou alignées à l'équerre; en Chine, on n'y craint rien tant au contraire que la régularité des figures. Elles sont tellement disposées et ouvertes, qu'il semble que les eaux se soient creusées elles-mêmes leurs bassins, dont la forme est comme l'ouvrage de leur séjour ou de leur cours, et dont les bords ont été entamés par elles. Ces bassins sont quelquefois de petits étangs, des nappes qui occupent le fond d'un vallon, et qui y laissent à peine un petit sentier étranglé entre leurs rives, et les côtes roides qui les dominent: quelquefois ces bassins s'ouvrent un canal bizarrement large, étranglé, courbé, enfoncé, interrompu par des rochers, et offrent un ensemble qui charme la vue; quelquefois aussi les eaux sont comme jetées dans le milieu d'un vallon, où elles semblent n'avoir pénétré qu'avec effort, et ne s'être étendues que pour se diriger vers la digue qui les fait monter, et qui en accroît le volume : devenues plus fortes alors, elles s'échappent avec bruit et forment un ruisseau, dont les chutes, les brisants, les écarts et les retours sont une vive image des variations de la vie.

Qu'on rapproche maintenant ce qui a été dit des collines et des monticules, des vallons et des vallées, des eaux courantes et dormantes : qu'on se représente tout cela arrangé et disposé, d'après un plan tracé en imitation de la nature ; qu'on imagine non des allées applanies et espacées, symétrisées et alignées, mais des sentiers étroits et multipliés, qui s'étendent ou se resserrent, s'avancent ou se détournent, montent ou descendent, selon la forme des lieux qu'ils traversent, mais toujours si heureusement, qu'ils conduisent agréablement aux points de vue les plus riants, aux solitudes les plus champêtres, aux ombrages les plus frais, et ne trompent les premiers regards que pour préparer des surprises, et sauver à quiconque s'y promène la satiété de l'habitude.

M. Cibot (1) termine ces charmantes descriptions en disant : « Nous ne pouvons rendre que grossièrement une partie de ce que nous avons vu ; et les pensées de l'Europe sont si loin encore du goût chinois, que nous déses-

---

(1) Mém. des Miss. de Pékin, VIII, p. 317 et suiv.

pérons presque qu'on en croie une partie sur la foi de nos récits ».

M. Poivre, voyageur vraiment philosophe (1), a dit, en parlant des Chinois, avec cette vérité qui fait honneur à tout écrivain, que leurs maisons de plaisance présentent toujours des cultures utiles agréablement diversifiées; que ce qui en fait le principal agrément, est une situation riante habilement ménagée, où règne dans l'ordonnance de toutes les parties formant leur ensemble, une heureuse imitation d'un beau désordre, du désordre le plus agréable de la nature, dont l'art, relativement aux jardins, a emprunté les traits.

Qu'on me permette un épisode qui ramène, d'après les principes des Chinois, aux jardins modernes.

M. M...., Architecte de feu M. le Prince de Conti, a donné en 1776, la *Théorie des Jardins*, volume in 8°. Il est le premier qui ait posé des principes et des règles appuyés d'exemples, dans cet excellent ouvrage, pour changer entièrement l'ordre de nos jardins. Les ayant vus sous un nouveau jour, il a établi des distinctions essentielles par l'examen des terrains et de leurs sites, entre les différentes compositions qu'il présente sous les noms de *Pays*, de *Parc* et de *Jardin particulier*. Une suite de méditations de sa part, une longue expérience, une pratique agréable de la peinture, comme

―――――――――――――――――――――

(1) Voyage d'un philosophe. *Yverdon*, 1768, in-12, pag. 116.

délassement de ses connoissances en physique, et dans toutes les parties de l'histoire naturelle l'ont bien servi: d'autre part, à l'aide de ses études sur les arbres et leurs qualités, sur les effets des différentes saisons, sur les effets aussi des diverses heures du jour, et des reflets de lumière qui en résultent; sur l'ombre nécessaire à procurer dans la chaleur du midi, sur le frais communément inséparable du matin et du soir, il déploie l'art d'avoir des asiles, des repos dans les différentes époques de la journée, puis d'amener dans les possessions d'une grande ou d'une médiocre étendue, une culture utile aux propriétaires; et aux amis de la nature, les jouissances d'un sol fécond, riche ou toujours agréable. On lui doit ces précieux avantages; et il semble que ses documents, comme tous ceux portant l'empreinte des améliorations essentielles qui doivent effacer l'habitude, la routine, ou le genre foible et petit, n'ont pas encore décidé les grands jardiniers ou compositeurs de jardins à l'imiter. Son ouvrage dont l'édition est épuisée depuis long-temps, ne se trouve que de hasard. On y voit l'écrivain plein de son sujet, fertile en moyens, doué de génie, d'imagination, et dont la plume élégante se ploie par des expressions choisies et heureuses à tout ce qu'il veut traiter. Le Chantre françois des jardins, dans son poëme paré de tant de descriptions agréables, a connu et fait emploi de la théorie de M. M....

CET Architecte n'avoit pas vu les jardins anglois, quand il a publié son ouvrage: il connoissoit peu les jardins chinois, qui dès le siècle dernier, ont fourni des idées aux artistes d'Angleterre: ainsi sa manière est à lui, et provient de son fond.

Les amateurs ont pu voir les jardins d'Ermenonville, qu'il a créés, qu'il caractérise sous le nom de *Pays en partie champêtre et en partie sauvage*. C'est lui qui a fait tous les développements principaux, et donné l'effet aux différentes beautés de ce lieu, dont certains sites sont imposants, majestueux et sombres, d'autres d'une fraîcheur admirable. Les petites fabriques, les temples en plâtre, les hermitages, les vieux arbres desséchés, n'ont montré leur triste et mesquine figure, qu'après la cessation de ses premiers travaux dans ce parc, et depuis sa retraite. On a pu voir également les changements utiles qu'il a faits dans le parc de Guiscard, en le transformant sur les ordres du feu duc d'Aumont, père, qui lui avoit donné sa confiance, d'après la connoissance de ses talents. La mort de ce Seigneur a arrêté des travaux qui n'auront pas été jugés favorablement, parce qu'ils n'étoient pas terminés, et parce que l'ensemble y manquoit.

M. M...., en rassemblant les eaux dans les terrains les plus bas, pour en former des bassins de figure irrégulière, ainsi que des lacs et des rivières, a osé à l'imitation des Chinois, et cependant sans leur rien devoir, ennemi comme il l'est de la ligne et du compas, s'affranchir du soin et de la dépense de les enfermer dans des murs de maçonnerie : et quand il y a été forcé, pour plaire à l'œil et suivre de près la nature, sa maçonnerie basse a été couverte de terre, et ses longues pelouses procurant une verdure toujours amie de la vue, les eaux réunies en grande masse, ou autrement, vont, poussées par les vents, flotter sur leurs rives verdoyantes et fleuries.

Un dernier examen de l'ouvrage de M. M...., m'a démontré que ses études sur les changements des saisons, la température des heures successives du jour, sur la magie de la perspective aérienne, sur le choix des arbres et arbustes, l'époque de leur floraison et leur feuillée, et leur convenance au sol et à l'exposition, l'ont conduit directement aux procédés savants, si anciennement connus et pratiqués par les habiles jardiniers chinois, dans la formation des grands jardins. Mais nous remarquons que M. M...., plus sobre dans ses compositions, et voulant laisser à la nature les grâces variées et simples dont elle se pare, ou les brusques contrastes que les sites présentent, ne permet que des développements pour aider le genre qu'il veut traiter, sans admettre cette multiplicité de bâtiments, ni de scènes peut-être tourmentées, ni les montagnes factices dont les Chinois surchargent la grande étendue de terrain destiné aux jardins des Empereurs, étendue qui comprend ce qu'il appelle un *pays*, genre qui nécessite, comme il le dit, les plus grands talents et même le génie dans le compositeur.

Mais nous disons, à la justification des Chinois, qu'ils se sont faits leurs modèles; et qu'originaux, ils ne veulent pas en reconnoître, ni en recevoir d'autres par les étrangers. Nous disons encore qu'ils ont été grands jardiniers bien des siècles, avant qu'en Europe cet art si intéressant, ait pu contribuer à nos plaisirs.

Après mes liaisons avec M. M...., j'ai été à portée de connoître particulièrement dans M. T...., un autre architecte décorateur de jardins. Une grande facilité de dessin, une imagination vive, un coup-d'œil sûr pour bien choisir ses sites, une étude suivie de l'ancienne architecture, puisée dans les monuments grecs et romains, et une connoissance réfléchie de l'architecture gothique, légère et svelte dans son élévation, jointe à celle qu'il a acquise des mœurs et des goûts du siècle, sans adopter les caprices dont ils sont viciés, lui ont donné lieu de construire des châteaux et de belles maisons de plaisance, où sans négliger aucun des genres gradués de décoration, que l'ensemble et les détails prescrivent, il a sû conserver les ornements sobres que l'artiste, pour sa propre réputation a intérêt d'y placer.

C'est ainsi que j'ai vu M. T.... lors de la construction du château de S. B.... distant de quatre lieues de Paris, et lors de la nouvelle forme, que par un mouvement général, mais presque insensible aux yeux témoins de la métamorphose, il a donné à un ancien parc humide, clos de toutes parts, dénué de vues générales et d'air pur, triste, monotone dans ses quarrés égaux, dans ses longues allées symétriques, etc. Tout a changé sous la direction de l'artiste : l'air est devenu salubre, les aspects se sont prolongés, la campagne de dehors s'est réunie aux jardins : les côteaux et les bois qui les couronnent, les villages, les châteaux des environs et la grande route, ont fait partie de l'étendue circonscrite du terrain : la verdure de son enceinte, et les arbres par bouquets et par groupes, ne paroissent que le commencement de ce qui est séparé. Les peupliers, les ormes, les arbres fruitiers à haute tige du dedans du parc, ont fait alliance avec ceux des familles extérieures. Les rapports sont marqués : on a évité l'uniformité, mais rien n'est tourmenté. La nature seule a semblé être aidée de l'art, amener les repos, l'ombrage, les tableaux éloignés, y conduire par des chemins ou des allées sinueuses et douces, par conséquent sans coupure brusque, et concourir aux charmes des yeux pour remplir les désirs et le goût du propriétaire (1).

Un plan plus étendu, devoit amener de l'aqueduc qui vient au château, toutes les eaux suffisantes pour faire sortir du milieu des parties de bois les plus ombragés, une rivière qui auroit coupé la planimétrie trop nue des prairies en face de l'habitation, et pour procurer par quel-

---

(1) De grands malheurs ont terminé, en 1794, le cours de sa vie, remplie de traits de générosité pour les indigents.

ques sinuosités, un spectacle qui manque et que l'on regrette.

On le doit avouer, ces parcs, ces jardins, modernes fermés au public, sont susceptibles d'une infinité de sites, de dispositions et de décorations charmantes, selon l'art qui les compose, et qui évite tout ridicule, tout grotesque, et toute dissonance : ils admettent, dans leur plus ou moins d'étendue, des routes droites, et des allées sinueuses. Ces dernières sont plus agréables, en ce qu'elles servent à dérober en partie, dans certains moments des points de vue, à donner le désir de les voir et à déployer ensuite de beaux et riches tableaux. Elles doivent être fortement battues ces routes, ces allées et recouvertes d'un sable passé au rouleau et conduire aux bosquets, ou salles qu'on s'est ménagé dans l'étendue du terrain, bosquets et salles environnés d'air et de soleil. Mais que leurs milieux soient tapissés d'une belle pelouse émaillée tour-à-tour des fleurs de chaque saison ; car la verdure plaît bien davantage qu'un sable aride !

Les arbustes et les arbres à fleurs espacés suffisamment entr'eux, pour ne pas s'etouffer ni se nuire et plantés par étage, donnent de la grâce à l'amphithéâtre, à ces bosquets ou salles, invitent ceux qui s'y promènent à s'y reposer et à profiter de l'ombre qu'offre chaque heure du jour. On jouit dans un asile si délicieux du repos, sans exposer les yeux au grand éclat du soleil. Les fleurs des spiræa, des lilas, des genets des bois dont les bayes répandent avec profusion l'or mêlé à la verdure, des arbres de Judée, des ébéniers des Alpes à grande guirlande jonquille, des épines blanches, des cerisiers à grappes, des mérisiers à fleurs doubles, des boules de neige, des syringa, des catalpa, des sorbiers, des rosiers, etc. présenteront successivement, mêlés à tant d'autres arbres et arbustes de l'automne, leurs bouquets variés de nuances et de couleurs différentes. Leurs branches, en s'inclinant vers la terre, joindront leur odeur à l'odeur des plantes de la prairie : on ne respirera sur le soir que baume et parfum.

CES moyens précédents bien connus de l'habile architecte (e), devoient lui servir progressivement; mais des circonstances trop imposantes ont arrêté l'exécution du projet et des autres embellissements qu'il se proposoit de donner à ses *premières masses dans ce parc*.

~~~~~~~~~~~~~~~~~~~~~~~~~~~~

CHAPITRE III.

Règles que les Chinois suivent en traçant les Jardins, et du Point central d'où l'on doit en apercevoir toutes les beautés.

LA nature est le modèle constant des jardins des Chinois, et leur but est de l'imiter dans toutes ses belles irrégularités. D'abord ils examinent la forme du terrain, s'il est uni ou en pente, s'il y a des collines et des montagnes, s'il est étendu ou resserré, sec ou marécageux, s'il abonde en rivières et en sources, ou si la disette d'eau s'y fait sentir. Ils font une grande attention à ces diverses circonstances, et ils choisissent les dispositions qui conviennent le mieux à la nature du terrain, qui exigent le moins de frais, et qui sont les plus propres à cacher ses défauts et à faire ressortir ses avantages.

Voici les préceptes que *Lieou-Tcheou*, auteur Chinois, déjà cité, donne pour former des jardins : il les expose d'une manière très-éloquente dans son texte, ou par son traducteur, M. Cibot (1).

« L'art de tracer les jardins, consiste à y rassembler si naïvement la sérénité, la verdure, l'ombrage, les eaux, les points de vue, les variétés et la solitude des champs, que l'œil trompé se méprenne à leur air simple et champêtre ; l'oreille à leur silence ou à ce qui le trouble, et tous les sens à l'impression de jouissance et de paix, qui en rend le séjour si doux. Ainsi, la variété qui est la beauté dominante et éternelle de la campagne, doit être le premier objet de la distribution du terrain.

Quand il est assez vaste pour suffire à tous les modèles sur lesquels la nature range les collines, élève les monts, sépare les allées, étend les plaines, assemble les arbres ou les isole, fait tomber les ruisseaux en cascades, ou les em-

---

(1) Mém. des Miss. de Pékin, tom. VIII. in-4°, p. 318 et suiv.

barrasse dans mille détours, déploie les nappes d'eau ou les ombrage de fleurs aquatiques, émaille de fleurs des tapis de verdure, ou les entrecoupe de canaux, suspend des rochers en précipices, où les laisse à fleur de terre, creuse des cavernes obscures, ou forme des berceaux de feuillages; variez alors vos plans comme elle, et que le faux éclat d'un premier coup-d'œil, ne vous fasse pas tomber dans les contraintes et les assujétissements d'une symétrie aussi fatigante que monotone.

Si votre terrain resserré dans des limites plus étroites, ne vous permet pas d'y faire entrer tant de choses, faites votre choix, et assortissez ce que vous aurez adopté si naturellement que son ensemble porte l'empreinte de la simplicité, de la négligence et du caprice, qui rend la vue des campagnes si riante et si gracieuse

En quoi le génie peut-il se signaler et lutter de près avec la nature, ou même la surpasser, c'est en plaçant tellement ses collines, ses bois et ses eaux, que leur disposition en relève la beauté, en augmente l'effet, et en varie les points de vue en mille manières? Rien ne peut être grand dans un petit espace, mais rien ne doit être resserré ni contraint; et dans les plus vastes emplacements, l'harmonie seule des proportions, peut produire ce beau vrai, touchant, invariable, qui plaît à tous les yeux, sans jamais les rassasier.

Chaque climat a néanmoins ses convenances et ses besoins; et si on n'y avoit pas égard dans le choix d'un plan, un jardin de plaisance sortiroit de sa destination. Ici la sécheresse continuelle des étés, demande qu'on y multiplie sans fin les bassins, les canaux, les petites îles, et tout ce qui entretient une paisible et agréable fraîcheur. Là, pour éviter l'humidité malsaine des longues pluies, il faut que le terrain soit plus découvert, plus aéré, plus dégagé, et tellement disposé que les pentes ne permettent pas aux eaux de séjourner, et soient cependant rompues, écartées de manière que leurs courants ne causent aucun dommage.

Dans les expositions trop ouvertes aux ardeurs du soleil et de la canicule, il faut beaucoup d'ombrage, de longs arbres contre le midi, et des gorges, des défilés, des coudes adroitement ménagés pour appeler le zéphir. Dans les lieux où l'on craint les fougueuses surprises des orages et des aquilons, les vallées doivent être plus enfoncées, plus abritées et moins couvertes; et les collines élevées en biais à la direction la plus importante des vents.

A quelque choix que vous vous arrêtiez, continue le même auteur, souvenez-vous que rien ne pourra réparer la méprise de vos préférences. Si le terrain est mal disposé, la parure d'ornements superflus ne sert qu'à donner plus de saillie aux disproportions, aux disconvenances, et aux difformités qu'un plan mieux entendu auroit ou réparées ou effacées, et qu'on a eu la maladresse d'y ajouter.

Le plan du reste le mieux imaginé, ne peut

donner un beau jardin, qu'autant que la main qui en dispense les ornements, les place avec soin, les distribue avec économie, les varie avec goût, et les unit sans affectation, non pour effacer les caprices de la belle nature, mais pour en conserver les grâces et en relever l'agrément».

Les jardins chinois n'admettent pas tout ce qui est alignement, symétrie, vis-à-vis, régularité et exactitude. Les arbres dès-là, ne peuvent pas être plantés en allées continuelles, les fleurs en parterres, les eaux enfermées dans des bassins ou canaux toisés, les endroits découverts assujétis à aucune figure régulière.

On trouve quelquefois, mais bien rarement, chez les Chinois, les avenues ou les allées spacieuses des jardins des l'Europe. Le terrain est distribué en variété de scène : des passages tournans, nommés en France *tortilles*, et ouverts au milieu des bosquets, vous font arriver aux différents points de vue ; chacun desquels est indiqué par un siége, par un édifice, ou par quelque autre objet.

Si l'on est frappé à l'aspect des monticules et des petites chaînes de collines, dont les jardins de cette nation sont remplis, il faut savoir que fidèles imitateurs de la nature, leurs ancêtres ayant toujours choisi les coteaux, les collines et les montagnes, pour les plantations d'arbres fruitiers qui s'y plaisoient le plus, ils ont cru dans les jardins d'agrément, se devoir procurer, par le secours de l'art, des mêmes terrains montueux, lorsqu'ils ne les ont pas eu naturellement, et donner à leurs arbres un site de convenance, comme moyen plus assuré de les faire réussir. Les expositions sont dès-lors plus variées, plus à choix ; et leur longue expérience les a avertis de réserver pour les fonds, les arbres qui demandent des eaux ou des terres humides, comme les peupliers, les saules, etc. Par cette disposition de terrains supérieurs, l'air environne plus librement les arbres, auxquels on laisse entre eux plus d'espace que nous ne leur en donnons.

Mais l'art principal d'un habile Architecte chinois, est de se ménager dans la distribution de son jardin un point central, d'où l'on puisse apercevoir, d'un coup-d'œil général, toutes les différentes parties dont il a décoré son terrain, et qui viennent, malgré leur étendue, s'y réunir et en étaler l'ordonnance, les richesses et les variétés, quoique chaque partie parcourue séparément ait fourni un local agréable, et quoique chacune encore n'ait pas préparé à en voir une autre de tout autre goût, et de dessin différent. On conçoit aisément qu'il faut un grand talent pour déguiser ainsi sa marche, et se déployer ensuite avec tant de magnificence.

On sait que les Artistes chinois distinguent trois différentes espèces de scènes, auxquelles ils donnent les noms de riantes, d'horribles et d'enchantées. Cette dernière dénomination répond à ce qu'on nomme scène de roman, ou scène de féerie, et ils se servent de divers artifices pour exciter la surprise après l'avoir ménagée avec autant d'art que d'intelligence.

Les scènes d'horreur présentent des rocs suspendus, des cavernes obscures, et d'impétueuses cataractes qui se précipitent de tous les côtés du haut des montagnes. Les arbres sont difformes, et semblent brisés par la violence des ouragans. Quelques-uns des édifices sont en ruines, quelques autres consumés à demi par le feu.

A ce site succède communément un aspect plein de grâce; des transitions subites, et la science des contrastes étant toujours un moyen sûr pour affecter plus fortement l'âme, on voit alors avec ravissement des oppositions de formes, de couleur et d'ombres; puis on passe de vues bornées et circonscrites, à des perspectives étendues; on a devant soi un ensemble de lacs, de rivières, de plaines, de coteaux et de bois, et des masses de lumières modérées par d'autres masses plus sombres.

Le matin, le midi et le soir, ont chacun tour-à-tour leur éclat et leur jouissance, dans les différents pavillons élevés pour profiter de chacune de ces parties du jour.

Les Jardiniers chinois, attentifs à varier dans la disposition des bosquets, les formes et les couleurs des arbres, joignent ceux dont les branches sont grandes et touffues, avec ceux qui s'élèvent en pyramides: ils y entremêlent des arbres qui portent successivement des fleurs dans les belles saisons. Mais le saule pleureur est un de ceux dont ils bordent par choix les rivières et les lacs, et ils les plantent de manière

Prem. Part. I

que ses branches pendent sur l'eau, qui naturellement les attire.

Enfin, ces Jardiniers décorateurs, selon qu'ils travaillent plus ou moins en grand, considèrent un jardin, comme nos peintres habiles considèrent un tableau : ils groupent leurs arbres de la même manière que ces derniers groupent leurs figures, les uns et les autres ayant leurs masses principales et secondaires. »

Il résulte des préceptes ci-devant développés, que l'art de distribuer les jardins dans le goût chinois, est extrêmement difficile, et tout-à-fait impraticable aux gens de talents bornés. Quoique les documents soient simples et qu'ils se présentent naturellement à l'esprit, l'exécution demande du génie, du jugement, de l'expérience, une imagination vive, et une connoissance parfaite de l'esprit humain; cette méthode étant moins assujétie à des règles fixes, que susceptible d'autant de variations qu'il y a d'arrangements différents dans les ouvrages de la nature.

Chambers (1) observe que les Chinois ont moins d'habileté que les Européens dans la pratique du dessin, mais qu'ils excellent dans la disposition des jardins; que le bon goût qu'on y remarque est celui qu'on recherche avec tant de soin en Angleterre, sans y atteindre toujours, et qu'il a tâché dans son ouvrage de donner des

---

(1) Chambers, Architecture des Chinois. *Londres*, in-fol.

CHAPITRE III. 131

idées plus distinctes, dans l'espérance de pouvoir les rendre utiles aux Jardiniers.

Il n'a cependant vu que quelques beaux jardins de Canton, et ses conversations avec *Lepqua*, Peintre chinois, ont ajouté à ses connoissances ; mais comme chaque Artiste a la langue de son art, s'il avoit parcouru les superbes jardins de l'Empereur, quels développements intéressants ne nous auroit-il pas donnés à l'appui des charmantes descriptions du frère Attiret et de l'essai sur les jardins de plaisance en Chine, par M. Cibot? Dans ce genre de beautés et de pièces de comparaisons, on désire les yeux d'un peintre, ou ceux d'un architecte décorateur de jardins : M. Cibot, sans être artiste, mais plein de goût et de sensibilité, est devenu un grand peintre qui nous a transmis dans ses descriptions si animées, toutes les richesses et l'art des jardins chinois (2).

Combien d'idées, de plans et de tableaux agréables, le célèbre M. Robert, d'après l'examen des sites, n'a-t-il pas donné aux propriétaires et aux artistes, qui les ont employés pour former des jardins modernes, qui admettent nécessairement les arbres variés par leurs feuillages et leurs teintes ? Ces arbres conservant une liberté de pousse et d'extension, leur port en est plus beau, plus majestueux, selon le choix qu'on en fait (*f*). Les formes en amphithéâtre qui sont toujours employées dans les

---

(2) Mém. des Miss. de Pékin, VIII, 301 et suiv.

I 2

jardins chinois, demandent alors la préférence, parce qu'elles deviennent beaucoup plus agréables dans leur élévation successive.

CHAPITRE IV.

Ornements dont ils les décorent.

Après avoir parlé de la forme que les Chinois donnent à leurs jardins, et des règles particulières qu'ils suivent dans leur distribution, nous avons à traiter des ornements dont ils les décorent, et nous en prenons les instructions principales dans la source féconde des mémoires de M. Cibot (1).

« Les grands ornements, dit-il, sont 1°. Pour les eaux, des rives et des bords en sable, en cailloux, en grosses pierres, en coquillages arrangés sans art, ou en terre et en gazon ; des tapis de nénuphar et d'une belle plante appelée *ki-léou* ; des joncs sauvages ou des roseaux ; de petites îles en prairies ou autre verdure ; des levées, des écluses et des ponts rustiques de toutes les formes. 2°. Pour les vallons, des champs enfoncés, des terres arides, des sables, des fossés, de petites haies, des grottes, des antres, des cabinets; les uns couverts de chaume ou de feuilles de palmier ou de roseaux ; les autres ont leur toiture en grandes pierres ou en tuiles, tous d'une forme différente, gaie et

---

(1) Mém. des Miss. de Pékin, VIII.

champêtre. 3º. Pour les petites montagnes, des précipices, des gorges, des terrasses, des belvéders, des rampes et des gradins d'un agreste naïf, mais propre et gracieux; partout des amas de rochers, des pétrifications, des rocailles et des pierres fossiles, de tant de formes, et de tant de couleurs qui sont semées çà et là, comme par la main du hasard. D'autres ornements plus simples, mais d'un grand attrait s'y joignent encore. Par exemple, les pivoines en fleurs sur les bords des sentiers, parmi les rochers et dans les endroits solitaires fixent l'attention. Les Chinois éclairés dans leur choix, ne manquent pas de rassembler les arbrisseaux et les plantes qui aiment les rives, ou le milieu, la surface ou le fond des eaux: la lentille d'eau y a sa place, comme les nénuphars, le glaïeul, l'iris, le roseau, le cresson, le fenouil et la mousse la plus commune. La variété et l'utilité se trouvent réunies ».

TEL est l'ensemble général de leur décoration; mais pouvant donner un détail plus circonstancié, nous commençons par leurs rochers.

LES Chinois, au rapport de Chambers (1), surpassent toutes les autres nations dans la composition des rocs artificiels, qu'ils destinent pour leurs jardins. Ils font aussi des paysages entiers, des vases, des fleurs, des animaux, dont le prix n'excède guère les frais de la main-d'œuvre.

---

(1) Chambers, Architecture, etc. fol. 15.

Ces ouvrages forment chez eux une profession distincte. On trouve à Canton, et vraisemblablement dans la plupart des villes de la Chine, un grand nombre d'artisans employés à ce métier. La pierre dont ils se servent, vient des côtes méridionales de l'Empire : elle est bleuâtre et usée en formes irrégulières par le choc des eaux. On pousse la délicatesse fort loin dans le choix de cette pierre : tel morceau de la grosseur du poing, lorsque la figure est belle et la couleur vive, est de la valeur de plusieurs taels. Ces morceaux choisis, s'emploient alors dans les paysages, ou dans les grottes d'appartements ; les plus grossiers servent aux jardins ; et joints par le moyen d'un ciment bleuâtre, ils forment des rocs d'une grandeur considérable. L'Architecte anglois dit qu'il en a vu d'extrêmement beaux, et qui montroient dans l'artiste une élégance de goût peu commune. Quand ces rocs sont grands, on y creuse des cavernes, on y pratique des grottes, avec des ouvertures au travers desquelles on découvre des lointains. On y voit en divers endroits des arbres, des arbrisseaux, des ronces et des mousses : sur leurs sommets sont placés de petits temples et d'autres bâtiments, où l'on monte par des degrés raboteux et irréguliers pratiqués dans le roc.

Dans la description que le frère Attiret (1), missionnaire jésuite et peintre de l'Empereur *Kien-Long*, a donné du parc d'*Yuen-ming-Yuen*, ou *Jardin de délices*, il remarque que

---

(1) Lett. Edif. Rec. XXVII, p. 7.

parmi les choses les plus agréables et les plus frappantes de cette demeure enchantée, on voit s'élever à une toise ou environ, au-dessus de la surface d'une pièce d'eau immense, qu'il nomme une mer, un rocher composé d'une manière raboteuse et sauvage, sur lequel est bâti un petit palais, où cependant l'on compte plus de cent chambres ou salons; que ce palais a quatre faces, et qu'il est d'une beauté et d'un goût que l'on ne sauroit exprimer, mais qu'il a encore un bien plus grand avantage, c'est que l'architecte en a fait son point de centre, d'où l'on voit l'ensemble de toutes les parties de ce beau parc.

Ce point d'unité, nous l'avons dit, existe dans tous les beaux jardins : il n'est point une des moindres difficultés à vaincre, et il devient un des ornements les plus distingués de leur composition.

Ajoutons à cette décoration celle des ponts d'une structure ou riche ou simple, qui coupent les canaux de distance en distance : ajoutons encore un ornement inconnu ici, mais qui a son mérite. Le gouvernement Chinois ne veut pas de statues, parce que dans son antiquité il a proscrit tout ce qui sentoit l'idolâtrie et qui pouvoit y conduire. Les idoles des Miao exceptées, on n'en trouve pas une seule, ni même un médaillon dans les palais de l'Empereur, dans les places et dans les grands édifices publics, soit de Pékin, soit de toute autre ville de l'Empire; mais pour y suppléer, ainsi que M. Cibot me le marquoit dès 1770, les Chinois ont imaginé des pierres qui plaisent par leur singularité, et auxquelles le ciseau n'a pas prêté son secours. Ils en ont une infinité d'espèces.

J'ai dans mon cabinet, un Recueil de dessins de ces pierres de toutes sortes de couleurs, la plupart d'une seule pièce, d'autres amoncelées par étage, disposées en pyramides et en aiguilles : plusieurs sont irrégulièrement percées à jour, d'où sortent des eaux, et qui s'élèvent quelquefois à la hauteur de 12 à 15 pieds. Les plus petites ont au moins 4 à 5 pieds; et quand elles sont près des maisons, on les décore d'une base ou d'un piédestal en bois de couleur.

Nous préférons avec raison nos statues de marbre, qui s'animent sous le ciseau de nos habiles artistes, mais chaque gouvernement a ses principes, et chaque nation ses goûts particuliers.

Dans le parc de la maison de plaisance de l'Empereur, on a placé sur des piédestaux de marbre, des urnes pour brûler des parfums, et des figures en bronze ou en cuivre ; mais ces figures sont celles d'animaux symboliques, autrement elles en seroient exclues (1).

Les Chinois ont aussi eu le talent d'employer à l'embellissement de leurs jardins, la chute des eaux naturelles : ils ont su profiter, comme on l'a vu, des sources situées sur des terrains élevés

---

(1) Lett. Edif. Rec. XXVII, p. 7 et suiv.

pour les faire retomber en torrents, en nappes, en cascades, sur les terrains inférieurs, entretenir la fraîcheur dans leurs bosquets, charmer les yeux et procurer ce doux murmure qui laisse aux sens leur calme, et amène le recueillement des pensées suivies du sommeil. Ce n'est que sous l'Empereur régnant, que le P. Benoist, missionnaire jésuite, résidant à la cour de ce prince, a fait connoître en Chine l'art de conduire les eaux par des tuyaux souterrains, et de procurer, par l'effet du syphon renversé, dans les parties basses des jardins de l'Empereur, le spectacle nouveau pour l'Asie, des jets d'eau de toutes formes, et des gerbes à l'imitation des eaux de Versailles.

Les différents canaux qui coupent les jardins, viennent embellir la décoration générale : tantôt ils serpentent entre des montagnes factices; dans quelques endroits ils passent par-dessus des roches et retombent en cascades; quelquefois s'accumulant dans les vallons, ils y forment des pièces d'eau si considérables, qu'elles prennent le nom de lac ou de mer, selon leurs grandeurs relatives.

Les bords irréguliers de ces canaux et de ces pièces d'eau, sont revêtus de parapets qui diffèrent absolument des nôtres, dont les pierres travaillées avec art font disparoître le naturel : celles qui entrent dans la construction de ces parapets, semblent brutes et sont solidement posées sur pilotis. Si l'ouvrier emploie beaucoup de temps à les travailler, ce n'est que pour en augmenter les irrégularités et leur donner une forme plus rustique.

Sur les bords de ces canaux, les pierres dans différents endroits sont tellement arrangées, qu'elles forment des escaliers très-commodes qui conduisent aux barques disposées pour la promenade. Sur les montagnes on a poli ces pierres : telles s'y élèvent en rochers à perte de vue; et quelquefois, quoique très-solidement assises, la hardiesse de leurs saillies paroît menacer de tomber et d'écraser ceux qui en approchent. D'autres forment des grottes qui serpentant dessous les montagnes, conduisent à des palais délicieux; dans les entre-deux des rochers, tant sur le bord des eaux que sur les montagnes, on a ménagé des cavités qui semblent naturelles : de ces cavités sortent ici de grands arbres, et plus loin des arbrisseaux, couverts selon la saison de différentes fleurs : souvent on renouvelle les plantes pour qu'il y en ait toujours de fleuries. On trouve même des parties de terrains destinées à produire du blé, du riz et d'autres espèces de grains.

C'est également par une suite de l'amour des Chinois pour les choses utiles, qu'au lieu de nos charmilles et de nos tilleuls, ils plantent toutes sortes d'arbres fruitiers qu'ils ont l'art de rassembler en bouquets ou en groupes.

Il est difficile, comme me le marquoit M. Cibot dans sa lettre de 1770, déjà citée, de rien voir de plus beau que la colline des pêchers du jardin de l'Empereur, soit lorsque ces arbrisseaux qui s'élèvent à la hauteur de 4 ou 5 pieds sont en fleurs, soit lorsqu'ils sont chargés de fruits (1) : ils y produisent dans les premiers jours du Printemps, un spectacle délicieux.

Plus les autres arbres sont dépouillés, ou d'un vert pâle et foible, plus l'œil est charmé de contempler les pêchers qui s'élèvent, comme de grands bouquets de fleurs sur les collines et les rochers, ainsi que le long des sentiers et sur le bord des bassins et des canaux. Rien de ce que l'on voit en Europe, ne prépare à l'impression que fait cette multitude de pêchers en fleurs, qui embellissent à tous leurs points de vue le paysage charmant du parc de ce Prince. Les abricotiers, les cerisiers sauvages et quelques autres arbrisseaux et arbres à bouquets dont ils sont entremêlés, achèvent cette décoration ravissante.

---

(1) Ces pêchers sont sans doute des demi-tiges, ceux à haute tige et en plein vent prennent chez nous plus d'élévation.

CHAPITRE V.

Précis historique des anciens Jardins des Empereurs, et détail sur ceux de la Dynastie régnante, mais principalement sur *Yuen-ming-yuen*, appelé par les Européens le *Versailles de la Chine*.

Article I. *Précis historique des Jardins des Empereurs, et détails sur ceux d'*Yuen-ming-yuen.

L'essai sur la théorie des jardins, qui est imprimé dans les mémoires des Missionnaires françois de Pékin, nous fournit les renseignements curieux qu'on va lire; ils ne dispenseront pas de recourir à l'ouvrage même dont nous ne donnons qu'un extrait. M. Cibot à qui l'on doit ces recherches, les présente modestement sous le titre d'*Essai*, mais il contient l'histoire des anciens et étonnants jardins des Empereurs des principales Dynasties jusqu'à celle actuellement régnante inclusivement (*g*).

« Les jardins des Empereurs, dit-il, ne furent d'abord que les terres voisines de leur demeure qu'on leur cultivoit, par corvées, pour qu'ils pussent plus librement se livrer aux soins du gouvernement. On se borna à donner alors à cette culture plus de propreté et d'attention, pour témoigner son affection au père de la patrie, on y portoit ce qu'on trouvoit de plus curieux en plantes, en arbres et en grains; on y ajouta ensuite les canaux et les bassins qui en facilitoient l'arrosement. La maison de l'Empereur et le nombre de ses officiers s'étant augmentés peu-à-peu, le peuple fut chargé de leur entretien, et on ne mit plus dans ses terres que des fruits et des légumes. Mais le séjour de l'Empereur étant devenu une ville, et cette ville ayant été placée dans l'endroit dont l'abord étoit plus facile et plus commode, et le séjour plus sain, on lui porta des fruits et des légumes des cantons où ils réussissoient le mieux. La difficulté d'ailleurs d'avoir dans une ville, un terrain aussi vaste que celui de ses premières terres, l'ayant obligé de se contenter d'un moindre espace, on chercha à le dédommager du sacrifice qu'il faisoit au public, en embellissant ses jardins et en y mettant tout ce qui pouvoit les agrandir, en variant ses points de vue. Les Empereurs se lassant peu-à-peu des soins, des travaux et des sollicitudes du Gouvernement, ils s'en déchargèrent sur leurs ministres, et occupèrent leur oisiveté en cherchant des plaisirs et à les varier. Le luxe fut leur ressource : comme ils vouloient se cacher au public, ils se bornèrent à embellir leurs appartements, à se procurer des meubles rares ou précieux par le travail, et à orner tous les endroits qui étoient plus près d'eux. Un désir satisfait en allumoit cent autres : leur demeure devint un palais magnifique et immense ; il falloit que leurs jardins y pussent correspondre ; on les agrandit et on les orna graduellement.

« Les plus grands jardins, continue M. Cibot, qu'on connoisse en Occident, ne sont que des parterres auprès de celui de l'Empereur *Tsin-chi-Hoang*, l'incendiaire des livres. Il étoit situé proche de son palais d'Hien-Yang, dans la province de Chen-Si, et embrassoit 300 lis, 30 de nos lieues. Ce Prince usurpateur et conquérant, âgé de 39 ans, mourut l'année 210, avant l'ère chrétienne.

Le jardin de l'Empereur Han-Outi, conquérant dans le siècle suivant, comme *Tsin-Hoang*, tenoit à la ville de Sin-ngan-Fou, capitale de la province de Chen-si, et occupoit cinquante de nos lieues. Il étoit tellement semé de palais, de maisons, de tours, de cabinets et de grottes, que chaque vallée y offroit des scènes et des décorations, dont la magnificence épuisoit l'admiration. Trente mille esclaves étoient chargés de cultiver cette immense enceinte, et tout l'Empire devoit y envoyer pour chaque saison, ce qu'il y avoit de plus rare dans les provinces, en fleurs et en plantes, en arbres et en arbrisseaux. Ce Prince, envahissant le territoire presque d'une province, mourut âgé de 54 ans, sans laisser des regrets à ses peuples.

Ses successeurs jusqu'au VIIe siècle, renoncèrent à la vérité, à l'orgueil de convertir des contrées entières en jardins ; mais sans être immenses, ils furent encore de 18 à 20 lieues de circuit.

CHAPITRE V.

CEPENDANT encore sous Yang-ti, second Empereur de la Dynastie des *Soui*, vers l'an 606 de notre ère, ce Prince, flétri par les historiens du nom de Sardanapale de la Chine, ayant transporté sa résidence de Tchang-ngan à Lo-Yang, nommé présentement Honan-Fou, distant de 70 lieues de la première ville, fit donner à ses jardins 200 lis, ou 20 de nos lieues. Pour avoir une foible idée de son luxe, de ses magnificences et de ses recherches en tout genre, on dira qu'il faisoit suppléer aux feuilles et aux fleurs qui tomboient des arbres, par d'autres en soie, et que pour tromper tous les sens, on y ajoutoit des parfums. La mort violente de ce prince, crapuleux et prodigue dans ses goûts ainsi que dans ses plaisirs, mit fin en l'an 609, aux dépenses et à tous les monuments de luxe qu'il avoit élevés.

Sous la Dynastie des Tang, sous celle des Song et des Yuen, c'est-à-dire depuis le VIIe siècle jusqu'au XIVe, ce fut par le choix des ornements, le bon goût de la distribution, la beauté des fleurs, la rareté des arbres, le spectacle des eaux et toutes les recherches d'un luxe délicat, que l'on voulut effacer le souvenir des trop vastes jardins précédemment formés, au détriment de la nation ».

DÈS l'année 1773, M. Cibot m'avoit envoyé son manuscrit de l'*Essai sur la Théorie des Jardins en Chine*, pour le faire passer à l'Académie de Saint-Pétersbourg, dont il étoit membre : il me donnoit la liberté d'en prendre copie. J'en ai fait dans le temps quelques extraits ; et en les comparant avec ce même ouvrage, imprimé depuis dans les Mémoires des Missionnaires François de Pékin, j'ai remarqué que le morceau suivant, très-énergiquement écrit, selon la touche de l'auteur, ne s'y trouvoit pas. Je le place ici.

« Un Empereur, dont le nom doit être oublié, demandoit trois siècles pour finir ses jardins. Le patriotisme, la philosophie, la satyre même, eurent beau élever la voix pour rompre le charme d'une illusion, qui relâchoit tous les liens de la société par la haine, l'indignation et l'horreur qu'elle inspiroit contre un abus si insultant des richesses et du pouvoir. Les Censeurs de l'Empire ne s'oublièrent pas, mais ils ne furent pas écoutés, lorsqu'ils opposèrent la magnificence des scènes et des tentes des fleuristes, aux cabanes et aux huttes des colons ; les grains choisis dont on nourrissoit des poissons et des oiseaux avec le millet et le maïs du peuple des campagnes ; les innombrables sommes que coûtoient quelques arpents de terre, avec celles modiques d'une plaine immense couverte de moissons ; les dépenses qu'occasionnoient des fleurs précoces et des fruits prématurés, dépourvus de leur saveur, avec ce que donnoit l'État aux citoyens qui exposoient leur vie pour sa défense ; le nombre des veuves et des pauvres dont on auroit assuré la subsistance, en portant dans les champs les engrais choisis des parterres, avec

les

CHAPITRE V. 145

les plaisirs oiseux que venoit y chercher un amateur pécunieux, qui usoit une infinité de vies à bercer les ennuis de la sienne.

Les Tartares Mongoux s'étoient déjà emparés de la moitié de la Chine, et une nouvelle matricaire étoit un grand événement dans la capitale. On se consoloit d'une défaite en disputant sur la prééminence d'un théâtre de fleurs: on craignoit plus un orage fatal à quelques arbres, que l'invasion d'une province. Les Tartares s'avançoient vers la capitale, en faisant marcher devant eux la dévastation, la servitude et le carnage, qu'on y étoit encore occupé à sauver dans les provinces éloignées, les raretés des jardins qui avoient absorbé l'attention, et épuisé les trésors avec lesquels on auroit pu repousser les ennemis. Enfin, car nous ne prétendons ni n'oserions tout dire, on faisoit entrer dans les articles de la capitulation, que le soldat à qui on abandonnoit les greniers, les trésors et des villes entières, respecteroit des jardins et des parterres. Qu'on ne nous demande pas compte, au reste, de la route par laquelle la frivolité et la démence du luxe avoient conduit à de si grands aveuglements, une nation naturellement sage, équitable et modérée? Le passé n'offrira que de foibles leçons encore pour l'avenir, quand les puissants de la terre n'écouteront que leurs passions.

Les premières démarches du luxe sont certainement des attentats contre la chose publique et contre le renversement des lois sociales: rien

Prem. Part. K

ne doit étonner dans les excès où il conduit. Les erreurs dont il fascine les esprits sont tout à-la-fois si séduisantes et si monstrueuses, que les Tartares qui avoient délibéré de raser toutes les villes et tous les villages de la Chine, pour faire de ce vaste Empire des pâturages plus abondants pour leurs chevaux, perdirent leur bravoure dans les beaux jardins de la Dynastie des *Song*, qu'ils avoient eu l'imprudence de conserver; et prenant après leur conquête paisible, les mêmes goûts que les vaincus, ils portèrent la folie jusqu'à vouloir les surpasser : les temps s'écoulèrent, et la famine, la peste et la misère armant contre ces conquérants le désespoir des peuples, on les chassa à leur tour, et ils furent égorgés comme des troupeaux de moutons ».

Quelques Princes, au contraire, occupés uniquement de l'intérêt de leurs peuples, n'ont pas adopté ce luxe des jardins, témoin le trait suivant que nous avons dans une des lettres de notre correspondance avec l'Auteur estimable de cet Essai.

« Un des Empereurs de la Dynastie des Han, négligeoit beaucoup les jardins où son prédécesseur avoit fait entrer tant de magnificence; un de ses Ministres se hasarda de lui en parler : *Ils sont trop petits*, lui répondit ce bon Prince; *je veux faire un jardin de toute la Chine : si mon prédécesseur avoit employé en défrichemens les sommes immenses qu'il a dépensées à les gâter, bien des milliers d'hommes qui manquent de riz, en auroient abondamment.*

CHAPITRE V.

Il étoit réservé à la grande Dynastie des *Ming*, qui a commencé en 1368 (*h*), de voir plus sagement, et avec des yeux d'une politique éclairée et bienfaisante, les jardins de plaisance, et d'en fixer pour toujours la destinée dans l'Empire Chinois. Celle des *Tsing* qui occupe le trône aujourd'hui, en a adopté les principes et les conserve. On verra qu'ils doivent en être satisfaits.

Les Empereurs de la Dynastie passée, dit le P. Gerbillon (1), avoient leurs parcs et maisons de plaisance à une lieue et demie de la capitale, du côté du midi. L'endroit qu'ils avoient choisi étoit bien boisé, bien arrosé et bien aéré, pour y réunir tous les agréments de la campagne. Les Princes de la Dynastie présente n'en ont plus voulu, et ils ont fait choix, à l'ouest de Pékin, d'une plaine qui étant au pied des montagnes, a un air plus pur et des eaux plus vives.

Cette belle maison de plaisance et les jardins qui en dépendent, connus sous le nom d'*Yuen-ming-yuen*, ont été formés dans le cours de vingt années par *Yong-tching*, fils de *Cang-hi* et père de l'Empereur régnant, qui depuis les a beaucoup augmentés et embellis. Elle n'est pas plus et même moins éloignée de Pékin, que Versailles ne l'est de Paris (2). L'Empereur *Kien-*

---

(1) Lett. Edif. prem. édit. dixième recueil 415.
(2) Les Missionnaires ont varié successivement sur la distance qu'ils donnent de Pékin à cette maison de plaisance ; les derniers mémoires la réduisent à trois lieues : ils ne donnent rien d'arrêté sur le circuit ou l'enceinte des jardins, qui peut être de deux à trois lieues.

Long y passe la majeure partie de l'année. Le frère Attiret, qui a donné, dans les Lett. édif. tom. XXIV, nouvelle édition, pag. 379 et suiv. la description d'*Yuen-ming-yuen*, ou *Jardin de délices*, et des palais que ce parc renferme, les représente comme une demeure enchantée.

L'EXTRAIT suivant, très-abrégé pour éviter des répétitions, portera naturellement à recourir à cette description curieuse, et il fera voir qu'elle peint le séjour du plus puissant Prince de l'Asie.

« ON a, dit-il, élevé dans le vaste terrain de ce parc des montagnes hautes seulement depuis 20 jusqu'à 50 et 60 pieds, ce qui forme une infinité de petits vallons. Des canaux d'une eau claire, provenant des hautes montagnes qui dominent l'emplacement des jardins, arrosent le fond de ces vallons, et après s'être divisés, vont se rejoindre en plusieurs endroits pour former des bassins, des étangs et des mers (1).

» LES montagnes, les collines, leurs pentes sont couvertes d'arbres à fleurs, si communs à la Chine. Les canaux n'ont aucun alignement; les pierres rustiques qui les bordent sont posées avec tant d'art qu'on diroit que c'est l'ouvrage de la nature. Tantôt le canal s'élargit, tantôt

---

(1) L'emplacement du parc, selon les plans et dessins que nous avons eu sous les yeux, nous semble être en grande partie sur le penchant d'une longue colline aboutissant à une plaine. Ces mêmes plans nous ont montré, que de la plaine où sont réunies les eaux en plus grande masse, on monte toujours et très-haut, les terrasses se succédant les unes aux autres.

il est resserré, ici il serpente : les bords sont semés de fleurs qui sortent des rocailles, et chaque saison a les siennes.

» Outre les canaux, il y a partout des chemins, ou plutôt des sentiers qui sont pavés de petits cailloux, et qui conduisent d'un vallon à l'autre, en prenant une route tortueuse, en s'approchant des canaux, puis s'éloignant d'eux.

» Arrivé dans un vallon, on aperçoit les bâtiments. Toute la façade est en colonnes et en fenêtres ; la charpente dorée, peinte et vernissée ; les murailles de briques grises, bien taillées, bien polies : les toits sont couverts de tuiles vernissées, rouges, jaunes, bleues, violettes, qui par leur mélange et leur arrangement, font une agréable variété de compartiments et de dessins. Ces bâtiments n'ont presque tous qu'un rez-de-chaussée : ils sont élevés de terre de 2, 4, 6 ou 8 pieds. On y monte par des rochers qui semblent être des degrés faits par la nature, et auxquels la main des hommes n'a pas travaillé. Rien n'a plus de rapport à ces palais de fées, qu'on suppose au milieu des déserts, élevés sur un roc dont l'avenue est raboteuse et va en serpentant.

» Chaque vallon a sa maison de plaisance, petite, eu égard à l'étendue de tout l'enclos, mais assez considérable pour loger le plus grand de nos Seigneurs avec sa suite. Plusieurs de ces maisons sont bâties en bois de cèdre, qu'on amène de 500 lieues. L'étonnement accroîtra, quand on dira qu'il y a dans les différents vallons de cette vaste enceinte plus de 200 de ces palais, sans compter autant de maisons pour les Eunuques : car ce sont eux qui ont la garde de chaque palais, et leur logement est toujours à quelques toises de distance. Les bâtiments sont séparés entr'eux par des canaux et des montagnes factices.

» Les canaux sont coupés par des ponts de formes très-variées et tels que nous les avons décrits : les balustrades de quelques-uns de ces ponts sont en marbre blanc travaillé avec art, et sculpté en bas-relief ; plusieurs vont aussi en tournant et en serpentant.

» On a dit que les canaux vont se rendre et se décharger dans des bassins, des étangs, des mers. Il y a en effet un de ces bassins qui a près d'une demi-lieue de diamètre en tout sens.

» Au milieu de cette mer s'élève sur un rocher un petit palais (et c'est le point de centre mentionné précédemment, chap. III et IV), que l'Architecte a choisi pour que l'œil découvre toutes les beautés de ce parc, qui dans le cours de la promenade ne peuvent être vues que l'une après l'autre. Là le spectacle est entièrement déployé, et la grande décoration se découvre : on a l'aspect de toutes les montagnes qui s'y terminent, de tous les canaux qui y aboutissent, pour y porter ou recevoir leurs eaux, de tous les ponts qui sont vers l'extrémité ou à l'embouchure des canaux, de tous les pavillons et arcs de triomphe qui ornent ces ponts, de tous les bosquets qui séparent ou couvrent les

Chapitre V.

palais : l'effet que cet ensemble présente est admirable.

» Les bords de cette grande étendue d'eau offrent une variété unique ; savoir : quais de pierres de taille, où aboutissent des galeries et des chemins ; quais de rocaille construits en espèces de degrés ou belles terrasses, et de chaque côté un degré pour monter aux bâtiments qu'elles supportent ; puis d'autres terrasses supérieures avec d'autres corps-de-logis en amphithéâtre ; des bois d'arbres à fleurs, plus loin un bosquet d'arbres sauvages qui ne croissent que sur les montagnes les plus désertes ; enfin des arbres de haute futaie, asile toujours ombragé....

» On parcourt les plus grandes pièces d'eaux sur de magnifiques barques, et telle de ces barques est souvent assez spacieuse pour tenir lieu d'une belle et grande maison ».

Lorsque l'Empereur donne des fêtes, ces barques sont illuminées de même que les palais, les pavillons, les arcs de triomphe, les quais, les grottes, etc.

C'est dans ces jardins que le P. Benoist, pour plaire à l'Empereur, a déployé tous ses talents dans la science hydraulique. Le Prince avoit fait construire une maison européenne sur les dessins et sous la direction du frère Castiglione ; et selon que nous l'apprend M. Amiot, il voulut en orner de jets d'eau l'intérieur et les dehors : l'exécution en fut commise au P. Benoist, qui, dès 1747, deux années après son arrivée de France à Pékin, se livra tout entier à ce soin (1). A force de travaux, de peines, de patience et d'obstacles vaincus, cet habile et modeste Missionnaire est parvenu à faire exécuter, depuis 1750, la belle machine du Val Saint-Pierre, à l'aide de laquelle, comme grand réservoir, il a fourni les fontaines, les cascades et les jets d'eau les plus variés et les plus agréables, qui embellissent les environs de cette maison, qu'on appelle le *Versailles de la Chine*. Nous aurons occasion de revenir incessamment à ces jardins.

Quand le frère Attiret, en 1748, envoya en France la description du parc d'*Yuen-ming-yuen*, ces eaux jaillissantes sous toutes sortes de formes et beaucoup d'autres embellissements n'existoient pas (2).

La bâtisse de la première maison Européenne ayant eu un plein succès, l'Empereur désira une seconde maison, et on lui fit, pour varier ses jardins, un pavillon à l'Italienne. On l'orna de très-belles eaux : il y a des pièces d'un fort bon goût ; et la grande soutiendroit le parallèle de celles de Versailles et de Saint-Cloud. Lorsque l'Empereur est sur son trône, il voit sur les deux côtés deux grandes pyramides d'eau avec leurs accompagnements, et devant lui un ensemble de jets d'eau distribués avec art et donnant un jeu qui représente l'espèce de guerre

---

(1) Lett. Edif. tom. XXIII, 361. — Ibid. XXIV, 420.
(2) — *Ibid.*

que sont sensés se faire les poissons, les oiseaux et les animaux de toute espèce qui sont dans le bassin, sur les bords et au haut des rochers, placés ce semble par hasard et formant un hémicycle d'autant plus agréable qu'il est plus rustique et plus sauvage.

Les Chinois ont personnifié les 12 heures du jour par 12 animaux : en conséquence de cette admission, le P. Benoist imagina d'en faire une horloge d'eau continuelle, en ce sens que chaque figure vomit un jet d'eau pendant ses deux heures, et il a placé ce buffet hydraulique au bas de la seconde maison : ce fut un des travaux qui lui coûta le plus de peines.

M. Amiot (1) donne à entendre qu'il n'est pas décidé que le goût de l'Europe, pour les jardins, soit le meilleur, et encore moins qu'il doive être exclusif. Il ajoute, pour appuyer sa réflexion, que les jardins de l'Empereur sont dessinés sur un autre plan que ceux de Versailles, ornés d'une manière différente, distribués suivant des vues plus simples et plus naturelles, mais qu'on ne les a jamais assez vus, parce que l'on n'y voit que la nature aidée, corrigée, embellie, si on le peut dire ainsi, et parée de sa simplicité.

On avouera qu'une pareille simplicité a dû occasionner des dépenses immenses, et qu'elle ne peut être employée que par de grands Princes.

L'amour qu'on a ici pour la nouveauté, joint

---

(1) Mém. des Miss. de Pékin, X, 361.

à l'abandon que l'on fait de tout ce qui a paru beau et majestueux dans le siècle passé, ainsi que la perte du goût national, dont on s'éloigne journellement pour imiter follement l'étranger, après lui avoir servi si long-temps de modèle, a décidé et décidera bien des personnes en faveur des jardins chinois et anglois. Mais au moins qu'on pose en principe dans nos mœurs, si l'on veut encore en avoir, que tout jardin public demande pour la conservation de la décence et le maintien du bon ordre, une distribution ouverte, spacieuse et telle que le plus habile Architecte des jardins, le célèbre le Nostre, les a tracés et exécutés, en variant toujours ses plans sur le terrain qu'on lui donnoit.

Qu'on observe encore que les Princes du sang, les Ministres d'Etat en Chine n'entrent point dans les jardins de l'Empereur, et qu'il n'y a que ceux qui forment sa maison qui aient cette permission. Quelquefois ce Prince y invite, soit pour la comédie, ou pour quelque autre spectacle, les Princes du sang, les Rois tributaires, etc. mais ils y sont conduits à l'endroit auquel ils sont invités, sans qu'on leur permette de s'écarter et d'aller voir d'autres parties des jardins.

Le Traducteur de l'ouvrage intitulé : *l'Art de former les jardins modernes, ou l'Art des jardins anglois*, vol. in-8°. publié en 1771, a inséré dans son discours le chapitre entier de Chambers, sur l'art des Jardins chinois, et il dit ensuite : « Qu'il croit que le merveilleux de ces jardins offre trop d'objets magnifiques, pour que l'imagination s'y peigne une solitude, et que tant de richesses étonnent plus qu'elles ne plaisent, qu'elles excluent toute idée d'un séjour de paix et de bonheur ».

CETTE réflexion peut tomber à faux, si l'on considère que la grandeur du terrain occupé par ces jardins, et que les variétés infinies qu'ils offrent doivent nécessairement attacher les yeux : si l'on examine encore qu'en rentrant toujours dans nos idées, et faisant la censure du goût des Chinois, l'objection du Traducteur peut bien s'appliquer à nos grands Seigneurs seulement, ou aux personnes très-opulentes, qui, vivant comme eux, se fuient continuellement et craignent mortellement la solitude et l'ennui. Mais il en est tout autrement du Souverain de la Chine, qui n'a point de spectacle, et qui ne se montre que dans l'appareil le plus majestueux du trône; qui a besoin dans ses délassements après un travail pénible avec ses Ministres, et dans le peu de moments libres qui lui restent chaque jour, non d'une solitude, mais d'un parc où tous les genres de beauté se rassemblent, et lui présentent ce que ses richesses permettent, ou ce que ses goûts particuliers peuvent lui faire désirer (*i*).

A certains temps de l'année, des foires et une multitude de boutiques ouvertes, dont les marchands sont des Eunuques du palais, offrent de riches étoffes, des porcelaines magnifiques, des bijoux et des marchandises des différentes parties du monde, étalées dans ces jardins. C'est le spectacle de ce qui se passe dans une grande ville, et dont, par les ordres du Prince, on rassemble sous ses yeux et sous ceux de sa cour, les variétés. Le public n'en jouit pas, mais le maître d'un si grand Empire, soumis aux lois qu'il impose, doit avoir ses amusements, d'autant plus intéressants pour lui, qu'il a le plaisir de donner à ses femmes, aux grands, admis par lui à cette fête, une grande partie des objets rares que les boutiques contiennent.

La relation récente de l'Ambassade Hollandoise (1), nous donne les descriptions suivantes, d'après l'aperçu des jardins d'*Yuen-ming-Yuen*. « Une montagne, dont le travail semble retracer dans le lieu le plus éminent du parc, l'entreprise des géants qui vouloient escalader l'olympe; du moins les rochers venus de loin et accumulés les uns sur les autres, en rappellent la fable à l'esprit. La réunion des bâtiments et des embellissements pittoresques de cette montagne, et la montagne elle-même, forme un tableau dont il est impossible de faire partager l'effet; sur la cîme de ce mont gigantesquement entassé, et d'où l'on a la vue de la plus belle campagne jusqu'à Pékin, sont deux pavillons quarrés et ouverts, symétriquement construits, dont les toits sont couverts et décorés de tuiles jaunes, vertes et bleues vernissées, formant des compartiments

---

(1) Relat. de l'Amb. Holl. tom. I, in-4°. 224, 227, 228, 250.

aussi agréables qu'imposants. Un cabinet de l'Empereur qui a tous ces objets pour perspective, fait avec raison ses délices. Combien, continue l'historien, nous nous sommes applaudis d'avoir eu la vue du superbe canal, formant plusieurs sinuosités à travers un bois dans un sol égal! Ses bords garnis de rochers, employés au lieu de briques ou de pierres, ont pris, sous la main de l'homme, une forme qu'ils ne paroissent tenir que de la nature. Quel plaisir on doit goûter dans la belle saison, en naviguant sur cette eau tranquille dans un yacht léger (une barque), sous l'ombre propice des arbres, qui dans ce moment ne font qu'attrister la vue, (étant dépouillés de leurs fleurs et de leurs feuilles variées à l'infini)! Combien nous nous sommes applaudis d'avoir eu la liberté de voir cette partie de la maison de plaisance du Prince, laquelle nous avoit été inconnue jusqu'à ce jour! et cependant nous n'avons pas aperçu la vingtième partie de tous les bâtiments que renferme *Yuen-ming-Yuen :* car l'on m'a assuré que la circonférence totale de ce séjour enchanté, est de près de 300 lis, ou 30 lieues (1). Je cède à mon impuissance d'écrire ; mais pour conserver le souvenir de mon admiration, j'ai cherché à

---

(1) M. Cossigny dans son voyage, pag. 335, en citant la relation de M. Van-Braam, et les 300 lis, ou 30 lieues de tour qu'il donne à l'enceinte des jardins d'*Yuen*, dit que cela est incroyable. Il a raison ; nous avons lu 30 lis, ou 10 lieues, ce qui est encore d'une trop grande étendue, peu conforme aux relations sur lesquelles on peut compter.

me procurer des plans, et jusqu'à présent mes efforts ont eu peu de succès ».

Article II. *Des Maisons de plaisance des Empereurs, et de celles situées à* Yuen-ming-Yuen : *éclaircissements sur le même Parc, et description d'*Ouan-cheou-chan.

Les maisons de plaisance de l'Empereur, ses palais même contribuant autant à embellir ses jardins, que ceux-ci donnent de grâces à ses bâtiments, et les relations parlant des uns et des autres, sans les séparer, on a tâché dans cet Essai de présenter d'abord dans l'article précédent l'ensemble des jardins, et de donner ensuite dans les articles II, III et IV, le plus de détails qu'on a pu réunir sur les bâtiments.

A quelques lieues de Pékin, selon que l'écrivoit le P. Gerbillon, en 1705, on voit la maison de plaisance des anciens Empereurs. Elle est d'une étendue prodigieuse ; car elle a bien de tour 10 lieues communes de France, et elle diffère en tout des maisons royales d'Europe. Il n'y a ni marbre, ni jets d'eau, ni murailles de pierres. Quatre petites rivières d'une belle eau l'arrosent : leurs bords sont plantés d'arbres : on y voit trois édifices fort propres et bien entendus. Il y a plusieurs étangs, des pâturages pour les cerfs, les chevreuils, les mulets sauvages et autres bêtes fauves ; des étables pour les troupeaux, des jardins potagers, des gazons, des vergers, et même quelques pièces ensemencées :

en un mot, tout ce que la vie champêtre a d'agrément s'y trouve.

Les Dynasties, en se succédant, ont voulu d'autres dispositions. Les marbres décoroient d'ancienne date leurs palais et leurs maisons; mais depuis le milieu de ce siècle, les jets d'eau ont contribué à embellir et rafraîchir leurs jardins. Parmi le grand nombre des maisons de ce genre, que possède l'Empereur Kien-Long actuellement régnant, nous parlerons d'abord de celle d'*Yuen-ming-Yuen*, qui est la plus connue en Europe, puis de quelques autres dont on nous a envoyé des relations qui ne se trouvent pas dans les ouvrages imprimés.

La maison de plaisance d'*Yuen-ming-Yuen*, qu'*Yong-Tching*, père de *Kien-Long*, a fait bâtir dans le voisinage de celle que *Kang-hi*, son père, avoit à *Tchang-tchun-Yuen*, fut endommagée par le tremblement de terre du 30 novembre 1731, à un tel point qu'elle ne put être réparée qu'en y employant des sommes immenses.

Elle est située nord-ouest, et placée au milieu d'un bourg qui contient plus d'un million d'habitants : elle a différents noms, comme on le voit ; nouvelle édition des *Lettres édifiantes*, tom. XXIV, Lettre du P. Benoist, p. 379.

La partie de ce bourg, dans laquelle les Missionnaires françois ont une petite habitation, pour y loger ceux d'entr'eux qui sont occupés à travailler dans le palais de l'Empereur, s'appelle du nom du bourg entier, *Hai-tien*. La maison de plaisance du Prince, composée d'une suite de palais, plus ou moins grands, plus ou moins magnifiques, et dont quelques-uns sont des *Léou*, ou des bâtiments à plusieurs étages ; d'autres des pavillons dans le goût françois et dans le genre italien, se nomme *Yuen-ming-Yuen*, ou jardin d'une clarté parfaite. La maison de l'Impératrice, mère, qui se nommoit *Hiao-cheng*, tout près de celle de S. M. s'appelle *Tchang-chun-yuen*, c'est-à-dire, jardin où règne un agréable printemps. Une autre maison de plaisance, peu éloignée de celle-ci, se nomme *Ouan-cheou-chan*, ou montagne d'une longue vie ; sa description sommaire se trouvera dans l'article III. Une autre à quelque distance de-là, est nommée *Tsing-ming-yuen*, jardin d'une brillante tranquillité.

Au milieu de la maison de plaisance de l'Empereur, est une montagne appelée *Yu-tsiuen-chan*, montagne d'une source précieuse : effectivement cette source fournit de l'eau à toutes les maisons précédentes, et encore à un canal jusqu'à Pékin ; mais depuis que Kien-Long a fait couvrir toute cette montagne de magnifiques édifices, cette source quoiqu'abondante encore, est diminuée de moitié.

A l'entrée des jardins est placé le *Jou-y-koan*, bâtiment où travaillent les peintres Chinois et Européens, ainsi que les Horlogers François qui y font des automates ou différentes machines,

machines, et des ouvriers en pierres précieuses et en ivoire. Outre ce laboratoire intérieur, qui est visité de temps en temps par l'Empereur, il y a autour du palais un nombre d'autres laboratoires de toutes espèces, où beaucoup d'ouvriers sont continuellement occupés à toutes sortes d'ouvrages pour l'ornement du palais, qui comme on l'a dit, est d'une étendue immense, et réunit dans son intérieur ce que les quatre parties du monde ont de plus recherché et de plus curieux. L'atelier des ouvriers occupés à travailler en carton ne doit pas être oublié, car ils font ces sortes d'ouvrages avec une propreté qui surprend.

Chaque année l'Empereur, après avoir passé les trois premiers mois à Pékin, se rend au commencement du printemps avec toute la cour à *Yuen-ming-Yuen*, dont l'air est plus pur que celui de la capitale. Il y fait sa résidence le reste de l'année, à l'exception de l'automne qui est le temps de ses chasses en Tartarie, et de petits voyages qu'il fait à Pékin, lorsqu'il y est appelé par quelque cérémonie, mais la cérémonie finie il retourne à sa maison de plaisance.

Le parc de Géhol (1), qui est le *Fontainebleau*, ou la maison de chasse de l'Empereur dans la Tartarie, contient 36 palais, dont nous avons les planches ou gravures légèrement colo-

---

(1) Les descript. des palais de Géhol sont plus amples dans le *Voyage de M. Huttner*, pag. 250, que dans les autres relations précédentes.

Prem. Part. L

rées : elles forment un volume mince, *in-4°. oblong*, que le P. d'Incarville avoit envoyé de Pékin en 1751, à M. G... mais sans aucune explication des édifices.

La lettre suivante de M. Bourgeois, en date de Pékin, octobre 1786, nous a donné, selon nos demandes, des éclaircissements importants et nécessaires, pour suivre mieux la description de la maison d'*Yuen-ming-Yuen*, par le frère Attiret : elle fournit en même temps des explications sur l'éloge du P. Benoist et de ses travaux hydrauliques : on trouvera (comme nous l'avons dit), la description et l'éloge entier dans les Lettres édifiantes.

« *Hai-tien* est un gros bourg, éloigné d'environ deux lieues (k) du palais qui est au centre de la ville tartare de Pékin. On peut y aller par deux des neuf portes, celle du Septentrion et celle de l'Occident : ces deux portes en sont à-peu-près à égale distance, c'est-à-dire à une lieue et demie. L'Empereur sort ordinairement de Pékin par la porte de l'Occident : de cette porte à *Hai-tien* et au parc de ce Prince, qui lui est contigu, il y a un chemin de pierres qui seroit superbe, s'il étoit construit avec solidité, mais il se gâte presque aussitôt qu'il est réparé, parce que les pierres de taille dont il est pavé sont mal posées, et qu'elles ne tardent pas à se déranger.

» La population d'*Hai-tien* peut monter à cinquante mille habitants ; ce n'est pas un bel endroit, il n'a de passable que quatre ou cinq rues qui conduisent au parc de l'Empereur, où est *Yuen-ming-Yuen*. Ce parc est d'une enceinte d'environ deux lieues, sans compter une autre enceinte fort vaste, nommée *Ouan-cheou-chan*, où alloit quelquefois le père de l'Empereur régnant, et dont la description terminera ma lettre.

» C'est dans sa circonférence de deux lieues (et selon d'autres relations, d'une lieue de tour), que sont renfermés, non seulement les palais de Kien-Long et ses maisons de plaisance, mais encore les trois autres palais dont parle le frère Attiret, et en particulier celui où logeoit l'Impératrice, mère, avec toute sa cour.

» Vous verrez donc, M., 1°. qu'il ne s'agit pas de trois ou quatre palais : car je vous envoie les planches, *gravées en bois*, de cinquante maisons impériales (1) qui sont toutes situées dans le même endroit, dont *Yuen-ming-Yuen* n'occupe qu'une partie. Cependant comme c'est à *Yuen-ming-Yuen* que l'Empereur se plaît le plus, et que c'est-là qu'il a fait bâtir des palais où il demeure quand il n'est pas à Pékin, on donne à toute l'enceinte le nom de *Yuen-ming-Yuen*.

» Nous avons, comme vous le savez, une maison à *Hai-tien* pour nos Missionnaires artistes, qui sont obligés d'aller tous les jours au *Jou-y-quoan*, quand l'Empereur est à *Yuen-*

---

(1) J'ai gardé les 5o planches gravées en bois : elles sont de format grand in-4°.

ming-Yuen. Jou-y-quoan, signifie maison d'amusement : l'endroit où logent nos pères à *Hai-tien*, n'est qu'à un pas de l'extrémité méridionale du parc : c'est-là précisément qu'on voit le palais bâti autrefois par Kan-hi, et habité ensuite par l'Impératrice mère. Pour se rendre au *Jou-y-quoan*, les Missionnaires parcourent le côté oriental du parc pendant une demi-heure : l'Empereur y va souvent pour se délasser. De-là aux maisons Européennes, qui sont comme le *Jou-y-quoan*, dans le terrain proprement dit *Yuen-ming-Yuen*, il y a plus d'un quart-d'heure de chemin. C'est dans ce quartier seul que l'on voit des jets d'eau, des gerbes, des cascades, des nappes, etc. ailleurs il n'y en a pas.

» L'Empereur est sur son trône, partout où il est : chaque maison européenne en a un : ce trône consiste en une grande estrade ornée et élevée de quelques degrés. Ci-devant je vous ai envoyé le revêtement ou la garniture, en étoffe jonquille et brodée, de ces trônes, fauteuils ou canapés : elle est composée de cinq morceaux, etc.

» Vous jugerez mieux de ces maisons européennes bâties à *Yuen-ming-Yuen*, par les XX grandes planches gravées qui les représentent, que je vous envoie. C'est le premier essai de gravure sur cuivre fait en Chine, sous les yeux et par les ordres de l'Empereur (*l*). Ces maisons européennes n'ont que des ornements (prétendus) européens, pour en montrer le

CHAPITRE V. 165

costume. Il est incroyable combien le Souverain est riche en curiosités et en magnificences en tout genre, venues de l'Occident.

» Vous me demandez si l'Empereur a des glaces de Venise et de France; il y a plus de 30 années qu'il en avoit déjà un si grand nombre, que ne sachant où les placer, il en fit couper une quantité de la première grandeur, pour faire des carreaux de croisées à ses bâtiments européens. Dans la salle qu'il a fait nouvellement bâtir pour placer les Tapisseries de la manufacture des Gobelins, que la Cour de France lui a envoyées en 1767, il y a partout des trumeaux magnifiques. Observez que cette salle, d'une dimension de 70 pieds de long, sur une belle largeur proportionnée, est si remplie de machines, qu'à peine trouve-t-on au milieu un petit chemin pour passer : et telle de ces machines, a coûté deux ou trois cent mille livres, parce que le travail en est exquis, et que les pierres précieuses dont on les a enrichies, sont en grand nombre.

2°. » Vous souhaitez savoir si les belles eaux jaillissantes du parc d'*Yuen-ming-Yuen* vont encore, et si, depuis le décès du P. Benoist, nous avons des Missionnaires en état de réparer les défauts des conduites, etc. Quand on se destinoit à venir en Chine, on apprenoit en particulier les arts qui pouvoient en ouvrir la porte et y être utiles; en sorte qu'il n'y a guère de Missionnaire qui avec le secours des livres, n'ait assez d'avance pour faire ce qu'on peut lui demander. Ici, relativement aux *Choui-fa*, ou jets et gerbes d'eau, etc. tout le monde s'en tireroit, mais c'est maintenant un talent inutile, du moins pour le moment. La machine qui fait monter les eaux dans le château d'eau (quoique formée avec bien des peines par le P. Benoist), s'est à la vérité dérangée ou usée à la longue. On n'a pas cherché à la réparer, et les Chinois qui n'abandonnent que forcément leurs anciens usages, y sont revenus promptement, connoissant seulement pour tous travaux l'emploi des bras. C'est dans cette nation un système politique, d'employer et de faire vivre des gens dont la foule prodigieuse embarrasse, et dont l'oisiveté est dangereuse. Par exemple, on sait quand l'Empereur doit aller se promener dans le quartier des bâtimens européens : un ou deux jours auparavant, on emploie tant de monde à porter l'eau que le bassin immense du château d'eau est suffisamment rempli, et les eaux jouent sur le passage de l'Empereur.

» Si l'on s'aperçoit que les tuyaux se dérangent et qu'il y ait perte d'eau considérable, on cherche à reconnoître exactement l'endroit fautif, on rapproche les conduites en les relevant et en donnant le moins de prise possible à la perte des eaux; et tout est momentanément rétabli dans l'ordre : c'est par ces moyens simples, mais qui pourroient être d'une plus grande durée, que les eaux jouent encore magnifiquement aujourd'hui. Sans doute qu'à la longue, il faudra que les Européens reprennent ces ouvrages, mais il y a ici du monde en état de faire les réparations, et même de construire de nouvelles machines hydrauliques. Les conduites principales sont de la grosseur du corps d'un homme : moyennes et grosses elles sont en cuivre ; ainsi on peut perdre beaucoup d'eau et en avoir encore de reste.

» PARMI les palais qui sont dans le parc d'*Yuen-ming-Yuen*, il y en a qui ne sont que des lieux de repos, quand le Prince va se promener dans ses jardins : les autres sont habités par la famille Impériale. Chaque Prince, fils de l'Empereur, a un quartier déterminé avec ses dépendances, ses officiers, ses gens, etc. A l'âge de 25 à 30 ans, il obtient ordinairement un Régulat, et alors il quitte *Yuen-ming-Yuen* pour venir à Pékin. Chaque quartier de cette ville est décoré de grands palais pour des Régulos, et beaucoup de ces édifices ont été élevés sous la Dynastie précédente. Ces Régulos avec tout leur monde sont en état d'arrêter des émeutes, et de faire éteindre les incendies : ils volent surtout des premiers au feu, quand il est dans l'enceinte du palais.

» J'AI encore à vous parler de *Quan-cheou-chan*, qui est un des plus jolis endroits de la Chine : il est presque contigu à *Yuen-ming-Yuen*, n'en étant séparé que par une chaussée, et il présente une montagne détachée de cette chaîne immense d'autres montagnes, qui commençant à 70 lieues d'ici, sur les bords de notre mer orientale, va se terminer aux confins de l'Europe, ou peu s'en faut.

» Yong-tching a orné cette montagne de quantité de beaux bâtiments chinois; il y en a de différentes hauteurs : la cîme est couronnée d'un palais superbe qui se voit de plusieurs lieues. Au bas de cette montagne, du côté du midi, il y a une nappe d'eau de l'étendue de près d'un quart de lieue; elle baigne en partie une terrasse par laquelle finit le pied de la montagne. Au milieu des eaux il s'élève je ne sais combien de bâtiments chinois de toutes formes. On tient sur cette espèce de lac des barques magnifiquement ornées, semblables à de petits vaisseaux; elles donnent quelquefois le spectacle d'un combat naval. L'Empereur régnant aime beaucoup ce site : il avoit envie d'en faire sa maison de plaisance, mais l'étiquette et la coutume, qui ont tant d'empire sur l'esprit des Chinois, se sont opposés à son goût et à son désir. Un Empereur doit lui-même bâtir son palais, et il ne peut pas demeurer dans aucun de ceux qu'ont habité ses prédécesseurs.

» Tels sont, M. les renseignements que vous m'avez demandés ».

Une lettre plus nouvelle encore de M. Amiot, sous la date de 1789 (1), confirme ce que M. Bourgeois, son collègue vient de dire sur la négligence de l'entretien des machines hydrauliques, et sur ses causes.

« Les grands qui sont préposés pour veiller à l'entretien des jardins et des maisons de plai-

---

(1) Mém. des Miss. de Pékin, tom. XIV, 527.

sance de l'Empereur, ont trouvé que les machines hydrauliques construites sur le modèle de celles d'Europe, sous la direction des Européens, étoient d'une dépense trop grande et hors de la portée ordinaire des Ouvriers chinois; d'autre part les Eunuques, gardiens des lieux où sont ces machines, craignant qu'on ne les rende responsables des dérangements qu'elles éprouvent, font tout leur possible pour empêcher ces grands de faire travailler à leur réparation. Il résulte de ce concours qu'elles sont aujourd'hui toutes délabrées, celles du moins qui sont faites pour élever les eaux. Ces eaux jouent cependant toutes les fois que, dans la belle saison, l'Empereur choisit la maison européenne pour terme de sa promenade. La méthode qu'on emploie alors est simple...

» Les Grands et les Eunuques ont à leurs ordres des hommes toujours prêts à travailler; ils les emploient à puiser dans la rivière avec des sceaux d'osier, et à porter ces eaux dans le grand réservoir qui fournit aux différents canaux, celles nécessaires aux différents jeux; et comme ces hommes sont en grand nombre, et que la rivière n'est qu'à deux pas, il ne faut pas beaucoup de temps pour suppléer à la machine ».

Les explications précédentes sont données par des Missionnaires françois, aux récits desquels on ne croyoit pas plus qu'à ceux de leurs prédécesseurs.

Nous terminerons cet article par l'assertion

de M. Van-Braam, dont la relation, parvenue récemment en Europe, vient d'être traduite du Hollandois en François. Sa nation est flegmatique, elle ne s'enthousiasme pas aisément : on lui donnera peut-être plus de confiance.

« Non, dit-il, on ne peut pas faire une peinture fidèle d'une maison de plaisance chinoise (Impériale). Tout y est entremêlé, et semble prêt à se confondre, mais le triomphe du génie est de sauver le plus petit désordre, dont un œil délicat pourroit être blessé. A chaque instant une combinaison nouvelle offre une nouvelle variété, d'autant plus agréable et surprenante, qu'il a été moins possible de la prévoir, et la surprise s'entretient sans cesse, parce que chaque moment d'examen produit une scène qui la renouvelle (1) ».

Article III.

Cet article III sera formé d'extraits de lettres que M. Bourgeois m'a adressées en 1786, et contiendra la description,

1º. Des vingt grandes planches des palais Européens d'*Yuen-ming-Yuen*; 2º. celle de six peintures de maisons de plaisance du même parc.

« Il y a trois ans, Monsieur, que l'Empereur voulut avoir le plan de ses maisons européennes bâties à *Yuen-ming-Yuen*, pour les joindre à ceux des palais Chinois qui avoient été levés

---

(1) Trad. de l'Ambass. Hollandoise, *tom.* I, in-4°. 321.

sur ses ordres. Il appela deux ou trois disciples du frère Castiglione; ils travaillèrent, pour ainsi dire, sous les yeux de ce Prince qui corrigea souvent leurs plans, puis il les fit graver sur le cuivre, et c'est le premier *Essai* du talent chinois pour la gravure en taille douce.

« Par le moyen des deux Peintres élèves de Castiglione, je suis venu à bout d'avoir un exemplaire des planches que je vous envoie. C'est un des deux qui a tracé le plan général, et la situation respective de tous les bâtiments européens à *Yuen-ming-Yuen*; l'autre avoit commencé à mettre en couleur la première planche, mais il tomba malade et n'acheva pas. J'ai mis son esquisse, toute imparfaite qu'elle est, dans la caisse ».

Cet envoi précieux, avec la lettre ci-dessus, m'est parvenu à la fin de 1787, et certainement il étoit parti de Pékin dès 1785. Les XX planches gravées sur cuivre, comme collection de grandes estampes, sont chose rare ici, puisqu'elle présente la première tentative des Chinois dans ce genre de gravure, et du tirage qu'ils ont hasardé. Malgré toutes les imperfections que les Artistes françois et les amateurs d'estampes pourront y trouver, il est difficile de s'empêcher d'admirer la facilité de ce peuple patient et laborieux, à imiter les modèles qu'on lui met sous les yeux. On a de plus à considérer que ces vingt estampes nous font connoître des édifices nombreux et fort singuliers réunis dans le même lieu, et distant de 4,000 lieues de nous.

Ce nouvel art acquéreroit des perfections, si les Chinois orgueilleux ne méprisoient pas ce que les Européens pourroient leur enseigner.

J'ai donné dans le temps un grand soin à la conservation de ces estampes, tirées sur un papier trop foible, quoique passé à l'alun. En doublant chaque feuille d'une feuille de papier de France mince, je les ai toutes préservées d'un déchirement inévitable de la part de celui qui les toucheroit sans précaution. Il peut exister en France un second exemplaire de la même collection, qui étoit entre les mains de M. Bertin le Ministre; mais dans ses malheurs, dans la dispersion de son magnifique cabinet de curiosités chinoises, et le peu d'arrangement et d'ordre qui y étoit, il est possible qu'on n'ait fait aucune distinction de ce rouleau d'estampes, et qu'il soit perdu.

Ce détail me rappelle des souvenirs bien tristes. En 1793, avant ma détention qui a été si longue, dégoûté déjà de mes livres et de mes curiosités de Chine rassemblées à Paris et à Saint Brice, en raison d'un partage que mon séjour dans la capitale et à la campagne nécessitoit; l'esprit en proie à de noirs et sinistres pressentimens, dont les suites se sont cruellement réalisées, j'ai consenti à céder le Recueil des estampes, des palais, etc.; mais j'avois leur description, faite par un ami connu par son goût d'érudition, son amour pour les arts, et par l'ouvrage qu'il a publié en 1784, sur *les Temples anciens et modernes*, avec de savantes observations, vol. grand *in-8°*. avec fig.; et je donne cette description que j'ai conservée, avec ses observations sur l'architecture des bâtiments.

Ce n'est plus moi, c'est mon ami qui écrit (1).

1°. Description *des XX Estampes*.

Ce sont moins des descriptions rigoureusement exactes et complètes de ces palais, qu'un moyen pour les curieux de démêler et de saisir plus facilement les parties principales de chaque édifice. Les détails en sont immenses, et on peut même ajouter que l'architecture, telle qu'elle est pratiquée en Europe, manque de termes pour rendre celle que les Missionnaires appellent à la Chine, *Architecture à l'Européenne*. Quant aux proportions, il est impossible de les indiquer, parce qu'aucun de ces palais n'est accompagné de son plan géométral.

Planche I. *Les Jets d'eau*. (m)

Cette planche représente un palais flanqué de deux pavillons isolés, et établi sur une terrasse qui règne dans toute la longueur de l'édifice, et qui se termine circulairement aux extrémités.

Le palais est composé d'un rez-de-chaussée

---

(1) M. Mai, (le P. Avril, jésuite) mort depuis à S. Denis, a justement mérité les regrets de ceux qui ont connu la douceur de ses mœurs, sa modestie, sa sagesse de conduite, ses vertus et son érudition.

et d'un étage, décorés l'un et l'autre de pilastres, et portant un comble plutôt chinois qu'européen par sa forme, ses proportions et ses ornements.

Trois arcades au rez-de-chaussée; trois fenêtres à l'étage supérieur. L'arcade du milieu au rez-de-chaussée est pleine, et ressemble à une niche, dans laquelle est, à ce qu'il paroît, un trône d'où l'Empereur contemple sans doute les jets d'eau.

Au palais tiennent de droite et de gauche deux ailes en arrière-corps, décorées aussi de pilastres, et portant un entablement qui ne s'élève qu'à la hauteur de celui qui couronne le rez-de-chaussée du palais, et dont il paroît être une continuation : ces ailes portent une balustrade.

Les pavillons isolés n'ont aucun ordre d'architecture ; ils sont à pans coupés, et forment dans leur plan un octogone. Les grandes faces de l'octogone sont percées chacune d'une fenêtre, et flanquées de deux massifs en ressaut, avec panneaux et entablement. Les petites faces n'ont que des panneaux, et leur entablement a quelques membres de moins que celui des massifs qui flanquent les fenêtres. Le comble est pyramidal, divisé dans sa hauteur par une large bande agraffée aux angles des pans coupés, et terminé en plate-forme qu'entoure une balustrade.

Les extrémités de la terrasse générale, sur

laquelle sont plantés les pavillons isolés, sont ornées de pilastres en bossages quarrés, et d'arcades pleines avec archivoltes et impostes. La voussure ou abside des arcades est en coquille.

On descend du palais dans le jardin par un perron circulaire à double rampe avec balustrade.

A quelque distance de ce perron, et à l'entrée du jardin est un vaste bassin d'un contour régulier, et élevé au-dessus du sol. Au milieu du bassin s'élève un grand morceau de sculpture composé de deux vasques supérieurs l'un à l'autre, et d'un diamètre différent. Dans le premier sont quatre dauphins, dont la gueule, ouverte vers le ciel, lance de l'eau qui retombe dans le grand bassin. La seconde vasque porte quatre espèces de candelabres, de la sommité desquels jaillit aussi de l'eau. Enfin, ce morceau est couronné par une sorte de champignon, surmonté d'une fleur, dont le centre donne passage à la principale gerbe d'eau. Cette gerbe retombant sur elle-même, couvre le champignon qui lui donne naissance, remplit successivement les deux vasques inférieurs, et forme trois cascades avant d'arriver au bassin. Ce bassin est entouré d'une riche barrière qui donne passage par quatre ouvertures. Des boulingrins garnis au pourtour d'arbustes, de buissons de fleurs, de cippes destinés à porter des vases, etc. forment l'accompagnement du bassin. De droite et de gauche sont des rochers et des arbres.

PLANCHE II. *Bâtiment d'où l'Empereur voit les jets d'eau.*

Ce bâtiment, comme celui de la première Planche, est composé d'un gros pavillon à double ordre de pilastres, et de deux ailes en arrière-corps d'un seul ordre. Le pavillon a six fenêtres, trois au rez-de-chaussée, et trois à l'étage supérieur. Chacune des deux ailes a deux fenêtres.

Une première terrasse, qui porte tout l'édifice, a dans son milieu, en face du pavillon, un perron circulaire à double rampe, qui se termine à un large palier. Sur ce palier, et dans une espèce de fer à cheval, produit par le contour des rampes, est une niche flanquée de deux colonnes qui soutiennent une arcade, dont l'abside est en coquille. Dans cette niche est le trône d'où l'Empereur voit les jets d'eau.

Aux extrémités du palier commence un second perron circulaire à double rampe, comme le premier, qui vient rendre sur une seconde terrasse. C'est sur celle-ci qu'est établi un vaste bassin, entouré sur ses bords de vases de fleurs et de figures de différents animaux, oiseaux et quadrupèdes, qui lancent des gerbes d'eau par le bec ou par la gueule. La principale gerbe est au centre du bassin, et jaillit perpendiculairement de la gueule d'un dauphin. Ce bassin a encore à ses extrémités deux grandes gerbes perpendiculaires qui partent de deux vases.

Tout

Tout le long de cette seconde terrasse règne une balustrade, au-dessous de laquelle est une pièce d'eau que l'on passe à l'extrémité de la gauche sur un pont de trois arches.

Sur le sol de cette seconde terrasse sont placées à droite et à gauche deux galeries en hémicycle, lesquelles ne s'élèvent que jusqu'au niveau de la première terrasse. Ces deux galeries se terminent à deux gros pavillons octogones. Celui de la gauche communique par une seconde galerie à une espèce d'arc de triomphe, portant en amortissement à son sommet un cadran à l'européenne. Le pavillon de la droite est flanqué de grosses masses de rochers entremêlés d'arbres.

PLANCHE II. *Suite.*

Elle représente le même palais esquissé pour les couleurs, mais il n'y en a qu'une petite partie sur la gauche dont l'enluminure soit assez terminée pour qu'on puisse distinguer les objets.

PLANCHE III. *Château-d'eau, ou la Machine du* Val-Saint-Pierre.

C'est un corps-de-logis composé d'un rez-de-chaussée, et d'un étage ; celui-ci percé de cinq fenêtres, celui-là de quatre fenêtres et d'une porte. En face du palais est un jardin en boulingrins, bordés d'arbustes, taillés comme l'étoient autrefois les ifs dans les jardins de l'Europe.

A ce corps-de-logis tient une aile d'un simple rez-de-chaussée. A droite et à gauche sont encore des rochers et des arbres.

Planche IV. *Porte donnant entrée dans un Jardin, ou petit Parc.*

C'est une arcade flanquée de deux colonnes avec entablement, surmonté d'ornements lourds et bizarres. Aux pieds des colonnes sont deux cippes sur lesquels posent deux lions accroupis, tels qu'on les voit à la porte de l'arsenal de Venise.

Le mur d'enceinte de ce jardin est orné de panneaux séparés par des pilastres. Une partie de ce mur porte sur un ponceau sous lequel passe une rivière qui, se repliant sur la gauche, vient passer sous un second ponceau, et de-là sous un troisième, en face de la porte d'entrée. Les deux côtés de celui-ci sont garnis de balustrades. Au-delà du mur d'enceinte s'élève un édifice, dont on n'aperçoit que la partie supérieure en perspective.

Planche V. *Labyrinthe.*

Ce labyrinthe, de forme quarrée et placé dans un bois, est environné d'un mur qui forme sa première enceinte. En dedans de ce mur est une rivière qui sert de seconde enceinte, et dont le lit est bordé de rochers entremêlés de plantes et de fleurs. Cette rivière embrasse le labyrinthe par ses quatre côtés. Des ponceaux de bois, et de grandes portes dans le goût de celles de nos jardins, donnent entrée dans le labyrinthe.

A-peu-près au centre du labyrinthe s'élève un édifice octogone établi sur un soubassement circulaire. Les grandes faces ont des arcades, les petites des fenêtres. Les arcades sont flanquées de colonnes avec un entablement régnant au pourtour de tout l'édifice. Au-dessus de l'entablement s'élève une calotte en cul-de-four, surmontée d'une petite lanterne. Un escalier circulaire, embrassant le soubassement et orné d'une balustrade, conduit à l'intérieur du bâtiment, au centre duquel il y a, à ce qu'il paroît, un trône d'où l'Empereur peut voir le labyrinthe de tous côtés. A l'entrée du labyrinthe, du côté de l'orient, est un petit casin d'une construction simple.

PLANCHE VI.

Le plan et l'ordonnance du corps principal de ce morceau, annonce plutôt un portique donnant entrée dans un jardin, ou le terminant, qu'un bâtiment propre à être habité. Il tient sur la gauche à une galerie basse ; on aperçoit sur la droite une pièce d'eau, où un vaisseau à l'européenne paroît faire naufrage. Les colonnes de ce portique posent sur des piédestaux, ont des bases et manquent de chapiteaux. L'ensemble est plutôt Chinois qu'Européen.

PLANCHE VII.

Voici encore un morceau qui paroît n'être,

ainsi que le précédent, qu'une entrée ou une extrémité de jardin, parce qu'on n'y voit rien qui caractérise un bâtiment propre à être habité. Au premier coup-d'œil, il annonce plus qu'aucun autre du recueil, l'exécution d'une ordonnance d'Architecture grecque; mais en examinant ses détails, on ne tarde pas à y découvrir les bizarreries les plus extravagantes. Qu'on fasse attention aux chapiteaux des colonnes, aux différentes parties de l'entablement, à la forme de l'arcade du milieu, aux ornements des niches, à la balustrade qui règne le long de l'entablement, etc. on y découvrira tous les principes, toutes les licences consignés dans l'œuvre gravé du Borromini, et consacrés dans presque tous les édifices construits par lui ou par ses élèves d'après ses dessins. En face de ce portique est une rivière, que l'on passe sur un pont garni de balustrades, et qui coule dans un lit bordé, à l'ordinaire, de rochers.

Planche VIII.

Petit bâtiment élevé sur une terrasse, percé de trois fenêtres, et orné aux deux extrémités de pilastres rustiques. La terrasse décorée d'une balustrade, fait avant-corps vis-à-vis de la fenêtre du milieu. Sous cet avant-corps est pratiqué un souterrain, dans lequel on pénètre par une porte, accompagnée à droite et à gauche d'une espèce d'œil de bœuf grillé; ce qui semble dénoter que ce souterrain est une salle basse, où on se retire pour respirer le frais. La terrasse est appuyée dans toute sa longueur de pilastres en bossages.

Du niveau de la terrasse, part à chaque extrémité un perron circulaire qui rend dans le jardin.

Sur le sol du jardin à gauche, est un pavillon octogone, ouvert de quatre côtés par des arcades, et séparé du bâtiment ci-dessus par un canal, que l'on traverse sur un pont d'une construction aussi bizarre qu'elle est riche.

Planche IX.

Cinq pavillons en bambou, posés en hémicycle, et ouverts de tous côtés, d'où l'on voit les jets d'eau. Ces pavillons sont liés l'un à l'autre par des galeries aussi en bambou.

Planche X.

Batiment à dix croisées de face, composé d'un avant-corps au milieu avec attique, et de deux pavillons aussi en avant-corps aux extrémités. Ces trois parties de la façade sont décorées de pilastres, et de deux colonnes qui flanquent la porte. Cette porte rend au-dehors, sur un palier d'où partent à droite et à gauche deux escaliers, dont les divers contours viennent se terminer à une cour ou à un jardin.

Des deux côtés de chaque escalier, règne une suite de jets d'eau qui s'élancent de vases placés sur les rampes, et suivant leurs contours. Ils produisent le même effet que les jets d'eau qui bordent la cascade de Saint-Cloud, ou ceux du perron qui, à Versailles, conduit de la fontaine du dragon à la terrasse. Toutes ces eaux viennent se rassembler dans un bassin de forme triangulaire.

Sur deux des côtés du triangle, sont placés douze animaux de différentes espèces, six de chaque côté. Ce sont ces animaux qui donnent au bassin la dénomination d'*horloge d'eau*, parce qu'à chaque heure du jour, et selon le nombre des heures, ces animaux lancent par la gueule des gerbes d'eau qui retombent paraboliquement au centre du bassin.

Au sommet du triangle tourné vers le palais, est un groupe de rochers surmonté d'une vaste coquille d'où sort encore un jet d'eau; il en tombe aussi en cascades de toutes les parties du groupe de rochers. Enfin, vis-à-vis de ce groupe, et à la base du triangle, est la plus grosse gerbe d'eau, qui prend naissance dans un grand vase élevé au-dessus du niveau du bassin.

Ce bassin est accompagné à droite et à gauche, de deux espèces de pyramides, d'une composition si bizarre, qu'il n'est pas possible d'en donner l'idée et la description. On omet ici bien des accessoires qu'un œil un peu exercé pourra saisir, mais que la plume ne sauroit rendre.

Planche XI.

Palais d'un aspect assez imposant, mais dans

Chapitre V.

les parties et les ornements duquel on ne trouve ni plus de proportions, ni plus de goût que dans les autres. On aperçoit dans les jardins des saules pleureurs.

Planche XII.

Seconde vue du palais de la planche XI. Ce palais est rempli de jets d'eau, et son perron rappelle le palais de Caprarola, près de Viterbe en Italie.

Planche XIII.

Troisième vue du palais de la planche XI.

Planche XIV.

Batiment construit pour placer les tapisseries des Gobelins, que la Cour de France avoit envoyées à l'Empereur. Cet édifice est d'un aspect très-agréable; il est élevé sur une terrasse où l'on arrive par un perron circulaire à double rampe, d'une composition plus simple, et moins chargée d'ornements bizarres que la plupart des perrons qu'on voit dans les autres planches. Ce palais qui n'est pas fort élevé, et qui n'a qu'un rez-de-chaussée, est composé d'un corps principal, flanqué de deux pavillons en avant-corps. Le plan du bâtiment, et l'ordonnance des fenêtres de la façade, annoncent une distribution noble et commode dans l'intérieur.

Planche XV.

Partie de jardin dans laquelle sont rassemblés des jets d'eau de toutes les formes, mais surtout deux superbes pyramides d'eau d'une élévation considérable. L'objet principal est un grand morceau d'architecture, traité comme dans toutes les planches précédentes. Un mascaron placé au haut de la pièce du milieu de cette composition, jette par sa gueule un volume d'eau dans un bassin en coquille, d'où elle tombe en cascades dans six autres bassins inférieurs : toutes ces eaux se rassemblent dans un grand bassin, au milieu duquel est un cerf en pied, dont le bois lance de l'eau par chacun de ses andouillers : de droite et de gauche sont des chiens de chasse représentés courants, qui lancent de l'eau par la gueule contre le cerf.

Planche XVI.

Trône d'où l'Empereur voit *les choui* ou jets d'eau opposés. Architecture, sculpture, décoration, etc. dans le goût ordinaire.

Planche XVII. *Arc de triomphe.*

L'architecture grecque y est plus reconnoissable que dans aucun des édifices précédents; mais on y trouvera encore des licences et des bizarreries si multipliées, qu'on lui refusera le titre d'ouvrage, véritablement traité selon les proportions et le bon goût de l'architecture d'Athènes ou de Corinthe.

CHAPITRE V. 185

Planche XVIII.

Montagne factice sur laquelle il y a un *Ting-tsé*.

Planche XIX.

Autre arc de triomphe, mais traité d'une manière encore moins sage, moins légère, moins agréable que celui de la planche XVII.

Planche XX. *Perspective.*

On peut croire que la dénomination de *perspective* a été appliquée à cette planche, parce qu'elle représente l'extrémité orientale du vaste terrain sur lequel sont construits les divers édifices qu'on a vus ci-devant. On aperçoit dans le lointain de hautes montagnes, vers lesquelles l'œil est conduit par deux rangées de maisons qui forment une rue, et interceptent de droite et de gauche tous les autres objets. Ces maisons sont séparées du parc par un large courant d'eau.

Il faut remarquer à l'entrée de la rue, les deux grandes portes placées sur le premier plan. Elles sont exactement dans le goût des portes rustiques, telles qu'on les voit à l'entrée de nos jardins; c'est du toscan : les maisons ressemblent assez aux édifices d'une petite ville, ou d'un gros village d'Europe.

Tout ce morceau pourroit servir de décorations de théâtre, pour une action bourgeoise qui se passeroit dans une ville de province, située sur le bord de la mer ou d'un grand fleuve.

Observations.

Dans les courtes notices qu'on vient de lire, il est souvent parlé de colonnes, de pilastres, d'entablements, d'arcades, etc. et comme il s'y agit de palais dits à l'*Européenne*, de palais d'une grande magnificence, de palais construits pour l'Empereur de la Chine, on est naturellement porté à croire que tout y présente la pureté, la noblesse, la richesse de l'architecture Grecque, et que ces palais ressemblent, par le bon goût de leur construction, aux plus beaux édifices de l'Italie et de la France. C'est-à-peu-près l'idée qu'en donnent les Missionnaires, et on l'adopte sans peine, quand on songe que c'est le célèbre frère Castiglione, Peintre italien, qui a formé les plans et donné les dessins de ces palais.

Il est pourtant vrai que le plus habile Architecte et que l'Amateur le plus éclairé ne pourroient pas caractériser le genre d'architecture employé dans ces palais à l'Européenne; et que le seul nom qu'on puisse lui donner, est celui d'*Italo-Gothico-Chinois*.

C'est de l'Italien, de la fin du XVIIme. siècle, et du commencement du XVIIIme. tel qu'on le voit dans Borromini, Guarini, Bibiena, etc. lourd et tourmenté, bizarre assemblage d'Ionique, de Dorique, de Toscan; quelques membres qui indiquent ces différents ordres, nul morceau qui les rende en entier, et dans l'exactitude qui convient à chacun d'eux.

C'est du Gothique par le gigantesque, ou le mesquin des proportions, par le sec et le contourné des formes.

C'est du Chinois, par la multiplicité et le dessin des ornements, qui n'ont rien de commun avec ce qu'on voit en Europe.

Faut-il attribuer une pareille confusion, à un défaut de goût pour l'Architecte ? On est tenté d'en soupçonner quelque chose, quand on fait attention que le genre du frère Castiglione, étoit plus la perspective et les grands effets de l'optique que l'histoire. Tout dans ses compositions, concourt à persuader qu'il avoit plus étudié les extravagantes hardiesses des Artistes cités plus haut, que les sages ordonnances de Palladio, Michel-Ange, Scamozzi, etc. Ses yeux étoient familiarisés avec les décorations théâtrales de l'Italie, et il semble en avoir porté le fracas et le désordre dans la construction des palais de *Kien-long*.

Peut-être aussi pensa-t-il que l'Architecture grecque, exécutée dans toute la rigueur des règles, paroîtroit froide et monotone à des yeux Chinois. Il se livra donc à son imagination, un peu dépravée par ses modèles ; et en prenant d'elle de quoi satisfaire son goût particulier, il se rapprocha de la manière chinoise qui lui étoit imposée.

Quant à la partie hydraulique, on ne peut trop admirer le grand nombre et la variété des jets d'eaux qui animent les jardins de ces palais.

On observe, en terminant cette description, que depuis la situation du premier bâtiment, représenté planche I, jusqu'à la perspective planche XX et dernière, le terrain va toujours en montant et s'élevant par terrasse.

Le Parc d'*Yuen-ming-Yuen*, indépendamment des palais Européens qui sont entachés du goût chinois que l'Empereur a voulu leur donner (1), malgré les dessins faits par Castiglione, Missionnaire jésuite italien, contient dans sa vaste étendue un plus grand nombre de maisons de plaisance, purement à la manière chinoise. Le goût national sans mélange s'y montre entièrement, et en est plus piquant (2).

C'est en conséquence de ma correspondance et de mes questions, qu'on a eu la bonté de m'envoyer les peintures (annoncées au commencement de cet article), de six de ces maisons de plaisance, pour rapprocher davantage de mes

---

(1) M. Staunton fait l'éloge de Castiglione, il relève des défauts choquants de perspective, qui n'ont pas dépendu de lui, dans ses peintures, mais que les ordres absolus, et le goût national de l'Empereur ont exigés. *Ambass. de L. Macartney. Tom. III*, in-8°, pag. 180 et suiv.

(2) J'ai la gravure en bois, de format grand in-4°. venue de Pékin, de 25 de ces maisons de plaisance ; indépendamment de celles au trait en demi-lavis, qui ornent le parc de *Gehol* en Tartarie. Ces dernières sont dans un petit recueil particulier.

yeux la vérité d'objets si étrangers : elles ont été faites par les Peintres du palais impérial. Je les ai mises lors de la réception en portefeuille, sans les regarder dans nos temps d'orage; mais quelque calme ayant succédé, et mes chagrins particuliers m'obligeant à un délassement, à une distraction, j'ai repris à Paris des livres et des portefeuilles.

Les six tableaux ou peintures d'un coloris frais et charmant, m'ont présenté un ciel sans nuage, une terre heureuse, un sol fertile, des jouissances douces, paisibles et assurées pour ceux qui habitent ces contrées sous l'empire de lois immuables. J'ai soupiré et rendu grâce à la providence, de me permettre sans risques l'emission de mes soupirs, et j'ai fait des vœux pour que l'aurore du bonheur qui se lève sur ma patrie, ne trompe pas mes espérances (1).

Considérant alors mes six peintures plus attentivement, et me rappelant le goût et la plume agréable de M. Morel, auteur de *la Théorie des Jardins*, je l'ai prié de suppléer à mon incapacité absolue, et de me donner la description de ces six sujets. Il a bien voulu se prêter à mon désir, et l'on reconnoîtra facilement son faire et sa touche dans les descriptions suivantes.

Il falloit joindre au talent d'écrire sur un art, les yeux, l'expérience, la langue et la pratique d'un architecte épris de l'amour des jardins, et aussi capable d'en donner de nouveaux modèles,

---

(1) Article écrit avant l'an VII.

en imitant et secondant la nature. C'est le but vers lequel l'Artiste si estimable dont je parle, ayant le secret de son talent, mais né sans ambition pour s'en procurer le fruit, s'est toujours dirigé, en ne séparant point dans ses compositions l'utile de l'agréable.

2°. *Description de six Tableaux (ou Peintures) Chinois, représentant des Maisons de plaisance dans les Jardins (le Parc) de l'Empereur* Kien-long *à* Yuen-ming-Yuen.

Tableau I.

Ce tableau, où les objets sont représentés à vue d'oiseau, offre une vaste étendue d'eau qui embrasse trois îles liées l'une à l'autre par deux ponts. Toutes ces îles sont bordées de petits rochers : ici ils sont jetés sans art, et laissent dans leurs interstices assez de vides pour y planter des arbres ; là ils sont rangés avec plus d'ordre ; on en voit cependant parmi eux quelques-uns brutes, qui s'élèvent au-dessus de leurs voisins. Ces rochers paroissent avoir pour objet autant l'agréable que l'utile ; mais s'ils remplissent ce dernier objet en garantissant le terrain des dégâts que cause le mouvement des eaux, leur arrangement n'est pas assez conforme aux accidents de cette espèce pour remplir l'autre.

Quatre corps de bâtiments, que renferme une cour quarrée, occupent toute la surface de la grande île. La face la plus apparente offre une décoration très-régulière : elle est composée d'un avant-corps dans le milieu, appuyé de deux pavillons terminés par le pignon d'une galerie, qui sert de chaque côté à communiquer aux faces en retour. Tous ces bâtiments sont élevés sur un socle continu qui les porte avec grâce, et tous, à l'exception d'un seul pavillon, n'ont qu'un rez-de-chaussée.

L'œil est agréablement affecté de la belle proportion de cette façade, le rapport de la hauteur à l'étendue de chaque partie, la sur-élévation du corps du milieu, la tour quarrée qui le fait pyramider, la forme et la proportion des combles; tout cet ensemble, s'il n'a pas la magnificence et la noblesse de l'architecture grecque, ni celle que supposent les édifices d'un puissant Empereur, cet ensemble, dis-je, a des mouvements si doux, l'accord en est si flatteur, les peintures sont si fraîches, les toitures si richement colorées, l'aspect en est si brillant et si gai, qu'il invite à y faire son habitation.

La grande saillie des égouts des toits, soutenue par des colonnes simples à la vérité, mais dont la forme et les proportions suffisent à leur destination, doit encore ajouter au charme de l'habitation. Ces égouts saillants défendent les bâtiments de l'effet destructeur des pluies, et de la trop grande vivacité des rayons du soleil : ils procurent autour des bâtiments une galerie couverte, renfermée par d'ingénieuses barrières à hauteur d'appui. Cet arrangement aussi agréable qu'utile, conviendroit parfaitement à nos maisons de campagne; elles auroient sous cette forme un aspect plus champêtre; elles conserveroient plus long-temps leur première fraîcheur; l'habitation en seroit plus salubre, sans se soumettre cependant à remplir nos façades d'ouvertures sans trumeaux intermédiaires, comme celles que nous présentent ces bâtiments; car cette manière ne sauroit convenir à nos climats septentrionaux.

L'aile en retour sur la droite n'est pas d'une décoration régulière; elle n'a pas même une contiguité de bâtiments. A la suite de la galerie couverte, qui sert de communication entre la façade principale et celle en retour, est un petit pavillon suivi d'un autre, le seul qui soit surmonté d'un premier étage, étage qui jouit de la même galerie que le rez-de-chaussée. Un mur de clôture lie ce dernier pavillon aux corps-de-logis qui forment la troisième face du plan quarré. Ces bâtiments, de différentes proportions, sont séparés par des cours particulières.

Enfin, la quatrième face, dont la perspective du tableau ne montre que la façade sur la cour, paroît être régulière. Comme la première, elle a un avant-corps dans le milieu, flanqué de deux ailes, mais les proportions et la décoration sont différentes de celle de la première face. Ce corps-de-logis annonce plus de profondeur : l'avant-corps est couvert en terrasse, ainsi que les deux arrière-corps, ce qui forme la grande différence dans la composition de cette façade avec la première. L'un des deux arrière-corps est une galerie qui pourtourne une cour quarrée, l'autre a sa galerie en dehors pour observer

la

la régularité avec son aile correspondante, et galerie semblable du côté de la cour. Ces deux galeries renferment, mais sans le toucher, un bâtiment aussi couvert en terrasse. Toutes ces terrasses sont ornées de balustrades en bois d'une proportion et d'un dessin agréables.

Voila quelles sont et la disposition et la décoration de cette masse de bâtiments : il faudroit connoître les mœurs, les habitudes nationales pour raisonner pertinemment de la distribution intérieure que cet ordre de bâtiments suppose. Mais il me semble que nous pourrions nous-mêmes trouver dans cette disposition des distributions adaptées à nos besoins.

Tous ces bâtiments, construits en bois, sont portés sur un socle en maçonnerie : cette construction en bois, par la facilité avec laquelle les différentes pièces de charpente se lient, est plus propre à résister aux secousses et aux ébranlements des tremblements de terre qui ne sont pas rares à la Chine.

L'Architecture chinoise n'est ni aussi grande ni aussi imposante que la nôtre, parce que les matières dont nous nous servons, nous en fournissent le moyen ; mais quel charme, quelle grâce n'ont-ils pas donné à la leur ! Que l'on compare les bâtiments qu'ils ont élevés avec cette matière, aux bâtiments où nous l'employons, et l'on s'apercevra de tout ce qu'il a d'ingénieux, et quel parti ils ont su en tirer !

Ils ont aussi perfectionné les formes de leurs

toitures : leurs couvertures en tuiles de faïence, peintes des plus vives couleurs, sont légères et paroissent mettre exactement leurs bâtiments à l'abri des eaux. Cela se présume de la variété des formes et du peu de pente des toits : le goût a profité de cette facilité pour donner aux combles d'agréables proportions.

Tous les bâtiments chinois étant dirigés sur les mêmes principes, on est entré, à l'égard de ceux de ce premier tableau, dans quelques détails, qui épargneront des répétitions quand on rendra compte des autres.

En suivant les différents objets de ce tableau, on voit une île plus petite au-delà de la grande : elle est remplie presqu'entièrement par des bâtiments, mais ils sont moins imposants par leur masse et leur décoration. Des quatre côtés de la cour qui est quarrée, il y en a deux occupés par des bâtiments, les deux autres ont un mur pour clôture. Derrière les bâtiments du fond on découvre encore une seconde cour. Probablement cette masse de bâtiments détachés est destinée aux officiers et serviteurs du maître et à sa suite.

La troisième île se trouve sur le devant du tableau ; elle est la plus petite, et ne paroît destinée qu'à l'agrément. Elle est terminée par un tertre ou monticule : dans le centre est un kiosque exagone ouvert, dont le toit est porté sur six colonnes. Sur le devant un banc de pierre, et au bord des eaux parmi les petits rochers qui bordent l'île, deux saules de la classe de celui qu'on appelle oriental, ornent ses rives.

Les deux ponts, qui servent de communication aux îles entr'elles, sont de même forme. On ne voit pas si les angles qui se remarquent entre chaque travée proviennent du plan, ou si elles expriment des pentes dans les deux travées intermédiaires entre les trois autres : ce dernier effet supposeroit le sol de ces îles à différents niveaux, mais l'égalité de hauteur des pieux fait rejeter cette dernière supposition.

Quant au site, ce tableau offre peu d'observations. On n'y voit qu'une surface d'eau d'une grande étendue, terminée à l'horizon par des montagnes qui, par leur éloignement, se confondent avec lui. Ces trois îles sont le principal et presque les seuls accidents de cette composition. On remarque deux arbres dans la grande cour, dont les pieds sont enveloppés par des socles, et d'autres jetés sans symétrie dans différents points de ces îles. Les eaux environnantes sont recouvertes de nénuphars en fleurs (1), que nous aurions soin de détruire, loin de chercher à les cultiver. Nous répugnons à ce genre de végétation aquatique auquel les Chinois mettent un prix; nous préférons des eaux nettes et pures, et nous les croirions salies par les plus belles productions de cette espèce.

---

(1) Le Nénuphar de Chine a des fleurs d'une beauté ravissante. Celui d'Europe n'en approche pas et ne peut en donner l'idée. Voyez *Hist. Nat. Fleurs aquatiques*, l'article *Nénuphar*, et celui *Lien-hoa*.

Tableau N°. II.

Le principal objet de ce numéro est encore une île dont on n'aperçoit que les deux extrémités. Elle est chargée d'un grand assemblage de bâtiments divisés par des cours et liés entr'eux par des galeries. Les bornes de la planche n'ont pas permis de faire entrer la totalité de cette grande collection de bâtiments, mais elles la laissent présumer. Tous les bâtiments sont réguliers, eu égard aux différentes cours qu'ils renferment. A leur étendue et à leur élévation près, tous sont du même genre, de même structure et de même décoration que ceux du n°. I. Un seul, dans le fond, plus en évidence que les autres, a un toit plus élévé : il est porté sur des colonnes, et recouvre une terrasse ; les autres n'ont qu'un rez-de-chaussée.

On se dispensera d'entrer dans aucun détail, mais on ne doit pas se taire sur leur monotonie et leur ressemblance. On fera observer qu'aucun de leur toit ne forme croupe sur les pignons qui se montrent avec leur pointe. Pour faire circuler les galeries dans la totalité du pourtour de leurs bâtiments, ils jettent un petit toit d'une moindre pente, à chaque face de leur pignon ; et cela avec assez d'art pour ne pas troubler la décoration, ni altérer les formes agréables de leur toiture.

Le site général de ce tableau est un grand lac, terminé par des montagnes qui reçoivent beaucoup d'accent de leurs formes pyramidales. En fuyant elles désignent différents plans qui se dégradent avec assez de grâce, et vont se réunir à l'horizon. Les eaux, en s'étendant jusqu'aux pieds de ces hauteurs, en marquent les différentes saillies, et donnent à la ligne qui les termine un grand mouvement, et un effet très-pittoresque. Entre deux croupes de montagnes, et dans l'espèce de vallon qu'elles forment, on aperçoit un bâtiment à deux toitures : il est à présumer par sa forme, et la place où il a été mis, qu'il est destiné à faire jouir d'une vue étendue.

Les arbres distribués dans les cours et aux environs des bâtiments, sont jetés sans ordre et avec négligence. Par l'attention qu'a eu le Peintre de les diversifier par leurs formes et leurs feuillages, on en distingue quelques espèces, et surtout celle des arbres verts.

Au-devant d'une partie d'eau, sous la forme de canal irrégulier qui sépare l'île du continent, est un pont d'un dessin plus bizarre qu'agréable, et dont les deux pentes sont si fortes, qu'il est difficile de croire qu'elles soient praticables. Il paroît construit en maçonnerie : à la gauche en est un autre, mais il est de bois, à deux pentes comme un toit. Du reste, les petits rochers qui entourent les eaux ne sont ici ni plus naturels ni plus variés que dans le premier tableau.

Tableau III.

Ce tableau présente encore des îles chargées

de bâtiments au milieu d'un grand lac : tous ces lacs sont, d'après les relations, composés et faits de mains d'hommes. Les principaux bâtiments, sont sur un sol qui semble par un point se réunir aux montagnes qui sont au-delà. Ces bâtiments plus somptueux que ceux des deux tableaux précédents, forment trois corps rangés parallèlement les uns au-devant des autres, et séparés par des cours. A l'exception des trois pavillons en saillie sur les eaux, tous les autres bâtiments ont un premier étage. Celui qui se présente sur le premier rang, est à deux toitures; de chaque côté est un pavillon de moindre étendue qui se montre par le pignon, et lié au grand par une galerie tant au rez-de-chaussée qu'au premier étage. Les deux bâtiments derrière celui-ci, présentent les mêmes masses, si ce n'est que les pavillons sur les ailes, offrent leur face quarrée, ce qui produit une variété qui n'est pas indifférente.

Le rapport de chaque partie est très-bien proportioné au tout, et plaît à l'œil. Au devant de tous ces bâtiments, est un quai qui les élève au-dessus des eaux. Le mur de ce quai est interrompu dans la direction de sa ligne, par trois saillies formant différents ressauts parallèles à ceux des pavillons qu'ils portent. Cette composition est plus riche qu'aucune de celles des autres tableaux : son effet est aussi agréable que varié, malgré le parallélisme des trois corps de bâtiments. Il est bon de remarquer qu'on a eu l'attention de donner moins d'étendue au pavillon

Chapitre V.

en saillie du milieu, pour moins obstruer la vue de la principale habitation : on voit encore que le sol des quais est pavé en carreaux à huit pans.

Il est fâcheux que cet ensemble soit gâté par une sorte d'arc de triomphe, placé au bas du perron de la première façade. Cet ornement dont on ne comprend pas le besoin, est composé de trois petits toits portés sur deux maigres colonnes ; il semble n'être là que pour porter une table dans laquelle on aperçoit une inscription ; on en a placé une semblable entre les deux toits qui recouvrent le bâtiment du milieu.

Les deux pavillons en saillie sur l'eau, qui sont aux deux extrémités, sont d'une élégante composition. Des quatre porches qui occupent chaque face, celui de derrière se réunit à une galerie qui forme le quai par ses deux bouts, et met les pavillons en communication avec le corps principal. Des barrières à hauteur d'appui servent de garde-foux au quai, et circulent autour de trois pavillons isolés : elles s'ouvrent vis-à-vis des perrons qui descendent à l'eau ; les cours sont embellies par des arbres et des vases.

Tout cet assemblage de bâtiments a un grand mouvement, tant dans les plans que dans les élévations. Quoique des constructions en bois, telles que celles-ci, soient maigres et plus légères qu'imposantes ; quoique chaque partie soit du même genre de décoration, les saillies, les hauteurs, les renfoncements tiennent lieu de la variété qui leur manque d'ailleurs. La propreté apparente, la vivacité des couleurs, l'éclat et la variété de celle des toits, ces barrières de formes élégantes, ces colonnes multipliées, ces socles continus qui les portent, enfin ces galeries de communication qui régnent au rez-de-chaussée, et forment balcon continu au premier étage, tous ces détails présentent un ensemble qu'on ne sauroit voir sans plaisir et sans intérêt, d'autant mieux qu'il s'associe très-bien au paysage dans lequel il est placé.

Je ne peux m'empêcher de remarquer que quand nous avons voulu imiter ce genre d'architecture, nous en avons pris ce qu'il avoit de bizarre et de mauvais goût, au lieu d'avoir imité ce qu'il a de censé et d'agréable.

Voici un genre qui tient au génie particulier de l'architecture du pays, et dont je ne connois, quoique agréable et même piquant, aucun exemple chez nous. Près du pavillon en saillie sur la gauche, est un pont qui mène dans l'île voisine : cette île est occupée par une partie d'une longue galerie, qui après avoir fait deux ou trois retours, se continue et traverse un bras du canal, et va sur le continent opposé faire les mêmes retours qu'on lui a vu faire dans l'île. Le toit de cette longue galerie, laquelle doit avoir plus de cinquante toises de développement, si l'on en juge par les espacements des colonnes ; le toit, dis-je, de cette galerie est porté par ces mêmes colonnes ; les deux extrémités sont appuyées chacune par un pavillon, et un troisième au milieu des eaux marque le centre. Ce genre de composition très-agréable, et d'une jouissance piquante, rappelle le beau pont de Palladio, si souvent copié dans les jardins d'Angleterre; mais ici cette galerie, partie sur la terre, partie sur l'eau, présente l'idée d'une promenade variée et à couvert, dont le pont de Palladio n'offre pas l'idée, et rend cette composition tout autrement intéressante.

Je passe sous silence et le pavillon élevé sur l'eau, et soutenu par des pieux, qu'on voit à la tête de l'île à gauche, et les deux bâtiments sur la pointe à droite, et même les deux masses de bâtiments du même côté; mais au-delà, leur disposition se fera mieux sentir à l'aspect que par leur description. Je ne peux pas cependant oublier le plus grand des deux ponts qui se font remarquer sur le devant du tableau : sa construction bizarre ne peut être justifiée que par la nécessité de laisser un passage libre à la navigation ; car la partie sur-élevée eût pu être de meilleur genre et plus légère.

L'ensemble général du paysage n'est ni sans variété, ni sans intérêt. Le jeu des montagnes, comparé au niveau de la surface plate des eaux, rend toujours, par l'opposition, cette association très-piquante et d'un grand effet : les grandes saillies, et les grands renfoncements que cette surface reçoit de la forme de ces bords, sont très-variés. Quelques arbres, qui sont en trop petite quantité, ne laissent pas de bocager la scène; mais on ne sauroit n'en pas désirer sur les montagnes qui, trop rapprochées de l'habitation, ne laissent voir qu'un aspect sec et repoussant.

On porteroit sans doute un jugement plus exact sur le paysage, si le pinceau de l'Artiste avoit autant de vérité dans les effets qu'il montre d'exactitude dans les formes. Mais on sait que l'art de la peinture n'est pas encore parvenu, à la Chine, au point de perfection où il est arrivé en Europe, et qu'ayant prévenu tous les peuples dans l'invention des arts, ils sont restés, par orgueil, en arrière dans leur perfectionnement.

Tableau N°. IV.

Quoique les bâtiments de ce quatrième tableau ne présentent ni une décoration, ni un genre d'architecture nouveaux, cependant leur disposition montre l'objet auquel ils sont appliqués d'une manière plus précise. On distingue l'entrée principale, précédée de deux pavillons, probablement destinés aux gardiens de cette entrée. Un pont jeté sur un canal de clôture, entre deux murs, sert à le traverser. Ces dispositions sont communes avec celles que nous mettons en usage. Ce pont conduit à un bâtiment qui, avec deux ailes en arrière-corps, compose le premier corps-de-logis. Derrière est une grande cour pavée, au fond de laquelle on voit le principal corps-de-logis; il est isolé, mais deux galeries le lient à deux pavillons en retour. Sur les côtés sont des bâtiments secondaires renfermés dans leur cour respective. Deux portes percées dans les murs de clôture, sont ornées chacune d'un joli portique en saillie sur le mur, et en rompt l'uniformité.

Toujours même décoration, même construction, même toiture, même soubassement, même corridor et même galerie, sinon que celles de ces bâtiments-ci sont sans barrières à hauteur d'appui.

Le paysage est un peu plus peuplé d'arbres, et toujours jetés sans symétrie. Au-delà des bâtiments on voit d'un côté une composition de rochers, auxquels on a donné plus d'importance qu'à ceux qui bordent les eaux, et dont quelques-uns très-brutes s'élèvent en quilles. De l'autre côté sont des hauteurs qui ont beaucoup d'aspérité et de roideur. Une sorte de ravin entre deux des plus apparentes montagnes, laisse voir un escalier rustique pour gravir moins difficilement sur ces hauteurs. Ces masses de montagnes appuient d'une manière avantageuse celle des bâtiments, et servent de repoussoir au lointain, qui n'est qu'une grande surface d'eau, terminée à une assez grande distance par des montagnes très-hardies par leur hauteur et l'isolement de leur pointe.

Toutes ces eaux, toutes ces îles, toutes ces montagnes sont des fruits de l'art et de l'industrie. Les Chinois se sont plûs à imiter les tableaux de la nature; et c'est d'eux que nous avons pris depuis peu ce goût si sensé, pour servir de règle à la composition de nos jardins, et le substituer à l'insipide et géométrique uniformité qui nous servoit de guide auparavant. Mais le vrai goût des arts d'imitation plus perfectionné chez nous, a fait éviter aux bons Artistes les puérilités, les détails minutieux et le vice de proportion qu'on trouve dans les compositions des jardins chinois. Ils n'ont pas chez eux, comme nous, l'usage heureux d'embellir la surface du terrain par la verdure, si fort amie de l'œil, mais on leur doit remercîments et reconnoissance de nous avoir donné un exemple que nous aurions pu nous-mêmes leur donner, si cet art n'avoit pas été retardé dans ses progrès par la préférence accordée aux formes régulières qui nous ont séduites si généralement et si long-temps. Par suite du génie national de ce peuple (immuable dans ses usages), il arrivera que les jardins de ce genre se seront perfectionnés chez nous, tandis qu'ils languiront dans la médiocrité où ils sont chez eux.

Tableau N°. V.

La disposition de la masse de bâtiments qu'offre ce tableau, quoique singulière et neuve, n'est pas une de ces productions du hasard ; elle paroît, par ses avantages, être le fruit du raisonnement. Sa position, au milieu des eaux, n'est pas ce qui la distingue ; elle a pour objet d'en faire un lieu de retraite isolé de toute part. Huit pavillons composent ce groupe ; on pourroit représenter leur entrelacement par deux Z qui se croisent à angle droit dans leur milieu, comme ce caractère le fait voir. Ces huit pavillons sont de même proportion et identiquement semblables. De cette disposition il résulte qu'il y a un point au centre qui communique partout; premier avantage. Le second, c'est que chaque pavillon, tant les intérieurs que les extérieurs, participent aux vues du dehors, même sur leurs deux faces. Les quatre pavillons extérieurs sont séparés des intérieurs par l'eau, et se communiquent, au moyen de chacun un pont, et les pavillons intérieurs font pont eux-mêmes pour communiquer aux extérieurs.

Tous ces pavillons sont portés sur autant de massifs en maçonnerie, et les exhaussent fort au-dessus des eaux. Le caractère d'architecture n'a d'ailleurs rien de nouveau. On ne sauroit néanmoins disconvenir que cette disposition ne soit très-ingénieuse. Avant que de quitter les bâtimens, il ne faut pas dédaigner de jeter un regard sur le pavillon à gauche au-devant du tableau. Par sa forme il offre vingt faces, quatre avant-corps de chacun trois faces, quatre parties en arrière-corps, chacune de deux : elles enveloppent une pièce quarrée qui est au centre, et dont le toit porté par un attique, s'élève en pointe au-dessus de tous ceux qui l'environnent. Le toit des quatre avant-corps est à deux égoûts avec pignon; les arrière-corps sont à un seul égoût. Toute cette masse porte sur un empâtement général qui l'élève et la sort de terre. Peut-être que chaque partie plus élevée eût eu plus de grâce, car la masse générale paroît un peu large pour sa hauteur.

On ne peut que présumer la distribution de cet élégant pavillon; elle peut n'être qu'une pièce dont la partie du milieu plus élevée, est soutenue par quatre colonnes, et qui laisse circuler autour d'elle, en forme de galeries, les parties qui lui sont adaptées, ou bien la partie du milieu peut former une pièce quarrée éclairée par l'attique, et chacune des parties environnantes peut former autant de pièces subordonnées à la principale.

Que les eaux ainsi que les hauteurs dont elles sont environnées, soient factices ou naturelles, la composition en est agréable par la variété des formes et des accidents; mais il est visible que la chaussée qui forme une île circulaire, soit par ses contours et ses formes, soit par son exacte planimétrie, et par les petites pierres sous la forme de rochers qui la bordent des deux côtés; il est, dis-je, très-apparent que cette chaussée est faite de main d'homme. Elle peut procurer une promenade assez agréable entre deux eaux, mais les dispositions et les détails ne sont pas dessinés avec goût, et manquent de vérité. Quelques petits bâtiments encore, quelques arbres dispersés plutôt que massés avec intelligence, des ponts jetés dans cette scène l'animent, et la peuplent d'accidents variés. Il ne faut pas oublier de faire remarquer que chaque face du bâtiment principal placé au centre du paysage, jouit d'un point de vue qui lui est particulier. Toutes ces observations, qui ne sont que le développement des vues qu'a eu l'artiste, dans la composition, supposent de l'imagination, des idées et même du goût. Les différents avantages qui résultent de cette composition, seroient

Chapitre V.

l'objet d'un programme d'architecture difficile à remplir.

Tableau VI, *et dernier.*

Ce sixième tableau n'est pas le plus intéressant. L'objet principal est encore une île : elle est longue, étroite et peu agréable dans ses formes. Le bâtiment le plus considérable est composé de quatre faces semblables, qui renferment une cour quarrée, divisée elle-même en quatre autres petites cours par deux bâtimens en croix. Cette disposition n'est ni ingénieuse ni agréable. La partie de bâtimens intérieurs est sans vue et sans air, et la masse générale est uniforme et lourde : sur la droite, deux pavillons à la suite l'un de l'autre et couverts en terrasse, sont d'un dessin plus heureux ; à leur extrémité chacun a un porche assez élégant : l'un est ouvert et l'autre fermé. Le vide qui sépare les deux pavillons, est couvert par la liaison de la terrasse qui les recouvre. On remarque au-devant du plus petit pavillon, un berceau en treillage ombragé par un seul arbre, dont les branches s'allongent de droite et de gauche pour le recouvrir de leurs feuilles. D'autres fabriques et quelques ponts répandus dans le paysage, qui est lui-même sans caractère, n'en est pas enrichi.

J'ignore absolument la nature et le but des cultures renfermées, et divisées par des espèces de chaussées qu'on voit au-delà et attenant l'île : elles tiennent à des objets dont je ne connois pas l'usage.

Fin de la Descript. des VI Tableaux.

Les Arts anciens sans culture et presque éteints en l'an VI, dès qu'on les compare avec des temps précédents; la fortune répandue en tant de mains nouvelles, et enlevée à ceux qui l'avoient en partage ; le goût national changé ; les ouvrages d'agréments et ceux utiles, ceux que l'austérité de l'histoire, au milieu du déchaînement libre des passions, ne tenteroit qu'avec risques de produire, ne laissant la carrière ouverte qu'aux auteurs trop intéressés à déguiser la vérité ou à la pervertir ; il résulte qu'on est contraint avec un peu de sagesse, d'attendre des temps plus heureux ou moins agités. Alors nos penchants naturels pourront revenir, et les écrits politiques et polémiques ne couvriront plus, comme ils le font la surface de la France : alors les journaux, notre seule littérature actuelle, se dessècheront. Qu'il sera satisfaisant ce moment du réveil des arts, et de la cessation de la profonde léthargie des esprits ! Commerce, vraie liberté, propriété réelle, vous ranimerez, vous vivifierez nos belles provinces et leurs habitants industrieux. (Ce moment est arrivé sous le premier Consul Bonaparte, à qui l'on doit la gloire de la France, l'agrandissement des provinces qui en dépendent, et la paix générale donnée par lui à l'Europe, en l'an IX de la République).

Qui ne désireroit, par exemple, que les six tableaux qu'on vient de décrire fussent gravés légèrement au trait, de format au moins in-4°, pour être ensuite colorés d'après les modèles. Ce traité

traité peu volumineux des jardins chinois en tireroit un grand avantage : il parleroit aux yeux d'une manière plus intéressante ; mais il faut un particulier riche pour avancer les frais, soit de gravure et du tirage des planches, soit de la peinture : il faudroit aussi un libraire en état de faire une édition soignée et distinguée. Ces états sont rares, pour ceux capables autrefois de ces entreprises, ou pour les amateurs qui en donnoient les fonds.

ARTICLE IV. *Détails sur la décoration intérieure des Palais de l'Empereur, et sur ses ameublements, tirés en partie des Lettres Édifiantes, de quelques autres lettres manuscrites du P. Benoist, et du tome XV des mémoires des missionnaires de Pékin.*

DANS le palais de Pékin environné de jardins, la salle du trône est précédée d'un perron couvert, qui a quinze pieds de profondeur sur trente de large, et qui est soutenu par deux rangs de colonnes : ce perron élevé de quatre pieds au-dessus du niveau de la cour, est de plein pied avec le pavé de la salle, au milieu de laquelle le trône de l'Empereur s'élève de quelques degrés. De la cour on monte à ce perron, par des escaliers de pierre qui règnent dans toute la longueur du bâtiment, dont la face regarde le midi.

Au milieu de chacune des faces de cette salle orientées nord et sud et suivies d'autres pièces, est une porte à deux battants de dix pieds de

Prem. Part. O

haut : dans le contour de ces deux battants règne un cadre de menuiserie dont le bas, à la hauteur de trois pieds, est plein. La boiserie qui remplit le reste du cadre est toute à jour, et forme des fleurs, des caractères et divers autres dessins. Elle est unie au-dedans de la salle, et pour l'éclairer, recouverte de papier; en dehors elle est ornée de sculptures, dorures et vernis de différentes couleurs. Ces deux portes, à moins qu'il ne fasse un grand vent, restent presque toujours ouvertes, parce qu'en hiver on y suspend des *Lien-tzées* : il y en a de trois espèces, celui d'hiver, celui d'été, et celui du printemps et d'automne. Le *Lien-tzée* d'hiver, est une étoffe de damas piqué et épais, tendu en haut et en bas par des rouleaux de bois brillant de clous dorés et de vernis; celui d'en haut, est suspendu sur la porte à des anneaux sur lesquels il joue. Chez l'Empereur il est en soie et en broderie. Le *Lien-tzée* de printemps et d'automne n'est que doublé, et celui d'été est un treillis composé de filets de bambous fendus et réduits à la grosseur d'un fil d'archal : ces fils de bambous sont unis comme s'ils avoient passés à la filière, et joints en forme de treillis par des fils de soie colorée, qui forment sur ce treillis des dessins agréables à la vue. Ils se roulent et déroulent comme une étoffe de soie : ils permettent au vent frais d'entrer, mais non à ceux qui sont dans la cour de voir ce qui se passe dans l'appartement.

Le commerce apporte en Europe de ces jolies

Chapitre V.

nattes, sur lesquelles sont représentés des oiseaux et des fleurs. J'en ai vu plusieurs en France ; elles doivent être communes en Angleterre : la manière dont elles sont travaillées donne une idée de la patience, et de la dextérité des Chinois dans tous leurs ouvrages. Ces portières de treillis en été, et d'étoffe épaisse en hiver, se roulent jusqu'au dessus de la porte quand on veut donner de l'air à la salle.

Aux deux côtés de la grande porte, il y en a encore d'autres qui donnent du jour à la même salle, et dont les battants n'ont pas les mêmes garnitures précédentes. On les ouvre dans l'occasion, et c'est par ces portes latérales qu'entrent ceux qui ont continuellement affaire dans la salle.

Les lambris tant de la salle que du perron, sont ornés de divers ouvrages de sculpture en partie dorés, et en partie peints et vernissés : le vernis des colonnes est toujours de couleur rouge.

Le trône est accompagné d'ornements variés, riches et de bon goût, dont la plupart ont été faits en Europe.

Au lambris des plafonds, selon l'usage chinois, sont suspendues des lanternes de différentes formes, et d'autres ornements avec leurs pendeloques de soierie de plusieurs couleurs.

Cette salle et les autres, quoique belles et vastes, qui se trouvent également dans les palais et maisons de plaisance de l'Empereur, ne servent que pour des audiences ordinaires : car il y a dans l'enceinte du palais pour les audiences de cérémonie une salle particulière, dont la grandeur et la magnificence annoncent la majesté et la puissance du souverain, à qui l'on y rend ses hommages.

Dans les appartements qui ne sont pas doubles, les faces depuis la hauteur de trois pieds et demi au-dessus du pavé, jusqu'à deux pieds au-dessous du plafond, sont percées de fenêtres presque contiguës couvertes de papier. Quoique l'Empereur ait des glaces de toute espèce et en quantité, il préfère pour l'usage ordinaire le papier de Corée qui est le meilleur de tous. Les fenêtres de quelques-uns de ses palais sont toutes en glaces, mais ils sont uniquement destinés pour s'y promener et non pour être habités.

Au dehors des pièces est souvent une galerie couverte, qui forme un avant-toit avec le corps du bâtiment, dont l'usage est de garantir les fenêtres des pluies et des ardeurs du soleil.

Des vases précieux, des cassollettes pour brûler des parfums, des bijoux en tout genre garnissent des tables de vernis du Japon, et des tablettes en gradin. Les fleurs naturelles dans des vases de porcelaine, ajoutent à la décoration simple et noble des appartements.

On trouve dans les cours et dans les passages des vases de marbre, de porcelaine et de cuivre, également remplis de fleurs.

CHAPITRE V.

Les siéges des grands appartements sont de véritables trônes élevés de plusieurs marches, sur une estrade environnée d'une balustrade et couverte d'un grand tapis : leur forme est très-variée, et les ornements dont il sont chargés le sont encore plus. L'estrade et le pavé ont souvent de riches tapis à fond jaune, des tapis aussi d'écarlate, d'autres en velours, d'autres en riches étoffes d'Europe selon les occasions. L'estrade a environ six pieds de profondeur; elle porte un large coussin quarré, avec des coussins ronds aux deux côtés pour s'appuyer et un petit dossier. La longeur des bâtiments étant toujours de l'orient à l'occident, le côté du nord est tout en murailles, et celui du midi en fenêtres. Les trônes des appartements sont placés en face de la porte, pour que l'Empereur assis au nord, ait le visage tourné vers le midi.

On a l'usage de mettre entre le tapis et le pavé de briques, une espèce de feutre qu'on place sur toutes les estrades dressées pour s'asseoir.

Dans les chambres du Prince, il n'y a jamais ni chaises, ni tabourets, parce que s'il fait la grâce de permettre à quelqu'un de s'asseoir en sa présence, on s'assied sur le pavé toujours couvert d'un tapis. Si l'Empereur veut distinguer, d'une manière particulière, un Prince du sang, un Général d'armée, etc. il le fait asseoir sur la même estrade.

En Hiver, au milieu de la chambre de l'Empereur, on place sur un piédestal un grand vase de bronze, rempli de braise bien allumée, mais couverte de cendre, pour entretenir un air tempéré.

Outre ces sortes de brasiers, on sait qu'il y a en Chine comme en France, dans beaucoup d'hôtels et de maisons, des tuyaux de chaleur qui partent d'un fourneau qu'on allume extérieurement, et qui en circulant sous le pavé des chambres, leur donne une chaleur égale, douce et tempérée, sans causer ni fumée ni mauvaise odeur.

Les tableaux et peintures n'entrent point dans la décoration des grands appartements impériaux : les peintures sont reléguées, et encore en petit nombre, dans les cabinets, dans les galeries et les salons des jardins. A l'égard de la chambre du Prince, on y voit quelques petits portraits des anciens sages du pays, faits à l'encre et posés sur la boiserie.

Au lieu de la tapisserie c'est une belle boiserie, ou bien plus souvent un beau papier blanc collé sur les murs et sur le plafond, qui rend la chambre extrêmement claire sans fatiguer la vue. Non que l'Empereur manque de belles tapisseries : il en a dans plusieurs de ses palais ornés aussi de glaces, de pendules, de lustres, etc. venus d'Europe ; mais il ne va dans ces palais que pour s'y promener et s'y reposer.

Les Mandarins lui offrent des présents de toutes les espèces chaque année : ce que le *Tsong-tou* de Canton lui présenta en 1772,

Chapitre V. 215

revenoit à plus de trente *ouan*, c'est-à-dire à 320 mille livres. Toutes ces richesses s'accumulent dans les appartements qui ne sont pas sa demeure habituelle.

Le P. Benoist écrivoit dès 1752 ce qui suit :

« J'ai fait cette année une conduite d'eau dans la chambre même que l'Empereur occupe pendant les grandes chaleurs de l'Été : ce Prince a fait disposer vis-à-vis de son lit de repos une espèce de cour, dont le toit construit en nacres de perles transparentes, laisse pénétrer la lumière de telle sorte qu'on ne s'aperçoit pas que cette pièce hors d'œuvre soit couverte. Au fond on a élevé un monticule, où sont faits en différents petits paysages, des palais, maisons de plaisance et moulins à battre le riz ; toute cette scène champêtre est animée par plusieurs jets-d'eau, cascades et autres amusements hydrauliques propres à recréer la vue, à donner de la variété et un air de fraîcheur à ce monticule dont l'effet est pittoresque ».

Dans une lettre postérieure en date de 1754, il marquoit :

« Je suis encore occupé de machines hydrauliques pour l'Empereur. Actuellement nous en posons une dans l'intérieur du palais. Elle doit porter l'eau autour d'un trône du prince, par différents circuits et dans des canaux de marbre. Tout ce qu'on ne feroit en Europe qu'en plomb, en fer fondu, ou même en bois, se fait ici en cuivre ; et ce qui coûteroit dix pistoles en France, revient à l'Empereur à plus de dix mille livres. Jugez de la dépense, sans qu'on puisse à cause de la trop prompte exécution assurer la solidité des travaux ».

Description d'une Maison de plaisance de l'Empereur, à Yang-tchéou, *par M. Bourgois, selon sa lettre de novembre* 1786.

« *Yang-tchéou* (1) dont je vous parlerai M. *ex visu*, est une des plus belles et des plus grandes villes de la Chine; je fus surpris d'y voir des maisons à plusieurs étages, et qui ressemblent assez à nos maisons ordinaires d'Europe. On dit qu'elle renferme un million d'habitants : ce que je sais, c'est que la population est prodigieuse dans ces quartiers-là; j'ai vu près de cette grande ville, sur le canal impérial, des villages de plus d'une lieue d'étendue, et qui fourmilloient d'habitants. Le pays est ouvert, si rempli de maisons et de fermes isolées, entourées de leurs terres, que de loin on s'imagineroit voir des villages absolument contigus. Il faut peu de terrain pour l'entretien d'une famille, parce que chaque année la terre porte au moins deux fois, sans jamais se reposer.

» C'est à côté et en partie derrière *Yang-tchéou* qu'est la maison de plaisance de l'Em-

---

(1) La ville d'*Yang-tchéou* est située entre les deux grands fleuves le *Kiang* et le *Hoang-ho*, ou fleuve jaune, dans la belle province de *Kiang-nan*. Hist. gén. de la Chine, tom. XIII, *in*-4°. p. 29 et suiv.

pereur : elle fut bâtie du temps de *Kang-hi*, non aux frais de ce prince, mais à ceux des Fermiers-généraux du sel, qui voulurent lui donner cette marque de reconnoissance. Cette compagnie est prodigieusement riche : quoique le sel ne coûte que deux sous la livre de seize onces, elle en fournit une si grande quantité dans tout l'Empire, qu'elle fait des profits immenses. Depuis que je suis ici, j'ai vu ces fermiers offrir à l'Empereur, non compris les droits de la ferme, tantôt soixante et dix *ouan*, tantôt cent : il ne faut pas treize ouan et demi pour faire un million de notre monnoie.

» CETTE maison est comme une promenade publique : une foule prodigieuse de gens oisifs et à leur aise, se rend dans ces jardins qui peuvent avoir trois quarts d'heure de chemin pour parcourir sa longueur ; je ne puis en dire la largeur, mais à l'œil j'ai estimé du haut de la montagne qui la termine, que le contour peut être comparé à celui de la ville de Nancy. On y va d'un bout à l'autre en barques et en gondoles. Dès qu'on se présente à l'entrée, on en voit une grande quantité de toute beauté : elles sont vernissées, dorées, peintes, et très-commodes ; on en loue pour plusieurs heures et à bon marché. De dessus les barques on aperçoit à mesure que l'on avance ce qu'on voit à *Yuen-ming-Yuen* à quelque chose près ; mais ce qui manque à *Yang-tchéou*, de ce côté-là, est compensé par d'autres avantages. Après avoir lu la lettre du frère Attiret, et après avoir vu plusieurs fois

Yuen-ming-Yuen, si j'avois un choix à faire entre ces deux belles maisons de plaisance impériales, je me déciderois pour *Yang-tchéou*.

» Yueng-ming-Yuen est dans un pays enfoncé, on n'y découvre que ce qui est dans l'enceinte de ce parc ; encore le voit-on successivement, parce qu'à tout moment il y a des monticules, des détours, etc. A *Yang-tchéou*, vous voguez sur des eaux magnifiques, vous allez de droite à gauche, comme vous voulez, et vous découvrez à-la-fois une foule de choses agréables, charmantes : ici c'est une forêt de haute-futaie ; là des bosquets ; plus loin c'est un quai couvert de gloriettes chinoises joliment bâties ; devant ces petites auberges il y a une quantité de monde qui prend du thé et qui regarde les passants, tandis qu'ils font un très-agréable spectacle pour ceux qui voguent.

» Les ponts élevés qu'on aperçoit de loin, varient et embellissent la scène : on passe sous un de ces ponts qui n'est composé que d'une arche. Tout est plein d'ornements, mais si naturels, qu'on ne diroit pas que l'industrie y ait part. Il faudroit une lettre aussi longue que celle du frère Attiret pour entrer dans des détails plus précis ; mais comme il y a déjà vingt ans que je n'ai vu *Yang-tchéou*, je n'ai pas les choses assez présentes, et je ne m'en rappelle que les plus essentielles.

» Il est vrai que les palais d'*Yuen-ming-Yuen* sont beaucoup plus vastes, plus beaux et plus multipliés que ceux d'*Yang-tcheou* ; mais aussi ces derniers ont je ne sais quoi de champêtre qui les rend plus agréables. Je descendis plusieurs fois de la barque pour les considérer à loisir ; j'en étois enchanté : au lieu de beaux et superbes escaliers, on va d'une petite roche à une autre, et on se trouve dans un bâtiment élevé sans avoir monté d'escaliers.

» Mais ce qui fait la beauté principale d'*Yang-tchéou*, c'est le terme de la promenade. On aboutit en barque au pied d'une montagne charmante, la seule du pays : elle est parsemée de bâtiments chinois à différentes hauteurs ; sa cime qui est une plate-forme d'une grande étendue, est couverte aussi de plusieurs bâtiments superbes, et en particulier d'un palais de l'Empereur qui tient à un Miao d'une grande magnificence.

» C'est de ce plateau qu'on a la plus belle vue du monde. Vous plongez dans *Yang-tchéou* qui n'est qu'à demi-lieue ; vous voyez le grand fleuve *Kiang* et le canal impérial couvert de toutes sortes de bâtiments : delà, portant la vue tant qu'elle peut s'étendre, on aperçoit partout des villes, des villages et des pays immenses riches en toutes espèces de moissons ; les terres ne se reposant jamais ».

Si donc les jardins de l'Empereur et ses maisons de plaisance réunissent tant de magnificence, il est à croire que ceux des Princes, ceux des Ministres, des grands Officiers attachés à sa personne, et des particuliers opulents, quoique dans un degré d'infériorité, sont fort beaux, et que tous ont à-peu-près le même genre de décoration, propre depuis bien des siècles à la nation entière.

Pour s'en assurer, on peut lire dans les Mémoires des Missionnaires de Pékin, tom. II, *in*-4°. pag. 643 et suiv. la traduction du petit poëme intitulé : le Jardin de *See-ma-kouang* (*n*), qui étoit premier Ministre d'*Yng-Tsong*, ou *Jen-Tsoung*, cinquième Empereur de la XIXe. Dynastie, en l'an 1086 de l'ère chrétienne ; Philippe II régnoit alors en France. Et dans le tom. XI des mêmes Mémoires, on trouvera l'imitation en vers françois de cette traduction, par madame Boccage, avec une lettre de cette dame écrite à Paris le 5 juin 1785, dans laquelle elle dit : « Que son penchant naturel pour les Chinois lui est héréditaire, qu'elle le tient de ses pères, et qu'elle avoue, quoique dans un âge avancé qui lui défend les amusements poétiques, qu'elle en trouve à joindre ses pensées à des idées neuves il y a 600 ans, et à six mille lieues d'elle ».

La description de ce charmant jardin (1), d'une étendue de trente arpents au plus, perdroit trop dans un extrait : elle prouve que les Chinois ont toujours été fidèles à leur goût. A cette époque on étoit loin encore de se douter de l'art des jardins en Europe.

---

(1) Il faut la lire en entier dans le tom. II des Mémoires cités, et encore dans un Extrait qu'on trouve tom. XV, pag. 147, suivi d'une note qui attribue, avec raison, la Traduction de ce Poëme à M. Cibot.

CHAPITRE VI.

Des Serres Chinoises et de leurs formes : Manière de s'en servir, et tentatives heureuses pour perfectionner leurs Plantes

Nous avons extrait ce Chapitre du Mémoire de M. Cibot, qui contient 14 pages.

« La Chine, dit-il, a des serres depuis bien des siècles. Cette nation a travaillé sans cesse à se procurer les choses utiles par les moyens les plus simples, les plus sûrs et les moins dispendieux. Les longs et rigoureux hivers de Pékin obligent d'avoir des serres pour suppléer aux jardins potagers des villes et des campagnes.

» On les construit au plein midi : nous en avons vu de trois sortes ; celles du palais de l'Empereur et de ses jardins, celles des marchands de fleurs de Pékin, et celles des jardiniers des environs de la ville. Elles sont bâties suivant les mêmes règles et le même plan. Les serres de l'Empereur sont construites aussi bourgeoisement que celles des plus petits particuliers ; car ce qu'on appelle faste et luxe, n'a lieu absolument ici que pour ce qui est de représentation ou de distinction de rang ; jusques-là que les écuries, les magasins, les cuisines, les offices, etc. du palais, sont comme ceux de tout le monde. Quand le Prince est dans son domestique, et qu'il se promène dans ses jardins, ses habits sont si simples et si ordinaires, qu'il faut le voir de près pour le distinguer des personnes de sa suite. Il en est de même, à plus forte raison, des Grands et des premiers Mandarins.

» Les serres chinoises se distinguent des nôtres, en ce qu'elles sont enfoncées en terre et creusées en dedans comme une fosse : cette forme, jointe à leur peu de largeur, leur procure l'avantage de la température d'air des caves, et c'est là leur mérite principal. La façade du midi étant toute en fenêtres, et les quatre côtés de la fosse étant revêtus de gradins, les rayons du soleil arrivent à-la-fois partout, et de la manière la plus avantageuse pour y porter leur bienfaisance, et par ce procédé les fourneaux deviennent moins nécessaires, et produisent plus d'effet avec moins de feu.

» Ainsi, pour bâtir une serre chinoise, il faut choisir un terrain qu'on puisse creuser à la profondeur de sept à huit pieds : si elle est grande, dix à douze n'en vaudront que mieux. Pour suppléer à la largeur toujours restreinte pour de bonnes raisons, il semble qu'on pourroit allonger autant qu'on voudroit, dès que le terrain le permet ; mais à en juger par la pratique du palais, on préfère d'en faire plusieurs. Les plus grandes n'y ont pas au-delà de 60 à 70 pieds ; la largeur de 10 à 12, et cela afin que, quand on ouvrira les fenêtres, les rayons du soleil puissent aller jusqu'à la muraille et porter leur chaleur sur les fleurs qui sont au bas. On fortifie les murs contre la poussée des terres, en faisant, en pleine maçonnerie, les gradins qui, au-dedans de la serre, partent du bas, et qui montent jusqu'au niveau du terrain. Ces murailles doivent être épaisses, et faites avec beaucoup de soin, pour que le froid du dehors ne puisse pas les pénétrer. Elles ne sortent de terre que de trois côtés: celui du midi, qui est tout en fenêtres depuis le bas jusqu'en haut, n'a que des colonnes pour porter le toit. Bien des jardiniers, au lieu d'élever un mur du côté du nord, ne donnent point d'arrête au toit, et se contentent d'un appentis abaissé presque jusqu'au niveau du terrain; mais pour mieux faire encore, ils lui ménagent l'abri d'une bonne muraille. Dans les grandes serres, le toit est élevé de terre depuis 10 jusqu'à 15 pieds, et soutenu en entier par ses colonnes, comme tous les autres bâtiments; mais il est couvert avec encore plus de soin et de précaution, afin que l'air extérieur ne puisse pas se faire jour dans la serre.

» Ces détails supposés, la théorie des serres chinoises se réduit; 1°. à creuser en terre une fosse de la grandeur qu'on veut qu'ait la serre; à la faire plus longue que large, à en mettre la longueur est et ouest, et à la revêtir de fortes murailles; 2°. à élever ces murailles à plein, sans aucune ouverture ni fenêtres, à la hauteur de 12 à 15 pieds, mais de trois côtés seulement; 3°. à laisser toute la façade du midi en fenêtres, et pour cela n'y mettre que des colonnes ou des piliers pour soutenir le toit; 4°. à faire ce toit avec une arrête à l'ordinaire, ou en appentis, mais avec un grand soin pour qu'il soit bien fermé et aussi impénétrable qu'une voûte ; 5°. à faire un ou plusieurs *kang*, c'est-à-dire fourneaux ou étuves à la chinoise, selon la grandeur de la serre et la température d'air qu'on veut avoir ; 6°. à bâtir des gradins qui descendent, depuis le niveau du terrain jusqu'au fond de la serre, qui en fassent le tour, et soient plus ou moins larges, selon la grandeur des vases et des caisses qu'on veut y mettre ; 7°. à revêtir les fenêtres de la façade du midi de bons paillassons, ou de fortes nattes qu'on relève et que l'on abaisse à volonté en dehors et en dedans.

» Les serres des maisons de plaisance servent surtout à conserver, pendant l'Hiver, les arbrisseaux étrangers ou trop délicats, les fleurs pour le Printemps, etc.

» Celles des marchands fleuristes, à entretenir et pousser les arbustes, arbrisseaux, oignons, et diverses fleurs préparées dès l'Automne, et qu'ils veulent avoir en fleurs dans le plus fort de l'Hiver, surtout à la nouvelle année.

» Celles des jardiniers servent à conserver les plantes qu'ils veulent faire fleurir et monter en graines au Printemps, à maintenir en pleine verdure et fraîcheur les plantes, herbes et herbages, gardées pour les vendre en détail dans l'Hiver ; à faire pousser les petites salades, les herbes de fourniture qu'il est de leur intérêt d'avoir à la nouvelle année ; enfin, à faire des semis

semis pour garnir les jardins, dès que le temps en est venu.

» L'utilité des serres n'est pas bornée à l'Hiver; elles deviennent, pendant les autres saisons de l'année, l'hospice et comme l'infirmerie des arbres, des arbrisseaux et arbustes malades : on les fait servir aussi à garantir les plantes délicates des temps qui leur sont contraires, des vents, des pluies, des brouillards, etc. à accélérer la pousse pour un temps déterminé.

» Comme les Chinois n'ont pas de thermomètre, ils mettent auprès des fenêtres de la serre un vase plein d'eau, et n'allument les fourneaux que quand cette eau gèle; ils s'en servent encore pour régler la chaleur de la serre et le feu des fourneaux.

» En retirant dans la serre les arbres, arbustes et fleurs, il faut dans leurs principes, avoir l'attention de les y placer dans la même exposition qu'ils avoient dans le jardin. Les Chinois prétendent, d'après leurs observations, qu'une plante est comme déroutée de sa végétation, quand le côté qui étoit tourné au nord, dans un jardin ou dans un parterre, se trouve tourné au midi dans la serre. Du reste ils en font une règle générale de jardinage, lorsqu'ils transplantent des arbres, et ils ont grand soin de leur donner toujours la même exposition.

» Avec le secours de l'étuve chinoise on entretiendra dans la serre un ton de chaleur continuel, comparable à celui des plus beaux jours du Printemps. Pour imiter de plus près le pro-

Prem. Part.   P

cédé de la nature, il est bon que cette chaleur ait ses hauts et ses bas, et fasse l'effet du jour et de la nuit. La chaleur, par sa continuité, dessèche et donne des qualités nuisibles ; on parera à cet inconvénient en plaçant des vases d'eau, peu profonds et plus évasés par le haut, dont on renouvellera l'eau, qui diminueroit et finiroit par se corrompre. Avec cette méthode on renouvelle d'une manière salubre, pendant l'hiver, l'air des appartements.

» Outre les vases d'eau, les fleuristes, dans leurs serres, emploient un autre procédé pour hâter leurs fleurs : ils y portent des vases d'eau bouillante, et agitent doucement la vapeur qui s'élève au-dessus, afin qu'elle se répande partout et qu'elle forme une espèce de rosée. Par ce moyen et avec la chaleur douce qu'ils entretiennent, qu'ils modifient et tempèrent, les jardiniers chinois réussissent à avoir pendant tout l'hiver, et principalement à la nouvelle année, un nombre infini de poiriers, de cerisiers, de pêchers et autres arbres nains fleuris, ainsi que des rosiers, des jasmins, des jacinthes et des narcisses. Ils réussissent également à avoir en pleine verdure des basilics et toutes sortes d'herbes et de plantes odoriférantes ou agréables à la vue : tellement qu'on peut se procurer tout ce que l'on veut en ce genre, et sans presque rien dépenser : car les prix fols sont pour les choses folles et de caprice, et pour les fleurs des pays étrangers.

» Une dernière manière d'accélérer la floraison de la part des Fleuristes chinois, quand ils se trouvent en retard pour la nouvelle année ou pour quelque fête, pourvu que les boutons des fleurs soient formés, et qu'il ne s'agisse que de les faire épanouir, consiste à creuser dans le milieu de la serre, une serre profonde de deux pieds et demi à trois pieds, sur une longueur et largeur proportionnées au nombre des pots et caisses qu'ils ont à mettre en pleines fleurs. Alors ils remplissent à demi cette fosse de terreau choisi et d'urine de bœuf ou de brebis encore mieux, et l'ayant couverte de claies, ils rangent dessus leurs caisses et pots de fleurs, mais de façon qu'ils soient espacés assez au large et tous encadrés dans la grandeur de la fosse qui doit les déborder de plusieurs pouces. Tout étant disposé, ils remplissent subitement la fosse d'eau bouillante : cette eau forme une vapeur qui s'élève autour des fleurs : il ne s'agit plus que de la tempérer en l'agitant doucement avec un grand éventail qui la répand plus uniformément. Ainsi promenée, elle adoucit, humecte et vivifie l'air déjà si tempéré de la serre, et lui donne une si heureuse activité que les boutons de fleurs s'enflent et grossissent, comme à vue d'œil, puis s'épanouissent avec une fraîcheur et un éclat comparables à ceux que leur donnent les plus beaux jours du printemps ».

PARMI les beaux arbres qu'on élève et que l'on conserve dans les serres, on remarque le *Moutan* ou *Mao-tan* qui est notre pivoine, mais perfectionnée au point de ne la plus reconnoître ; et le *Kiu - hoa*, ou la matricaire de Chine.

En 1776, nous avons vu entre les mains de M. l'abbé Batteux, de l'Académie françoise, Editeur des sept premiers volumes des Mémoires des Missionnaires françois de Pékin, quatre dessins des belles serres de l'Empereur, colorés avec une propreté infinie. On doit appeler ces dessins des peintures : elles avoient été envoyées en présent par les Missionnaires, à M. Bertin, et ne déparoient pas la riche collection de curiosités chinoises qui formoient son cabinet.

Ces charmantes peintures faites par les peintres du palais impérial, et relevées par les belles couleurs qu'ils emploient, donnent la décoration extérieure et intérieure, l'élévation, la croupe et les développements des serres impériales. Les caisses et les vases, tout en porcelaine de différentes formes et de différentes grandeurs, remplis de plantes, d'arbres et d'arbustes y sont placés sur leurs gradins : vases, tiges et troncs, feuilles, fleurs et fruits ont leurs couleurs naturelles, et produisent à l'œil un aspect délicieux. (*o*)

Les Missionnaires n'avoient pas le loisir de former des romans dans leurs relations annuelles, ni de créer des serres si ingénieuses, ou de supposer des principes suivis de culture des plantes et des fleurs, pour en faire honneur aux Chinois. Cela répond aux assertions hasardées d'un de nos savants voyageurs, lequel dans son ouvrage publié depuis peu d'années, a refusé à ce peuple si loin de nous, toute connoissance et principe en agriculture, dans la manière de transplanter les arbres, de les tailler, de les greffer, etc.

Le rédacteur des affiches de province, année 1778, page 102, dit avec sa sagesse connue: « Que la description des serres chinoises construites pour les particuliers et les fleuristes, présente des procédés simples et économiques, qui caractérisent le génie d'un peuple patient qui aime l'utilité jointe à l'agréable, et qui sait se la procurer sans dépense ; mais qu'avec notre goût un peu différent, nous ne verrons pas beaucoup de serres chinoises dans nos jardins ».

CHAPITRE VII.

Récapitulation sur le goût, la beauté et les avantages des jardins Chinois: Mention du lac Si-hou.

Leur goût est celui de la nature. Le Chinois y est conduit par son propre génie qui n'est point inventeur, mais imitateur: il veut voir dans son jardin le tableau en raccourci de la nature.

La beauté de ce jardin consiste dans l'unité: l'unité fait la beauté de la nature; elle fait aussi celle du jardin chinois. Malgré cette multitude d'objets de toutes formes, de tous caractères qui paroissent répandus au hasard et dans le désordre, il y a un point d'unité qui lie tous les objets, qui les appelle à un ordre général, où chaque partie fait son effet, et qui concourt à l'effet général de toutes les parties. Voilà en quoi consiste le beau de la nature et celui d'un jardin chinois.

Voici ses avantages. Tout terrain lui convient : l'exécution en est prompte et facile ; il n'exige que des dépenses proportionnées aux fortunes ; l'entretien n'en est pas dispendieux, l'usage en est délicieux. Le Chinois qui aime à vivre seul dans l'intérieur de sa famille, y jouit de lui-même, et du spectacle de la nature.

Il a aussi ses *Jardins publics*, mais traités en grand et faits pour le plaisir de toute une ville, de tout un peuple.

Près de la ville de *Hang-tchéou*, (1) est un petit lac nommé *Si-hou* qui a deux lieues de circuit : il baigne ses murs du côté de l'occident : l'eau en est belle et claire comme du cristal, en sorte qu'on voit au fond les plus petites pierres : vers les bords, l'eau plus basse est toute couverte de fleurs de *lien-hoa :* c'est, comme on l'a dit, le nénuphar de la Chine.

On y a élevé sur des pilotis des salles ouvertes

---

(1) Duhalde, I, 176. — *Hang-tchéou* est la métropole du *Tche-kiang*, cinquième province de l'Empire de la Chine. M. Staunton, dans la relation de l'Ambassade de lord Macartney, donne le nom de *Hang-choo* à *Hang-tchéou*, et de *Sée-hoo* au lac *Si-hou*. Tous les autres noms sont également changés, sans doute, à cause de la prononciation angloise.

soutenues de colonnes, et pavées de grands quartiers de pierres pour la commodité de ceux qui veulent s'y promener à pieds: on y a construit aussi des levées, revêtues partout de pierres de taille, et dont les ouvertures, qui servent de passage aux bateaux, sont jointes par des ponts assez bien travaillés: ces ponts en arcs n'empêchent en rien le passage des barques ou nacelles.

Au milieu du lac sont deux petites îles, où l'on se rend ordinairement après avoir pris le plaisir de la promenade sur des barques. On y a bâti un temple et quelques maisons propres. Les bords du lac sont d'ailleurs ornés de pagodes, de grands monastères de bonzes et d'autres jolis pavillons parmi lesquels on voit un petit palais à l'usage de l'Empereur *Kang-hi*. Ce prince y a logé, lorsqu'il voyageoit dans les provinces méridionales de son empire.

La belle chaussée qui traverse ce lac, est renommée dans tout l'Empire par les pêchers et les saules à branches pendantes, dont ses deux bords sont plantés. Les habitants des villages et des villes les plus prochaines, ne manquent pas d'aller par récréation voir les pêchers quand ils sont en fleurs.

L'auteur de la relation de l'Ambassade angloise, tom. III, 358, 359, en parle ainsi. « Ce lac forme une superbe pièce d'eau de trois à quatre milles de diamètre et environnée au nord, à l'est et au sud de montagnes pittoresques, entre la base desquelles et les bords du lac, est un terrain étroit mais uni, dont on a tiré le parti le plus agréable. On y voit des maisons charmantes et des jardins de Mandarins, ainsi qu'un palais appartenant à l'Empereur, et des temples, des monastères pour les bonzes de Fo. Des ponts en pierres d'une forme légère et bizarre, mais très-jolis, sont jetés en grand nombre sur les différents bras du lac, réunis aux ruisseaux qui tombent des montagnes. Sur le sommet de ces montagnes on a bâti des pagodes, dont l'une, située sur le bord d'une péninsule très-élevée, s'avance dans le lac : elle s'appelle le temple des vents foudroyants et mérite l'attention des voyageurs, quoiqu'en état de destruction. Sa bâtisse, selon la tradition, date du temps de Confucius, qui vivoit il y a plus de deux mille ans ».

CETTE description a été donnée par M. Barrow, qui accompagnoit le lord Macartney dans son Ambassade, et qui est souvent cité dans la relation.

J'EN ai un dessin précieux et unique, peut-être fait à l'encre de la Chine; il présente fidèlement les objets d'écrits ci-dessus. M. Cibot, en me l'envoyant, me marquoit dans sa lettre du 13 Octobre 1777, de Pékin, *qu'aucune description poétique n'avoit jamais pu atteindre les agréments et la beauté de ce Lac.*

F I N.

NOTES
SUR LES JARDINS CHINOIS.

Page 99. (*a*) L ES GRECS, après différents essais, ayant réuni leurs idées et leurs découvertes en systèmes, composèrent deux genres ou deux ordres d'architecture qui ont chacun un caractère distinctif et des beautés particulières : l'un plus ancien, plus mâle et plus solide, nommé Dorique; l'autre plus léger et plus élégant, nommé Ionique ; puis un troisième, l'ordre Corinthien, qui ne diffère pas essentiellement des deux autres, et qui est cependant le plus riche et le plus imposant de tous. *Voyages d'Anacharsis*, tom. I, *in*-4°. pag. 411.

Ce sont les Grecs, joints aux Macédoniens et aux Epirotes commandés par Alexandre, qui ont renversé l'Empire des Perses, et formé les Romains les maîtres du monde. Aucun autre peuple n'a porté plus loin la gloire des arts et la science de la guerre. N'oublions pas dans ces avantages, celui d'avoir la plus belle de toutes les langues, et de nous avoir donné des modèles d'éloquence et de poésie. *Concorde de la Géog. des différents âges, par Pluche.* Paris, 1764, *in*-12. p. 336.

P. 106. (*b*) On engage ceux qui se plaisent encore à lire les bons ouvrages, soit de poésie, soit de prose latine, et qui croient que le goût de la saine littérature ne peut se perpétuer que par l'usage et l'étude des Auteurs du siècle d'Auguste, ou par celui des savants Auteurs modernes, qui, constants à les méditer, se sont le plus approchés de leur manière d'écrire ; on les invite à recourir à l'édition latine des poésies du P. Rapin, et à la Dissertation latine, sur les Jardins, donnée par Gabriel Brotier, de l'académie des belles-lettres, dont nous avons extrait plusieurs traits curieux dans l'introduction précédente. Ils y trouveront un portrait charmant, et bien agréablement réduit, des beaux jardins chinois, principalement de ceux de l'Empereur *Kien-long*. Ils verront avec quel art cette nation industrieuse est parvenue à enrichir et perfectionner ses compositions. Nos développements seront la preuve de cette assertion.

Deux ambassades récentes à la Chine; celle brillante de lord Macartney, (tom. III, *in*-8°. 1798, pag. 7, 15, 95), au nom du Roi d'Angleterre, et celle de la Compagnie des Indes Orientales pour la Hollande, dont les traductions françoises viennent de paroître en 1798, vieux style, nous fournissent les renseignements suivants, qui confirment l'idée avantageuse que les Missionnaires, dont on a suspecté la véracité, nous ont donnée des jardins chinois. Ils faisoient des romans, à en croire les Pyrrhoniens, et ils n'en ont pas fait. Les deux différents voyages, qui se sont suivis de près, démontrent la certitude des exposés qu'on a vu dans ce Traité: ils se concilient sur tous les principaux objets, et nous en jetons quelques traits dès ces préliminaires, pour inspirer plus de confiance à nos lecteurs, et détruire des reproches sans fondement.

Selon l'Historien de lord Macartney, (voyez le précis de cette ambassade dans le premier volume de notre collection, livre III; article *Ambassadeur*). « Un jardinier chinois est le peintre de la nature; il cherche à réunir la simplicité et la beauté. Dans ses jardins, les ouvrages de l'homme, quoiqu'atteignant parfaitement leur but, paroissent être faits sans le secours de l'art. Grâce à une longue pratique et à des expériences multipliées, les jardiniers chinois ont découvert des méthodes pour perfectionner la beauté, la grandeur et le parfum des fleurs qui croissent sur le sol de leurs différentes provinces.... Les jardins (en parlant de ceux de l'Empereur et des Grands) renferment un abrégé de toutes les diverses espèces de sites que la main de la nature a créés, en se jouant, sur la surface du globe. Des montagnes et des vallées, des lacs et des rivières, d'horribles précipices, et des pentes douces, ont été

SUR LES JARDINS CHINOIS, 235

réunis dans un lieu où la nature n'avoit pas voulu les placer. Cependant ils y sont avec des proportions si exactes, et tant d'harmonie, que sans l'aspect de la campagne environnante, le spectateur douteroit si ce sont des productions réelles ou d'heureuses imitations de la nature. Ce monde en miniature a été créé sur les ordres et pour le plaisir d'un seul homme ; mais il a fallu y employer le pénible travail de plusieurs milliers de bras, dirigés par le génie d'un grand jardinier ».

Nous avons porté à l'article des jardins d'*Yuen-ming-Yuen*, les descriptions de ces lieux enchantés, données récemment aussi par M. Van-Braam, second chef de l'ambassade hollandoise. Le précis de son ambassade est de même à l'article *Ambassadeur*, livre III, tom. I de notre collection.

P. 106. (*b*) En feuilletant les ouvrages publiés depuis une vingtaine d'années, sur les jardins qu'on appelle anglois ou chinois, nous avons remarqué une bonne plaisanterie dans les *Variétés morales et amusantes*, traduites en françois des journaux anglois. *Paris*, 1784, tom. II, *in-12*, pag. 155 et suivantes. C'est le portrait d'un prétendu Embellisseur de jardins.

Cet amateur, se livrant à toutes les innovations les plus ridicules et les plus extravagantes, détruit, renverse dans son parc ce qui étoit fait avec goût, avec sagesse et utilité par ses pères, dont les possessions sont devenues malheureusement les siennes. Après ce bouleversement il invite ses amis, il les fatigue par des courses énormes, pour leur montrer ses merveilleuses créations. Pavillons, chaumières, ruisseaux, rivières et ponts, il n'oublie rien. Lui seul, dans l'enchantement, ne remarque pas la surprise et l'ennui des autres, qui excédés de lassitude et de dégoût, ne désirent que de se séparer de leur hôte et de ses folles inventions.

P. 112. (*d*) « On tire le parti le plus avantageux de ce choix d'arbres de chaque saison. Par exemple la campagne, ainsi que le dit M. Deluc dans ses agréables lettres sur quelques parties de la Suisse, est bien plus pittoresque en automne que dans aucune autre saison de l'année.... Jusqu'à ce temps les arbres aussi verts que les prairies, ne se distinguent d'avec elles, et même entr'eux, que par la différence de la lumière et de l'ombre. En automne, au contraire, plusieurs espèces d'arbres et d'arbustes prennent des teintes particulières de jaune et de rouge avant de perdre leurs feuilles, tandis que d'autres espèces et les gazons restent encore verts; et alors la plus singulière variété de belles nuances se montre partout.

Mais si cette circonstance rend déjà les prairies et les collines si agréables, combien plus embellit-elle les montagnes, où la nature a semé mille espèces d'arbres, d'arbustes et de plantes parmi des rochers escarpés colorés eux-mêmes si diversement !

L'automne, d'ailleurs, par la variété des récoltes qu'elle offre tout-à-la-fois, tient tous les habitants de la campagne hors de leur demeure. C'est la longue et la vraie fête de la nature ; c'est la jouissance après les travaux : aussi tout est gai dans les champs, et le cœur y participe au plaisir des yeux par des actions de grâce plus douces encore que la jouissance. *Edition de la Haye*, 1778, *in-*8°. pag. 49.

P. 123. (*e*) Le 3 nivose an IX (1801), cet Artiste estimable traversoit au soir la rue Saint-Nicaise, pour retourner chez lui, rue de Bourgogne, fauxbourg Saint Germain, lorsqu'il eut le malheur d'éprouver les désastreux effets de l'explosion de la machine infernale dirigée contre les jours du premier Consul. Renversé, couvert de plaies et de sang, la jambe fracassée, reconduit chez lui, le citoyen Trepsat a souffert le lendemain l'amputation de la cuisse gauche, avec une fermeté, un courage inexprimable. Né vif, portant dans ses veines un sang bouillant, l'activité lui étoit absolument nécessaire ; mais posé sur son lit de douleur, son corps robuste et dur aux fatigues ne lui a fourni aucune plainte ; nulle impatience et une grande tranquillité d'âme lui ont fait supporter, sans fièvre, plusieurs opé rations successives, et l'ont conduit, malgré les craintes de ses amis et au milieu de leur étonnement, à une guérison parfaite. Le premier Consul s'étant fait rendre compte des plaies graves, suite de son accident et de son retour à la santé, lui a donné, pour en adoucir le souvenir, la place d'Architecte de l'Hôtel des Invalides.

P. 131. (*f*) Je me souviens d'avoir entendu dire à M. Duhamel du Monceau, de l'académie des sciences, et inspecteur général de la Marine, etc. que des étrangers, et bien des François, attirés par la réputation du célèbre académicien, et par la beauté des arbres exotiques qu'il cultivoit en pleine terre, dans son parc de Denainvilliers, près Pithiviers, après avoir donné leur attention aux arbres étrangers, s'arrêtoient presque toujours à des saules d'un port superbe, et qu'ils lui demandoient quels étoient ces arbres si majestueux ; qu'ils étoient tout surpris ensuite d'apprendre que c'étoient des saules ordinaires, jamais ébortés, et par conséquent respectés par la serpe et le croissant des jardiniers.

La vie de M. Duhamel a été consacrée toute entière à des travaux utiles, à des essais très-dispendieux, en tout genre, pour le bien de sa patrie, sans courir aux récompenses et à la fortune. Il a publié un grand nombre d'ouvrages fort estimés, sur la culture des terres, sur celle des arbres, sur la Marine et les Arts.

P. 140. (*g*) Avant que d'entrer dans aucun détail sur les palais et maisons de plaisance des Empereurs, hors de Pékin, on a dit que leurs jardins étoient au centre de la capitale. Par exemple, on peut juger de celui de Kien-Long et de son étendue par la carte de Pékin, que la Société R. de Londres a insérée dans ses Mémoires. En comparant ce que les historiens ont dit des jardins anciens des Empereurs de la troisième Dynastie avec ceux du Prince aujourd'hui régnant, on verra qu'ils étoient au moins aussi vastes, et placés ainsi au cœur de la capitale. Voyez *Architecture*, ch. III, p. 38.

P. 147. (*h*) A cette même époque régnoit en France Charles V, dit le Sage. Quel étoit le goût des jardins de nos Princes ? Ceux de l'hôtel Saint-Paul étoient plantés en pommiers, poiriers, cerisiers et vignes. On y voyoit comme nous l'apprend Saint-Foix dans ses *Essais sur Paris*, la lavande, le romarin, des pois, des fèves, de longues treilles et de belles tonnelles. C'est d'une treille qui faisoit une des principales beautés de ces jardins, et d'une cerisaye, que les rues de Beau-Treillis et de la Cerisaye, quartier Saint-Antoine, ont pris leur nom.

Les jardins chinois avoient donc leur goût, leur forme, leur décoration, leur luxe, plusieurs siècles avant l'Ère chrétienne : quelle distance énorme une date si ancienne ne laisse-t-elle pas entr'eux et nous, et même avant les Grecs, et la ruine de l'Empire Romain !

La citation précédente, d'après les *Essais Historiques sur Paris*, est concise : mais M. Legrand d'Aussy nous dit davantage : il nous donne des détails curieux, bons à transmettre, sur les premiers temps de nos jardins et en quoi ils consistoient. Présentés par cet Auteur, ils démontrent la simplicité des mœurs de nos Princes et de nos ancêtres, contents de peu, visant à l'utilité ; et ils prouvent combien il a fallu d'années, d'instructions et de lumières pour acquérir les connoissances actuelles. Voici l'extrait des Recherches contenues dans la *Vie privée des François*, Paris 1782, tom. I, in-8°.

Le Jardin d'Ultrogote, femme de Childebert I, fils de Clovis, Roi des François, en 511, eut de la réputation, et cependant sa beauté consistoit en des gazons émaillés de fleurs, des roses, des vignes et des arbres fruitiers.

Ceux de Charlemagne, dans la seconde race, étoient de grands vergers réunissant l'avantage d'un potager. On y trouvoit des fleurs en abondance, et le Prince en recommandoit la culture à ses Intendants : ces fleurs étoient les lys, les roses, les pavots, le romarin, l'aurone, l'héliotrope, (et non celui du Pérou,) l'iris, etc. Les arbres qui formoient le verger étoient des sorbiers, des avelines, néfliers, amandiers, figuiers, noyers, châtaigniers, pêchers, mûriers, et diverses sortes de pruniers, poiriers et pommiers.

Le grand jardin du Louvre, sous les Rois de la troisième race, avoit des vignes dont on faisoit du vin, médiocre sans doute; les Princes de cette race commencèrent à joindre un peu plus d'agréable à l'utile. Les treilles, les berceaux, les tonnelles, les siéges et pavillons de verdure annoncèrent des recherches de plus de leur part.

Le jardin de vingt arpents qu'avoit, à l'hôtel de Saint-Paul, Charles V, qui a succédé au Roi Jean, son père, en 1364, acquit une sorte de célébrité par de pareils ornements, et par les fleurs qui y étoient rassemblées. Ce n'étoit pourtant qu'un grand verger, dans lequel il est dit que le Prince fit mettre, lors d'une seule plantation, cent poiriers, cent quinze pommiers et onze cent vingt-cinq cerisiers. Jusqu'au quinzième siècle les jardins françois n'eurent guère d'autres décorations. On ne connoissoit pas l'art d'étendre sur les murs qui les enfermoient des arbres fruitiers en espaliers; on ne donnoit pas de taille aux arbres; on laissoit le soin de tout à la nature. Il falloit que le goût des Lettres se répandît dans la nation, que les voyageurs, par terre et par mer, fussent munis de pièces de comparaison. L'époque de cette révolution en Europe est le seizième siècle, c'est-à-dire la destruction de l'Empire des Grecs par Mahomet, qui fit refluer dans l'Occident tous les arts et les sciences de la Grèce, les Médicis à Florence, Léon X à Rome, et François I. en France : ces Princes redonnèrent la vie aux beaux Arts. Car on ne peut être trop surpris, dit le Président Hénault, *Abrégé chr. hist. de Fr.* de la simplicité qui a régné en France pendant plus de mille ans, par rapport aux jardins et aux édifices. On lut alors les Auteurs grecs et les Auteurs latins, tels que Columelle, Varron et Virgile. On s'occupa de leurs préceptes sur la greffe des arbres et sur tant d'autres objets d'utilité et d'agrément qu'offre le jardinage. On vit que la culture des arbres est une science, et qu'elle méritoit bien qu'on en fît une étude particulière.

Du Bellay, Evêque du Mans, le Médecin Bélon, et une foule d'écrivains, donnèrent successivement, à l'envi et à l'aide du temps, des exemples, des renseignements, d'après leurs essais; et des Traités complets sur la culture des arbres, sur l'art de former des jardins, et d'y rassembler cette grâce, cette variété, cette élégance, ces richesses, ces magnificences, ce charme, qui naît de la vue d'un beau site, bien choisi, d'un plan médité; et enfin, ce qui manquoit encore en France dans les jardins, avant Louis XIV et son célèbre jardinier Le Nôtre.

P. 155. (*i*) L'ouvrage intitulé : *Théorie de l'Art des Jardins, par Hirschfeld, etc. et traduit de l'allemand en françois.* Leipsic, 1779, 1783, 4 *vol. in*-4°. *fig.* offrira des traits historiques, curieux et agréables sur la formation des Jardins anglois; sur les premiers Artistes auxquels cette nation doit les changements adoptés depuis elle, en Allemagne et en France. Parmi les noms des Décorateurs anglois, tels que Wise et Kent, on trouvera celui du célèbre Pope, qui ayant lui-même dessiné son jardin, et l'ayant fait planter dans un nouveau genre, disoit que c'étoit celui de ses ouvrages dont il étoit le plus vain. Sa maison de campagne est à environ trois milles de Londres dans le village de Twikenham. Son jardin existe, et les étrangers ne manquent pas de le visiter. Un petit terrain de trois à quatre arpents s'étoit agrandi par les dispositions agréables et l'art avec lequel il avoit fait ses plantations. Pope contribua beaucoup à perfectionner, vers 1720, le goût de Wise, qui a eu pour successeurs Henri Englefield, Bronwn, etc.

Notre poëte comique Dufresny, contrôleur des jardins de Louis XIV, joignoit à beaucoup d'autres talents celui de composer des jardins; il s'y livra, et dans les
dernières

dernières années de sa vie, c'est-à-dire de 1714 à 1724, il forma pour ses amis plusieurs jardins dans un goût nouveau et opposé aux règles symétriques qui tenoient essentiellement à nos compositions précédentes.

M. Pingeron (voyages dans la partie septentrionale de l'Europe, *Paris*, 1778, *in*-8°.), Traducteur des voyages de Joseph Marshall, dit dans une note, en parlant des jardins Anglois ; « C'est dans les forêts abandonnées par la nature, que les Anglois vont aujourd'hui chercher les modèles de leurs jardins. Les grandes allées de leurs parcs les mieux tenus, sont des routes de forêts formées au hasard, d'arbres de toutes espèces et de toutes grandeurs. Les allées des sentiers imitent les sentiers des forêts par leurs sinuosités. L'art se montre à peine dans la composition des massifs qui les séparent et les masquent ; il consiste dans le choix des arbres et des arbustes qui les forment. Des violettes et des marguerites semées au hasard servent de bordures à ces massifs. A ces fleurs succèdent des arbres nains de leur nature, tels que des rosiers, des myrthes, des genêts, des houx. La plantation des étages suivants garde la forme de l'amphithéâtre par des plantations de cèdres, de pins de diverses parties de l'Amérique, et par d'autres arbres qui ne s'élèvent qu'à une hauteur graduée, ou dont l'accroissement est fort lent. Les derniers étages sont livrés aux arbres dont les tiges sont les plus hautes. Au moyen de cette disposition, ces massifs offrent dans tous leurs âges la forme pyramidale qui est la plus agréable de toutes, et qui permet le plus de développement. Il est à présumer, ajoute le Traducteur, que le goût qui règne actuellement en Angleterre pour l'arrangement de leurs parcs et de leurs jardins, vient des *Chinois* : car l'on y voit, comme chez ce peuple si éloigné de nous, des grottes, de petites colonnes artificielles, etc. »

Chaque siècle présente ou fait naître des idées nouvelles dans le moral comme dans le physique. Les chef-d'œuvres de Le Nôtre ont fait l'admiration de l'Europe. Le parc de Versailles, auquel on a reproché une certaine impression d'ennui, fut embelli par lui. Ceux de Clagny, Chantilly, Saint-Cloud, Meudon, Sceaux, Marly, d'un genre tout nouveau, donnèrent à ce grand jardinier la réputation qu'il méritoit; tant d'autres décorés par ses travaux, ou par ses conseils, en France, heureusement, subsistent encore. Attendra-t-on que la faulx du temps les moissonne? On doit l'espérer; mais dans une autre supposition, les plans gravés qu'on en conserve dans les cabinets, rappelleront à la postérité, lorsque les circonstances seront devenues plus calmes, ce beau genre trop sérieux peut-être, mais propre pour des jardins ouverts au peuple et à tous les états. Nos opinions opposées à celles de nos pères, et nos principes moraux, trop altérés, recevront sans doute des améliorations, des changements sévères; et on consultera, n'en doutons pas, avec quelque plaisir d'anciens modèles de jardins publics qui avoient de grandes beautés, malgré leur uniformité, mais sans aucun risque pour la décence générale.

On voit, par exemple, avec satisfaction, malgré nos mœurs perverses encore, que dans la nouvelle plantation qui embellira beaucoup, par ses belles formes variées, le jardin du Luxembourg destiné au public, l'Architecte, dans ses plans, a donné des alignements droits à toutes les allées principales qui correspondent à celles anciennes subsistantes, et que l'on s'est abstenu de tout chemin sinueux, de tortilles étroites, pour que cette décence générale fût plus aisément surveillée. An X.

P. 162. (*k*) Cette lettre récente, eu égard aux relations bien antérieures, fixe et détermine la distance de Pékin à *Yuen-ming-Yuen*, de même que toutes les variations multipliées sur l'étendue de l'enceinte de ce parc. Elle rectifie aussi une erreur très-considérable relativement au nombre des habitants du bourg d'*Haitien* que l'on a précédemment fait monter à une population excessive. C'est dans ce bourg que les deux derniers Ambassadeurs Anglois et Hollandois ont eu leur hôtel.

P. 164. (*l*) Voyez ci-après l'explication de ces XX planches, article III. M. Van-Braam, second chef et historien de l'ambassade hollandoise, dit, *tom. I*, *in-4°*, *page* 269, qu'il a fait dessiner (n'ayant pas pu, sans doute, se procurer les gravures faites à Pékin) ces XX planches, et que les bâtiments (prétendus Européens) ont été élevés sur les dessins du P. Benoist : en quoi il se trompe, le frère Castiglione en ayant été le conducteur; mais on sait que c'est le premier Missionnaire qui a dirigé tous les travaux relatifs aux eaux jaillissantes, qui embellissent cette partie Européenne du parc d'*Yuen-ming-Yuen*.

P. 190, 2ᵉ Description. *J'apprends avec plaisir, que M. Morel, pour répondre au désir du public, va faire paroître une seconde édition, augmentée de la* Théorie des Jardins.

P. 173. (*m*) Voici une Note bien étrangère au *Traité des Jardins chinois*, mais le fait consigné par S. Grégoire de Nazianze, l'Isocrate chrétien des Grecs, qui vivoit dans le 4ᵉ siècle, et que l'Empereur Julien voulut approcher de sa cour, est cité par le savant Père Berthier, traducteur des Pseaumes ; et je n'hésite pas à le rappeler ici, pour montrer la connoissance des anciens dans la science hydraulique.

« Vous voyez, disoit-il, l'eau qui jaillit d'un tuyau ; elle se met au niveau du réservoir d'où elle est descendue : mais donneroit-elle ce spectacle qui fait l'agrément de ceux qui en sont témoins, si elle n'étoit pas resserrée dans un canal étroit d'où elle s'élance rapidement en l'air ; ne se répandroit-elle pas dans la campagne si on la laissoit en liberté ? »

P. 220. (*n*) Voyez l'Histoire de *See-ma-kouang*, par M. Amiot. *Mém. des Miss. de P. tom. X, in-4°.* p. 1 et suiv.

L'Empereur *Kang-hi*, grand Prince à tous égards, a parlé ainsi de *See-ma-kouang*. « Il fut le bienfaiteur de son siècle, par la sagesse, la bienfaisance, et la douceur de son ministère ; mais quelque grande que soit sa gloire, elle ne tient qu'à son siècle, comme celle de plusieurs autres grands hommes d'Etat. Malgré ses ennemis, qui ne sont plus, celle d'avoir enrichi la Chine d'arbres étrangers, acquiert un nouvel éclat, chaque année, par les grands avantages qu'en retirent toutes les provinces ».

P. 228. (*o*) Le riche cabinet de M. Bertin, formé par les Missionnaires de la Chine, qui avoient en lui un protecteur généreux et zélé, toujours disposé à solliciter, auprès du gouvernement, des secours pécuniaires, pour faciliter leur accès, et être utiles à la nation, près des Grands de la cour et du Prince même, doivent être considérés par leurs travaux, comme Missionnaires et littérateurs. Ce cabinet qui contenoit tant d'objets de goût et de curiosité, est passé, avant 1791, en d'autres mains par dispersion, ou par la vente que l'ancien ministre, dépouillé de ses pensions et de sa fortune, a été obligé de faire. Une terre étrangère lui a présenté un asile où, peu de temps après, il a terminé ses jours.

Fin des Notes.

Essais

sur

LA MÉDECINE,

LES MŒURS ET USAGES

DES CHINOIS,

AVEC NOTES.

SECONDE PARTIE.

A PARIS,

DE L'IMPRIMERIE DE CLOUSIER,
RUE DE SORBONNE, N°. 390.

M. DCCCIII.

DE LA MÉDECINE CHEZ LES CHINOIS.

AVANT-PROPOS.

La Médecine fait partie des *Sciences* et des *Arts*, auxquels nous avions consacré un volume dans notre Collection générale sur la Chine, si après nous elle paroît (1).

Mais comme cette science forme un petit Traité dans lequel nous avons réuni tous les renseignements que nous avons pu nous procurer pour la faire connoître, quoique très-imparfaitement encore, nous croyons devoir présenter séparément cet Essai à nos Lecteurs : ils seront à même de le mettre à la suite de l'*Histoire naturelle*, qui ne pouvoit pas non plus, par la quantité d'articles dont elle est composée, entrer dans le volume des *Sciences* et des *Arts*.

(1) Voyez ce qui en est dit dans l'Avis en tête de l'*Architecture*.

La Médecine, si utile à l'homme pour soulager ses maux et ceux de ses semblables, est le résultat des plus anciennes observations, appuyées par celles des Modernes, chez tous les peuples, et chaque jour fournit des expériences et des lumières au Médecin attentif et instruit.

« Dieu a communiqué, dit un pieux et vertueux Moraliste (1), une partie de sa puissance aux hommes, en leur faisant connoître les remèdes contenus dans les plantes, dans les eaux, dans les animaux, et en les dirigeant dans les observations propres à découvrir les principales maladies ».

La curiosité naturelle de l'homme doué de sagacité l'a porté à l'étude; et ses découvertes lui ont paru ensuite le fruit de ses inductions et de ses travaux: erreur complète de la vanité, qui empêche de reconnoître les limites que nous ne pouvons pas franchir.

---

(1) Berthier, Ps. trad. en franç. avec des notes, etc. *Paris*, 1774, 7 *vol. in*-12.

AVANT-PROPOS. 249

SALOMON, le plus sage des Princes, le plus éclairé des mortels, le plus favorisé des grâces du Très-Haut, lui qui connoissoit les vertus de tous les végétaux, une fois livré à ses passions, et n'écoutant plus les réclamations d'un cœur qui ne devoit exister que pour rendre hommage à la divinité des dons qu'elle lui avoit faits avec profusion, oublia ses propres *Maximes*, et devint le jouet de cette vanité de tout genre qu'il avoit si bien caractérisée, et qui entraîne dans le néant les hommes souvent les plus capables.

ON ne doit donc pas être surpris de ce que parmi les Médecins les plus habiles, et qui ont fait des études suivies sur l'anatomie, dans laquelle ils ont eu lieu de tant admirer les prodiges de la puissance du Créateur, il s'est trouvé et il se trouve encore des incrédules opiniâtres, et des Philosophes décidés. Egarés volontairement de leur route, Dieu a permis qu'ils ne la rencontrassent plus, et que l'apparence de la science humaine fût leur seul partage, puisque c'étoit le seul bien après quoi ils aspiroient dans ce monde périssable (1). Les nations éclairées de l'Europe nous fournissent cette réflexion.

Voyons les lumières que les Chinois ont jetées sur la Médecine, après bien des siècles d'étude de cette science, sans déguiser les abus qu'ils en font par leur attachement ridicule à l'astrologie.

---

(1) Musladini Saadi, le plus célèbre poëte des Persans, né à Chiras, capitale de la Perse, l'an 571 de J. C. deux ans après le naissance de Mahomet, laquelle date de 569, selon l'*Art de vérifier les dates*. Edit. *in-fol.* de 1770, est auteur du livre moral intitulé : *Gulistan, ou l'Empire des Roses.* trad. en fr. par... *Paris*, 1704, *in-*12.

Ce poëte dit dans sa Préface, pag. xx. « L'objet aimé cause souvent la mort. Qui brûle le Papillon ? l'amour de la lumière. *Nous nous perdons dans la recherche des secrets du Ciel : les plus curieux en sont souvent les plus ignorants.* »

INTRODUCTION.

La Médecine des Chinois, dépouillée de la charlatanerie, qui tient en général chez eux à cette science, est simple et bornée en grande partie à l'emploi des sucs exprimés des plantes seules qui croissent sur leur sol : elle n'a pas recours aux remèdes étrangers ; les différentes parties du monde ne lui fournissent point les drogues dont elle compose ses médicaments ; cependant les guérisons des malades s'opèrent également comme chez nous. La vie des Chinois, d'aussi longue durée qu'en Europe parmi les Grands et le Peuple, est sobre en général ; les légumes et les fruits font l'essentiel de leur nourriture ; et les viandes, dont ils font un usage beaucoup moins fréquent que nous, bouillies et coupées, relativement aux plus solides, par émincées, deviennent d'une plus facile digestion pour l'estomac. Les épices sont multipliées dans tous leurs mets ; mais on sait qu'elles sont nécessaires et moins nuisibles dans les pays chauds que dans nos climats tempérés.

Notre Médecine d'Europe a certainement une théorie plus savante, éclairée comme elle l'est par la connoissance du corps humain, due aux veilles et aux travaux si perfectionnés de l'anatomie (*a*) : ajoutons les communications de diverses nations qui nous avoisinent, secours inconnus aux Chinois. Nos hôpitaux (*b*), qu'ils semblent ne pas avoir, ont propagé les lumières et donné des explorations sûres, autant qu'il est possible, aux Médecins et aux Chirurgiens attentifs. Ajoutons encore les lumières acquises par l'étude de la Physique, de l'Histoire Naturelle, et des découvertes qu'elles ont procurées, puis le grand jour que la Chimie a répandu sur toutes les parties de cette science, et dont elle a enrichi la Médecine. Mais notre luxe, notre gourmandise rafinée, ces jus de jambons, ces coulis d'écrevisses si appétissants, ces trufles, etc. causent dans le sang une grande chaleur, et produisent des maladies plus variées. Qu'on jette les yeux sur le passage de Sénèque faisant le tableau des excès de la table dans son siècle, et l'on verra si nous ne retrouvons pas ici les mêmes mœurs, les mêmes recherches étudiées de tout ce qui peut flatter le goût, l'assouvir, et le même besoin des secours de la Médecine. (*c*).

Il existe néanmoins chez tous les peuples une grande différence entre l'habitant des campagnes, et l'homme opulent, voluptueux et gourmand des villes. Le premier, laborieux par nécessité, transpirant beaucoup, et borné à la nourriture la plus frugale, prenant ses repas régulièrement aux mêmes heures, ne faisant pas du jour la nuit, est attaqué de peu de maladies, qui ne sont pas compliquées : on le guérit promptement, et il n'a besoin dans sa convalescence que de bon bouillon et d'un peu de vin pour lui rendre la santé : c'est-là le traitement le plus commun et le plus nécessaire au vieillard.

On regarde en Chine, selon M. Amiot (1), *Yen-ti*, l'un des successeurs de *Fou-hi*, comme l'inventeur de la Médecine, à cause de l'examen suivi qu'il fit des plantes qui croissoient d'elles-mêmes dans les lieux voisins qu'il parcourut, ainsi que des différentes sortes de grains qui pouvoient servir de nourriture à l'homme, et des diverses espèces de fruits qui pouvoient flatter son goût. Les expériences de ce Prince, ses observations sur l'Agriculture et sur les vrais moyens de procurer à ses sujets une subsistance saine et abondante et des remèdes faciles pour la guérison des malades, firent ajouter après sa mort le titre glorieux de *Che-noung*, à son nom de *Yen-ti*, c'est-à-dire, Agriculteur céleste, ou *Agriculteur suscité du ciel pour le*

---

(1) Mém. des Miss. Fr. de P. II, 46. — *Ib*. II, 285. *Ib*. III, 370.

soulagement des hommes. C'est donner à l'invention de la Médecine chinoise l'antiquité la plus reculée, c'est la rapprocher des premiers temps de la nation, et placer l'Esculape de la Chine plusieurs siècles avant celui de la Grèce. Mais on sait que cette science a toujours été fort en honneur parmi les Chinois, non seulement parce qu'elle est très-utile pour la conservation de la vie, mais encore parce qu'en raison de leur attachement à l'Astrologie judiciaire, fille adultérine de l'Astronomie, dont ils ont fait dès les plus anciens temps une étude particulière, ils supposent beaucoup de liaison entre la Médecine et les mouvements du ciel.

La nécessité, dit Duhalde, a introduit parmi les Chinois comme parmi les autres peuples, la Médecine: ils ont un grand nombre de traités sur cette matière; mais ils ont peu de connoissance de la Physique, et encore moins de l'Anatomie.

Les Chinois admettent deux principes naturels de la vie (1): la chaleur vitale et l'humide

---

(1) Les anciens Philosophes admettoient quatre qualités dans les corps; le froid, le chaud, le sec et l'humide. Les deux premières étoient comme cause et principes efficients, les deux autres comme matière et principes passifs. *Ocellus Lucanus*, trad. de Batteux.

INTRODUCTION. 255

radical, dont les esprits et le sang sont les véhicules. Ces deux principes se trouvent, selon eux, dans toutes les parties essentielles du corps, dans tous les membres et dans tous les intestins, pour en faire la vie et la vigueur.

L'usage de la saignée (1) est fort rare parmi eux, quoiqu'on ne puisse nier qu'ils en aient connoissance. C'est par les Médecins de Macao qu'ils ont appris l'usage des lavements : ils ne blâment pas ce remède ; mais parce qu'il vient d'Europe, ils l'appellent remède des barbares. Les Grecs le tenoient des Égyptiens. Voyez *Plutarque*, Traité des Animaux.

Toute leur science consiste dans la connoissance du pouls, dont ils ont fait une exploration suivie, et dans l'usage des simples, qu'ils ont en quantité, et qu'ils emploient sachant bien leurs vertus pour guérir diverses maladies.

Leurs habiles Médecins, après avoir mis en usage les décoctions de simples et rendu la santé, comptent beaucoup sur les cordiaux pour détruire le mal jusqu'à la racine. Ils permettent l'eau aux malades, mais ils veulent qu'on l'ait

---

(1) M. Cossigny, dans son *Voyage impr. en l'an 7, vol. in-8°.* pag. 329, dit : Je ne connois pas de pays dans toute l'Asie où l'on fasse usage de la saignée, excepté dans les établissements Européens.

fait bouillir : ils interdisent la nourriture, ou n'en permettent qu'une très-légère, par la raison que le corps étant indisposé, l'estomac ne peut faire que péniblement ses fonctions, et que la digestion qui se fait en cet état est toujours pernicieuse. Ils posent en principe, que la première règle de la conservation pour les vieillards, est de n'attaquer aucune de leurs infirmités avec des remèdes violents. Les Chinois paroissent s'être attachés à l'étude de la spermatologie et des spermatopées, parmi lesquels ils rangent les nids d'oiseaux, les ailerons de requins, etc. mais ils ont beaucoup d'autres aphrodisiques moins chers, qui nous sont inconnus, et qui mériteroient d'être étudiés chez eux. Ces remèdes intéressent l'humanité en général, en entretenant la santé et la vigueur, en réparant l'abus des excès, et en contribuant à l'augmentation de la population. *Voyage de Cossigny*, vol. *in*-8°. pag. 553.

M. Cibot a donné, dans les Mémoires des Missionnaires françois, une théorie générale de la Médecine chinoise, et des traités particuliers sur quelques maladies. Nous allons réunir sous un même point de vue, comme dissertations préliminaires, ses observations pleines de sagacité, et présenter en extraits les articles qui sont d'une trop grande étendue, relativement à notre plan, puis nous aider de quelques unes des lettres dont il nous a honoré, et qui contiennent des avis importants.

Ce premier essai dans sa concision, inspirera le désir à quelque savant Médecin de l'accroître et de le rendre plus utile.

Fin de l'Introduction.

Dissertation et Théorie générale sur la Médecine et la Diététique des Chinois.

Les livres de Médecine ayant été épargnés dans l'Édit de proscription de *Tsin-ché-hoang* (*d*), près de vingt siècles d'expérience et d'observations ont tellement grossi le trésor des découvertes que les Chinois ont faites dans cette science, qu'aucune nation n'a rien qui puisse y être comparé. Mais que pensent de toutes ces connoissances les Chinois eux-mêmes, se demande M. Cibot, quel fonds y font-ils ? « Ouvrez les Annales, dit *Han-Tchi* (1), un de leurs écrivains moralistes, étudiez-y l'histoire de la médecine, vous verrez qu'elle a suivie, comme toutes les autres sciences, les révolutions des siècles et des dynasties. Est-il mort moins de monde dans les temps où elle a été plus florissante ? L'Empire a-t-il été plus peuplé, lorsqu'elle a été négligée ? Non sans doute : le cours de la vie des hommes et celui de la population ne sont pas de son ressort. Elle n'y peut rien que selon les desseins et les vues impénétrables du *Tien* (du ciel). Outre qu'elle est toujours dans les nuages

___

(1) Cet Auteur chinois, *Han-Tchi*, bon moraliste, me semble un peu crédule en médecine. Il trouveroit peut-être ici des partisans de ses doutes ; mais il rapporte tout à la volonté du Ciel, ce que beaucoup d'autres ne font pas.

du doute et de la conjecture, combien de maladies nouvelles et singulières ? Combien de crises générales et de levains développés tout-à-coup, échappent à sa pénétration et rendent inutiles tous ses efforts ! » L'auteur chinois finit par dire que le gouvernement doit maintenir la Médecine, comme un moyen qui entre dans les vues du *Tien* pour conserver la vie des hommes, mais qu'on ne doit compter sur ce moyen qu'autant que le *Tien* voudra s'en servir. C'est aussi la pratique du gouvernement, qu'on paroît n'avoir pas bien comprise au-delà des mers.

M. Cibot reprend : « Les Chinois ont étudié la Médecine dans la plus haute antiquité et y ont excellé. Voici ce qui m'a le plus frappé dans le peu de leurs livres sur cette science que j'ai vue (1).

« 1°. La plupart des grandes compilations sont faites avec beaucoup d'ordre et de méthode. Après avoir établi les principes généraux et les règles générales qui doivent conduire la Médecine dans les cas particuliers, on y traite des maladies de toutes les parties du corps humain, occasionnées par l'altération de leur organisation, ou par des causes extérieures. Qu'on s'imagine la pratique d'Ethmuller, plus détaillée encore, plus analysée et plus précise dans la manière de particulariser chaque maladie, d'en présenter les diagnostics et d'en diriger les crises. La partie qui regarde les en-

---

(1) Mém. des Miss. de Pékin, VIII, 259.

fants et les vieillads, nous a paru bien curieuse et remplie d'observations. 2º. Les connoissances anatomiques des Chinois ne valent pas à beaucoup près celles d'Europe : cependant il est de fait que leurs livres entrent dans de grands détails sur toutes les parties du corps humain, et qu'ils ont fait bien des observations peut-être échappées à nos plus célèbres anatomistes. Ce qu'ils disent en particulier sur la rate et le foie pourroit donner des vues à nos plus habiles médecins. Au surplus il est constant par l'histoire ancienne, qu'ils ont fait des expériences sur des scélérats vivants et condamnés à mourir, et que la médecine s'en est éclairée. 3º. Il est de fait que la circulation du sang est connue depuis bien des siècles en Chine. Les oisifs d'Europe pourroient s'amuser à suivre les rapports qu'ont trouvé ceux de Chine, entre le mouvement du soleil et celui du sang. Selon le *Tou-chou-pien*, imprimé, il y a plus de deux cent cinquante ans, le sang s'avance de trois pouces dans les artères à chaque pulsation, et fait en vingt-quatre heures huit cent dix toises : (la toise chinoise est de dix pieds.) Ce qu'il ajoute sur les différences de la circulation selon les saisons, est plus fondé en physique.... (e) 4º. Les médecins de la Chine ne font guère que de fortes tisanes, dont ils ordonnent deux prises, mais la diète rigoureuse et le régime en facilitent les effets : les préparations chimiques sont presque inconnues ici.

» 5º. Soit que la théorie des médecins soit bonne,

bonne, ou que la routine leur tienne lieu de science, ils prédisent assez juste les crises et les périodes des maladies. Selon leurs livres, toute maladie agit successivement sur le poulmon, sur l'estomac, sur les reins et sur les entrailles; le passage de l'un à l'autre fait une petite crise: la révolution générale en produit une plus grande. L'habileté du médecin consiste à distinguer, quand il faut couper cours au progrès du mal par des remèdes directs, ou l'affoiblir en le détournant; accélérer les crises, les attendre ou les retarder.

» 6°. Il y a ici une médecine fort ancienne qui attaque plusieurs maladies d'engourdissement, de tension, de douleur, etc. (1). En faisant tenir le malade dans une posture qui étrangle la circulation, ou du moins qui la gêne et la retarde dans quelques parties du corps; et en l'obligeant de fondre en quelque sorte son haleine dans sa bouche, en rendant d'une manière insensible l'air qui sort de son poulmon. On y ajoute avant et après, des remèdes et un régime convenable. Le *Tcha-Tchin* (*f*) est encore plus singulier et probablement plus ancien. Il en est parlé dans les livres des *Tchéou*, plusieurs siècles avant l'incendie des *King*. Le *Tcha-Tchin*, ou piqûre d'aiguille, consiste à piquer avec des aiguilles préparées, les petits rameaux des artères. Le sang ne doit point sortir par ces piqûres; on les cautérise avec de petites boules

---

(1) Voyez ci-après notice du *Con-fou* des *Tao-sée*.

d'armoise qu'on brûle dessus. On compte des guérisons incroyables opérées par cette médecine singulière. Elle l'aide aussi de quelques remèdes, mais son grand secret est de savoir où il faut ficher les aiguilles, en combien d'endroits, et la manière de les faire entrer et retirer.

» 7°. Les Médecins chinois ont composé un livre exprès pour aider les Mandarins, qui font lever les cadavres, à distinguer quand un homme s'est étranglé lui-même, ou quand il a été étranglé par d'autres, quand il s'est noyé, ou quand son cadavre a été jeté dans l'eau après sa mort, etc. Ils ont imaginé les moyens pour faire paroître sur un cadavre à demi-pourri, sur les os même, les meurtrissures et les coups qui ont pu causer sa mort. Voyez ci-après la notice du livre Chinois, *Si-yuen*.

» La Médecine attentive consultoit les saisons et observoit les maladies régnantes. L'essai sur la longue vie des hommes dans l'antiquité, spécialement à la Chine, fait partie du tome XIII, des *Mém. des Miss. de P.* et a M. Cibot pour Auteur. Il est dit, *pag.* 309 *et s.* « Que l'antiquité élevoit des tours à la Médecine, pour observer les changements de l'atmosphère, et les variations de l'air qui influent tant sur la santé ; que ces tours ou observatoires dans les beaux jours de la troisième dynastie, étoient dans les Métropoles des Princes feudataires, et dans plus de deux cents villes ; qu'on conservoit ces observations météorologiques, et que d'après les révolutions qui constatoient les mêmes phénomènes, on crut dèslors pouvoir prédire l'avenir par le passé.... »

Combien ne venoit-il pas de questions d'Europe aux savants collègues de M. Cibot, et à lui-même chaque année : malgré sa grande facilité de travail, il ne pouvoit pas y suffire : il écrivoit, le 28 septembre 1770, à un ami, en réponse à des demandes relatives à la Médecine : « Il faudroit être Médecin de profession, et bon Médecin pour rapprocher la Médecine chinoise de la nôtre, et en dévoiler la théorie qui est fort différente et qui la vaut bien, à en juger par les effets. Concluez-en ce que vous voudrez contre les sciences ; je parle d'après ce que j'ai vu. Les grands Médecins de Chine savent éminemment l'histoire des crises des maladies : ils racontent celles qui ont précédées, particulièrement celles qui doivent suivre, et ils annoncent la mort et la guérison pour le temps où elles arrivent..... mais ils reconnoissent que la vie des hommes est mesurée..... et malgré leur savoir, ils avouent qu'en Tartarie, le peuple se guérit de grandes maladies sans le secours de la Médecine..... »

Les aveux de notre habile Missionnaire sur son insuffisance prétendue, ne l'ont pas empêché de faire beaucoup de rapprochements très-curieux sur la manière de traiter la Médecine en Europe et à *Pékin*. Nous en tirons la preuve d'une autre lettre qu'il a adressée ici le 23 octobre 1770, et que nous transcrivons.

« Les Médecins d'Europe diront tout ce qu'ils voudront pour exalter les remèdes chimiques, mais il est de fait que les Chinois, qui ne les connoissent pas, guérissent toutes les maladies aussi bien qu'eux. Voici ce qui est bien constant et qui mérite des réflexions. Nos Européens eux-mêmes, après avoir été nombre d'années en Chine, risqueroient à être traités à la manière d'Europe. Si on fait tant que de se servir des remèdes d'Europe, il faut les tempérer et en diminuer les doses. Cette expérience ne justifieroit-elle pas la Médecine chinoise et les remèdes, qui ne sont que de fortes tisanes? Le climat, l'air, la nature des aliments peuvent changer ici bien des choses. Par exemple, soit que la rhubarbe ait plus de force avant que d'avoir passé la mer, soit que les tempéraments soient différents, on a constaté que l'usage en est dangereux, et qu'on n'en donne que de très-petites doses... De toutes les connoissances qu'on cherche à tirer de la Chine, celles qui regardent la Médecine, seroient sans contredit, les plus utiles, parce que ce sont les plus anciennes, et peut-être celles dont nous avons le plus de besoin. Ce n'est que pour vous que je continue quelques réflexions : la science et le savoir sont deux choses fort différentes : autant la première devient funeste de jour en jour dans notre Europe, autant l'autre pourroit adoucir les misères de la vie. Ce qui m'attache dans les Chinois, c'est qu'ils ne prennent pas le change. Au lieu de chercher des remèdes compliqués, rares et chers, ils s'appliquent à simplifier les remèdes, à en trouver dans ce qui croît partout ; et en cela, ou je me trompe, ils entrent mieux dans les vues de la Providence. Je ne me persuaderai jamais qu'elle ait besoin des drogues venues des pays étrangers, pour la guérison des maladies des cultivateurs. Tout ce qui croît dans chaque pays, est pour ce pays ; et il est naturel de penser que les vertus des plantes y sont plus appropriées au climat, aux tempéraments et aux maladies ordinaires : les exceptions, s'il y en a, confirment la règle. Où en seroient nos Missionnaires des Provinces, s'ils ne pouvoient guérir que par certains remèdes ? Il ne s'agit plus de saignées, dès qu'ils sont dans les terres, et leurs pleurésies ne sont pas plus mortelles que chez nous. Les Médecins européens auront toujours des doutes sur ces assertions, mais elles n'en sont pas moins vraies. Au reste, comme notre cuisine met l'univers à contribution, il peut se faire aussi que notre Médecine doive chercher des remèdes partout où elle va chercher des assaisonnements et des sensualités ; mais dans ce cas, ce devroit être la première maladie dont il faudroit qu'elle songeât à guérir les Européens : au moins devroit-elle distinguer que ceux qui ont besoin d'y avoir recours, sont en plus petit nombre, et que la conservation de leur vie est très-souvent plus funeste qu'utile à la société.....

» Le grand avantage des Chinois sur nous, est l'attention qu'on a de procurer un honnête nécessaire à la multitude..... Par combien de recherches, d'observations et d'expériences la Médecine chinoise n'est-elle pas venue à bout de trouver des remèdes faciles et peu dispendieux dans les plantes, les fruits, les écorces, les grains qui sont les plus communs ? Elle a fait plus ; elle a cherché à augmenter les aliments, en examinant avec soin tout ce que l'homme, au besoin, peut manger sans danger, et par quelles préparations il faut corriger les plantes, les fruits, les racines, etc. dont l'usage devient nécessaire dans les grandes famines.

» J'avois pensé à traiter ce sujet d'après les Chinois, mais je vous avoue que j'en ai été détourné par la crainte des abus qu'entraînent en France les découvertes de cette espèce : au lieu de les regarder comme une ressource, ainsi que les Chinois, on les met en parti, et les pauvres qu'on a cherché à secourir, en sont les victimes. On vise d'abord à substituer aux grains et aux blés ce qui ne peut et ne doit en être que le supplément passager ; on mélange par cupidité et sans besoin les farines, etc. ». L'auteur avoit probablement eu connoissance des ouvrages et des procédés de nos économistes-philosophes.

Deux ambassades récentes en Chine, ajoutent à ce que nous venons d'écrire sur la Médecine. Le docteur Gillan, anglois (1), dit : « que les Médecins chinois ne connoissent pas la maladie provenant d'un rhumatisme et d'une

---

(1) Amb. de lord Macartney, tom. III, 94, 189. = IV. 100 et suiv. 113.

hernie formée...... Par le défaut du linge la lèpre est fréquente, et c'est la seule maladie pour laquelle (ce que nous ignorions, si l'assertion est confirmée) il y ait des hôpitaux régulièrement établis : car on la regarde comme trop contagieuse pour ne pas empêcher toute communication des personnes malades avec celles en santé ». (Peut-être n'a-t-elle lieu que dans certaines provinces, et c'est ce qu'on ne précise pas).

Un jeune homme qui désire de devenir Médecin, n'a d'autre moyen que de s'attacher en qualité d'élève ou d'apprenti à quelqu'un qui exerce cette profession ; puis, de l'accompagner dans ses visites aux malades et de voir quelle est sa manière de traiter. Les Mandarins du premier rang ont un Médecin qui fait partie de leur maison, et les accompagne dans leurs voyages..... Les Médecins de l'Empereur sont des Eunuques. L'art de guérir en Chine n'est pas comme en Europe, divisé en différentes branches. Le même homme est à-la-fois, comme nous l'avons dit, Médecin, Chirurgien et Apothicaire. Les Médecins emploient le vif-argent comme les Européens, et le croient spécifique contre les maladies vénériennes (1) ; mais les

---

(1) M. Cossigny, page 109 de son ouvrage, leur fait dire le contraire : il ajoute que cette maladie, rare à la Chine, y est combattue par l'usage d'une forte décoction de squine ; que la goutte ne tourmente pas les Chinois, quoique les Européens y soient sujets : que l'éléphantiasis, ou la lèpre, y est assez commune ; que les dartres y sont connues ; qu'on emploie contre elles des topiques qui n'opèrent pas une guérison entière.

gens du peuple ont le singulier préjugé qu'il détruit le pouvoir d'un sexe et qu'il rend l'autre stérile. « M. Staunton (*tome III, pag.* 189) confirme les assertions de M. Cibot, et revient à sa réflexion suivante : c'est qu'on guérit en Chine sans la saignée toutes les maladies accidentelles, et plus rapidement que dans les autres contrées de l'Europe. La vie sobre des peuples doit influer beaucoup sur ces guérisons : presque point de consommation de viandes ni de liqueurs spiritueuses. J. Jacques Rousseau dit, que la tempérance et le travail sont les deux vrais Médecins de l'homme : le travail aiguise son appétit, et la tempérance empêche d'en abuser. Voyez ses *Pensées*, pag. 159. *Amst.* (*Paris*) 1763, *in*-12.

Diététique.

Il y a trois parties principales dans la Médecine chinoise : la Pharmaceutique, qui a pour objet la connoissance des simples et des drogues : la Diététique, qui conserve la santé par un régime et une diète convenable; puis la Chirurgie, qui soigne les plaies et les blessures. Nous ne traiterons d'abord que de la *Diététique* des Chinois, telle qu'ils la considèrent, et non (1) selon les extensions et branches de la Médecine européenne. La Diététique des Chinois étend ses vues, au rapport de M. Cibot, non seulement sur les malades, mais encore sur tout ce qui peut contribuer à entretenir l'état de l'homme bien

---

(1) Mém. des Miss. de Pékin, II, 424. — VI, 317.

portant ; ce qui rentre dans la partie que nous nommons *l'Hygiène.*

« Elle avoit paru, dit-il, si essentielle aux Législateurs des premières Dynasties, qu'ils lui avoient comme subordonné tout le dispositif des lois. Logement, habits, nourriture, exercices, travaux, tout étoit réglé sur le climat, la saison, l'âge, la condition et les forces. La police, par exemple, étoit chargée d'indiquer le jour où l'on devoit quitter les habits d'été pour prendre ceux d'automne, ou quitter ceux-ci pour prendre les habits du commencement de l'hiver, puis ceux du grand hiver. Cette ancienne Diététique indiquoit la cuisson propre de chaque viande, et la saison où elle étoit plus profitable, les assaisonnemens convenables aux différents pays et climats, les choses qu'on pouvoit, qu'on ne devoit pas manger à un même repas. Nos Médecins d'Europe ont-ils donc de bonnes raisons pour ne pas donner ces sages documents » ?

N'accusons pas nos habiles Praticiens trop légèrement : ils donnent leurs documents à ceux qui y recourent. Nos traités des maladies en indiquent les causes qui souvent sont produites par l'indiscrétion et la passion plus exaltée que jamais de la mode ; quand on s'expose à des vents froids et imprévus avec des habits trop légers, on parce que l'étiquette du changement de saison le prescrit. Un code de police ne peut pas avoir lieu sur un objet si mobile, si variable et tellement dépendant du caprice, du bon ton et de l'amour propre. Conseillez aux femmes de se vêtir davantage même en hiver, d'une manière plus décente, et vous verrez le beau succès que vous aurez. L'expérience donne aux humains les leçons d'une conduite plus sage : elles ne sont reçues que par le très-petit nombre.

La Médecine chinoise admet l'usage des parfums, des odeurs dans les appartements, et ne les croit pas contraires à la santé. Les hommes et les femmes portent habituellement des habits parfumés, et dans les grandes chaleurs de l'été pour tempérer l'émanation de la transpiration on a sur soi des sachets de poudres odorantes. Les fleurs par conséquent sont admises en nombre, selon les différentes saisons ; dans les chambres, dans les cabinets, les galeries, et l'on ne redoute pas les maux de tête qui en résultent en Europe, ni les vapeurs cruelles dont les deux sexes sont attaqués si communément depuis un demi-siècle. Voyez ci-après, *Traité des Mœurs et Usages*, l'article *Odeurs*.

» Les Chinois, continue notre Auteur, sont de tous les peuples qui couvrent la surface de la terre, celui... qui dans les livres économiques, composés dans les temps où les nations occidentales, celles surtout qui sont plus voisines du pôle, ne se doutoient pas qu'on pût faire des livres, a traité avec une méthode plus suivie et d'après son expérience, des différentes manières d'entretenir la vie par le moyen des aliments propres à chacune des contrées qu'il connoissoit, de conserver la santé, en assujettissant à certaines règles l'usage de ces mêmes aliments et de guérir les maladies par des médicaments tirés des trois règnes de la nature, choisis avec intelligence, préparés avec art et administrés à propos, suivant le besoin et les circonstances ».

Nous recueillons encore les avis suivants du même savant Missionnaire, tome XI des Mémoires déjà cités, pag. 163. « Dans toutes les maladies dangereuses il n'est pas question de nos bouillons de viandes, ni de bouillons coupés ou très-légers : tout régime, pour les riches comme pour les pauvres, commence par une tisane de riz ou de quelqu'autre grain, et encore la quantité est-elle limitée. Quand le malade est mieux, il peut prendre quelque chose de plus substantiel au jugement du Médecin. On lui donne cette même tisane, mais ayant assez de riz pour être épaissie comme du chocolat. Dans la troisième progression il y a encore plus de riz, et les grains n'en sont qu'à demi fondus et délayés : c'est une espèce de bouillie claire, comme celle qu'on fait de gruau pour quelques malades. Pour mieux faire encore, on ôte quelquefois la première eau qui a pris le plus de substance, et on achève de faire cuire le riz dans une autre. Il en est ainsi du riz à grains entiers qui vient après, et avec assez peu d'eau ou point du tout, selon que le malade prend le dessus et a recouvré assez de force pour qu'on lui permette un peu d'herbages et même quelques filets de viandes. La Médecine chinoise regarde la volaille comme indigeste et malsaine. Elle ne permet, contre toutes nos opinions reçues, aux convalescents d'en manger, que quand ils sont fort avancés dans le rétablissement de la santé ».

Nous ajoutons à cet article, 1º. l'extrait du mémoire de M. Cibot, sur l'usage et la préparation des viandes en Chine, extrait qui nous semble très-convenable pour développer encore les documents précédents : 2º. quelques observations sur l'usage des boissons chaudes : 3º. ce que dit M. Amiot sur la traduction des ouvrages de Médecine de cette nation, et sur l'importance, en même temps sur les difficultés de cette entreprise ; en quoi il est d'accord avec son collègue.

Extrait du Mémoire de M. Cibot, sur l'usage et la préparation des viandes en Chine (g).

« Les anciens Chinois, par principes de santé, faisoient bien plus d'usage des légumes que des viandes. Les personnes de distinction, les citoyens opulents font servir sur leurs tables, selon la saison, la viande de boucherie et la volaille, la venaison et le gibier, comme en Europe. Le peuple, en raison de son nombre immense, vit de tout ce qu'il peut, et ne se refuse aucune des nourritures, ni aucun des animaux vivants ou morts dont on auroit du dégoût et de l'horreur ici. On peut manger du bœuf pendant toute l'année : l'hiver est la saison de manger le mouton; sa viande est alors d'un meilleur goût et elle est plus saine. L'usage de la chair de cochon fraîche finissoit aux premières chaleurs, et ne recommençoit qu'après les premiers froids, ce qui n'a plus lieu depuis bien des siècles. Mais la viande salée et fumée prenoit sa place; et à considérer comment les Médecins ordonnent du jambon à ceux qui sont fatigués par les grandes chaleurs, on croiroit volontiers que leurs anciens avoient donné lieu à cette coutume...

Il est certain cependant que dans la province de Canton et dans les autres provinces du midi, on mange sans inconvénient dans le plus fort de l'été la viande de cochon fraîche. Faut-il l'attribuer à ce que c'est l'espèce qu'on a nommé *de la Chine*, ou à la manière dont on nourrit les porcs, ou au climat même et à ses chaleurs? Cette sorte de nourriture consiste pendant quelque temps en oranges de rebut. Le gland (*h*) donne tant de bonne qualité à leur viande; pourquoi les oranges ne lui donneroient-elles pas de la bonté, de la délicatesse?... La Médecine chinoise ne permet que fort tard aux malades de manger de la volaille; et il y a peu de convalescens qui puissent en faire usage, puisqu'elle défend, contre toutes nos opinions reçues, cette nourriture comme indigeste et malsaine. L'ancienne sobriété ayant disparue, et le mélange de tant de peuples d'au-delà de la grande muraille s'étant fait en Chine, soit par cette cause ou toute autre, il est certain qu'il y a moins de force et moins de ressource dans les tempéraments qu'en Europe. Les Médecins européens sont convenus qu'on ne pourroit pas y faire usage des mêmes remèdes, sans les adoucir et les tempérer.

Par suite de quelque tradition ancienne, chaque viande gagne en bonté et en salubrité à être mangée, ou même cuite avec telle autre viande, tels herbages et tel grain. Le cerf et le lièvre, par exemple, avec la viande de cochon, le mouton avec le millet-chou, etc.

La science du cuisinier consiste à savoir quelles viandes on peut mêler ensemble, et à connoître la vraie proportion de leur mélange, pour obtenir une bonté et une salubrité communes.

Depuis les conditions moyennes jusqu'aux gens en place, aux Grands, aux Princes et à la Famille Impériale, les légumes, les racines et les herbages sont les mets journaliers de toutes les tables, et peuvent être regardés avec le riz comme le fond des repas... Les bienséances générales règlent l'usage de la viande sur le grade, le rang, la dignité et les emplois, comme toutes les autres distinctions civiles... Quelques ouvriers, par exemple, n'ont de la viande que quelquefois par lune et à un seul repas. Il est réservé aux Artistes d'en avoir tous les jours, et c'est une distinction pour les plus habiles d'en avoir plusieurs plats à tous les repas. Or, dès qu'il est ainsi au palais, on ne sera pas surpris que dans aucune boutique, ni dans aucun atelier de Pékin, on ne voie pas de viande tous les jours aux repas.

La règle générale est d'en servir aux réjouissances et aux fêtes, soit communes, soit particulières, puis deux fois par lune, au moins, et d'un jour l'autre au plus, encore à un seul repas. On juge d'après cela quel doit être l'ordinaire des familles du peuple..... Chez les grands et dans les maisons opulentes, ce n'est que par extraordinaire qu'on fait manger de la viande aux enfants et aux jeunes gens.... Les tables ouvertes sont inconnues parmi les Seigneurs, les grands Mandarins et la nation entière : on a mille raisons pour ne pas annoncer la richese en dehors, et on en a autant pour diminuer l'occasion des repas...... Enfin la Cour donnant partout le ton et l'exemple, les plats de racines et d'herbages y sont préférés à la volaille et à d'autres viandes : et cette préférence est fondée sur les raisons de convenance, d'utilité et de bien public qui ont été admises dès les premiers âges.

Le Docteur *Tchang*, qui vivoit sous l'empereur *Tai-tsong* des *Tang*; (et ce Prince commença à régner en 763), donne les maximes suivantes : « On ne digère jamais bien que ce qu'on digère aisément : les mets singuliers occasionnent les maladies extraordinaires ; plus on fait servir de plats à la table, plus il faudra prendre de drogues dans une médecine. »

On établit en principe que les grains, les légumes, les herbages, les racines et les fruits sont la vraie nourriture de l'homme, qu'elle est la plus propre à réparer et à entretenir ses forces, la plus faite pour les organes, la plus assortie à ses besoins et la plus convenable à tous les âges, à tous les sexes, à tous les tempéraments et à toutes les saisons.... Que pouvoit faire de plus le *Tien* suprême, ajoute-t-on pour indiquer qu'ils les a destinés à être la nou riture journalière de l'homme, et qu'il les a pr parés tels que les demande chaque temps c l'année? On appuie ces principes d'exempl que démontrent l'insalubrité des viandes et nécessité d'en suspendre l'usage dans les ma ladies, et souvent après la convalescence.

Avant de donner la préparation des aliment l'auteur prévient qu'il n'y a pas de chemine en Chine, ce qui épargne beaucoup de bois c de charbon, met en état de faire chauffage c tout, et diminue les embarras et les incom modités de la cuisine. On se sert de fourneaux ils sont très-commodes et appropriés à leur de tination..... Un ou plusieurs grands tam qui s'emboîtent les uns dans les autres, s'adap tent à la chaudière où est l'eau bouillante éta blie sur le fourneau: le haut est fermé par u couvercle qui y renferme la vapeur; Les Chi nois cuisent ainsi leurs petits pains, leurs fruits à la vapeur; et cette manière est simple, facile peu dispendieuse et sûre: ils font rôtir leur viandes par tranches minces.

La Chine, quoique très-riche en étain et e cuivre, ne fait point entrer ces métaux dans le cuisines. Chez les riches, comme chez les pau vres, tout ce qui sert à cuire et à préparer le aliments, est en fer, en poterie et en bois.. Les casseroles de fer sont d'un fort ancier usage: on en fait de toutes les formes, de toute les grandeurs; et ce qui caractérise mieux l Nation

Nation, on les vend à si bas prix que les pauvres ménages en ont : on a voulu éloigner sagement le danger dans la préparation des aliments. Les coulis, les sauces composées ont été fort à la mode sous plusieurs règnes des dynasties passées, mais l'intérêt capital de la santé a prévalu, et l'on a pensé, d'après les anciens, que les aliments simples sont les plus sains; et que ce qui nourrit, ce qui conserve les forces et la vie, n'est pas ce qui ragoûte le plus, mais ce qui se digère mieux et plus aisément.

On mange les viandes avec le riz, on les sert souvent coupées en filets, en petites tranches, en morceaux assez petits pour ne faire qu'une bouchée; quelques unes avec leur propre bouillon ou sauces, d'autres, comme à sec, parce que l'on sert des vases pleins de divers bouillons, vinaigre, etc. pour que chacun choisisse à son gré. On les mange à sec avec divers fruits confits au sel, au vinaigre, au suc de gingembre..... Ces viandes sont souvent mélangées et nageantes dans un même bouillon avec des herbages ou des racines. » (*a*)

M. Poivre dit n'avoir rien mangé de plus restaurant qu'un potage de nids de Salangane ou d'hirondelles de mer, fait avec de la bonne viande. Cette nourriture substantielle fournit beaucoup de sucs prolifiques, et elle est estimée un mets délicat et de choix chez les Chinois.

Les jets tendres du bambou, coupés par mor-

---

(1) Mém. des Miss. de Pékin, XI, 353.

ceaux, ou tranches d'une ligne ou deux d'épaisseur, et séparées par filets bien cuits et macérés dans le sel, font partie des herbes salées que les Chinois mangent avec le riz.

M. Paw dans ses recherches sur les Chinois, s'élève contre les abus des boissons chaudes d'un usage si ancien en Chine, et il dit : « On est instruit en Europe des maux horribles qu'entraîne après soi l'usage des boissons chaudes, au sentiment de tant de Médecins.... Le Docteur Tronchin leur attribue les maux nouveaux dont le siége est dans les nerfs, et qui étoient inconnus des anciens.... De-là l'infécondité des femmes, la foiblesse des enfants, les maux de nerfs devenus héréditaires, etc. »

A tout ce raisonnement du savant Académicien de Berlin, les Missionnaires ont répondu que le système nerveux devroit tellement être affoibli pour les deux sexes, qu'il ne resteroit plus assez de forces aux hommes pour engendrer, ni aux femmes pour concevoir : que cependant les Chinoises qui ne boivent que du thé, qui commencent et qui finissent leur vie dans la retraite sont très-fécondes, et prétendent que c'est à l'usage des boissons chaudes qu'elles doivent cette flexibilité et cette souplesse de toutes les parties de leurs corps qui les fait enfanter facilement, quoiqu'il s'en faille beaucoup, comme quelques voyageurs ont prétendu l'insinuer, qu'elles se passent des sages-femmes.

Voila comme les faits démentent les raisonnements. Les Européens ont remarqué que les femmes Américaines et Angloises avoient l'émail des dents terni par l'usage des boissons chaudes : cette cause seule est-elle prouvée, influe-t-elle en Chine sur les dents des femmes et des hommes ? Non.

M. Paw, si fertile en assertions, avance, d'après le docteur Tronchin, que les maux de nerfs étoient inconnus des anciens : cependant le passage que nous avons donné de Sénèque, dans l'Introduction de ce petit Traité, manifeste bien que le tremblement des nerfs, les palpitations de cœur, etc. effets du genre nerveux affecté, étoient une maladie dont on étoit fréquemment attaqué à Rome, et que le philosophe latin attribue à l'usage immodéré du vin et des repas somptueux.

« Je pense, dit M. Amiot, qu'on pourroit retirer un avantage réel d'une bonne traduction des principaux ouvrages de Médecine composés par une nation qui cultive cette science depuis plus de quarante siècles. La seule expérience doit lui avoir découvert une foule de petits sentiers que la théorie ne sauroit d'elle-même indiquer, fut-elle fondée sur les meilleurs principes. Depuis les temps les plus reculés jusqu'à celui où nous vivons, en Chine comme partout ailleurs, il y a toujours eu des maladies ; mais en Chine plus qu'ailleurs, il y a toujours eu une classe d'hommes dévouée spécialement à la noble profession dont l'objet est de travailler à la guérison de ces maladies. L'Empereur *Chen-noung*, le premier Médecin Chinois vivoit long-temps avant Esculape et son instituteur, le Centaure Chiron. Il connoissoit les plantes et leurs vertus.... Inventeur de la Médecine et de l'Agriculture, les deux arts les plus nécessaires à l'homme, les Chinois l'ont placé au rang des *Chin* ou des Esprits, ne rendant les honneurs de la Divinité qu'à l'Être des êtres, au *Chang-ty*.

» Je conclus de tout cela que ce qu'une nation réfléchie et savante a écrit sur la Médecine, doit être une source abondante où l'on peut puiser les connoissances les plus précieuses pour la perfection de ce même art. Il ne manque que quelqu'un qui veuille et sache y puiser. Car il ne suffit pas d'entendre une langue et d'être simplement homme de lettres, pour bien traduire ce qui est écrit en cette langue sur les sciences et les arts ; il faut que le traducteur possède l'art ou la sience sur laquelle il écrit, d'après ce qu'il a lu dans une langue étrangère, sans quoi sa traduction fourmillera d'erreurs, et ne donnera de l'original qu'il veut faire connoître qu'une idée fausse : et c'est malheureusement ainsi que sont presque toutes les traductions que j'ai vu. Elles se ressentent du terroir où elles sont nées, et du genre de vie, ou si vous voulez, de la profession de celui qui les a produites. » (1)

De telles réflexions sont trop judicieuses pour qu'on ose les contredire : qu'on nous en per-

---

(1) Mém. des Miss. Fr. de Pékin, XV, 12.

mette quelques autres en généralisant seulement.

On ne se livre aux hautes sciences, aux sciences abstraites, que quand le goût et l'attrait y portent décidément. Les gens du monde donnent par exemple rarement leur attention à la science de l'Anatomie et de la Médecine réservée à ceux qui doivent en faire leur état : et cela est heureux ; car ceux qui n'ont pas, dans ce genre, d'études préliminaires, trouveront plus de danger à se permettre ces lectures, que de les repousser ; et ils risquent de devenir malades en craignant toutes les maladies, et souvent ils croient être atteints de quelques unes. Si l'on veut prendre des notions sur des sujets abstraits, sur la Médecine même, combien ne trouve-t-on pas d'agréments dans les éloges des Académiciens par Fontenelle ? Il se met à la portée de ses lecteurs. Les charmes du style, la finesse et la netteté des pensées procurent la facilité de le suivre ; et c'est tout ce qu'il faut aux gens du monde. Voltaire dit dans son Siècle de Louis XIV, qu'on a regardé Fontenelle comme le premier des hommes dans l'art nouveau de répandre la lumière et les grâces sur les sciences abstraites.

MÉDECINE,
PREMIÈRE PARTIE.

Ces connoissances préliminaires établies, nous divisons en *deux parties* ce qui concerne la Médecine.

La *première* contiendra les dissertations : 1°. Le secret sur le Pouls. 2°. La petite Vérole: 3°. Une maladie singulière nommée la *Nyctalopie*, ou maladie des yeux. 4°. La notice d'un livre Chinois sur les signes apparents d'une mort violente. 5°. La notice d'un livre bizarre nommé le *Cong-fou* des Bonzes, tous extraits de longs mémoires consignés dans ceux des Missionnaires françois de *Pékin*.

La *seconde partie* comprendra des réflexions à l'appui des premiers principes de la Médecine chinoise, et la Pharmaceutique qui a pour objet la connoissance des simples et des drogues : on y trouvera le détail des remèdes tirés des règnes végétal, minéral et animal. Nous terminerons par quelques dissertations concises qui s'y joignent naturellement et qui y font suite, savoir : un article sur l'Herbier chinois, lequel reçoit des développements plus grands dans une lettre de M. Amiot, écrite en 1773; un autre article sur le *Pao-hing-che*; un autre sur les *Ou-poey-tze*, composition médicinale; un autre sur les Tablettes médicinales; un autre sur la Colle de peau d'âne; et un autre enfin sur le sang de cerf, tous déjà annoncés sommairement dans les remèdes.

Secret du Pouls.

LE P. DUHALDE, dans le tome III de son ouvrage, a donné en 52 pages le secret du Pouls, traduit des livres Chinois. Nous renvoyons au texte, aux notes et aux commentaires qui forment cette longue instruction peu satisfaisante à lire, et nous nous bornons à l'extrait suivant sur la connoissance du Pouls, en nous aidant de plusieurs autres Auteurs.

CE qui regarde le cœur, le foie et le rein gauche, s'examine au pouls du carpe, de la jointure et de l'extrémité du *cubitus* du bras gauche. Aux mêmes endroits du bras droit, suivant le même ordre, on examine ce qui regarde les poumons, l'estomac et le rein droit, autrement dit *porte de la vie*.

ON tâte le pouls à trois endroits de chaque bras: à chacun de ces endroits, le pouls se peut diviser en pouls superficiel ou élevé, pouls profond et pouls mitoyen; ce qui donne pour chaque bras neuf combinaisons différentes. Au reste, le pouls mitoyen est celui sur lequel il faut régler son jugement par rapport aux autres.

On doit tâter le pouls de trois manières différentes. La première en appliquant doucement les doigts sur la peau sans presser; la seconde en appuyant davantage, et de façon à sentir sous les doigts, les chairs; et la troisième en appuyant ferme les doigts jusqu'à sentir les os du bras, pour s'assurer si le pouls cesse de battre ou non, s'il est vite ou lent, et combien il bat de fois dans l'espace d'une inspiration et d'une expiration.

Quand on trouve au pouls cinquante battements sans qu'il s'arrête, c'est santé; s'il s'arrête avant d'avoir battu cinquante fois, c'est maladie, et l'on juge du mal plus ou moins pressant, par le nombre des battements après lesquels le pouls s'arrête.

Il convient de savoir que les gens gras ou replets ont communément le pouls profond et un peu embarrassé: les maigres l'ont superficiel et long. Aux gens de petite stature, il est serré et comme pressé, au lieu qu'il est un peu lâche chez ceux de grande stature. Voilà l'ordinaire; quand on trouve le contraire, c'est mauvais signe.

Viennent ensuite les inductions des maladies par les observations du pouls, et les différents pronostics du danger imminent des malades.

Ces mêmes observations des battements font connoître aux Médecins Chinois, à ce qu'ils prétendent, si une femme est enceinte d'un

PREMIÈRE PARTIE. 285

garçon ou d'une fille ou de deux enfants, à quel mois elle est de sa grossesse, etc.

CETTE science du pouls a rendu les Médecins Chinois très-célèbres ; et plusieurs de nos Docteurs (1) en ce siècle-ci l'ont étudié et pratiqué même, sans citer ceux qui les ont mis sur la voie des études et des expériences, comme nous le verrons.

M. CIBOT a-t-il en vue l'ouvrage de Duhalde, quand il dit page 261 des *Mémoires des Missionnaires François de Pékin*, tome VIII, in-4°. « On en a donné quelque chose dans un traité du pouls traduit du chinois en latin ; mais il faut que le traducteur soit tombé sur une mauvaise édition de province, dont il a copié les fautes et les omissions ». Ou veut-il indiquer, ce qui est plus vraisemblable, la traduction latine de Boymius, dont nous donnerons ci-après une courte notice.

L'EXTRAIT suivant d'une lettre écrite par M. Amiot (1) en 1789, jettera plus de lumières sur la science des battemens du pouls. Elle répond aux questions qui ont été faites de Paris à ce Missionnaire de la part d'un savant Médecin, sur la Médecine des Chinois, et sur leurs moyens de connoître les crises prochaines dans les maladies.

IL raconte que souffrant au sein gauche des douleurs si aiguës, qu'elles lui ôtoient le boire,

―――――――――――――――――――

(1) Mém. des Miss. Fr. de Pékin, XV, p. 6 et suiv.

le manger, le sommeil et tout usage de ses facultés, il fit venir un Médecin Chinois qui lui tâta le pouls sur l'un et sur l'autre bras pendant assez long-temps, et qui conclut que le siége du mal étoit dans le foie ; que ce mal provenoit d'un *yang* exalté qui embraseroit bientôt toute la machine, si on n'y mettoit promptement obstacle en le tempérant par l'*yn*. L'*yang* désigne le feu, le subtile, le fort, le sec, et l'*yn* désigne l'eau, l'humide, le froid, le foible. Le Médecin ordonna au malade deux potions, après lesquelles il assura que les douleurs cesseroient et permettroient le sommeil. L'événement fut tel qu'il avoit été annoncé. Les douleurs cessèrent ; et le malade dormit une partie de la nuit suivante. Le traitement fut continué ; il consista en des médecines légères, afin de préparer à une plus forte qui devoit annoncer la crise nécessaire pour emporter la cause principale du mal et décider la guérison. La crise eut lieu, et le mal diminua de jour en jour.

M. Amiot employa le temps de sa convalescence pour apprendre de son Médecin chinois comment il découvroit les crises prochaines, ou le changement de mal en bien et de bien en mal. C'est, lui répondit-il, par le changement que nous observons dans les battements du pouls. Viennent ensuite des détails curieux relativement à la manière de placer les doigts sur l'artère, afin de pouvoir distinguer facilement la différence des trois pulsations qui se font sur les trois parties de l'artère que le Médecin touche en plaçant un doigt sur la première, nommée *tchun*, qui est plus près du poignet, un autre sur celle *koan*, qui vient après, et un autre sur la troisième *tche*. Après avoir touché en même temps et d'une manière égale le corps entier de l'artère avec les trois doigts, de façon que l'*index* touche le *tchun*, le *medius* le *koan*, l'*annularis* le *tche*, et s'être assuré de l'état du pouls, le Médecin touche l'une après l'autre les trois parties de l'artère, et observe attentivement les pulsations dans chacune en particulier, d'abord en appuyant légèrement, puis en pressant un peu, et enfin en pressant fort et par élan, comme si on vouloit faire ressort.

Cette dernière observation conduit à une autre, de laquelle dépend le jugement à porter, tant sur la venue et la proximité d'une crise, que sur sa nature, supposé qu'elle ait lieu.

Le Médecin chinois juge que la crise va bientôt se déclarer par la variation des battements qui se font par l'artère de l'un et l'autre bras, par l'inquiétude du malade, etc. Il observe soigneusement sa physionomie, sa langue, ses yeux, sa respiration; il interroge, pour ainsi dire, toutes les parties souffrantes du corps, et en tire des inductions. Suivant ainsi tout le cours d'une maladie, il indique les remèdes, et se trompe rarement; il a égard à l'âge, au tempérament et aux habitudes du malade. Nous renvoyons au Mémoire même, qui contient d'autres détails, nos connoissances en ce genre étant très-foibles.

M. Amiot termine la conversation qu'il a eu avec son Médecin, en écrivant en ces termes à son correspondant de Paris. « Vous direz : voilà le langage d'un charlatan : j'en conviendrai ; mais je vous prierai d'être persuadé que mon Médecin chinois n'est point un charlatan, et que j'en suis la preuve vivante ; car sans son secours je serois mort ».

Le Chevalier Guillaume Temple, grand homme d'état, Ministre habile, sous le règne de Charles II, et possédant l'histoire des nations autant que celle de son siècle, ainsi que toutes les sciences dont l'esprit humain doit profiter dans l'usage de la vie, paroît faire estime des Chinois et de la simplicité de leurs remèdes dans les maladies. Il dit : « Car bien que les Médecins chinois se connoissent parfaitement au pouls, et qu'ils sachent par ce moyen découvrir la cause de toutes les maladies internes, leur pratique à l'égard de la guérison, n'excède pas la méthode du régime et la vertu des plantes prises intérieurement ou appliquées à l'extérieur (1) ».

On m'a communiqué depuis peu les *Ephémérides des Curieux de la Nature*, journal latin, année IV, décembre, 11e supplément, *Nuremberg* 1686, *in*-4º. Ce supplément contient la clef des Chinois sur la doctrine du

---

(1) OEuvres Posthumes. *Leyde*, 1719, *in*-8º. 150.

pouls, ouvrage latin de Michel Boymius, Jésuite polonois, publié par les soins d'André Cleyerus, Docteur en Médecine.

Cette dissertation, fort étendue, ou, pour mieux dire, ce traité, qui donne la clef de la doctrine complète des Chinois sur la connoissance des *vibrations* du pouls, et sur toutes les inductions qu'on peut en tirer, pour distinguer les maladies qui affectent le corps humain, indique aussi des causes locales, puis les moyens de guérir et de prévoir les accidents, les crises et les temps prochains et éloignés de la mort.

Boymius, qui l'a traduit en latin sur le texte, ou d'après les ouvrages chinois, reporte à l'antiquité la plus reculée la science des *vibrations* du pouls, connue des Chinois et pratiquée constamment chez eux avec succès : il remonte à la nuit des temps, à l'an 2697 avant l'ère chrétienne.

Il est grand admirateur de cette doctrine, et il la fait connoître dans tous ses détails, sans épargner ses peines pour mieux instruire son lecteur.

Par l'exploration du pouls, les Médecins chinois parviennent à réparer l'harmonie dérangée du corps humain, et à soigner et guérir les maladies internes, ou au moins à prolonger la vie des malades. Ils ont supputé le nombre des battements du pouls pendant vingt-quatre heures : ils disent que le matin est le temps le plus convenable pour l'exploration du pouls ;

ils ajoutent qu'à chaque saison cette exploration générale est nécessaire, pour en tirer les résultats d'après leur différence sensible.

Le sang et les esprits sont les véhicules de la vie de l'homme. Le poumon en recevant par l'aspiration l'air vital et le reportant au-dehors par l'expiration, deux mouvements connus sous le nom de systole et de diastole, entretiennent le sentiment vital. L'homme cesse d'exister, dès que cette communication est interrompue, ou dès qu'elle s'arrête en lui (*k*).

Cette clef de la Médecine chinoise est fort singulière. Les rapports qu'elle a avec les mouvements du ciel lui laissent un vernis d'empirisme bizarre, et on ne doit pas s'en étonner, la nation ayant un grand foible pour l'astrologie judiciaire (1). Mais en écartant ces prétendus rapports, il ne s'ensuit pas moins que les résultats des Médecins, d'après les explorations des battements du pouls, les conduisent, selon qu'on l'assure, à des guérisons surprenantes.

M. Cibot ne traite pas favorablement cette traduction latine, qui a passé sous ses yeux. Nous lui devons et à M. Amiot son collègue, les derniers documents sur le secret du pouls.

L'ouvrage de Boymius, fidèle ou non, présente de grandes difficultés à celui qui n'a pas fait une étude particulière de la Médecine ; mais

---

(1) Voyez *Mœurs et Usages*. Dissert. sur la superstition, l'astrologie, etc.

un habile Médecin (1) s'est attaché depuis plusieurs années à le méditer et à l'approfondir. Il a consulté les ouvrages des Anciens et ceux des Médecins modernes, tant étrangers que françois, sur ce que l'on peut raisonnablement conjecturer des maladies intérieures par la science des *vibrations* du pouls. Si les bonnes œuvres auxquelles il se livre dans son état, par goût et par humanité, lui permettent de publier ses recherches et les expériences qu'il prend pour guides, on aura le prononcé d'un théoricien laborieux dans la science de la Médecine, et d'un praticien modeste. On sait que les Européens ne peuvent pas sortir de Canton, et que s'il y a quelque Médecin chinois en réputation dans cette ville, on doit présumer que les plus savants d'entr'eux doivent être par préférence à Pékin et à la cour de l'Empereur. On sait encore que les Missionnaires françois, qui font leur résidence auprès du Prince et dans son palais, et qui par cette raison sont nécessairement instruits dans les langues Chinoise et Tartare, sont aussi les seuls qui jusqu'à présent ont répondu à tant de mémoires, de lettres et de questions envoyés de France, soit par les Ministres, soit par des Académiciens illustres qui ont voulu être en relation avec eux. Ainsi on ne doute pas que M. S... voulant se procurer des éclaircissements sur la doctrine du pouls en Chine, ne se soit adressé, par un des correspondants des Missionnaires, à M. Amiot, qui aura rédigé la réponse consignée

---

(1) Le Docteur S.....

depuis par lui ou ses éditeurs, dans le tom. XV in-4°. des *Mémoires des Missionnaires de Pékin*, et il me semble que M. S... auroit pu ou dû le dire.

La citation de Solano, indiquée dans la note au commencement de cet article, nous a donné la curiosité de lire son ouvrage. Voici son titre. Nous ajoutons quelques réflexions pour terminer.

Observations nouvelles et extraordinaires sur la prédiction des crises par le pouls, faites premièrement par le Docteur D. Francisco Solano, de Lucques, Espagnol, et ensuite par différents autres Médecins; enrichies de plusieurs cas nouveaux et de remarques, par M. Nihell, Médecin anglois, et traduit de cette langue, par M. Lavirotte, Docteur en Médecine. Paris, 1748, in-12.

Ce petit volume est très-curieux à tous égards. Solano a commencé à observer en 1707 ou 1708, jusqu'à l'année 1738, qui fut celle de sa mort. Quoique le traducteur n'ait cité Duhalde et Jean Floyer, anglois, partisants de la doctrine chinoise, que pour montrer le peu d'estime qu'il fait des Médecins de cette ancienne nation, et des connoissances qu'on leur attribue sur l'exploration des *vibrations* du pouls, il n'en est pas moins vrai que dans le peu de matériaux réunis ici, on trouve des faits suffisants pour être plus justes à leur égard, et démontrer leur priorité dans cette manière d'examiner les pulsations des artères.

La lecture de l'ouvrage de Solano prouve que les Anciens consultoient peut-être bien plus soigneusement les approches des crises, qu'ils les contrarioient moins par des remèdes, et que même ils les attendoient : elle prouve, conformément à l'opinion du traducteur, que les Médecins modernes ont peut-être trop abandonné les diagnostics qui peuvent faire prévoir les crises. On voit encore par le suffrage du Docteur Nihell, qui a suivi les cures de Solano, et qui a pour lui les savants anglois Mead et Radcliffe, que la science du pouls et les inductions à en tirer, ne sont pas considérées parmi eux comme conjecturales, et que ces habiles Médecins, sans parler des Chinois ni des études qu'ils ont faites, depuis des siècles, sur les pronostics des crises et sur les maladies connues d'eux par les vibrations du pouls et par la physiologie, n'ont appuyé leur système que sur la même base.

Après ces autorités qui doivent être pesées, on voit dans le commencement de cette petite dissertation que le Docteur Lorry, nourri et imbu, soit des ouvrages d'Hippocrate et des autres Médecins anciens, soit des observations les plus importantes des Médecins modernes, lui qui mérite un rang distingué dans ce siècle, ne donne que de l'indifférence aux opinions que l'on peut prendre sur l'exploration du pouls, pour prévoir les crises et annoncer leurs effets. C'est un sentiment particulier de ce savant Médecin : nous le rappelons ici, sans être en état de le discuter.

Seconde Part. T

Je terminerai cet article par les réflexions d'un ancien Médecin, d'un Doyen de la Faculté de Paris, fort sage, estimé comme il doit l'être dans son corps, ainsi que des particuliers qui se sont mis sous sa conduite dans leurs maladies, et qui ont éprouvé sa prudence, son expérience consommée et son éloignement des nouveaux systèmes ; sa douceur, sa patience dans les traitements, son application à aider la nature, et à lui faciliter ses ressources. Si ces traits le font reconnoître, ce n'est pas moi, c'est sa bonne réputation qui le nomme. Voici ce qu'il m'écrivoit en ami, après avoir eu communication de cet Essai sur l'exploration du pouls, par les Médecins chinois.

« Il est bien fâcheux que beaucoup de Médecins aient allié plus ou moins de charlatanisme à une science dont malheureusement l'humanité ne peut se passer. C'est précisément dans certaines parties délicates de cette science, qu'il est facile d'y glisser cette portion de charlatanisme dont il est presque impossible que les gens, même instruits, se défendent. La connoissance du pouls s'y prête infiniment, ainsi que celle des urines. Chez nous autres Européens, vous savez quelle vogue ont parmi le peuple les Médecins des urines. Chez les Chinois, il me paroît que ce sont ceux du pouls. Quoi qu'il en soit, un Médecin instruit et qui veut guérir son malade, recueille soigneusement tous les signes que lui présentent le pouls, les évacuations, les traits même du visage de son malade ; et c'est en comparant tous ces signes ensemble, qu'il peut saisir le seul fil propre à le conduire sûrement dans le dédale d'où il doit retirer son patient, etc. ».

Quoique ce petit traité ait pour objet la Médecine des Chinois, je rappelle ici deux traits remarquables, entre beaucoup d'autres connus, qui honorent la profession du Médecin.

Selon le premier, consigné dans l'Hist. Rom. trad. de l'anglois d'Echard. *Paris*, 1744, *tom. IV*, *in-12, pag.* 24. L'an 731 de la fondation de Rome, Auguste, second Empereur, seul maître d'une grande partie du monde, est atteint d'une maladie mortelle. On désespère du salut du Père de la Patrie, et l'affliction est générale. Antonius Musa, fameux Médecin, le tire de danger et rétablit la santé du Prince. Le sénat, pour honorer la profession de Musa, affranchit de tout impôt les Médecins, et le peuple lui éleva, par reconnoissance, une statue auprès de celle d'Esculape. Quelle différence de conduite généreuse dans ces résolutions prises à Rome, et l'avilissement infligé, lors de la révolution, sur un état libre, volontaire, indépendant, en obligeant chaque Médecin à payer, comme le plus petit artisan, un droit de patente à la république, sur des honoraires mobiles, non fixés, toujours libres!

Le second est l'esquisse de l'éloge qu'a fait plus en grand l'Auteur du Spectacle de la Nature. *Paris*, 1747, *tom. VII*, in-12. *pag.* 491 *et suiv.*

« Le Médecin exerce un pouvoir réel et important sur notre vie. La satire a souvent cherché à décréditer, par des défauts ou des ridicules, la Médecine elle-même ; mais si ce procédé a lieu, il n'est ni science ni profession qui ne soit exposée à de pareilles insultes. Le bon et savant Médecin doit s'en alarmer foiblement : il ne se met pas en attitude de se défendre ; et conduit par la sécurité que l'expérience inspire, il entend la raillerie et désarme les railleurs obligés de recourir au besoin à ses lumières. Il ne méconnoît pas cependant, étant sage, ni la condition de l'homme, ni la mesure de son savoir, réservée dans des bornes prescrites par le Créateur. C'est beaucoup qu'il connoisse par l'étude de l'anatomie le corps humain, comme un bon pilote connoît la mer, sans pouvoir nous garantir des écueils cachés, ni nous exempter des tempêtes. L'expérience et l'activité de l'un et de l'autre causent donc de grands biens à la société, et épargnent bien des accidents aux particuliers. On a des obligations importantes aux Médecins ; car il est peu d'arts et de métiers, peu de sciences auxquelles ils n'aient fait quelque beau présent par leurs études et leurs recherches. Presque tous parmi eux refusent rarement leurs conseils, leurs secours aux indigents, ni même leurs soins et leurs visites. Le célèbre Dumoulin recevoit 6 fr. d'un particulier pour sa visite, et les rendoit ensuite à un pauvre qu'il alloit voir ».

De la petite Vérole.

Nous puisons des renseignements assez étendus

sur la petite Vérole, dans les lettres édifiantes, dans les Mémoires des Missionnaires françois, plus récents, et dans quelques lettres particulières.

« La petite Vérole, dit M. Cibot (*l*), Auteur d'un de ces mémoires, est en Chine une maladie épidémique depuis plus de trois mille ans. On raconte qu'elle n'étoit pas dangereuse dans la haute antiquité, et qu'il étoit rare qu'elle fût mortelle. Ce n'est, selon quelques opinions sages, qu'après la décadence de l'ancien gouvernement, qui renversa tout dans les mœurs et dans la manière de vivre, comme dans l'administration, que cette maladie eut un venin et une force qui s'annoncèrent par les symptômes les plus funestes, éteignirent en peu de jours les espérances des familles, et dépeuplèrent des provinces entières.... Ces ravages si rapides alarmèrent les Empereurs.... et les firent tomber aux genoux de la Médecine. Celle-ci avoit perdu presque tous ses anciens livres dans les guerres civiles : elle travailla sur ceux qui avoient échappé au naufrage général et sur les observations qui se multiplioient de jour en jour. Ses premiers travaux la conduisirent, comme de raison, à des systèmes compliqués et obscurs par lesquels on expliquoit tout ;.... mais ils ne se concilioient pas avec les faits.... Le bon sens persuada peu-à-peu que la petite Vérole tenoit aux premières sources de la vie, et dérivoit d'un levain inné qu'il falloit étudier dans ses effets. On le fit, et on parvint par degré à en connoître les vrais signes, les crises, les périodes, les révolutions, les diverses espèces, et enfin à trouver les remèdes dont il falloit se servir pour sa guérison.... Chaque siècle apprit à modifier ou à changer le traitement, ... selon que le levain change de nature, selon les mœurs aussi et le tempérament des pères et mères qui le transmettent....

» La fatale nécessité d'avoir la petite Vérole, ou dans l'enfance, ou dans un âge plus avancé, fit imaginer à un Médecin, d'aller, pour ainsi dire, au-devant de ses coups, afin de vaincre sa malignité, en s'y préparant. Le premier succès de cette tentative singulière..... sur le petit-fils du Prince de *Tching-siang*, vers la fin du dixième siècle, étonna la Médecine et enthousiasma le public..... Le secret s'en répandit dans toutes les provinces de l'Empire, et pénétra jusque dans les villages. Tout le monde prétendoit que quiconque avoit été inoculé, ne pouvoit plus avoir la petite Vérole, et tout le monde faisoit semblant de le croire. Mais cette opinion si consolante pour les pères et les mères, n'a pas pu se soutenir au-delà d'un demi-siècle. Les petites Véroles épidémiques ont coulé à fond les raisonnements et les systèmes par des faits si décisifs, qu'il a fallu se rendre. Leur malignité qui tient beaucoup de la peste à certains égards, a cela de singulier et d'effrayant, que souvent la petite Vérole est une maladie différente d'une maison à l'autre, et qu'il faut la traiter autrement, sous peine d'appeler la mort par les remèdes qui ont opéré les plus heureuses guérisons. Cette assertion peut étonner nos contemporains épris d'autres opinions, et paroître suspecte. Il n'en est pas de même ici, d'après ce que j'ai vu, et qui arriva à Pékin en 1767. La petite Vérole se répandit en peu de jours dans toute la ville, et enleva en quelques mois près de cent mille enfants, malgré tous les remèdes et toutes les consultations des Médecins. La frayeur publique imagina d'abord que le peuple sur qui ce redoutable fléau s'étoit appesanti, avoit négligé le secours des remèdes; mais la consternation augmenta quand on eut vu que les maisons des riches et les palais des grands n'avoient pas été plus épargnés, et que la Médecine n'avoit eu aucun bouclier pour parer de tels coups. Nous sommes témoins que la préparation de l'inoculation ne peut pas sauver la vie à un grand nombre d'enfants. Ceux même qui avoient déjà eu la petite Vérole jusqu'à deux fois, succombèrent comme les autres au milieu du traitement »....

L'Auteur du Mémoire, après cette introduction, jette un coup d'œil général sur la Médecine des Chinois et sur leurs connoissances anatomiques si imparfaites à tous égards, sur les systèmes qui en dérivent, sur les plantes et simples du pays, dont les Médecins font seulement usage, sur la difficulté de faire passer en occident leur théorie, leurs conjectures et leurs raisonnements; sur l'impossibilité peut-être que l'Europe tire quelque avantage de leurs vues, et sur la superstition qui appuie la Médecine chinoise : puis il donne une analise bien faite du Traité analitique de la petite Vérole, publié il y a quelques années, sur les ordres de l'Empereur, par les Médecins du collége impérial de Médecine.

On y voit que les Chinois reconnoissent quarante-deux sortes de petite Vérole. Leurs observations en ce genre peuvent étendre nos lumières : elles serviront au moins à constater la différence des climats. L'inoculation remonte à la Chine à plus de sept siècles : les usages et les idées de cette pratique diffèrent beaucoup des nôtres, et l'incertitude reste sur l'époque fixe de ce redoutable fléau peu nuisible dans l'antiquité.

« Tous les Ecrivains, continue M. Cibot, s'accordent à nommer *Tai-tou*, venin du sein maternel, le levain empoisonné qui en est le premier germe. Mais quelle est la cause de ce venin, en quoi consiste-t-il, comment se transmet-il, pourquoi est-il si universel ? D'où vient qu'il se développe tantôt plutôt, tantôt plus tard ? A quoi attribuer son horrible malignité dans les petites Véroles épidémiques ? Par quelle raison ne se développe-t-il pas en Tartarie, et pourquoi est-il plus mortel pour les tartares qui viennent en Chine ? On ne trouve dans les livres rien de satisfaisant sur tout cela. Ce qui résulte de plus clair et de plus universellement avoué, c'est 1°. que le levain de la petite Vérole est beaucoup moins dangereux dans les pays chauds, qu'il ne se développe pas dans les pays froids, et que les pays tempérés sont ceux où il fait plus de ravages.

2º. Que le levain vérolique, quelle qu'en soit la cause, est prodigieusement augmenté par les maladies vénériennes des pères et des mères, et même par leurs excès et leurs négligences dans l'usage du mariage : voilà pourquoi il est moins dangereux dans les campagnes. 3º. Que les soins excessifs, les délicatesses outrées et les rafinements scrupuleux des riches, ne laissent aucune force à leurs enfants contre les assauts de la petite Vérole. »

Nous avons besoin en France de méditer sur ces dernières observations. On trouvera dans le mémoire même les signes avant-coureurs de la maladie, ses crises et sa curation. La lettre suivante, que le même savant Missionnaire nous a adressée dès le mois d'octobre 1770, fournira de nouveaux développements à la notice de son précédent mémoire.

« QUELQUEFOIS c'est l'altération de l'air, quelquefois la nature et la qualité des aliments, quelquefois les saisissements de la crainte, ou le froid d'un vent piquant qui développent et déploient le germe de la petite Vérole. Mais ce qu'on ne paroît pas savoir au-delà des mers, c'est que l'Auteur chinois que nous traduisons, suppose partout qu'il ne s'agit dans ses principes d'inoculation que des enfants. Quant à cette pratique d'inoculer, il ne paroît pas qu'elle soit fort en usage, au moins à *Pékin*, où nous sommes. Il n'en est pas question pour nos chrétiens, et comme j'ai eu l'honneur de vous l'écrire précédemment, un de nos néophytes, très-habile Médecin pour les enfants auxquels il se bornoit, n'a jamais voulu en inoculer aucun, quelque récompense qu'on lui ait promise.

« Les infidèles ne l'entreprennent ici que difficilement, parce que 1°. on n'est pas sûr de réussir, et que dans le cas où l'enfant meurt, il en résulte des suites fâcheuses, si l'affaire est portée en justice. 2°. Parce que dans des petites Véroles épidémiques, qui sont effroyables à *Pékin*, ceux qui ont été inoculés, ou ceux qui ont eu déjà la petite Vérole deux fois, comme nous en avons eu des exemples dans notre chrétienté il y a quelques années, meurent aussi vite que les autres. 3°. Parce que le venin vérolique, paroît quelquefois changer de nature et se guérit d'une année à l'autre par des remèdes opposés. Vous serez étonné M... quand vous verrez dans les peintures que je vous enverrai l'année prochaine, combien sont différentes et singulières les diverses formes sous lesquelles il paroît. Elles viennent d'être finies, on écrit maintenant les explications, l'embarras sera de les traduire ; car la Médecine de Chine, a sa langue à part, comme la nôtre ; et ce qui me décourage, il sera difficile de la rapprocher de la nôtre, parce que tout tient à ses principes. Voilà tout ce que je puis vous promettre.

« Quant à la partie des remèdes qui devient un article bien essentiel dans le traitement de petite Vérole, je ne vois pas jour à m'en tirer, parce que la pharmacie chinoise n'a pas été rapprochée, ni comparée avec la nôtre, et parce que je ne voudrois pas me hasarder à dire des peut-être dans une matière également pénible et dangereuse dans ses suites. Quel dommage que le beau projet de M. Geoffroy et du P. d'Incarville, se soit évanoui avec eux » !

Ce même Missionnaire s'exprimoit plus ouvertement encore en écrivant à un ami en 1768. « Je me rappelle, dit-il, dans ce moment que les partisans de l'inoculation de la petite Vérole ont fait publier en France dans les journaux, que ceux qui ont été inoculés selon leurs règles, n'ont plus la petite Vérole. Si les faits décident en pareille matière, je vous assure que rien n'est plus faux, au moins en Chine. L'année dernière il mourut ici plus de cent mille enfants de cette maladie, dont plusieurs avoient été inoculés, ou avoient eu déjà la petite Vérole jusqu'à deux et trois fois. Cette maladie épidémique ne pénétra point dans le palais. On ne prend d'autres précautions contre elle, qu'en ne laissant pas sortir les enfants..... On inocule ici, mais sans donner une aussi grande foi à l'inoculation qu'en Europe ».

En 1726 époque à laquelle il étoit déjà question en France de l'insertion de la petite Vérole, le P. Dentrecolles écrivoit de Pékin en France ce qui suit (1). Nous ne donnons que

---

(2) Lett. Edif. tom. XXI, 5 et suiv.

quelques passages de sa lettre, très-bonne cependant à consulter en totalité.

« Depuis un siècle l'inoculation venue récemment de Constantinople en Angleterre, est en usage en Chine..... Le nom Chinois qu'on donne à cette méthode, seroit traduit peu fidèlement en françois par ces termes d'insertion ou d'inoculation..... Les narines sont comme les sillons où l'on jette la semence de la petite Vérole : l'usage du tabac à Pékin et à la cour est trop moderne, pour lui attribuer la manière beaucoup plus ancienne et plus universelle d'attirer par le nez la semence de la petite Vérole ».

On indique ensuite le choix des pustules de cette maladie : il faut les prendre sur des enfants depuis un an jusqu'à sept inclusivement, bien sains de pères et mères, la maladie bénigne, sans aucun signe de malignité. On emploie ces pustules, ou croûtes séchées, pulvérisées et conservées avec soin, en couvrant une petite boule de coton de cette poudre et la mettant dans chaque narine des enfants qu'on veut inoculer. Les sujets doivent avoir un an accompli, et les jeunes gens être au plus dans leur quinzième année ; les adultes sont exclus, ce qui confirme les documents du mémoire de M. Cibot. On détaille les remèdes préparatoires ; ceux à mettre en pratique pendant l'éruption ou après ; on avertit de ne pas prendre pour cette opération l'époque des grandes chaleurs de l'été, ni les temps rigoureux de l'hiver. La plus simple des recettes qu'on donne, comme préservative de la petite Vérole, et la plus agréable, est l'usage fréquent des raisins de Corinthe. On conseille aussi pour appaiser la démangeaison qu'excite cette maladie artificielle ou naturelle, de faire brûler dans la chambre du malade à toute heure du thé et d'y conserver la fumée...

Le P. Dentrecolles ajoute : (1) « On a prétendu que la Chine avoit connu la petite Vérole artificielle par les Tartares ; mais il est sûr que ceux-ci l'ont absolument ignorée et qu'ils n'ont pris cette maladie que dans les voyages qu'ils faisoient à Pékin, pour payer le tribut, ou pour faire leur commerce. Ceux d'un certain âge qui étoient attaqués de la petite Vérole en mouroient : l'Empereur en étant instruit, envoya en l'année 1724 des Médecins du palais en Tartarie pour procurer la petite Vérole artificielle aux enfants, et cette méthode adoptée eut des suites heureuses. » (*m*)

Des Maladies des yeux et de la Nyctalopie.

Les Chinois sont très-sujets à la maladie des yeux : M. Paw, dans son ouvrage *Recherches sur les Égyptiens et les Chinois*, tome I, page

---

(1) Les recherches précédentes, faites dans les anciens livres par M. Cibot, suppléent à ce que le P. Dentrecolles n'a pas dit de la connoissance que les anciens Chinois ont eue de l'inoculation de la petite vérole.

95, l'attribue ridiculement à la fumée du bois de Sental blanc que l'on brûle dans les villes.

M. Cibot (1) lui observe qu'il n'y a guère que les riches dévots qui brûlent de ce bois devant leurs idoles, que ce bois est cher et qu'il en faudroit une énorme quantité pour produire un brouillard épais sur toute une grande ville; mais que les Médecins mieux instruits et meilleurs logiciens, l'attribuent avec raison à la mauvaise et ancienne coutume de coucher nue tête sous une fenêtre garnie seulement de papier déchiré et quelquefois ouverte, lors même que les pluies et les vents rendent l'air fort malsain. Les Missionnaires, ajoute-t-il, qui sont plus attentifs, n'en sont pas attaqués.

Les auteurs de l'Histoire Universelle (2) disent que parmi un grand nombre de maux qui attaquent la vue, il en est un fort singulier très-peu ou point connu en Europe, mais fort commun en Chine : ils ont eu pour guide le P. Dentrecolles, et dès-lors nous préférons de puiser dans la source même, et de parler, pour plus grande exactitude, d'après l'habile Missionnaire.

« Les Chinois (3) appellent cette maladie *Ki-mung-yen*, ce qui signifie des yeux sujets à s'obscurcir comme ceux des poules. Ils croient en comparant les yeux viciés du malade aux yeux des poules, qui s'obscurcissent vers le coucher

---

(1) Mém. des Miss. de P. XI, 421.
(2) Tom. XX, *in*-4°. 126.
(3) Lettres Edif. tom. XXII, 241 et suiv.

du soleil, avoir développé le mystère de cette incommodité, sans faire réflexion que cet effet dans les poules est très-naturel, de même que dans ceux dont la paupière appesantie se ferme lorsqu'ils sont pressés par le sommeil. Ethmuller et le Dictionnaire des Arts donnent à cette maladie le nom de *Nyctalopie*. Celui qui en est affligé a les yeux bien ouverts pendant le jour; il ne sent ni inflammation, ni chaleur, ni le moindre picotement; il voit à la plus petite lueur; mais il éprouve un obscurcissement total, la nuit venue. Qu'on lui présente, dès que son accès l'a pris, une bougie allumée, il n'aperçoit dans la chambre aucun objet éclairé, pas même la bougie, et, au lieu d'une lumière claire, il entrevoit comme un gros globe de feu noirâtre sans aucun éclat. Ce peu de sensation paroit indiquer que la membrane de la rétine devenue flasque et molle par quelque obstruction, ne peut pas, faute de ressort, éprouver les légères impressions des rayons visuels, et n'est ébranlée que par des rayons très-forts : si l'œil s'obscurcit peu à peu et par degrés, à mesure que la nuit approche, ce n'est pas de la même manière, ni successivement qu'il s'éclaircit, et c'est ce qui console le malade; car il sait que le lendemain il aura la vue très-saine jusqu'au coucher du soleil. »

Les Médecins d'Europe croient qu'il est rare qu'on guérisse de la Nyctalopie. Le P. Dentrecolles n'a pas donné les conjectures des Médecins Chinois sur les causes d'une si singulière succession périodique de lumière et d'obscurité;

mais il dit qu'ils guérissent cette maladie : il cite quelques guérisons dont il a été témoin et il indique un de leurs remèdes aisé, prompt et d'une vertu éprouvée. Le voici :

« Prenez le foie d'un mouton ou d'une brebis qui ait la tête noire, coupez-le avec un couteau de bambou ou de bois dur ; ôtez-en les nerfs, les pellicules et les filaments ; puis enveloppez-le d'une feuille de nénuphar, après l'avoir saupoudré d'un peu de bon salpêtre. Enfin mettez le tout dans un pot sur le feu, et faites-le cuire lentement. Remuez-le souvent pendant qu'il cuit, ayant sur la tête un grand linge qui pende jusqu'à terre, afin que la fumée qui s'exhale du foie en coction, ne se dissipe point au-dehors, et que vous la receviez toute entière. Cette fumée salutaire s'élevant jusqu'à vos yeux que vous tiendrez ouverts, en fera distiller l'humeur morbifique, et vous vous trouverez guéri. Si vous employez ce remède sur le midi, vous cesserez le soir même d'éprouver cet accident. Il y en a qui conseillent, pour mieux assurer la guérison, de manger une partie du foie ainsi préparé, et d'en avaler le bouillon. Mais d'autres assurent que cela n'est point nécessaire, et qu'on en a vu qui ont été guéri en se contentant d'humer à loisir la fumée du foie de mouton pendant qu'il cuit, et qu'il étoit pareillement inutile d'avoir égard à la couleur blanche ou noire de la laine du mouton ».

Le P. Dentrecolles nous a transmis sur la Nyctalopie ce qu'il en savoit, à l'époque où il a écrit, et lorsqu'il étoit privé du secours des grandes bibliothèques pour appuyer des recherches toujours nécessaires. Le faisceau des lumières s'est accru depuis lui, et les expériences se sont multipliées.

Nous avons, dans les Mémoires in-4°. de la Société royale de Médecine, des recherches faites avec grand soin par M. de Chamseru, sur la Nyctalopie : elles sont consignées dans un Mémoire qu'il a lu en mars 1786, et dont nous donnons ici simplement quelques résultats, pour suppléer à ce que le P. Dentrecolles et les traducteurs de l'Histoire Universelle ont passé sous silence.

Cette maladie extraordinaire, par laquelle les individus perdent la vue le soir au coucher du soleil et la recouvrent le matin à son lever, donne lieu à trois questions importantes que se fait M. de Chamseru, et qui forment la base de son Mémoire; mais il n'y discute que la première question, et se réserve de publier les deux autres, dont la dernière est celle que nous avions le plus d'empressement à trouver, savoir : *Quelle doit être la simplicité des moyens curatifs de la Nyctalopie....* Quels sont les moyens d'en prévenir l'apparition, ou au moins de la réduire à la classe des maladies rares ou sporadiques? M. Saillant, son savant confrère, nous met heureusement sur la voie.

Dans la première question, M. de Chamseru nous apprend par une suite de faits exposés avec autant d'ordre que de clarté, que l'aveuglement nocturne est connu en France et dans tous les autres Etats de l'Europe; qu'il s'observe annuellement et tous les Printemps, aux environs de la Roche-Guyon, une des terres de madame la duchesse d'Anville; que cet aveuglement est constaté dans tous les âges de la vie, mais qu'il est fort rare dans le bas âge : il prend communément au Printemps et en Automne : sa durée moyenne est de trois mois : ses causes principales tiennent, d'après les plus célèbres Médecins, aux variations ou à la durée de l'atmosphère qui concourent avec les maladies régnantes : elles tiennent aux émanations d'un terrain ou d'un local humide, malsain ou nitreux, aux saisons des neiges et des frimats, quand la terre vient à se ressuyer et passe de l'humidité à la sécheresse, à mesure que le soleil se lève sur l'horizon, et lors d'une trop longue sécheresse : elles tiennent plus particulièrement à l'état, à la profession des individus plus exposés par les travaux de la campagne, en plein air le soir et le matin, que les personnes qui jouissent de toutes les commodités de la vie. Les femmes en sont atteintes dès qu'elles mènent le même genre de vie laborieuse, mais la durée varie chez elles plus sensiblement, selon l'âge qu'elles peuvent avoir.

L'ANCIENNE Médecine, toujours consultée par les savants Médecins, fournit ses autorités à M. Chamseru : elle a connue la Nyctalopie et ses causes. Hippocrate et ses commentateurs, dont Foësius, Aristote, Galien et Avicenne en font foi ; puis les Médecins françois et étrangers, tels que Boerhaave, Samuel Ledelius, etc. En Égypte, suivant Prosper Alpin, dans son Traité *De Medicinâ Egyptiorum*, et dans l'Inde, selon Bontius, *de Medicinâ Indorum*, *Parisiis* 1746, in-4°, on a connu la Nyctalopie.

Nous conseillons après cela de consulter le Mémoire de M. Saillant, cité précédemment : Quoique concis, il suppose bien des lectures, et il relève des erreurs : on le trouve dans le même volume in-4°, de la Société Royale, imprimé en 1790, page 121 et suivantes.

Il traite de deux genres de Nyctalopie, c'est-à-dire, de l'aveuglement de nuit et de la vue de nuit, cette dernière espèce plus rare ; et il en parle encore d'après Hippocrate, qui a observé ces deux maladies très-opposées.

Dans l'aveuglement de nuit, qui est notre objet, M. Saillant dit que le Prince de la Médecine grecque prescrit pour aliment et moyen de guérison à ses malades le foie de mouton ou d'autres animaux, et que ce remède recommandé par tous les Auteurs, a été employé avec succès. On cite dans les Ephémérides, ajoute-t-il, un Nyctalope ou aveugle de nuit, guéri après avoir mangé, tous les matins, pendant six jours, le tiers d'un foie de bœuf. D'autres Médecins conseillent le foie d'anguille, celui de chèvre et de bouc, etc.

Or, nous disons que ces remèdes se rapprochent beaucoup du traitement de notre Médecin Chinois qui, un peu de charlatanerie nationale mise à part dans l'exercice de son art, charlatanerie qui ne se borne pas à la Chine, ordonne de recevoir la fumigation du foie de mouton ou de brebis, pendant toute la durée de la cuisson du foie, et même d'en manger une partie. Le sol nitreux de *Pékin*, et la grande sécheresse que les habitants de la Province de *Pé-tche-li* éprouvent pendant l'été, doivent contribuer à produire les fréquentes maladies des yeux auxquelles ils sont sujets, et aussi des *Nyctalopes*.

Notice du Livre Chinois Si-yuen, *donnée par M. Cibot, et présentée en extrait : ou des divers signes de mort violente.* (1)

Le mot *Si* en chinois signifie *laver ;* le mot *yuen,* fosse. La manière dont s'y prend la justice chinoise pour faire paroître les plaies et contusions sur les cadavres même à demi pourris, a donné occasion de faire le livre *Si-yuen*, et lui a valu ce nom.....

Le *Si-yuen* est divisé en huit livres et écrit d'un style fort simple, comme tous les ouvrages d'instruction. Il manque en Europe : notre Chirurgie et la Médecine peuvent le rendre infiniment supérieur à celui des Chinois. Quelque habiles que soient les Médecins et Chirurgiens que la justice appelle pour visiter les cadavres, quelque sûre et exacte que soit leur

---

(1) Mém. des Miss. de Pékin, IV, p. 421 et suiv.

déposition par la facilité qu'ils ont de les ouvrir, il est certainement bien des cas où leur habileté ne peut pas suppléer aux recherches particulières et aux observations qu'il faudroit avoir fait pour distinguer la cause primitive de la mort : et ce n'est qu'à force de recherches et d'observations qu'on pourra parvenir à trouver des règles sûres (s'il y en a) et applicables à tous les cas.....

Le plus ancien ouvrage qu'on ait sur cette matière ne remonte pas avant la dynastie des *Song*, qui commença en 960.... Un des premiers soins de la dynastie des *Yuen*, fut de faire publier l'ouvrage des *Song* sur la visite des cadavres, après l'avoir refondu et augmenté. La dynastie des *Ming*, qui succéda à celle des *Yuen*, commanda des recherches, des examens, des discussions sur cette matière importante, et fit publier successivement plusieurs ouvrages pour l'instruction des Magistrats.

Quand l'auteur du *Si-yuen* publia son livre, la dynastie régnante n'avoit pas encore préparée l'édition revue, corrigée et plus complète qu'on a donnée depuis, que nous n'avons pas pu nous procurer..... Il rend compte avec modestie de son travail et de l'usage qu'il a fait de tout ce qui a paru jusqu'alors. Mais en applaudissant aux recherches, aux travaux de ses prédécesseurs, il ne dissimule pas que l'ignorance, le préjugé et la superstition avoient adopté bien des principes et des règles que l'expérience a appris à rejeter.

On observe que ces examens, ces visites de cadavres dans les cas douteux, c'est-à-dire où il n'y a aucun signe certain de mort violente, ne peuvent jamais aller au-delà de la probabilité dans un pays où l'on n'ouvre jamais les cadavres, et que dès-lors il s'élève de grandes difficultés contre le *Si-yuen*.

Nous renvoyons à la notice même, dans laquelle on verra ce qui se pratique en Chine pour trouver les signes de mort violente, et comment cette nation supplée à la dissection des cadavres que les préjugés publics interdisent.

L'habile rédacteur de l'affiche de Province, au 23 décembre 1778, dit que la notice du livre *Si-yuen*, que l'on avoit demandée d'Europe traite des divers signes auxquels les Chinois prétendent reconnoître les causes des morts violentes; qu'ils ont porté fort loin ces observations, et qu'en lisant on est étonné que chez un peuple où les crimes publics sont rares, les crimes *secrets et cachés* soient fort communs; mais que chez presque toutes les nations, il y a une balance qui égale les biens et les maux.

Ces crimes cachés sont le *Suicide* si commun à la Chine.

On ne rappelle ici que comme anecdotes et pour affoiblir le sérieux de l'article précédent, dont l'objet diffère quant au fond, 1°. L'ouvrage du Docteur Bruhier qui a publié le *Traité sur l'incertitude des signes de la mort relativement aux inhumations trop promptes*, et qui a traduit en françois plusieurs ouvrages d'Hoffman. 2°. Un traité plus moderne du célèbre Winslow sur la même matière, mais inférieur cependant à celui de Bruhier. L'amour de l'humanité a conduit ce dernier. Son livre lourdement écrit et traduit en plusieurs langues étrangères, prescrit de n'enterrer les cadavres qu'au bout de quatre jours. Un poëte nommé Delaforinière fit les vers suivants en reconnoissance.

>   Collatéraux auront beau faire,
> Ils attendront assurément
> Quatre jours impatiemment,
> Ce n'est pas trop en cette affaire ;
> Car je l'avouerai sans mystère,
> Bruhier, qu'il me déplairoit fort,
> Bien à l'étroit dans une bière
> De me voir vif après ma mort.

Le Docteur et savant Winslow veut que les signes de la putréfaction se montrent avant l'inhumation des cadavres. Sa naissance, sa foiblesse, la difficulté de lui conserver la vie dans les premières années, et le souvenir d'avoir été enseveli deux fois comme mort, dans sa jeunesse, excusent la prolongation qu'il a exigé. Son humanité lui faisoit appréhender pour les autres le danger auquel il avoit été exposé.

Notice du Cong-fou *des Bonzes* Tao-sée, *extraite des Mémoires des Miss. Fr. de Pékin* (1).

On appelle *Tao-sée* en chinois, ceux qui sont de la secte qui reconnoît le fameux *Lao-tsée* ou *Lao-kun* pour chef et pour maître; mais ce nom est spécialement attribué aux Bonzes de cette secte, soit qu'ils vivent en communauté ou mariés, solitaires ou errants. Il ne faut que lire le *Tao-te-king* de *Lao-sée*, pour voir qu'il n'est pas le maître de ces prétendus disciples.

On appelle *Cong-fou* en chinois, les postures singulières dans lesquelles se tiennent quelques *Tao-sée*. Comme les Bonzes ou Prêtres de cette secte ont plus de loisir, ils ont plus de temps pour vaquer au *Cong-fou*, qui est tout à la fois un exercice de religion et de Médecine, et ils passent pour l'entendre mieux par cette raison.

Les *Tao-sée* qui ont le secret du *Cong-fou* (considéré ici relativement à la Médecine) se sont fait une langue à part pour l'enseigner, et ils en parlent en des termes aussi éloignés des idées communes, que nos Alchymistes du grand œuvre.....

Les lettrés, qui ne sont pas crédules, ont fait voir que la charlatanerie des Bonzes ne

---

(1) Mém. des Mission. de Pékin, IV, 441 et suiv.

faisoit que couvrir du ridicule de leurs superstitions une ancienne pratique de Médecine fondée en principes et fort indépendante de la doctrine absurde des *Tao-sée*, sur laquelle on l'a entée. Elle en est aussi indépendante que la vertu des remèdes qu'il leur a plu d'adopter et de faire valoir.

Cette assertion curieuse est appuyée de raisons qui nous ont fait imaginer de proposer aux Physiciens et aux Médecins d'Europe, d'examiner si la partie médicinale du *Cong-fou*, est réellement une pratique de Médecine dont on puisse tirer parti pour le soulagement et la guérison de quelques maladies.

Le *Cong-fou* consiste en deux choses : dans la posture du corps et dans la manière de respirer.

Il y a trois postures principales pour le *Cong-fou* : être debout, assis, ou couché.

Le reste de la dissertation de M. Cibot, à laquelle nous renvoyons, apprend que l'objet qu'on se propose est de dégager la poitrine, de tempérer l'ardeur du sang, de remédier à l'asthme, aux douleurs de reins et d'entrailles, aux embarras de l'estomac, aux obstructions et à la jaunisse, aux maux de cœur, aux vertiges, aux rhumatismes, à la paralysie, à la pierre et aux coliques néphrétiques, par des attitudes très-variées et fort gênantes... Le matin est le temps indiqué pour le *Cong-fou*.

Un savant journaliste en rendant compte dans

les *affiches de Province*, en décembre 1778, de cette dissertation, porte ainsi son jugement.

Le *Cong-fou* des Bonzes *Tao-sée* fait connoître les idées extravagantes de ces hommes désœuvrés qui se sont imaginé de trouver le remède à la plupart des maladies, en faisant prendre au corps les postures les plus bizarres, les plus forcées et les plus gênantes.

Si ces attitudes ridicules et extravagantes, ajoutons-nous, étoient parvenus à la connoissance des Mesméristes, ils auroient pu en adopter une partie pour varier les scènes comiques autour du baquet.

MÉDECINE,
SECONDE PARTIE.
INTRODUCTION.

QUELQUES réflexions générales qui rentrent dans les principes de la Médecine chinoise déjà donnés au commencement de cet essai et qui portent sur l'emploi qu'elle fait de ses remèdes tirés des trois règnes de l'Histoire Naturelle, composeront le fonds de cette deuxième partie uniquement ébauchée, pour inviter, comme nous l'avons dit, quelque savant Médecin à des déploiements ou à des rapprochements utiles : car nous nous bornons, faute de plus amples matériaux, à réunir ceux-ci, qui étoient dispersés dans beaucoup d'ouvrages.

SELON les documents de la Médecine chinoise, la première règle qu'on donne pour la conservation des vieillards, est de n'attaquer aucune de leurs infirmités par des remèdes violents et de faire un usage très-modéré des remèdes, soit pour eux, soit pour leurs enfants. Ces médicaments, en général, sont fort peu composés et on les tire des différentes provinces de la Chine, la Providence ayant prévu les maladies et la nécessité de les guérir par les plantes que chaque climat fournit, sans recourir aux plantes étrangères.

Les Missionnaires de Pékin disent qu'un aventurier et un ignorant sont traités en Chine comme de vrais homicides, lorsqu'il est prouvé qu'ils ont accéléré ou causé la mort de leurs malades; mais cette preuve est difficile, car ne voyons-nous pas ici que le mort a toujours tort? Avouons, dans ces réflexions simples, que les Médecins ignorants doivent cependant être nombreux, si chaque particulier est admis à pratiquer la Médecine, comme les arts mécaniques, sans examen et sans prendre de degrés, selon que l'a écrit le P. Le Comte. Cette observation est appuyée sur les divers examens prescrits en France aux Chirurgiens de village, avant qu'ils puissent exercer leur art. Ils les subissoient ou les éludoient, l'argent qu'ils donnoient étant, par un abus dangereux, le premier titre de leur savoir. Placés ensuite dans un village, et non contents de faire des saignées, de mal panser des plaies, ils s'érigeoient en Médecins. Qu'en arrivoit-il? Les malades devenoient souvent les victimes de leur incapacité, de leur ignorance ou de leur témérité. Nous nous rappelons qu'un *Frater* des environs de Paris, gascon de nais-

SECONDE PARTIE, INTRODUCTION. 321
ance, de propos et gonflé d'amour propre de
a science prétendue, avoit donné à une femme
moribonde du sang de bouquetin: le remède
violent ou la force du tempérament de la malade la rendit à la vie, à la suite d'une forte crise.
Le *Frater* ébahi disoit, en parlant de cette guérison: *il faut que cette femme ait eu le diable
au corps pour en être réchappée*. Heureusement
plusieurs Chirurgiens de villages, qui ont profité de leurs cours dans les hôpitaux et de leurs
études, sont très-utiles à l'humanité dans l'é-
loignement où les habitants des campagnes sont
des villes et de la capitale.

Si l'on venoit objecter, d'après les relations,
contre l'honneur des Médecins Chinois qui méritent chez cette nation de la réputation, que
l'on voit dans les rues des villes et des villages
de la Chine, de petits Médecins qui annoncent
par l'écriteau tenu à un long bâton, qu'ils guérissent toutes sortes de maladies, on répondroit
en rapprochant nos usages, que nos charlatans,
prétendus guérisseurs de tous maux, ont l'art
de se faire un auditoire populaire et des pratiques dont ils tirent bon profit. Ceux des empiriques qui connoissent toutes les maladies par
l'inspection des urines, ceux qui se flattent de
guérir radicalement, chez nous, par l'usage des

tisanes et qui étoient autorisés à jeter le public dans l'erreur, en se procurant des permissions par les premiers Médecins et Chirurgiens de la Cour ou par leurs Lieutenants, jettent-ils un déshonneur sur le corps des Médecins? De même les petits Médecins, coureurs des rues en Chine, vrais charlatans, font leur métier et ne nuisent en aucune façon à la réputation de leurs confrères plus riches, dès que ces derniers ont l'estime générale par leur savoir et leur probité.

Il se trouve en Chine un ordre de Médecins bien supérieurs à ceux dont nous venons de parler, si le fait est vrai. Ils regardent, dit M. de la Harpe (1), au-dessous d'eux de prescrire des remèdes, et ils se bornent, dans l'ordre de cette science, (après sans doute avoir vu les malades), à déclarer la nature des maladies. Leurs visites se paient beaucoup plus chèrement que celles des Médecins ordinaires. Ce qui fait la fortune et la réputation d'un Médecin chinois, c'est d'avoir guéri quelques Mandarins distingués ou d'autres personnes riches, qui joignent au paiement de chaque visite des gratifications ou des présents considérables. Un Médecin, ajoute-t-il, qu'on a fait appeler près d'un malade, n'y retourne pas sans qu'on l'appelle.

---

(1). Abrégé hist. gén. des voyages.

La saignée et les cautères sont exclus de la Médecine chinoise; mais elle emploie les ventouses qui y suppléent: voyez la première Partie.

On ne se sert pas d'Apothicaires pour la composition des médicaments. Ce sont les Médecins qui ordonnent et préparent eux-mêmes quelquefois les remèdes dans la chambre du malade, quand cela se peut facilement: autrement ils les font dans leurs maisons. Ils ne promettent l'effet de certains remèdes, qu'autant qu'ils sont préparés avec un feu de tel ou tel bois; et les gens délicats savent que pour la cuisson de certains aliments, il faut de même faire choix du bois: par exemple, du bois de mûrier pour la poule bouillie, qui en est plus tendre; du feu de bois d'acacia pour cuire le cochon, qui n'est pas indigeste en Chine, mais qui en devient une nourriture plus légère. Ces recherches plus étendues dans notre article des *Aliments*, ne conviennent sans doute qu'aux grands et aux personnes opulentes. Par suite de diverses observations, on sait que les Chinois font chauffer l'eau, le vin et généralement toutes les liqueurs dont ils usent. Ce n'est que depuis une trentaine d'années qu'on s'est accoutumé à boire, en été, à la glace, dans la province de Pékin; car cette coutume n'a pas pénétré dans les provinces méridionales. Doit-on attribuer à cette habitude de boire chaud la santé dont les Chinois jouissent ? La goutte est un mal inconnu pour eux, et la gravelle y est rare, quoique leurs médicaments fassent souvent mention d'elle.

Le remède nommé *Pao-hing-che*, employé dans la curation de la petite vérole, de la rougeole et des fièvres pourprées ; le *Kou-tsiou*, autre remède moins dispendieux contre l'apoplexie, les indigestions, les coliques et les fièvres intermittentes ; la drogue médicinale appelée *Ou-poey-tse*, propre à guérir des dyssenteries, du flux de sang, etc. les tablettes médicinales, qu'on peut rapprocher par leur composition, des confections d'hyacinthe et de notre thériaque, sont des ressources pour la Médecine chinoise. Nous donnerons ci-après ces articles plus détaillés. Le quinquina étoit inconnu en Chine avant l'arrivée des Missionnaires Jésuites. L'Empereur *Kang-hi* a eu soin de faire publier tous les remèdes dont les succès avoient été éprouvés; et ces résumés, s'ils étoient parvenus en Europe, seroient peut-être précieux.

MAINTENANT nous allons indiquer, d'après nos lectures, les vertus que les Chinois attribuent aux plantes et à leurs racines, aux feuilles de certains arbres, et aux fruits de quelques autres

tres tirés des trois règnes de l'histoire naturelle; quoiqu'en traitant cette partie essentielle, et dans l'introduction aux plantes potagères, nous ayions indiqué nécessairement ces remèdes, qui ont besoin d'être soumis ici à des expériences suivies et à des lumières plus sûres que les nôtres. L'ordre alphabétique nous a semblé le plus commode pour étendre cette nomenclature.

FIN DE L'INTRODUCTION.

Seconde Part. X

RÈGNE VÉGÉTAL.

Abricots. Les amandes de l'*Abricotier* sauvage sont un remède sûr et prompt contre la morsure des chiens enragés, si on mâche bien ces amandes et qu'on les applique aussi sur la plaie sans délai.

Acacia. Les graines tirées des gousses de l'*Acacia*, en chinois *Hoai-chu*, sont employées avec succès dans la Médecine. Selon l'Auteur chinois, extrait par le P. Dentrecolles, il faut à l'entrée de l'hiver mettre les graines dans du fiel de bœuf, en sorte qu'elles soient toutes couvertes de ce fiel, faire sécher le tout à l'ombre pendant cent jours, ensuite avaler chaque jour une de ces graines après le repas. Avec ce régime, la vue fatiguée s'éclaircit, on se guérit des hémorrhoïdes, les cheveux blancs deviennent noirs, secret fort au goût des Chinois qui auroient des raisons de cacher ou de déguiser leur âge. Nos coquettes surannées y recourreroient, si elles n'avoient pas maintenant leurs difformes perruques, étrangères à la couleur de leurs sourcils.

Anis étoilé. On facilite la digestion et on fortifie l'estomac en mâchant souvent de l'*Anis étoilé*. C'est encore un puissant diurétique ; on en prend en infusion avec la racine de *Gens-eng* pour rétablir les forces épuisées. M. Buc'hoz croit que cet *anis* est la base du ratafiat de Bologne, qui a tant de réputation.

Arbre à suif. La racine amère de l'*Arbre à suif* est rafraîchissante de sa nature, sans aucune qualité nuisible.

L'Armoise est appelée en Chine l'herbe des Médecins. On l'emploie contre les crachements de sang, les hémorrhagies du nez, et on l'applique en caustique, comme on applique les ventouses. *Armoise.*

La racine de *Belvédère* est diurétique : elle facilite le sommeil, dégage les vents : mise en infusion et dissoute (1) dans un peu d'huile, on l'applique avec succès sur les morsures des serpents. *Belvédère.*

La feuille de *Béthel* est regardée comme un remède souverain contre les maladies de poitrine et d'estomac. L'usage du Béthel conserve les dents aux dépens de leur blancheur, mais elle rend l'haleine agréable, et les femmes galantes en Asie y attachent une autre vertu. *Béthel.*

Camphrier. Les Chinois, dans leurs livres de Médecine, attribuent au Camphre des qualités singulières. Ils disent que les sabots faits du bois de Camphrier délivrent des sueurs tenaces et incommodes des pieds; mais nos praticiens croiroient voir du danger à supprimer cette transpiration. *Camphre.*

Si, selon Duhalde, on brûle des *Cannes* encore vertes et nouvellement coupées du *Bambou*, il en sort une eau que les Médecins estiment salutaire, et qu'ils font boire à ceux qui ont une partie de sang caillé par quelque coup ou quelque chute : ils prétendent que cette eau a la vertu *Cannes.*

---

(1) Ce mot *dissoute*, employé dans les textes originaux, manque peut-être de justesse, si l'on ne connoît aux huiles aucune vertu dissolvante.

d'expulser ce mauvais sang.... Les grains ou graines de Bambou sont de la grosseur du froment, et donnent une farine nourricière dans les temps de disette.

Châtaignes. La Médecine chinoise se sert, comme la nôtre, des *Châtaignes* qui sont un farineux, pour arrêter les diarrhées; mais elle paroît en faire plus de cas dans les maux de poitrine, les rétentions d'urines et les autres maladies qui proviennent d'un sang âcre et échauffé.

Encre. Les Chinois qui n'ont rien perdu de vue dans leurs productions, nous fourniroient bien d'autres renseignements, si leurs ouvrages sur la Médecine et l'Histoire Naturelle nous étoient plus connus. Ils regardent leur *encre*, quand elle est très-ancienne, comme un remède propre à rafraîchir le sang, à arrêter les hémorrhagies et mêmes les convulsions qui entraînent ici lors de la détention la mort de tant d'enfants. La dose pour les personnes qui ont de l'âge est de deux dragmes : on la met au rapport de Duhalde, dans de l'eau ou dans du vin.

Frêne. Les feuilles et les fleurs du *Frêne* odorant, nommé en chinois *Hieng-tchun*, et la seconde peau de la racine de cet arbre, ne sont pas inutiles dans la Médecine chinoise; mais on ne donne pas d'autre renseignement.

Gland. La bouillie du *Gland* de chêne, farineux encore, est très-propre à fortifier l'estomac. La Médecine fait usage aussi de l'écorce de cet arbre et de ces feuilles.

Gingembre. GINGEMBRE. Cette racine aide à la digestion,

SECONDE PARTIE. 329

réchauffe les vieillards; elle fortifie l'estomac: elle est la base des épices.

Nous renvoyons à notre collection de l'*Histoire Naturelle* (si elle paroît) pour les vertus de la plante de *Fouling*, pour celles du *Haricot de Chine*, utile contre le gravier et la pierre, et pour la fameuse racine du *Gens-eng*, ou *Ginsing*. Mais nous disons ici, d'après M. Cossigny, voyage, etc. *vol. in-8°. imprimé l'an 7, pag. 553*, que la préparation qu'on donne en Chine au *Ginsing*, contribue à ses effets salutaires. On fait une décoction théyforme de cette racine coupée menu; on l'expose quelque temps à la vapeur d'une décoction de riz, et on la fait sécher avec soin. Cette racine prend alors, dit-on, une sorte de transparence et devient semblable au sucre d'orge. C'est dans cet état qu'elle a la propriété d'être le restaurant le plus efficace.

La racine de *Hia-tsao-tom-chon*, rare en Chine, et qui croît dans le Thibet, contient des vertus à-peu-près semblables à celles qu'on attribue au *Gens-eng* ou *Ginsing*, avec cette différence que le fréquent usage ne cause pas des hémorrhagies, comme fait le *Ginsing*; et elle ne laisse pas moins de fortifier et de rétablir, selon le témoignage et l'expérience du P. Parennin, les forces perdues par l'excès du travail ou par de longues maladies.

Voici sa préparation: Prenez cinq drachmes de cette racine toute entière avec sa queue, farcissez-en le ventre d'un canard domestique, faites-le cuire à petit feu. Quand il est cuit, retirez la

Haricot de Chine, etc.

Xalba.

Kar nog.

Kensia.

Ken-so.

Hia-tsao-tom-chon.

X 3

drogue dont la vertu aura passé dans la chair du canard, mangez-en soir et matin pendant huit à dix jours.

Ho-hiang. — Le *Ho-hiang* est une plante médicinale et aromatique : on n'en dit pas davantage.

Kalka. — La racine de *Kalka* guérit des foiblesses d'estomac et de la dyssenterie.

Kansung. — On fait entrer dans la composition de différents parfums propres à rendre l'air d'un appartement plus salubre, la plante nommée *Kansung*.

Ketmia. — Comme boisson rafraîchissante, on prend en guise de thé l'infusion des feuilles du *Ketmia*, qui est de l'ordre des malvacées, dont les Chinois font plus d'usage que nous.

Kou-ko. — L'usage du *Kou-ko*, ou de la fève de Saint-Ignace, est placée dans l'introduction à l'histoire des Plantes potagères.

Lich-hoa. — La fleur de *Lien-hoa*, ou *Nénuphar* de Chine, plante aquatique, a un fruit gros comme une noisette, et l'amande qu'il renferme est blanche et de bon goût. Les Médecins l'estiment et jugent qu'elle nourrit et fortifie : c'est pourquoi ils en ordonnent l'usage à ceux qui sont foibles, ou qui, après une grande maladie, ont de la peine à reprendre leurs forces....

La racine de Lien-hoa est noueuse comme celle des roseaux ; la moëlle et la chair est très-blanche. On s'en sert beaucoup en été, parce-qu'elle est fort rafraîchissante.

Lilas. — La poudre et la décoction des semences du

Lilas, nommé par les Chinois *Ting-siang*, sont astringentes.

Le noyau de l'arbre fruitier nommé *Li-tchi*, un peu rôti et rendu friable, puis réduit en poudre très-fine et pris à jeun dans de l'eau, est un remède efficace contre les douleurs de la gravelle et celles de la colique néphrétique. Le fruit de cet arbre, quelque délicieux qu'il soit, échauffe, si l'on en mange avec excès. Li-tchi.

On se sert de l'intérieur du fruit de l'arbre *Lung-ju-cu*, mis en bouillie, pour se frotter les mains dans l'hiver et les préserver des engelures. Lung-ju-cu.

Le *Mangle* est encore un des bons fruits de la Chine : son écorce arrête, à ce qu'on prétend, le flux de sang. Mangle.

Matricaire, en Chinois *Kin-hoa*. La Médecine fait plus d'usage de la matricaire cultivée que de celle sauvage. On en fait entrer les fleurs dans quelques confitures, et on mange les branches avec de la sausse ou en salade. Matricaire.

Les graines de *Melons*, de concombres, et même les pepins des pommes, des poires, les amandes des pêches et des abricots bien mâchés, facilitent la digestion de ces mêmes fruits. On mange en Chine par cette raison beaucoup de graines de melons d'eau et de citrouilles à la fin et au commencement de l'année, c'est-à-dire, dans les mois de décembre et de janvier. Cet usage populaire et universel remonte dans les siècles les plus reculés et dérive probablement, comme le disent les Missionnaires de Pé- Melons.

kin, de l'ancienne Diététique; peut-être les Médecins d'Europe en trouveroient la raison, s'ils en faisoient la recherche ou quelques expériences. Ces graines et amandes font partie des quatre semences froides en usage ici dans l'orgeat et autres émulsions rafraîchissantes.

Mo-kou-sin. La réduction en cendre du champignon *Mo-kou-sin*, est considérée comme un excellent remède contre les ulcères chancreux.

Moli-hoa. Les baies et les fleurs du *Moli-hoa* sauvages sont employées par la Médecine, qui regarde ces baies comme très-rafraîchissantes dans les ardeurs de poitrine, d'entrailles, et contre la rétention d'urine.

Moutan. Nous n'avons pas ici le *Moutan*, ou la superbe *Maotane* de la Chine qui est une pivoine; mais nous avons la *Pivoine de France*, qui a son éclat, son mérite, et qui est un *anti-épileptique* souverain. La Médecine chinoise ne dit pas si la pivoine a cette vertu essentielle.

Oranges. Les oranges douces confites au sucre et applaties, cuites dans une pinte d'eau, forment une tisane très-agréable qui convient dans beaucoup de maladies, surtout lorsqu'on est enrhumé : elle passe aussi pour cordiale et pectorale.

Racine d'or, Racine jaune. *Racine d'or*, *Racine jaune* est amère; on l'estime fébrifuge, stomachique et diurétique.

Raisins de Hami. Les *Raisins de Hami*, si renommés, sont de deux espèces. La première fort estimée dans la Médecine, est semblable à ce que nous connoissons sous le nom de raisins de Corinthe. L'infusion des raisins secs de cette espèce, est un remède éprouvé pour faciliter l'éruption de la petite vérole, vers le quatrième jour, quand le malade est, ou paroît affoibli.

On s'en sert aussi pour exciter la sueur dans certaines pleurésies et fièvres malignes, lorsque le temps en est venu, et qu'on ne voit aucun indice de transpiration ou de détente. Le remède prospère si souvent et si pleinement, qu'on ne peut pas douter de sa vertu.

On a rarement recours à la *Rhubarbe* crue et en substance; on la donne en décoction, mêlée de beaucoup d'autres simples. Rhubarbe

Mais les Chinois ont la plus grande estime pour la *Sauge* qui ne croît pas chez eux et qui est si vantée dans l'école de Salerne. Ils en préfèrent, dit-on, l'infusion à leur thé. Les Hollandois leur vendent chèrement toutes les caisses qu'ils portent annuellement à Canton et à Macao. Sauge.

Selon leurs Médecins, la fleur de *Saule* est un remède efficace contre la jaunisse et pour appaiser les mouvements convulsifs des membres. Le coton qui se détache des saules et qui est emporté par le vent, doit être recueilli : il guérit toutes sortes de cloux et de durillons, ainsi que les plaies causées par le fer et les chancres les plus opiniâtres : il accélère la suppuration des plaies, arrête les hémorrhagies, etc. Voilà de belles assertions dont il convient de s'assurer de nouveau en Chine. Saule.

Squine. SQUINE (China radix) purifie le sang, s'emploie contre les humeurs squireuses, la jaunisse et la goutte.

Tang-coué et du Ti-hoang. Les racines de *Tang-coué* et du *Ti-hoang*, sont propres à aider la circulation du sang et à fortifier l'estomac.

Thé. On ne fait ici qu'une simple mention du thé, arbuste dont on connoît la vertu des feuilles et de la fleur. M. Buc'hoz prétend qu'à la Chine et au Japon, la pierre est une maladie fort rare, et que ces peuples attribuent à l'usage du Thé le bonheur d'en être préservés.

Tsao-kia. Les siliques, les graines, les épines, les feuilles et l'écorce de la racine du *Tsao-kia*, ou février Chinois, sont employées dans la Médecine. On vante les vertus des siliques pour faire revenir ceux qui sont tombés en apoplexie. Ses épines sont nommées le clou céleste, à cause de ses singulières qualités, etc.

Venen. L'INFUSION aromatique des fleurs de l'arbre de la Chine appelé *Venen*, est très-estimée contre les maux de tête et les palpitations de cœur : on fait de son fruit une liqueur fort agréable à boire.

Yu-lan. On emploie utilement la pulpe du fruit du *Yu-lan*, et on la regarde comme stomachique. Elle sert principalement pour bassiner les yeux dans les inflammations auxquelles les Chinois sont sujets, ou pour les nettoyer de la chassie.

Seconde Partie.   335
Règne Minéral et Animal.

Nos Docteurs asiatiques disent qu'on trouve *Cancres.* entre les bords de la mer de *Cao-tchéou*, dans la province de Canton et de l'île de *Hai-nan* des *Cancres* pétrifiés. Ils leur attribuent une vertu inconnue ici dans les nôtres, celle de chasser les fièvres chaudes et aiguës, mais ils n'en enseignent pas la préparation.

La Médecine ancienne et moderne fait en- *Cigale.* trer la *Cigale* dans les remèdes. On tâche de prendre des Cigales nouvellement écloses, on leur ôte la tête, les ailes et les pattes; on ne garde de leurs dépouilles que le corselet; et ce sont ces corselets bien lavés à l'eau chaude, puis passés par la vapeur de l'eau de gingembre, qu'on fait sécher. Cette dépouille réduite en cendres arrête la dyssenterie la plus invétérée. La poudre mise en infusion et donnée en potion, appaise les convulsions des enfants, facilite l'éruption de la petite vérole, soulage dans les migraines, etc.

La chair, le fiel, les yeux, la peau de *l'Elé-* *Eléphant.* *phant* donnent lieu aux Médecins de composer différents remèdes pour guérir la teigne, l'hydropisie, les maux d'yeux, etc. M. Vaillant dans son agréable voyage d'Afrique, dit que le pied de l'Eléphant rôti lui avoit paru un mets délicat et excellent, apprêté par les Hottentots ses bons amis: son appétit après de grandes fatigues pouvoit y contribuer beaucoup.

L'*Hiang-hoang*, à ce que dit le P. Du- *Hiang-hoang.*

halde, est une pierre molle ou de minéral qu'on détrempe dans le vin, avant que de s'en servir pour guérir les fièvres malignes : c'est aussi un remède contre toutes sortes de venins, et un tempérant à employer dans les chaleurs contagieuses de la canicule. Ce minéral dont la couleur est d'un rouge approchant un peu du jaune, marqueté de petits points noirs et ressemblant assez à du crayon, se tire des carrières de la province de *Chen-Si*.

Hirondelles. On tire de la fiente des *Hirondelles*, un remède souverain contre la gravelle. Les prises doivent être de la quantité de cinq gros et délayées dans de l'eau froide. On la donne aussi en infusion mêlée avec des pois et des graines d'une espèce de hêtre pour guérir de la rétention d'urine. Elle appaise les maux de dents mâchée avec ces mêmes graines à l'endroit de la douleur.

Lièvre. Le sang du *Lièvre* timide a la même vertu que celui du cerf, mais dans un degré plus foible. Il peut servir un mois entier après la mort de l'animal, et même plus de temps, si on le préserve soigneusement de la corruption, parce qu'il a une qualité particulière, celle de ne pas se figer.

Mouton. Le bouillon et la viande de *Mouton*, sont après la chair de cochon, les aliments qu'on estime le plus, selon la Médecine chinoise : ils raniment le sang et rétablissent les forces, quand on en use à propos, même chez les vieillards, les gens de cabinet, les femmes épuisées par leurs couches, les dyssentériques en convalescence; et par cette raison on en interdit l'usage aux enfants, mais on en excepte le foie de mouton, qu'on prétend être une nourriture toujours nuisible à la santé, parce que sur cent moutons, il y en a plus de quatre-vingt-dix dont le foie est vicié. Voyez *Mém. des Miss. de Pékin*. XI, 63 et tom. XIII, 401.

On regarde en Chine le sang de *Cerf*, tiré de l'animal encore vivant, comme un cordial souverain : il guérit la phtisie, et presque toutes les maladies qui dérivent d'une trop grande foiblesse : nous en ferons ci-après un article particulier. {Sang de Cerf.}

Le sang de l'*Ane* dans laquelle l'imagination ne doit pas dominer, guérit de la folie, de la manie et de l'*Ye-ke*. Cet *Ye-ke* est une maladie qui met celui qui en est attaqué hors d'état de prendre aucune nourriture, parce qu'il y a paralysie dans l'estomac ou dans l'œsophage, et quelquefois dans l'un et dans l'autre. {Sang de l'Ane.}

La colle de peau d'âne nous fournit un article qui suivra cette nomenclature.

On dit que les Médecins chinois emploient, ou, vraisemblablement par pur charlatanisme, supposent employer la semence de perles dans la préparation de certains remèdes pour les rendre plus chers et plus imposants à ceux de leurs malades qui ont de la fortune. A en croire ici les Empiriques en réputation, ils donnent des parties d'or potable. Voyez ci-après *Recueil des Remèdes*. {Semence de perles.} {Or potable.}

Serpent. On donne enfin l'indication d'une espèce de *Serpent*, dont la peau est marquée de petites taches blanches et que l'on trouve dans la province de *Ho-nan*. En faisant tremper cette peau dans une phiole pleine de vin, on s'en sert comme d'un bon remède contre la paralysie.

Nota. La majeure partie des articles précédents étoient traités plus amplement dans l'Histoire Naturelle, qui étoit leur place convenable.

De l'Herbier des Chinois, ou l'Histoire naturelle de la Chine pour l'usage de la Médecine (1).

Cette Histoire comprend en tout cinquante-deux livres. Les deux premiers traitent de tous les *Pen-tsao*, ou Herbiers qui ont été composés depuis l'Empereur *Chin-nong*, premier inventeur de la Médecine chinoise, jusqu'au temps auquel vivoit *Li-tche-tchin*, et font mention de tous les Auteurs qu'il cite. Ils contiennent aussi plusieurs fragments des ouvrages de cet Empereur *Chin-nong*, et de l'Empereur *Hoang-ti* (qui a rédigé la Médecine dans un corps de science); c'est-à-dire des livres classiques de la Médecine.

Le troisième et le quatrième livres sont des inductions ou des répertoires des divers remèdes

_____
(1) Duhalde, III, 437, 441.

qui sont propres pour toutes sortes de maladies.

Vient ensuite le détail sommaire du contenu de quarante-huit autres livres, puis un extrait de tous les Herbiers anciens et modernes jusqu'à présent, au nombre de quarante.

Anciennement, avant l'invention des lettres, cette science des plantes passoit d'une génération à l'autre par la tradition; et on lui donnoit le nom de *Pen-tsao* : ce nom a commencé à être en vogue dès le temps de l'Empereur Hoang-ti. Mais depuis les règnes des deux familles des *Han*, le nombre des Médecins étant fort accru, et les recettes anciennes ayant été jointes aux modernes, on a insensiblement vu des livres de recettes sous le titre de *Pen-tsao*.

Le quarantième Herbier a été commencé sous le règne et de l'exprès commandement de l'Empereur *Kia-tching*, par le docteur *Li-che-tchin*, gouverneur d'une ville du troisième ordre, et il a été achevé sous l'Empereur *Van-lie*. L'auteur a composé cet ouvrage de ce qu'il y avoit de meilleur dans tous les Herbiers et autres livres de Médecine, anciens et modernes, et il y a ajouté 374 recettes. Dans la totalité de l'ouvrage on en compte jusqu'à 8,160.

Le P. d'Entrecolles s'est fort occupé de l'Herbier chinois, et a donné, dans le Recueil des Lettres édifiantes, des renseignements sur beaucoup de plantes; mais à peine cette science étrangère est-elle commencée pour nous.

M. Cibot a écrit, le 21 octobre 1773, de

Pékin, à M. de Stéhlin, Secrétaire perpétuel de l'Académie de S. Pétersbourg, la lettre suivante dont il a envoyé ici une copie : elle contient des vues et des observations très-importantes sur la Botanique et sur la Médecine des Chinois : en voici l'extrait.

« J'ai eu l'honneur de vous écrire l'année dernière par la caravanne et de vous envoyer quelques bagatelles avec un petit essai pour présenter à l'Académie... Un ouvrage de longue haleine dont je m'étois chargé, m'a empêché de finir le Mémoire sur les Jardins de plaisance de la Chine que je vous avois annoncé pour cette année... On ne peut traiter ici ces sortes de sujets, sans feuilleter bien des livres ; mais je dois mon travail à l'Académie. Je me ferai toujours un devoir de ne négliger aucun soin pour répondre à l'honneur qu'elle m'a fait en m'adoptant pour un de ses membres et que je mérite si peu..

» Je vous prie, monsieur, de vouloir bien lui faire agréer la bagatelle de Botanique que je prends la liberté de vous adresser. Il m'auroit été très-aisé de m'étendre et de faire voir jusqu'où les Chinois ont gagné à s'attacher aux faits dans l'étude de la nature... Mais avant de rien entamer, je désirerois d'être dirigé par des instructions de l'Académie dont le zèle et les travaux me persuadent qu'elle préférera toujours ce qui est d'une utilité réelle à tout ce qui n'est propre qu'à amuser les inquiétudes de la curiosité ou l'intempérance du savoir, et qui flétrira un jour notre siècle aux yeux des races futures.

» J

» Je comprends bien qu'il faut des plantes venues des pays étrangers pour ceux qui en font venir leurs maladies avec les liqueurs, les mets et les assaisonnements dont ils chargent leurs tables; mais le pauvre peuple qui se nourrit de ce qui croît autour de lui, pourroit certainement s'en passer, si on éclairoit un peu son ignorance. Quel soin plus digne de la Botanique, que de lui montrer des remèdes faciles à ses maladies, dans les vertus des plantes que la main libérale du Créateur a tant multipliées dans les jardins, dans les champs et jusque dans les sentiers où il passe! Quelle gloire pour l'Académie, si elle donnoit à toutes les autres ce grand exemple de bienfaisance, et si elle enrichissoit l'Empire de Moscovie avec les plantes qui y croissent partout, en faisant connoître leurs vertus! Le vulgaire aime trop à être ébloui pour sentir d'abord tout le sublime d'une si grande entreprise; .... mais les hommes d'état et les sages ... et chaque génération y applaudiroient.... Je suis le premier à l'avouer: plus il est probable qu'il n'y a aucune plante dont nous puissions nous flatter de connoître pleinement les propriétés, les qualités et vertus, plus ce grand projet demande de recherches, d'expériences et de temps pour être exécuté. Qu'il me soit permis néanmoins d'observer que les plantes les plus usuelles étant à peu près également répandues dans tous les pays de notre hémisphère, il ne s'agiroit que d'interroger les différentes nations et de constater par des vérifications répétées, jusqu'où la différence du sol et du climat augmente, diminue ou altère

Seconde Partie.

leurs qualités salubres et médicinales. Autant la manie des plantes étrangères a fait fermer les yeux autrefois sur ce qu'elles perdoient à changer de ciel, pour en concilier la transplantation avec les peines et les dépenses qu'elles coûtoient ; autant l'étude patriotique des plantes locales feroit ouvrir les yeux, soit sur les différentes vertus qu'elles ont en différents pays, soit sur les rapports qu'elles ont avec les différentes maladies auxquelles on y est sujet.

» Rien dès-lors n'est plus propre à lier la Médecine à la Botanique par des nœuds encore plus étroits et à les mettre plus à portée de s'entr'aider, ou à les rendre tout à la fois plus utiles à la société et moins dispendieuses pour le public. Quoi qu'il en soit de ces vues que je soumets à vos lumières, il m'a toujours paru que la Botanique a plus gagné du côté du public que du côté des curieux, et que sa plus grande gloire est d'aller au-devant des besoins du peuple. Pourquoi néglige-t-elle de faire jouir la multitude des bienfaits du Créateur et de tourner ses sentiments vers lui, en apprenant à trouver des remèdes aisés pour toutes ses maladies, dans les plantes qu'il fait croître autour d'elle et qu'elle connoit déjà.

» Soit que la Chine le doive aux enseignements des premiers âges qu'elle a conservés, soit que son goût décidé pour l'utile, ait conduit le ministère public à le demander, la Botanique a fait un choix des plantes les plus appropriées aux besoins ordinaires des peuples;

SECONDE PARTIE. 343

elle leur a appris la façon d'en tirer des remèdes, et a réservé pour les Bibliothèques ces nomenclatures et ces descriptions innombrables qu'elle a augmentées de dynastie en dynastie. Selon le grand principe à la Chine, il en est des remèdes comme des aliments, en ce que les plus nécessaires et les plus usuels sont les plus à la portée de tout le monde et les mêmes partout à peu près. Aussi la politique, toujours conséquente, traite la Botanique avec les mêmes égards que l'Agriculture; et ce mot dit tout. Je ne le dis qu'à vous, monsieur, pour que vous ne puissiez pas douter de mes vues dans ce que j'ai l'honneur de vous proposer, relativement à l'usage qu'on pourroit faire de la Botanique de Chine, pour enrichir utilement celle d'Europe; et je crois pouvoir parler confidemment à un sage. La Chine est si riche en plantes inconnues à l'Europe, qu'à ne faire que choisir, j'en aurois pour bien des années à envoyer des Mémoires à l'Académie.

» J'ATTENDS votre réponse pour diriger mon travail.

Recueil de Remèdes.

LE *Pao-hing-che* est fort recherché de tout le monde pour la petite vérole, la rougeole, la fièvre pourprée, et en général, pour toutes les maladies où il y a du venin, ou un trop grand affoiblissement dans le malade.

C'EST aux Médecins, qu'après l'exposé de ce remède, il conviendra de dire quelles doivent être ses vertus, l'usage qu'on en doit faire et

Y 2

dans quelles maladies, à quelle dose il faut le donner au malade, selon son âge, son état et ses forces. Nous observerons, comme témoin oculaire, qu'un de nos Néophites qui étoit célèbre pour le traitement de la petite vérole, en faisoit un très-grand usage pour fortifier le malade et préparer l'éruption des boutons. Ce même remède a fort bien réussi dans des fièvres malignes de la plus mauvaise espèce, et a rendu la vie à des mourants. Voici sa composition.

Prenez du Corail blanc et rouge 10 onces.
Rubis jacinthe.................. 4
Perles.......................... 4 onces.
Emeraudes...................... 5
Musc........................... 6 gros.
Bol d'Arménie.................. 3 onces.
Terre de S. Paul ou de Malthe... 3 onces.

Réduisez-les en poudre, mêlez-les bien ensemble et délayez-les en consistance de boules avec de la gomme et de l'eau de rose, puis roulez-les sur une feuille d'or battu, pour qu'elles en soient couvertes et faites-les sécher.

Ce remède, brillant par sa composition, n'est sûrement pas pour les pauvres : le prix qu'il coûte lui donne-t-il de l'efficacité ?

Un autre remède moins dispendieux est encore indiqué : son usage, plus prompt, plus facile et plus général peut entrer dans les ménages les plus ordinaires ; on le nomme *Kou-tsiou*, *vin amer*, *drogue amère*. On le donne en petite quantité, c'est-à-dire, par cuillerée ; mais au lieu d'une, on peut augmenter la dose, en faire prendre une seconde, une troisième, selon la nature de la maladie et l'état du malade. Le *Kou-tsiou* est un excellent remède contre les apoplexies de bile, les indigestions, les coliques, les fièvres intermittentes, etc. il est surtout admirable pour entretenir en santé, quand on le prend le matin à jeun et qu'on boit quelque temps après du thé ou de la sauge, pour en faciliter l'effet. Voici sa composition chaloureuse.

Eau-de-vie la plus faite. 1 l. et dem. (la livre chinoise est de seize onc.)
Aloès.............. 3 gros.
Mirrhe............. 3
Encens............. 3
Safran............. 1 demi-gros.

Faites infuser le tout au soleil pendant un mois; ayez soin d'agiter de temps en temps la bouteille bien bouchée, puis tirez au clair.

Le *Kou-tsiou* est très-bon pour les coupures, les contusions, plaies et ulcères (1).

En France, la recette de l'eau rouge composée de trente à quarante plantes aromatiques communes, infusées dans de bonne eau-de-vie, exposée au plein soleil du midi dans les mois les plus chauds de l'année, mises dans une grande bouteille bien bouchée; cette eau-de-vie passée ensuite à la chausse et conservée dans une cruche bien fermée, produit des effets non moins salutaires que le *Kou-tsiou* : le marc conservé et préparé fournit des topiques excellents.

(1) Mémoires des Missionnaires de Pékin, tom. V, 492 et suiv.

Des Ou-poey-tse.

Cette drogue médicinale (1) n'est pas tout-à-fait inconnue en Europe. M. Geoffroy, de l'Académie des Sciences, après l'avoir examinée lui a trouvé beaucoup de conformité avec ces excressences qui naissent sur les feuilles d'ormes appelées ordinairement vessies d'ormes : il l'a regardée comme plus utile à la teinture que les autres espèces de galles que les teinturiers emploient, et par son acerbité au goût, comme un des plus puissants astringents qui soient dans le genre végétal ; d'où il conjecture, ce qui est très-vrai, qu'elle pourroit avoir quelque usage dans la Médecine.

Malgré ces rapports avec les vessies d'ormes les *Ou-poey-tse* ne sont pas regardés à la Chine comme une excroissance, ou comme une production de l'arbre *Yen-fou-tse* sur lequel on les trouve. On y est persuadé que ce sont de petits vers habitants de cet arbre, où ils produisent de la cire, laquelle devient un petit logement et une retraite dans leur vieillesse : de même les vers à soie sauvages forment les cocons où ils se logent de leur bave gluante et des sucs qu'ils tirent de l'arbre ; ils se bâtissent ainsi sur les feuilles et sur les branches une solitude, où ils puissent en repos opérer leur métamorphose, ou du moins y pondre sûrement leurs œufs, qui sont cette poussière dont les *Ou-poey-tse* se trouvent remplis.

---

(1) Duhalde, III, 383, 499.

On voit de ces *Ou-poey-tse* qui sont gros comme le poing, mais ce n'est pas l'ordinaire : cela peut venir de ce qu'un ver extrêmement robuste, ou associé à un autre, comme il arrive quelquefois aux vers à soie, s'est renfermé dans le même domicile.

L'*Ou-poey-tse* est d'abord petit, mais peu à peu il se gonfle, il croît et prend de la consistance : le moindre est de la grosseur d'une châtaigne ; la plupart ont une figure ronde oblongue ; il est rare qu'ils se ressemblent par l'extérieur. Cette coque, quoiqu'assez ferme, est pourtant cassante, parce qu'elle est creuse et vuide en dedans, ne contenant qu'un ver ou de petits vers.

Les *Ou-poey-tse*, ce qui revient au sentiment de M. Geoffroy, sont d'un grand usage parmi les teinturiers de la Chine, pour teindre en noir du damas blanc. Mais ce qui fait le plus estimer cette drogue, c'est qu'elle contient beaucoup de vertus médicinales, et qu'on l'emploie utilement pour la guérison des maladies tant internes qu'externes.

Les *Ou-poey-tse* sont propres contre les dyssenteries, le flux des hémorrhoïdes, pour arrêter le crachement de sang, les saignements de nez, pour guérir des ulcères chancreux, etc.

Duhalde indique plusieurs autres maladies pour lesquelles on a recours, d'après les expériences, aux *Ou-poey-tse* ; et il dit que ce remède général domine dans les Tablettes médicinales dont nous allons parler. On les prend en poudre, ou en boles, ou en décoctions, etc.

Tablettes médicinales.

Ces Tablettes sont d'un grand usage à la Chine. En certains temps de l'année, l'Empereur en fait présent aux Grands de sa Cour, et quelquefois même aux Européens de Pékin, quand il veut leur donner des marques de distinction. On en vend chez les Droguistes. Mais comme leur degré de bonté dépend des grands soins qu'on y apporte, celles qui se font dans le palais par ordre de l'Empereur, sont préférées à toutes les autres.

Ces Tablettes, dans lesquelles les *Ou-poey-tse* dominent, se nomment *Clouds précieux de couleur violette*. Elles sont regardées comme on regarde en Europe les confections d'hyacinthe, la thériaque, etc. Les Médecins chinois assurent qu'elles sont d'un usage salutaire pour une infinité de maux, tant internes qu'externes, et qu'on devroit s'en fournir dans toutes les maisons, et surtout quand on entreprend un long voyage.

Voyez *ibid.* la composition de ces Tablettes (1).

On trouve dans presque toutes les villes de l'Empire des Droguistes accrédités qui ont de fort belles boutiques fournies des plus excellents remèdes.

---

(1) Duhalde, III, 503. — *Ibid.* 383.

SECONDE PARTIE. 349

Ngo-kiao, ou Colle de peau d'âne.

Dans le district de la province de Canton, il y a une ville du troisième ordre appelée *Ngo-hien*. Près de cette ville est un puits naturel, ou un trou en forme de puits, de 70 pieds de profondeur, qui communique, à ce que disent les Chinois, à un lac, ou avec quelque grand réservoir d'eau souterraine. L'eau qu'on en tire est fort claire et plus pesante que l'eau commune. Si on la mêle avec de l'eau trouble, elle l'éclaircit d'abord en précipitant les saletés au fond du vase, de même que l'alun éclaircit les eaux bourbeuses. C'est de l'eau de ce puits qu'on se sert pour faire la colle de Ngo-hiao, qui n'est autre chose qu'une colle de peau d'âne noir.

On prend la peau de cet animal tué tout récemment : on la fait tremper cinq jours de suite dans l'eau de puits, après quoi on la retire pour la racler et la nettoyer en dedans et en dehors : on la coupe ensuite en petits morceaux, et on la fait bouillir à petit feu dans l'eau de ce même puits, jusqu'à ce que ces morceaux soient réduits en colle, qu'on passe toute chaude par une toile, pour en rejeter les parties les plus grossières qui n'ont pas pu être fondues : puis on en dissipe l'humidité, et chacun lui donne la forme qui lui plaît.

Ce puits, disent les Lettres Edifiantes, est unique à la Chine : il est fermé et scellé du sceau du Gouverneur du lieu, jusqu'au temps qu'on a coutume de faire la colle pour l'Empereur. On commence d'ordinaire cette opération après la récolte de l'automne, et elle continue jusque vers les premiers jours du mois de mars. Pendant ce temps-là les peuples voisins traitent avec les gardes du puits et avec les ouvriers chargés de faire cette colle à l'usage de l'Empereur. Ils en font le plus qu'ils peuvent, avec cette différence qu'elle est moins propre. Toute la colle qui se fait en cet endroit-là est aussi estimée à Pékin que celle qui est envoyée par les Mandarins du lieu à la Cour et à leurs amis.

Cette drogue étant en réputation, on en fait ailleurs quantité de fausse, mais il est aisé de distinguer l'une de l'autre. La véritable n'offense point l'odorat, et portée à la bouche, elle n'a aucun mauvais goût : elle est cassante et friable ; il n'y en a que de deux couleurs, savoir, ou tout-à-fait noire, ou d'un noir rougeâtre. La fausse est désagréable à l'odorat et au goût, même celle qui est faite de cuir de cochon, et qui approche le plus de la véritable : d'ailleurs elle n'est jamais cassante.

Les Chinois attribuent beaucoup de vertus à ce remède ; ils assurent qu'il est ami de la poitrine, qu'il facilite le mouvement des lobes du poumon, qu'il arrête l'oppression et rend la respiration plus libre, qu'il rétablit le sang, qu'il dissipe les vents, qu'il provoque l'urine, ect. On tient pour certain que la colle de peau d'âne, prise à jeun, est bonne pour les maladies du poumon, et l'expérience l'a confirmé plusieurs fois. Ce remède, lent à agir, demande à être continué : il se prend en décoction avec des simples, quelquefois aussi en poudre, mais rarement (1). Les marchands jettent cette colle en moule, avec des caractères, des cachets ou les enseignes de leurs boutiques; mais celle qui vient du palais impérial n'a souvent aucunes de ces marques.

Pour appuyer ces notions déjà anciennes, nous transcrirons fidèlement un avis imprimé en caractères mobiles, dans la maison des Missionnaires françois à Pékin, en 1790, et que nous avons reçu en 1792, de M. le Supérieur de cette respectable Résidence.

« La colle de peau d'âne, en chinois *go-kiao*, guérit la toux et la pthisie, même invétérées, elle dissipe les phlegmes, arrête les crachements de sang, et déterge les poumons; elle répare le sang, arrête les pertes et diminue les règles immodérées.

» On la prend le matin; il faut la dissoudre dans de l'eau chaude, ou dans un bouillon bien léger de poulet : la dose est de deux à trois gros.

» Le volume d'eau chaude, ou le bouillon dans lesquels on la dissout, est d'une tasse de thé ordinaire.

» On ne doit pas prendre la colle de peau d'âne quand on a le ventre trop libre, ni avant ou après une médecine où il entreroit de la rhubarbe : ce remède n'échauffe pas, l'expérience l'a démontré depuis long-temps ».

---

(2) Duhalde, III, 494. — Lett. Edif. 17ᵉ Rec. 431.

Le prix considérable que les plus fameux Apothicaires de Paris ont mis à la colle de peau d'âne venue de Chine, et de Pékin surtout, les a déterminés à la contrefaire, sans rien diminuer de la valeur qu'ils avoient attachée à la véritable. On avertit donc de faire attention aux signes indiqués précédemment, pour ne pas se laisser induire en erreur : nous ne parlons que sur des preuves acquises et réitérées.

Les paquets que nous avons reçus pendant un nombre d'années en présent du palais de l'empereur, sont assez ordinairement d'une livre : les petites tablettes minces qu'ils contiennent, sont arrangées avec grand soin, et les paquets enveloppés doublement : ces enveloppes de papier sont collées fort proprement en-dessus, et revêtues de cachets imprimés en caractères rouges. Nous avons donné de ces tablettes à nos amis et à ceux qu'ils nous recommandoient, en les prévenant de demander avis à leurs Médecins. L'usage qu'on en a fait dans les crachements de sang, etc. a fréquemment été suivi du succès.

Du Sang de Cerf.

Le sang du cerf est employé en Chine comme remède pour réparer les forces d'un tempérament détruit, pour guérir le mal de reins, pour arrêter un crachement de sang occasionné par une pulmonie formée, pour refaire un sang appauvri, pour faciliter l'éruption de la petite vérole, etc. C'est ce que nous recueillons dans une notice de M. Cibot, qui, à l'aide des Auteurs Chinois, discute, sans garantie, tous les faits qu'ils avancent, et qui présente à notre Médecine des idées nouvelles et des essais à soumettre à l'expérience.

La Chine, dit-il (1), doit-elle ce remède au hasard et à l'épuisement dans lequel se trouva un chasseur, excédé de fatigue et de soif, à qui ses compagnons, voyant qu'il étoit évanoui et manquant de toute espèce de provisions, prirent le parti de faire avaler le sang qui couloit de la plaie d'un cerf qu'on venoit de percer à la jugulaire d'un coup de lance, ce qui fit revenir à lui le chasseur et rétablit tellement ses forces, qu'il se sentit plus vigoureux qu'avant son évanouissement? Voilà du moins ce que dit le *Tong-y-pao-kion*, imprimé en Corée, et ce qu'on a trouvé de mieux dans les livres de Médecine de Chine. Ou bien ce remède est-il dû, selon que le dit le livre chinois *Chi-tching*, aux réflexions de quelques savants Médecins?

On tire le sang du cerf, vivant encore, par le moyen d'un petit tube qu'on enfonce dans la veine; mais pour que ce remède ait son effet, il ne faut pas que le cerf ait été poursuivi par les chiens; attendu qu'alors son sang perd sa vertu, par la crainte et par l'extrême agitation qu'il a souffertes. On prend ces animaux, dans cette intention, au piège, ou on les tire.

En automne, le cerf est plein de force et rafraîchi par les herbes dont il s'est nourri; c'est dans cette saison qu'il faut user de ce remède.

(1) Mém. des Miss. de P. XIII, 402, 534.

On doit boire ce sang, ou seul tel qu'il sort de la blessure faite à l'animal, ou mêlé avec du vin chaud, ou, faute de mieux, séché comme le sang de bouquetin, et réduit en poussière. La dose doit être proportionnée à l'état et aux forces du malade.

M. Cibot, après avoir parlé de ce spécifique, qui faisoit partie du breuvage de l'immortalité, termine sa notice par dire qu'il ne croit pas que ce remède soit beaucoup pratiqué, ni même connu du vulgaire.

Le cerf est un animal sacré chez les *Tao-sée*, et chez les adorateurs du *Fo*; c'étoient eux qui prétendoient soustraire les grands à la courte durée de la vie, etc. Autant il est rare de trouver hors des vallées et des montagnes le cerf, autant il étoit prodigieusement commun autrefois dans toutes les provinces. Il paroit par les plus anciens textes qu'il étoit du nombre de animaux qu'on offroit au *Chang-ti* au commencement de l'hiver. Sous la troisième Dynastie, il faisoit partie des tributs que les princes devoient à l'empereur.

Les cerfs de Chine sont communément d'un jaune d'orange et tigré. Les cerfs de la couleur de ceux d'Europe sont ici une rareté. On dit fabuleusement que le cerf de Chine perd sa couleur brune et sa moucheture blanche en vieillissant. Cependant nous dirons, d'après des voyageurs récents, que la saison et l'âge influent beaucoup sur la peau des animaux et sur le plumage des oiseaux.

SECONDE PARTIE.

A croire la médecine chinoise, toutes les parties du cerf sont d'excellents remèdes. Il faut prendre ses cornichons à la quatrième lune, peu de temps après que son bois s'est détaché. Comme il est difficile de les bien conserver, on les fait cuire à la vapeur de l'eau-de-vie ou de quelques herbes aromatiques, puis sécher : ils sont souverains contre toutes les maladies qui proviennent de foiblesse, d'épuisement ou d'épanouissement de sang, etc.

La grande chasse du cerf en Tartarie, à la fin de l'automne, procure chaque année à Pékin plusieurs milliers de ces animaux. La chair des cerfs de provinces méridionales est délicate et fort saine.

FIN.

NOTES
SUR LA MÉDECINE DES CHINOIS.

Page 252. (*a*) Les Chinois ne sont pas le seul peuple qui se soit interdit par principes religieux et d'humanité les dissections des cadavres. Quelles n'étoient pas chez les Egyptiens les précautions que prenoient leurs Embaumeurs, étant cependant appelés dans les maisons, pour ouvrir les cadavres et les remplir de parfums ? Ils n'y entroient que le masque sur le visage pour n'être pas reconnus, et prenoient promptement la fuite après leurs opérations faites.

Démocrite chez les Grecs, né trois siècles avant le Messie, dans l'impossibilité de se procurer des cadavres humains, dont les préjugés publics eussent fait regarder les dissections comme d'horribles sacrilèges, cherchoit sur d'autres espèces, et par analogie, des connoissances qu'il ne lui étoit pas permis de puiser directement à leur source.

P. 252. (*b*) Les hôpitaux, qui forment en Europe les habiles Médecins et Chirurgiens ; les hôpitaux, l'asile du pauvre, sont moins nécessaires à la Chine que partout ailleurs. Les principes d'éducation, d'accord avec la piété filiale, veulent que les enfants prennent soin de leurs pères et mères, de leurs frères, de leurs sœurs, et recommandent la bienveillance entre tous les parents : et cet ordre admirable a son effet.

Nous devons cette dernière réflexion sur les hôpitaux à M. *Cossigny*, consignée dans son *Voyage à Canton*, An 7, pag. 90. Il l'a trouvée bien développée dans les Mémoires des Missionnaires de Pékin.

P. 252. (*c*) La Médecine n'étoit autrefois que la science d'un petit nombre de plantes propres à rallentir le mouvement trop rapide du sang, ou à cicatriser peu à peu les plaies : elle a dans la suite acquis cette immense variété

riété de connoissances dont elle est aujourd'hui le résultat. Il n'est pas étonnant qu'elle eût moins à faire dans un temps où les corps étoient encore vigoureux et robustes, où les aliments étoient simples, et non pas corrompus par l'art et la délicatesse : mais quand ces mêmes aliments ont commencé d'avoir pour objet d'aiguiser l'appétit, au lieu d'appaiser la faim ; quand on eut inventé ce nombre infini de ragoûts pour exciter la gourmandise, ces mets, qui étoient des aliments pour des gens affamés, sont devenus des fardeaux pour des gens rassasiés. Delà cette pâleur du teint, le tremblement des nerfs imbibés de vin, la maigreur causée par des indigestions.... Delà ces hydropisies, ces tensions d'un ventre qui ne peut s'accoutumer à soutenir plus que sa capacité : delà ces épanchements de bile, ces contorsions des doigts dont les jointures se roidissent, ces palpitations, ces tressaillements continuels. Parlerai-je des maux de tête... de ces ulcères intérieurs qui rongent par l'abondance des humeurs (ou par les suites des excès dans la débauche et le libertinage), les voies par lesquelles la nature se soulage ? Que dirons-nous de ces espèces de fièvres (1).... dont quelques unes si redoutables, sont accompagnées de secousses dans toute la machine ? Tous ces maux étoient ignorés de ces hommes simples, qui ne s'étoient pas encore amollis par le luxe.... Aussi tout l'appareil de la Médecine, toutes ces boîtes, tous ces ustensiles étoient alors superflus : les maladies étoient simples, comme les causes qui les produisoient ; le nombre des mets ne les avoit pas multipliées. Voyez quels mélanges d'objets destinés à passer dans le même gosier ont été imaginés par le luxe destructeur de la mer et de la terre. Il est donc nécessaire que tant d'aliments différents se combattent dans l'estomac et produisent des digestions pénibles par leurs efforts opposés.... Il est naturel que tant d'ingré-

---

(1) La fièvre n'est pas aujourd'hui mieux connue que du temps des Anciens : c'est un Protée qui jusqu'ici a échappé à la sagacité la plus pénétrante et aux observations les plus suivies. *Note du Trad.* des Œuvres morales de Plutarque, tom. XII, *in-*12, 340.

dients des différents climats de la nature occasionnent cette variété et cette inconstance qui règne dans nos maladies... Le plus grand des Médecins (Hippocrate) a dit que les pieds des femmes étoient inaccessibles à la goutte.... Mais les femmes ayant (depuis lui) imité les hommes dans leurs excès, elles ont dû participer à leurs maladies, puisqu'elles ont changé leur manière de vivre et adopté celle des hommes... Que nous payons chèrement la jouissance de nos voluptés désordonnées et criminelles ! Nos maladies sont innombrables, en raison de la multiplicité de nos cuisiniers, etc. » *Traduct. de Sénèque, par la Grange.* Paris, 1778, 6 vol. *in-12*, tom. II, lettre xcv, pag. 315 et suiv.

P. 258. (*d*) L'éloge qu'un savant Académicien, *Hist. gén. des Huns*, tom. I, pag. 19, fait de Tching-Vang (*Tsin-che-Hoang*), devenu Souverain absolu de toute la Chine, et qui condamna aux flammes tous les livres, à l'exception de ceux de Médecine, d'Agriculture et d'Astrologie, est suivi de cette réflexion-ci : « Cette action fit passer un des plus grands Empereurs pour un monstre ; mais cette violente persécution que les Lettrés ont éprouvée dans cette partie du monde, doit être moins imputée au Prince qui la fit faire, qu'au zèle aveugle et imprudent des Savants d'alors : il y eut des martyrs en ce genre, parce qu'il y eut de ces Lettrés qui manquèrent de respect et d'obéissance ».

Il se présente sur cela une réponse simple, et qui mérite quelqu'attention.

1°. TSIN-HOANG, Prince conquérant, heureux et grand politique, n'étoit cependant aux yeux des Chinois qu'un usurpateur de l'Empire.

2°. QUAND il voulut forcer les opinions de la nation et obliger les Lettrés à abjurer la doctrine des *King*, ou leurs livres canoniques si respectables pour eux, l'Empereur exigeoit d'eux plus que leur conscience ne leur permettoit.

3°. CETTE violence exercée à leur égard, et dont plusieurs furent les victimes, ne dura que pendant le règne de Tsin-Hoang, après lequel la doctrine des King, selon l'histoire connue, fut honorée davantage en raison de la persécution qu'elle avoit éprouvée.

4°. LA résistance des Lettrés doit-elle être imputée à blâme? Doit-on, ou peut-on, sans injustice, traiter d'entêtement des principes adoptés généralement? A-t-on qualifié ainsi les Remontrances fermes et courageuses des Censeurs de l'Empire faites aux Empereurs qui usoient d'un pouvoir tyrannique sur les peuples, dont ils devoient être les pères? Ces Censeurs intrépides, résignés à la mort plutôt que de trahir la vérité, n'ont-ils pas recueilli dans l'histoire la célébrité qu'ils méritoient?

P. 260. (e) Ayant consulté M. Coquereau sur l'opinion qu'ont les Chinois sur la rapide circulation du sang, ce Médecin savant et ennemi des systèmes, observateur de la nature, et ne se proposant que de l'aider dans sa marche et dans ses développements, nous a fait la réponse suivante:

« JE répondrai par une des devises de Charron, dans son Traité de la Sagesse: *Je ne sais*. On sent bien qu'il est difficile de dire des choses claires et précises sur cette question, et qu'il est presque impossible de faire des expériences qui donnent des résultats justes. Les souffrances des animaux soumis aux expériences apportent de grands changements dans l'économie animale: la foiblesse des animaux auxquels on fait souffrir ces épreuves est bien différente dans des temps successifs et dans l'état de santé même. Combien de variations n'éprouve-t-elle pas à chaque moment, soit de la part des passions de l'âme, soit par l'exercice que le corps fait! Si dans un homme le cœur se contracte deux fois, tandis que dans un autre il ne se contracte qu'une fois, *cæteris paribus*, la vitesse de la circulation sera double dans le premier. Un Médecin Anglois a tenté de déterminer la vitesse du sang qui coule dans l'aorte, il prétend prouver que dans une minute, ce fluide y parcourt 78 pieds. Le docteur Keill a trouvé par ses calculs que le sang doit parcourir 5205 pieds par heure. On peut voir ces calculs dans la Statique des animaux de Halles, trad. de l'anglois en françois par de Buffon, édition *in*-4°., ou dans celle revue par M. Sigaud de la Fond. *Paris*, de l'Imprimerie de Monsieur 1779 ».

Les OEuvres du P. André, Jés. *Paris*, 1766, 2 *vol. in*-12. nous ont fourni l'extrait suivant, à l'appui du système chinois, ou du moins, pour concourir avec la lettre précédente, à l'éclaircir et reposer nos lecteurs sur des faits anatomiques moins vagues.

Dans son premier Discours, après avoir présenté le squelette humain d'une manière neuve et singulière, il considère l'homme, comme machine hydraulique, comme machine pneumatique et comme machine chimique. Pour tous développements fort curieux, nous renvoyons à l'ouvrage même de cet estimable Auteur, de ce Métaphysicien aussi clair et aussi bel esprit que Fontenelle; et nous nous bornons à donner le court extrait qui suit de son tableau de l'homme vu comme machine hydraulique. Il y traite la question relative aux battements du cœur et à l'inconcevable vivacité de la circulation du sang. Comment n'être pas rempli d'admiration pour la sagesse, la puissance et les merveilles du Créateur !

« Chaque battement de cœur, qui est le grand ressort de notre machine, se fait, dit-il, en une seconde. Le ventricule gauche du cœur, d'où le sang coule dans la grande artère, lui en fournit deux onces dans le même espace de temps.

» Chaque battement du cœur étant d'une seconde, il en arrive 60 en une minute, et par conséquent 3,600 par heure, et par conséquent 86,400 par jour..,

» Le cœur battant 3,600 fois par heure, il en sort par heure 7,200 onces de sang, c'est-à-dire, 600 liv. au poids de la Faculté, lequel est de douze onces à la livre.

» La masse du sang contenue dans le corps d'un homme ne va ordinairement qu'à 24 livres : donc en divisant 600 par 24, on trouvera que toute la masse du sang passe par le cœur 25 fois par heure, et par conséquent 600 fois par jour ».

P. 261. (*f*) Le *Tcha-tchin* me semble être le préliminaire de l'application du Moxa.

Selon M. Bowles (1), le moxa qu'on nous apporte de la Chine, et qu'on prétend être recueilli par les habitants de la fameuse Moxa, est très-commun dans la Manche et dans certains endroits de l'Espagne. C'est une matière blanche, semblable au coton en rame, que l'on trouve enveloppée dans les branches de la plante, et qui, je crois, provient des piqûres de quelque insecte. Quoi qu'il en soit, c'est un excellent spécifique pour la goutte; car en brûlant doucement sur la partie enflammée une mèche de moxa, elle ôte la douleur et suspend les attaques du mal. Les Anglois et les Hollandois nous l'apportent de l'Orient, et nous ignorons que nous l'avons dans la Santoline.

M. Valmont de Bomare, au mot *Moxa* des Chinois, *Artemisia Chinensis, cujus mollugo moxa dicitur*, article *Cotonnier*, croit que la mèche cotonneuse de la Chine est tirée d'une espèce d'armoise très-velue appelée *moxa*. On en sépare le boterre ou la moelle, en écrasant les tiges et les feuilles. Les Chinois, les Japonois, et même les Anglois, en forment des mèches grosses comme un noyau de plume, dont ils se servent pour guérir de la goutte. Ils mettent le feu à une de ces mèches, et ils en brûlent la partie affligée d'une manière à produire peu de douleur. Quoi qu'il en soit de ces propriétés, il est sûr que notre coton véritable mis sur les plaies, en forme de tente, y occasionne l'inflammation. Lewenhoeck attribue cet effet à la figure des fibres du coton, qui, vues au microscope, ont deux côtés plats comme tranchants, fins et roides.

---

(1) Introd. à l'Hist. Nat. etc. de l'Espagne, Paris, 1776, *in*-8°. 235.

Le même Botaniste, à l'article de la santoline, où poudre aux vers, ou sémencine, ou barbotine, *semen contra vermes officinarum*, dit que ce sont des sous-arbrisseaux panicules de l'ordre des absinthes, et ne leur attribue aucune approximation du moxa, comme fait M. Bowles. L'aurone femelle est une santoline à feuilles de cyprès.

La Médecine françoise ne fait point usage du moxa dans les maladies de la goutte ; elle y voit du danger, malgré l'opinion de M. Bowles, mais elle le croit utile contre les maladies rhumatismales, et elle se sert de mèches de coton, nonobstant l'observation de M. de Bomare, plus naturaliste que médecin. Prosper Alpin rapporte (1), comme on peut le voir dans ses OEuvres, qu'on faisoit en Egypte l'application de ces mèches enflammées pour les maladies de différentes parties du corps. M. Poutaud, célèbre Chirurgien de l'hôpital de Lyon, cite plusieurs guérisons importantes qu'il a obtenues en employant et dirigeant ainsi le feu. On l'a appliqué sur le creux de l'estomac, sur le pubis, etc.

La lettre de M. Amiot, en date du 29 septembre 1786, fait mention de l'usage du *Lei-hò-tchen*, qu'il appelle aiguille fulminante, dont on se sert en Chine pour guérir les douleurs (rhumatismales) d'épaule, de cuisse, etc. quand elles sont causées par la sueur interceptée, par quelque vent coulis, par le défaut de circulation des esprits, etc.

Dix sortes de drogues chinoises, dont une tirée du règne animal et les autres du règne végétal, sont indiquées à leurs dose et quantité, pour être fondues au feu dans un vase de terre. On remue le tout avec des bâtonnets jusqu'à ce que les drogues prennent une consistance de pâte, et qu'elles puissent être étendues comme du beurre sur du papier, à l'épaisseur seulement d'une demi-ligne, afin de pouvoir rouler la bande de papier, lui donner la grosseur que l'on veut, et la rendre

---

(1) *Alpinus, de Medicinâ* AEgyptiorum. 1778. *in*-4°. 207.

d'un usage facile et commode. On serre ensuite ces rouleaux avec de la ficelle, pour qu'ils soient plus solides, et on les expose pendant plusieurs jours aux ardeurs du soleil, jusqu'à ce qu'ils soient parfaitement secs.

Telle est la préparation de ces aiguilles, ou de ces espèces de saucissons ou rouleaux, qu'on doit fermer par les deux bouts, pour empêcher que rien ne s'évapore : et voici la manière de s'en servir.

On prend une pièce de toile très-fine, proportionnée à la partie douloureuse qu'on veut guérir, on la plie en huit et on l'applique sur la chair nue, dans l'endroit où la douleur se fait le plus sentir. On coupe l'aiguille ou saucisson par l'un des bouts, et on l'allume à la bougie. On trempe son doigt dans de forte eau-de-vie, et on en laisse tomber une goutte sur la toile qu'on vient d'appliquer sur la partie douloureuse, en pressant un peu avec le doigt. On applique alors le saucisson auquel on vient de mettre le feu, et on le laisse brûler doucement en le tenant, pendant l'espace d'environ un quart-d'heure sur le linge qui touche l'endroit douloureux : on renouvelle cette opération deux ou trois fois par jour, jusqu'à une entière guérison ; mais ce remède ne doit pas être employé contre les douleurs de la goutte.

Il résulte de tout ce qui précède que le *Tcha-tchin* indiqué par M. Cibot, et que le *Lei-ho-tchen*, décrit ci-dessus par M. Amiot, produisent en Chine, sous différents noms, le même effet que le *Moxa*, en usage chez les Japonois : car c'est le nom que cette nation donne à une espèce de duvet, fort doux au toucher, d'un gris cendré, et semblable à de la filasse. On le compose de feuilles d'armoises pilées, dont on sépare les fibres durs, et les parties les plus épaisses et les plus rudes. Cette matière étant sèche, prend aisément feu ; mais elle se consume lentement, sans produire de flamme et sans causer une brûlure fort douloureuse : il en part une fumée légère d'une odeur assez agréable.

Lorsqu'il s'agit d'appliquer le moxa, on prend une

petite quantité de cette filasse, que l'on roule entre les doigts pour lui donner la forme d'un cône d'environ un pouce de hauteur. Après avoir humecté ce cône d'un peu de salive, afin qu'il s'attache plus aisément sur la partie qu'on veut cautériser, on l'y applique par sa base; on met ensuite le feu à son sommet: il se consume peu à peu et finit par faire à la peau une brûlure légère, qui ne cause pas une douleur considérable. Quand un de ces cônes est consumé, on en applique un second, un troisième et même jusqu'à dix, et un plus grand nombre, suivant l'exigeance des cas et suivant les forces du malade.

Les Japonois nomment *Tentasi* ou tâteurs ceux dont le métier est d'appliquer le moxa, parce qu'ils tâtent le corps du malade avant l'opération, pour savoir la partie sur laquelle il faut faire la brûlure: cette connoissance dépend de l'expérience de l'opérateur. Dans les maux d'estomac, par exemple, il brûle les épaules; dans les pleurésies, il applique le moxa sur les vertèbres du dos; dans les maux de dents, sur le muscle adducteur du pouce; et relativement à d'autres maladies, c'est le long du dos, et par préférence, que l'on fait l'opération. Celui qui doit souffrir, s'assied à terre, les jambes croisées, le visage appuyée sur les mains; cette posture étant estimée la plus propre à faire découvrir la situation des nerfs, des muscles, des veines et des artères, qu'il est très-important d'éviter de brûler. Les personnes en santé au Japon considèrent le moxa comme un grand préservatif.

Le meilleur moxa est blanc; le commun, qui sert aux Japonois comme amadou, est d'un brun foncé; ces deux espèces se retirent de l'armoise commune, c'est-à-dire, de la partie duvéteuse dont les feuilles de cette plante sont revêtues. On recueille et l'on sèche ces feuilles au mois de Juin, et on les conserve ensuite pour les séparer des parties fibreuses par le battage, afin de la réduire en flocons doux et soyeux, que l'on désigne sous le nom de moxa. On sait que les Japonois se servent de cette substance, en guise de cautère, pour guérir plusieurs maladies. Il y a même au Japon des Chirurgiens qui ne s'occupent que de l'application du moxa, et qui ont appris, par l'expérience, à connoître les maladies dans lesquelles l'usage en est plus convenable, et les endroits du corps où il faut surtout l'appliquer.

Une petite toupe de moxa allumée fait en peu de temps une plaie assez profonde à la peau sur laquelle on l'applique. (Elle produit l'effet de notre pierre à cautère) : la suppuration qui en résulte, dégage naturellement les parties affectées des humeurs stagnantes et opère ainsi la guérison. Ce remède convient sans doute dans tous les cas où il s'agit d'une évacuation locale d'humeurs, c'est un exutoire qui, dans bien des occasions, ne laisse pas d'être fort utile. Quoiqu'il y ait peu de maladies où les Japonois ne fassent usage du moxa, c'est principalement dans les affections rhumatismales qu'ils s'en servent : ils l'appliquent de préférence sur le dos, et l'emploient également pour l'un et l'autre sexe à tout âge.

Les anciens Médecins se servoient de la filasse de la même manière que les Japonois emploient le moxa (1).

P. 272. (g) Mém. des Miss. de P. XI, 76 et suiv. — Les aliments des anciens Chinois étoient le bœuf, le mouton, le cochon, le cheval, le lièvre, le renard, le chien, le sanglier, le cerf, des poules, des oies, des cannes, des perdrix, des cailles, des faisants, et toutes sortes de poissons de mer, de rivières et d'étangs ; un grand nombre d'espèces de pois, de légumes et d'herbages ; des fruits abondants tels que pommes, poires, jujubes, figues, raisins, châtaignes, melons d'eau, citrons, oranges, le tong-yen, le litchi, etc. Dans les ragoûts, l'assaisonnement est soutenu par les épices, le vinaigre et la moutarde, la cannelle, les champignons de tant d'espèces, le gingembre, des racines salées, des chevrettes et tant

---

(1) Voyage de Thunberg au Japon, in-8o. p. 400. — Diction. Encyclopéd. *Neufchâtel*, 1765, in-fol.

d'autres coquillages, les légumes enfin si multipliés. Tom. XV. 137.

P. 273. (*h*) Les Chinois retirent une fécule du gland, et ils s'en nourrissent. Un général Chinois a sauvé son armée, en la nourrissant avec des glands de chêne préparés. Ils font avec les bourgeons tendres de cet arbre une infusion théyforme : ils délayent dans l'eau les cendres du gland et de son calice ; ils en retirent le sel, et le font prendre aux personnes attaquées de diarrhées et de dyssenteries. Enfin ils lavent et détergent les plaies et les ulcères qui ne se ferment pas avec la décoction des écorces : ils font usage de la même eau dans plusieurs maladies cutanées. *Voyage* de M. Cossigny, An 7, vol. in-8°. pag. 294.

P. 285. (*i*) Je savois que M. Bordeu s'étoit attaché à la connoissance particulière du battement du pouls, et que malgré qu'il eût parmi ses confrères des ennemis célèbres, on rendoit justice à son savoir. Je me suis adressé à M. Coquereau, mon ami, pour avoir un précis de la doctrine de ce Médecin sur les ouvrages qui traitent de cette matière : il a eu la complaisance de me donner la réponse suivante, que je transcris ; elle est dépouillée de toute partialité.

« M. Bordeu étoit un médecin très-instruit, qui avoit de grandes connoissances en Anatomie et en Médecine. Son meilleur ouvrage, et le premier de tous, est le livre qui a pour titre : *Recherches anatomiques sur les glandes et sur leur action. Paris*, 1751, *in*-12. Ce Traité a été la base de la réputation de M. Bordeu et le germe de la haine de quelques personnes pour lui. Les gens de l'art rechercheront toujours cet ouvrage, tant que la bonne et saine doctrine subsistera.

» Quant à son *Traité sur le pouls*, il y a du pour et du contre. On ne doute pas qu'un Médecin attentif ne puisse distinguer facilement quelques maladies par l'exploration du pouls, de même qu'on peut assurer l'existence de certaines maladies et prédire leurs crises à l'inspection des urines; mais il est reconnu aujourd'hui par tous les Médecins que M. Bordeu a trop étendu les divisions et subdivisions sur le pouls, et qu'il est impossible de reconnoître, à son inspection, toutes les maladies qu'il dit avoir deviné par ce moyen. Il voyoit son système sur le pouls, comme un amant voit sa maîtresse, sans aucuns défauts; il en a cependant beaucoup aux yeux des personnes désintéressées.

» M. Bordeu a pris les pierres fondamentales de son édifice de *Solano* de Lucques, Médecin espagnol, dans l'ouvrage duquel on touve trois espèces de pouls, dont la connoissance est très-précieuse en Médecine :

» *Pulsus iratus*, pouls rebondissant, qui est le signe certain d'une hémorrhagie future.

» *Pulsus incidnus*, qui n'a pas de nom en françois, et qu'on distingue à certaines pulsations plus élevées que les autres : ce pouls joint à la mollesse de l'artère, est un signe certain d'une sueur critique future.

» *Pulsus intermittens*, le pouls intermittent, qui est un signe certain d'une diarrhée critique future, et qui ne devient mortel que par le défaut de la force nécessaire pour l'accomplissement de la crise. Ce pouls n'est pas aussi sûr que les deux autres, puisquil y a beaucoup de personnes qui, dans un âge très-avancé, ont le pouls intermittent, quoiqu'elles se portent bien, et puisqu'il y a certains sujets qui, dès l'adolescence, ont toujours cette intermittence de pouls, quoiqu'en pleine santé. D'ailleurs ces trois espèces de pouls étoient connus des Anciens. Gallien et Paul d'Egine en ont beaucoup parlé. On trouve même dans le Traité de Gallien *de pulsibus*, la prédiction d'une crise faite par une forte hémorrhagie du nez, qu'il avoit annoncée par l'exploration du pouls. M. Lorry, célèbre Médecin de la Faculté de Paris, dans le Traité latin de Pathologie d'Astruc qu'il a donné en 1760, n'a considéré ces trois espèces de pouls que comme propres à exercer la curiosité et le loisir, et non comme un article essentiel dont le résultat des observations, difficiles en elles-mêmes, ne peut pas devenir utile.

P. 290. (*k*) Le mouvement de systole et de diastole est celui du cœur et non des poumons. Le mouvement de ces derniers, appelé respiration, se compose de l'inspiration et de l'expiration. Par cette double action, l'organe admet d'abord l'air atmosphérique, s'en approprie la portion destinée à entretenir la vie, et rejette ensuite celle nuisible à l'économie animale. Il est aujourd'hui bien reconnu, et c'est un principe de la nouvelle Chimie, que l'air de l'atmosphère est un mélange de deux airs, l'un qualifié d'air vital, et l'autre d'air azotique ou nuisible à l'entretien de la vie. La proportion de ce mélange est, du premier au dernier, de 22 à 78 sur 100.

P. 297. (*l*) Mém. des Miss. de Pékin, tom. IV, 392 et suiv. — Sous nos rois de la première race, la petite vérole, maladie originaire de l'Arabie ou de l'Egypte, étoit déjà connue en France et en Italie. Marius, évêque d'Avenche, écrivain du VIe siècle, en est un garant hors de soupçon.... Dans sa Chronique à l'an 570, que l'on trouve dans le Recueil des Historiens de France, il désigne la petite vérole, en employant le premier, le terme *Variola*, et en disant qu'elle ravagea la Gaule et l'Italie. *Art de vérifier les dates. Paris*, 1770, in-fol.

P. 305. (*m*) Baron d'Alexandrie, Prêtre et Médecin du VIIe siècle, paroît, après Marius, écrivain du VIe. siècle, avoir fait le mieux connoître dans un traité en langue syriaque, la petite vérole, maladie venue du fond de l'Arabie.

En Chine, l'inoculation n'oppose point une digue inébranlable à la petite vérole. On croit maintenant en Europe pouvoir arrêter ses ravages. Cet espoir est-il plus flatteur encore que réel? Car que n'a-t-on pas dit et cru quand on a presque généralement ici adopté l'inoculation?

Depuis quelques années les Anglois font usage avec succès d'un moyen nouveau capable, disent-ils, d'arrêter les désastres de la petite vérole naturelle, et ils le préfèrent par toutes sortes de raisons à l'inoculation ordinaire qu'ils ont employée les premiers : ils nomment ce moyen *Coopox*, c'est-à-dire, la *Vaccine*.

La vaccine, ou *petite vérole des vaches*, se montre chez ces animaux par une éruption boutonneuse qui survient à leurs mamelles. Les femmes chargées dans les fermes de traire les vaches, étoient susceptibles, lorsqu'elles avoient quelques écorchures aux mains, de gagner un ou plusieurs boutons pareils à ceux remarqués sur le pis des vaches; et ces boutons, après un gonflement et une suppuration légère durant quelques jours, les mettoient à l'abri de la contagion de la petite vérole.

Cette observation faite par des praticiens éclairés, s'est confirmée et est devenue une découverte singulière et importante par le recours qu'on a eu depuis à ces femmes pour garder les malades attaqués de la petite vérole ordinaire, sans qu'elles l'eussent prise; et on dit le fait constaté, quoiqu'il soit nécessaire d'avoir un nombre d'années d'expériences.

Le docteur Jenner, en Angleterre, fut le premier qui recueillit ces faits, et qui proposa de substituer dans l'inoculation le virus innocent de la petite vérole des vaches. Plusieurs épreuves le convainquirent que le sujet qui avoit reçu ce virus artificiel, ne prenoit pas la petite vérole, quoiqu'on essayât de l'inoculer. Cette assertion étoit d'une grande importance. D'autres savants Médecins la confirmèrent, et cette réussite, dit-on, n'a pas formé le moindre doute à Londres.

Il n'en a pas été de même quand la vaccine, en l'an 1800, a passé la mer et s'est introduite en France : elle a joui de succès à titre de nouveauté; mais on lui a livré de violents combats, et on l'a attaquée avec l'arme de la plaisanterie et du ridicule, de sorte qu'on croyoit l'avoir étouffée dans sa naissance, malgré les partisans chaloureux qui avoient pris sa défense, et qui prétendoient neutraliser à jamais, par la vaccine, la petite vérole ordinaire.

Quelques mois se sont écoulés, et donnent à connoître la fortune qui a accueilli le docteur Jenner en

Angleterre. Les vaccinateurs de France bravant les sifflets et les caricatures précédentes les plus grotesques, voient avec satisfaction toutes les cours de l'Europe adopter la vaccine; et dans Constantinople elle y a déjà des disciples.

Nos Chinois, tenant aux anciens usages, si celui-ci pénètre chez eux, ne le prendront pas plus que le *Galvanisme*, autre découverte récente qui a des partisans ardents, parce que c'est une suite d'expériences venues des Européens ou des barbares, selon eux.

La peste, véritable fléau du ciel, ne doit pas être oubliée : ses maux désolent la terre. Elle a parcouru l'univers depuis tant de siècles, en semant partout l'épouvante, en moissonnant les humains; et elle a ravagé l'Europe peut-être autant que les autres parties du monde.

La peste n'a eu, selon M. Cibot, que quatre ou cinq époques mémorables en Chine dans le cours de deux mille ans. Nous renvoyons à l'article de notre *Traité des Mœurs et usages*. Il nous viendra sans doute, à l'appui des lumières qui brillent de toutes parts, et à la manière dont les esprits sont électrisés dans ce siècle, quelque préservatif inattendu et souverain, propre à neutraliser ce fléau, ou qui en rende la contagion moins dangereuse. Le séjour que l'armée françoise a fait en Egypte, et l'assiduité indispensable des Médecins et des Chirurgiens auprès des pestiférés, leur ont fourni sans doute des examens, des faits et des résultats multipliés dont leur savoir aura profité avantageusement, le dogme du fatalisme ne leur en imposant pas. L'Egypte haute et basse a été le berceau de la peste : les Mahométans et les Arabes qui l'habitent n'ont jamais pris les soins convenables pour s'en garantir : ils se sont vus attaqués et ont attendu patiemment la mort dans de grandes souffrances. Ainsi deux maladies terribles, la peste et la petite vérole, la première plus redoutable que l'autre à laquelle on a donné des traitements suivis, sont nées dans des contrées peu distantes, et ont communiqué leurs poisons destructeurs au reste du monde.

Des Chinois.

La Lèpre, Elephantiasis en latin, dont les Hébreux ont été très-affligés (voyez le livre éloquent de Job), a été fort commune dans la Palestine et l'Orient : elle porte des caractères et des effets désolants, comme la peste, dès qu'on en est atteint ; parvenue au dernier degré, elle embrase le sang de feux impurs, elle couvre le corps de plaies et de chancres, elle dévore les entrailles, ronge les os et réduit les membres en putrilité. On l'a connue en Europe jusque dans les siècles X et XI. L'établissement des maladreries ou des léproseries en France et ailleurs, en est la preuve.

On trouve encore quelques lépreux en Chine, au rapport des voyageurs récents. Cette maladie maintenant est presque tout-à-fait éteinte. Les générations se succèdent, et le temps consume leur explosion; mais de leur caducité, de leur vieillesse et du venin que ces anciennes maladies produisent et laissent après elles, viennent éclore, comme des vapeurs d'une terre infectée, d'autres maux qui remplacent les premiers. C'est le sentiment général d'habiles théoriciens.

Fin de la Médecine.

Mœurs

MŒURS ET USAGES DES CHINOIS.

INTRODUCTION.

La connoissance des Mœurs et des Usages des anciens peuples, est un des plus intéressants objets de l'Histoire. Si le récit des victoires et des conquêtes des nations célèbres et belliqueuses excite souvent notre admiration, celui de leur vie privée, de leur économie civile et politique, la peinture de leur luxe et de leurs cérémonies religieuses ne méritent pas moins de fixer l'attention. En offrant ses tableaux d'une teinte plus douce, et plus variée, plus satisfaisante pour la curiosité, ils présentent en même temps à l'esprit, des réflexions et des comparaisons dont la morale peut tirer de grands avantages.

C'est pourquoi on a cru devoir rassembler dans un même volume tout ce qui concerne la vie sociale, les mœurs et les usages des Chinois, et présenter comme sous un seul point de vue, des détails épars et qu'on ne pourroit parvenir à connoître que par des recherches pénibles dans les nombreux ouvrages et les relations multipliées qui nous ont été données depuis deux siècles et demi, sur ce peuple aujourd'hui un des plus anciens de la terre, et qui a survécu à tant d'autres qui ont disparu de la surface de notre globe (a).

Les Chinois, ce qui toutefois ne doit s'entendre le plus généralement que des grands de la nation et des particuliers riches, instruits des arts dès les temps les plus reculés, et portés par leur civilisation à les cultiver sans secours étrangers, ont été de bonne heure habitués aux jouissances qui font naître le goût et le luxe, et que le désir de les satisfaire augmente et perfectionne successivement.

Les détails que nous donnerons à cet égard paroîtront peut-être minutieux ; cependant ils ont, ne fût-ce que par la seule distance qui nous sépare de cette Empire vivace, une sorte de singularité qui doit en faire rechercher la lecture. Ils donnent lieu à des rapprochements que d'anciens Auteurs Grecs et Latins n'ont pas manqué de saisir, mais que les Modernes paroîtroient avoir négligés, si Kelly, Villaret et leur continuateur ne s'étoient plu à nous les rappeler.

A la faveur de ce rassemblement, nous nous sommes permis :

1°. D'ÉTENDRE davantage les articles qui en sont le plus susceptibles, et sur lesquels on a eu des renseignements plus sûrs.

2°. QUELQUES rapprochements sur nos mœurs Européennes.

QUANT aux articles trop concis qui manquent d'une sorte d'intérêt, il en auroit été autrement, si la correspondance que nous avions avec la Chine n'eût pas été nécessairement interrompue peu après 1789 : nous nous sommes alors trouvés dans l'impossibilité de faire des questions et des demandes, dont les réponses auroient enrichi cette Collection.

JE dirai de ma Rapsodie générale de peu d'importance, comme Montaigne le dit avec naïveté et modestie de ses Essais, qu'on lira toujours avec profit. Livre II, édition in-4° de 1588, page 285. « C'est pour la cacher de mon « vivant, en amuser quelqu'un qui ait parti- « culier intérest, un voisin, un ami, qui pren- « dra plaisir après moi à me racointer et à me « repratiquer en mes mœurs, mes pensées et « opinions bonnes ou mauvaises. »

C'EST enfin pour employer mes lectures; et, dans une santé affoiblie, me faire une occupation propre, sinon à effacer, du moins à amoindir les traces de beaucoup de souvenirs douloureux.

ALLUMETTES.

L'ordre alphabétique pour tous ces articles isolés nous ayant semblé plus convenable, nous l'employons dans ce petit volume.

En raison de cet ordre, l'article par lequel nous commençons, est malgré nous de peu d'intérêt, et il est aussi sec, aussi mince que le chaume, ou le bois léger qui sert en France à la composition des allumettes.

En Chine elles se font de paille de gros chanvre. Le Chinois, ne perdant rien de ce qui peut tourner à l'utilité, ramasse les bouts de paille dont la terre est couverte, quand on tille le chanvre; et il en fait des paquets qu'on enduit de soufre par les deux bouts. Une étincelle produit souvent un incendie. Dans une sédition, dans des convulsions d'État, les hommes séditieux sont figurément des *Allumettes* qui portent partout le feu de la rébellion, et qui en propagent les désastres.

En Chine la paille de blé sarrasin est indiquée comme un préservatif contre les punaises; mais les Missionnaires préviennent qu'ils n'ont pu s'assurer par aucune expérience, si elle a effectivement cette propriété (1). Plusieurs Voyageurs assurent que cet insecte si incommode et

---

(1) Mémoires des Missionnaires de Pékin, in-4°. tom. IV, 491.

si fétide est supporté très-patiemment par les Chinois, et qu'ils mangent même les poux qui les dévorent. Cette assertion ne concerne, sans doute, que ceux du peuple dans la misère extrême, quoique les deux derniers Ambassadeurs Anglois et Hollandois confirment le même fait ; l'Hottentot et le Lapon en usent de même, mais quelle différence entre ces peuples et les Chinois.

Année, sa division. *Voyez* Fêtes publiques.

BAINS.

La Province de *Chan-si* (1), hérissée de montagnes dont plusieurs sont affreuses et incultes, et d'autres coupées en terrasses depuis la cime jusqu'au pied et toutes couvertes de grains, contient beaucoup de sources d'eaux chaudes et bouillantes.

Une des maisons de plaisance de l'Empereur *Cang-hi*, située dans un village à six lieues de *Pékin*, avoit des Bains d'eaux chaudes. Cette maison est composée seulement de trois petits pavillons fort simples, dans chacun desquels il y avoit des Bains, outre deux grands bassins quarrés qui embellissoient la cour d'entrée. L'eau de ces bassins, selon la description du P. Duhalde, avoit quatre à cinq pieds de profondeur, et la chaleur étoit fort modérée : on fréquentoit beaucoup ces Bains (2).

---

(1) Province septentrionale de la Chine, dont le climat est sain, agréable, et une des premières habitées par les Chinois.

(2) Descrip. géogr. etc. de la Chine, fol. IV, 288.

CHAMBERS dit expressément, en parlant des maisons de Canton, qu'on trouve dans chacune une pièce pour le Bain.

BATONS D'ODEURS, ESPÈCE DE BOUGIES.

LES Autels dans les temples des idoles, et ceux des chapelles particulières de l'intérieur des maisons des Grands, sont ordinairement décorés de gradins qui portent deux vases de fleurs, deux Bougies dans des chandeliers dont les formes sont très-variées, et un vase rempli de sable fin, dans lequel on enfonce trois ou quatre Bâtons d'odeur qui se consument pendant qu'on fait les prosternations.

On fait usage également, pour parfumer les appartements, de ces bâtons d'odeur. A en juger par ceux qui nous sont venus de Pékin, ils sont à peu près de la longeur d'une bougie des quatre à la livre, mais moins gros, plus longs encore, et d'une couleur brune; cependant, en raison de l'usage auquel on les destine, ils peuvent être d'un plus gros volume. Leur odeur aromatique est moins agréable que celle qui émanoit des tablettes d'encens dont les Chartreux faisoient usage. La lueur qu'ils donnent est si foible, qu'un appartement, loin d'en être éclairé, resteroit presque dans l'obscurité. Mais on sait que, laissant aux Bâtons d'odeur la destination de répandre leur parfum, les Chinois, indépendamment de la cire d'abeilles dont ils font peu d'usage, ont l'arbre utile nommé *Pe-la-chu*, qui porte la cire; et qu'ils emploient pour s'éclairer, les bougies, les chandelles et l'huile, comme on fait en Europe. *Voyez* l'article suivant et aussi celui *Sépultures et obsèques*.

BOUGIES, CHANDELLES, ET MÈCHES.

La cire qui sert à éclairer à la Chine est de deux sortes, et l'on a différentes manières de la blanchir à Canton, où sont presque toutes les blancheries. Il est vraisemblable que les Portugais ont appris aux Chinois à perfectionner ces préparations. Cependant, suivant le Mémoire curieux de M. de Cibot sur la cire (1), il est certain, par l'histoire de la Dynastie des Tang, qui a commencé en 618, qu'on blanchissoit la cire en Chine dès cette époque reculée; et que la manière de le faire s'est perdue seulement depuis la découverte de la belle cire blanche dont on se sert aujourd'hui à la Cour.

La cire qui provient des abeilles est rare, parce qu'on y en élève peu depuis plusieurs siècles, et parce que la Médecine et les Arts emploient le miel et la cire qu'elles travaillent.

La cire d'arbre, qui est beaucoup plus belle, a été préférée par la Cour. On nomme *Niu-tchin*, ou Vierge, l'arbre qui la porte, ou plutôt sur lequel habitent les vers dont on la tire. La quantité n'en est pas considérable, et la provision est bornée presque à l'Empereur et à l'Impératrice : une fois prélevée pour cet usage, il reste fort peu de cette cire impériale

---

(1) Mém. des Miss. de Pékin, XIII, 377 et suiv.

(c'est ainsi qu'on la nomme) pour le public, qui en conséquence la paye fort cher. Le palais excepté, on ne s'en sert presque jamais que dans les sacrifices au *Chang-ty*, (au Ciel) dans les cérémonies funéraires, ou aux Ancêtres, ou dans les oratoires d'Idoles : les Grands et les Princes n'oseroient en faire une consommation journalière.

Mais on s'éclaire avec les chandelles et de l'huile. Les Anciens donnoient au suif des préparations qui le purifioient, le blanchissoient et lui ôtoient sa mauvaise odeur. Ces préparations, par le peu qu'on en dit, semblent se rapprocher de celles qu'on donne au saindoux pour en faire de la pommade. On emploie encore en partie ces moyens épuratoires, et ils approchent beaucoup de ceux dont on fait usage à l'égard de la cire, soit pour augmenter sa blancheur et sa dureté, soit pour diminuer sa mauvaise odeur. Quand on veut des chandelles plus distinguées, on les couvre d'une couche de cire d'arbre, dont la croûte empêche la coulure du suif, et on le parfume dans la préparation.

Les Chandelles et Bougies de Chine sont moulées grosses et courtes. Duhalde dit que les Chandelles faites dans la ville de *Koang-si* sont les meilleures qui se trouvent dans l'Empire.

On fait enfin pour le service des lampes le plus grand usage d'une huile, que l'on tire d'une infinité de graines et d'amandes. On y emploie également les fleurs des arbres : celles que les Chinois nomment *Sai-tze* sont jaunes, et elles donnent de l'huile à brûler.

La moelle de jonc desséchée sert dans les campagnes à faire des mèches pour les lampes. Ces mèches nommées *Hiang*, sont d'une très-petite dépense et d'une grande commodité pour conserver du feu pendant la nuit. On tire un autre avantage encore des *Hiang*, celui de purifier l'air en les brûlant dans les étables, quand les bêtes à cornes sont attaquées de quelque maladie épidémique.

BOURSES.

Celles des Femmes sont petites, très-jolies, d'étoffes de toutes les couleurs brodées en fleurs nuées, et tissues quelquefois en or et en argent sur un fond qui les fait valoir. La forme en est ronde, plissée par le haut, le fil de soie qui leur tient lieu de coulisse servant à ouvrir et à fermer.

Les Hommes portent la bourse qui est longue, en belle et riche soie selon les états, à la ceinture qui tient la robe : ils mettent dans cette bourse leurs pipes et le tabac à fumer. Ils attachent aussi à cette ceinture une gaîne pour serrer leur couteau et les bâtonnets de bois d'ivoire qui leur servent de fourchettes.

BOUTIQUES des gros marchands de Pékin.

Ces Boutiques l'emportent pour la propreté

et peut-être pour la richesse sur celles des plus gros Marchands de l'Europe. L'entrée est ornée de dorures, de sculptures, de peintures et de ce beau vernis qui leur donne un aspect frappant.

Les grandes Boutiques des villes, et surtout des capitales, sont comme les réservoirs où viennent se décharger les différents canaux du commerce des provinces : c'est de là qu'ils se distribuent dans les Boutiques où l'on vend en détail. Il y a aussi des magasins publics où vont aboutir les marchandises, et où les ventes se font d'une manière plus prompte, plus sûre et plus juridique : elles ressemblent, à quelques égards, à celles de la Compagnie des Indes à l'Orient. Ce qui est particulier à la Chine, c'est que, comme nous l'avons déjà dit, les femmes ne paroissent point dans les Boutiques, ni pour vendre ni pour acheter ; les mœurs s'y opposent. Par cette raison il y a beaucoup de petits Marchands qui vont courant les rues et vendant tout ce qui est nécessaire pour le ménage et pour les pauvres gens (1).

BRACELETS.

Les Bracelets, quoique cachés sous de longues manches qui tombent jusque sur les mains et les recouvrent, font partie des ornements des femmes Chinoises. Cette parure, plus ou moins riche, n'a jamais été négligée par les

---

(1) Duhalde, I, 80. — Mém. des Miss. de P. tom. VI, in-4°. 326.

personnes du sexe chez aucun peuple : les femmes sauvages la connoissent.

Nos preux Chevaliers se paroient des Bracelets qu'ils avoient reçus de leurs Dames en récompense de la bravoure qu'ils avoient montrée dans les combats et dans les tournois : ils portoient aussi leurs livrées. Quand le brave et malheureux maréchal de Montmorenci fut fait prisonnier à Castelnaudari, en combattant contre son roi, ceux qui le déshabillèrent pour panser ses blessures, trouvèrent sur lui un bracelet enrichi d'un portrait cher à son cœur et entouré de diamants d'un grand prix.

Les Chinois attribuent aux Bracelets faits de cuivre rouge, nommé *Tse-lay-tong*, la propriété de fortifier les bras contre les suites d'attaques de paralysie ; mais l'expérience a appris à douter de l'effet de ce métal ainsi employé extérieurement.

Les barres légères et les bracelets d'acier aimanté, que l'on porte en Europe pour diminuer, suivant l'opinion de quelques Médecins, les tremblements de nerfs, ne réussissent guère mieux que les Bracelets de *Tse-lay-tong*; mais les essais n'en doivent pas être négligés.

Le Mesmérisme n'avoit-il pas dans les maladies de l'esprit fait ici des apôtres zélés parmi les différentes classes de l'état. Les hommes et les femmes, épris de vives passions et avides de nouveautés en tout genre, travaillés par la vanité, gâtés par le luxe et l'abus excessif des richesses, étoient volontairement dupes par bel air; et cette corporation de charlatans philosophes n'a-t-elle pas préparé la voie à une foule bien plus considérable de jongleurs politiques trop connus? Les erreurs sont bien communes, et la sagesse fort rare. Excusons donc les Chinois et passons-leur les bracelets de cuivre rouge.

J'ai dans mon cabinet de curiosités un Bracelet tel que le portoient les femmes des *Miao-tsée* (1), peuple sauvage et vaillant, long-temps rebelle, vaincu et écrasé sous le règne du dernier Empereur Kieng-long. C'est un bois fort léger, très-dur et poli, de la grosseur d'une forte ficelle, conservant son ressort, son élasticité, et rentrant par les extrémités l'une dans l'autre. Ce Bracelet si simple étoit cependant une parure pour ces femmes barbares. Voyez *Miao*.

BRIQUET.

Extrait d'une lettre de M. Bourgeois, missionnaire françois à Pékin, datée du 1 nov. 1778 à M...

« Je vous offre un *Briquet* qui m'a été donné par le roi de *Karsin*. Ce bon prince tartare ne manque jamais de me rendre visite toutes les fois qu'il vient à Pékin. L'an passé il voulut voir ma chambre : nous fumâmes ensemble une petite pipe de tabac; ayant aperçu mon briquet,

---

(1) Répandus dans les provinces de *Se-tchuen*, de *Koei-tchéou*, etc. Tartarie Chinoise, V. Duhalde, tome I, fol. 55 et suiv.

il me dit : Quel briquet avez-vous là ? je veux vous en donner un de Tartarie ; c'est bien autre chose que ces petits briquets chinois. Dès le lendemain il m'envoya ce gros *Briquet* que j'ai l'honneur de vous présenter (1). Ces pauvres princes sont ici comme *Déjotarus* étoit à Rome, c'est-à-dire, qu'ils ne datent presque de rien. La première fois qu'il vint me voir, je demandai quel étoit le cérémonial pour ces princes étrangers, on me dit : c'est celui d'un ami à son ami. J'allai donc à lui ; il me tendit les deux mains, je lui tendis les miennes, et pendant que nous nous les serrions mutuellement, nous nous inclinâmes quatre ou cinq fois l'un vers l'autre. »

Brouettes,
Chaises à porteurs,
Chaises pour voyages,
Rotin,
} *Voy. Porte-faix.*

CHAPELETS ET COLLIERS.

Les Chinois en ont de toute espèce. Les gens de condition en portent à leurs ceintures, et, selon M. Pallas, jouent par délassement avec leurs grains dans la conversation. Les Chapelets sont souvent de senteur ; le parfum s'en conserve fort long-temps : d'autres sont de perles, de corail, de bois odoriférants ; d'autres, de noyaux de fruits sculptés avec une grande déli-

---

(1) Ce Briquet contient dans son enveloppe des pierres à fusils et de l'amadou.
(2) Voyages en Sibérie, IV, 177.

catesse; on les entremêle de morceaux de cristal et de pierres fausses. Les personnes de la classe moyenne portent aussi des chapelets dont les grains sont composés de résine de mélèse séchée. La transpiration continuelle des mains les rend aussi durs et aussi transparents que s'ils étoient faits avec de l'ambre. Les Chinois les vendent alors très-chèrement aux amateurs.

Nous avons parmi nos curiosités plusieurs de ces Chapelets sculptés et d'autres dont les grains sont pleins de poudre parfumée où l'ambre domine toujours.

Les Missionnaires nous apprennent que le *Sou-tchou*, ou Chapelet, est une espèce de cordon formé de grains de différentes matières ; que les Lamas, ou Prêtres d'Idoles du Thibet, et les Mandarins à la Chine le portent par distinction, comme en Europe les grands Officiers des Couronnes portent l'Ordre de la Jarretière, celui de la Toison d'or, etc.

Le Collier qui est d'une plus grande dimension, indique son usage ; en passant autour du col, il tombe sur l'estomac. Les hommes en dignités sont décorés de colliers. L'empereur en fait présent aux personnes qu'il veut honorer de ses bontés. Il en donna un dont les grains étoient d'agate au P. Sikelbar, missionnaire Jésuite du Palais, qui étoit dans sa 70.e année.

Le Collier et les Pendants d'oreilles, composés de pierres fines, font l'ornement des Impératrices, des Reines, des Princesses et des femimes en places éminentes à la Cour. Les filets de perles fines couvrent en partie, avec d'autres diamants, la toque des Impératrices et des Reines; et aux Dames de grande distinction, ils tombent souvent de la toque en grandes et longues pandeloques, à trois rangs, coupés par des nœuds jusque sur les épaules. (1)

CHARS ET CHARIOTS.

L'Empereur Hoang-ti, d'après Duhalde, et selon les Annales, s'apercevant dans une bataille que des brouillards épais déroboient l'ennemi à sa poursuite et que ses soldats s'égaroient, fit un Char qui leur montroit le midi et les quatre points cardinaux. On dit que sur ce Char on voyoit gravés dans un plat les caractères du rat et du cheval, et au-dessus une aiguille, pour déterminer les quatre parties du monde : ce seroit-là l'usage de la boussole, ou de quelque chose d'approchant, bien ancien et bien marqué. C'est dommage qu'on n'en explique pas bien l'artifice : les interprètes, ne sachant que le fait, tout simple, qu'ils font remonter jusqu'à la plus haute antiquité, n'ont pas osé hasarder leurs conjectures.

On attribue au même Empereur l'invention des Chariots et aussi l'art de dresser les bœufs et les chevaux pour les traîner. Il est vraisemblable que les premiers Historiens ont donné, sous le nom de ce Prince, les inventions que

---

(1) Mém. des Miss. de P. IX, 447.

l'expérience de plusieurs siècles subséquents a produites pour l'utilité générale de la nation chinoise.

Les Chariots (1) à l'usage des armées sont destinés au rapide transport des troupes et à l'approvisionnement des vivres. Ils deviennent dans un camp un rempart contre les efforts de l'ennemi et une barrière contre la lâcheté des fuyards, comme aussi une retraite dans un besoin pressant pour se rallier.

Les marques distinctives des Chariots consistoient dans le choix du bois sur lequel on peignoit certains caractères qui y étoient gravés autrefois, et surtout dans un petit étendard quarré, marqué de certaines figures qui servent de distinction de quinze en quinze hommes, de dix en dix, etc.

Les Chars appelés *Lou*, étoient à quatre roues, et pouvoient contenir à l'aise une dixaine de personnes : ils étoient couverts de cuirs ou de peaux de bêtes ; il y avoit tout autour une espèce de galerie, faite de grosses pièces de bois. Sur la couverture on mettoit de la terre pour la sûreté de ceux qui étoient dans ces Chars, et ils étoient à l'abri des traits et des pierres que lançoient les ennemis. Chacun de ces Chars devenoit une petite forteresse de laquelle on attaquoit et on se défendoit : ils étoient surtout en usage dans les sièges, et l'on s'en servoit aussi dans les batailles rangées.

---

(1) Mém. des Miss. de Pékin, tom. VII et VIII.

Les

Les trois premières Dynasties avoient des Chars connus sous le nom de Chars à *tête de tigre*, de Chars *précurseurs*, de Chars *accouplés* et d'autres à *tête de dragon*.

Ce qu'on exige dans la construction des Chariots si nécessaires à la suite des armées, est une forte et solide construction bien surveillée : il faut aussi que les chevaux qu'on y attelle, soient bien pansés, bien nourris : ils servent également au transport des canons.

CHARBON DE TERRE.

Le Feu continuel dans la cheminée d'un appartement communique à l'air qu'on y respire des qualités nuisibles et malfaisantes.

Pour corriger ce vice de l'atmosphère, provenant des brasiers et encore plus des fourneaux et des poêles, les Chinois ont disposé par l'ouverture d'un des carreaux les plus hauts de leurs croisées, un renouvellement continuel d'air, et ils ont la précaution de placer dans les pièces des vases pleins d'eau que l'on change quand il en est temps.

Les vases et les globes de verre ou de cristal qui sont suspendus au plancher et qui font décoration, prouvent qu'à cette hauteur l'air est plus vif, plus desséchant : car l'eau s'y trouble et contracte plus promptement une mauvaise odeur que celle des vases placés plus bas.

Ce moyen est en général utile à ceux qui font emploi du Charbon de terre, quelqu'épuré

Seconde Part.   B b

qu'il soit de sa partie sulfureuse, gênante pour la poitrine.

Le Charbon de terre dont on fait usage en Chine pour se chauffer, donne à l'air un vice auquel on n'est pas exposé avec un feu de bois ; d'où il résulte qu'on ne doit pas considérer ; comme l'effet seul du luxe, la précaution qu'ont les Chinois titrés ou opulents de distribuer dans leurs appartements, indépendamment de divers vases de porcelaines et de cristal remplis d'eau, des vases de fleurs rares et précieuses, dout l'aspiration salutaire est conforme à leurs principes en Médecine. (1) Cette habitude d'être entouré de fleurs et de parfums ne cause pas sans doute en Chine des vapeurs ni les maux de nerfs si communs en France.

CHAUSSURES, ET DE LA PETITESSE DES PIEDS.

En Chine, on mutile avec barbarie les pieds des filles, si l'on en croit l'opinion générale ; et les Dames européennes se récrient hautement sur cette atrocité. Le procédé dont on use a besoin d'être connu et répété de nos jours, puisqu'on n'a pas voulu s'en instruire. Le voici historiquement et politiquement, d'après les historiens.

Lorsque les filles naissent, les nourrices ont grand soin de leur lier étroitement les pieds, de peur qu'ils ne croissent. La nature, qui semble

---

(1) Mém. des Miss. de Pékin, III, 435.

être faite à cette gêne, s'en accommode plus facilement qu'on ne l'imagine, et on ne s'aperçoit pas que la santé des Chinoises en soit altérée. Leurs souliers de satin brodés d'or, d'argent ou de soie, sont d'une propreté achevée ; et quoique petits, elles s'étudient fort en marchant à les faire paroître : car elles marchent, ce qu'on auroit de la peine à croire, et elles marcheroient volontiers une partie du jour, si elles avoient la liberté de sortir, autre assertion qui mérite réflexion.

C'est à la politique qu'on doit ce moyen extraordinaire pour arrêter les femmes et les empêcher de sortir de leurs maisons ; mais ce moyen qui devroit les révolter et les porter à faire abolir une coutume bizarre et gênante, est ce qui fait leur entêtement ; et elles sont si folles sur cela, qu'elles seroient au désespoir de n'avoir pas les pieds petits, parce qu'elles regardent ce défaut comme le trait le plus essentiel de leur beauté.

Duhalde dit que c'est *Takia*, femme de l'infâme *Tchéou*, dont le règne commença l'an 1153 avant l'ère chrétienne, qui fit regarder la petitesse des pieds comme un des plus grands agrémens du sexe, parce que les ayant elle-même fort petits, elle se les serroit encore avec des bandelettes, comme si en effet elle eût affecté de se procurer un agrément qui réellement étoit en sa personne une difformité. Ce fut là une sorte de beauté que toutes les femmes de la cour ambitionnèrent à son exemple, et cette opinion ridicule s'est perpétuée, et est si fort en usage, qu'une femme se rendroit méprisable si elle avoit les pieds de grandeur naturelle.

Malgré l'exemple de Takia qui a pu donner le ton à toutes les femmes de sa cour, le même historien confirme l'opinion générale de la dépendance où l'on a voulu politiquement tenir les femmes, et il ajoute : « Les Dames chinoises se ressentent toute leur vie de cette gêne à laquelle on les assujettit dès l'enfance, et leur démarche en est lente et désagréable aux yeux européens. Cependant telle est la force du préjugé et de l'usage, que malgré l'incommodité qui en résulte, elles l'augmentent encore ; et lorsqu'elles y sont parvenues, elles s'en font un mérite en affectant de montrer leurs pieds, quand elles marchent.

Renfermées néanmoins dans leur appartement, qui est toujours le lieu le plus intérieur de la maison, elles n'ont de communication qu'avec les femmes qui les servent ; mais la coquetterie déploie encore son ressort et se nourrit dans la solitude.

M. Cibot fait les réflexions suivantes au sujet de cette coutume des petits pieds qui révoltent tant nos idées : « La manie de se serrer la taille en occident est aussi absurde peut-être que celle de se serrer les pieds pour les avoir petits et mignons. En Chine on ne conçoit pas plus, en voyant le bas du corset d'une femme Européenne, comment on s'est déterminé à se serrer le corps de manière à pouvoir à peine respirer, qu'on ne conçoit en Europe, en voyant les personnes du sexe, qu'elles peuvent marcher à la Chine. Dans les temps les plus reculés, tous les bas ne descendoient qu'à la cheville et étoient faits en cône. On enveloppoit le pied avec un ou plusieurs doubles de toile qu'on plioit dessus, en le faisant arriver sur le bas, et qu'on fixoit par des bandelettes assez longues pour faire tous les tours propres à assurer la toile, puis pour la cacher au dessus du col de pied et venir se nouer à mi-jambe. Le goût de la parure perfectionna et fit le reste chez les femmes, d'abord dans le palais, puis par imitation dans toutes les conditions, et il l'a conservé. Mais l'histoire de la Chine ne dit rien de la coutume *d'écraser les pieds aux filles*, comme l'a avancé sans preuves M. Paw dans son ouvrage ».

Les bas des femmes, autant qu'on en peut juger par les figures, car quel moyen de s'instruire d'une autre manière, paroissent tenir à leurs caleçons, s'ils n'en font pas partie, et tombent jusqu'au dessous de la cheville du pied, où ils sont rassemblés avec un ruban terminé par un falbala de la même soie que le ruban, pour cacher peut-être la grosseur difforme de la jambe.

M. Sonnerat, supposant toujours aux Chinois des motifs barbares ou ridicules, prétend, contre toute vérité, « qu'on met aux filles des souliers de cuivre pour empêcher les pieds de croître. La circulation, ajoute-t-il, une fois interrompue, les jambes se dessèchent et ne peuvent plus supporter le corps : aussi les femmes vont-elles toutes en canuetant comme des oies.

Cette coutume qui dans le principe étoit l'ouvrage de la politique, est devenu l'effet de l'amour propre. On se mutile de la sorte pour annoncer qu'on vit dans la noblesse et qu'on n'a pas besoin de travailler : c'est par la même raison que les Chinoises laissent croître leurs ongles et ne les coupent jamais (1) ». Voyez ci-après l'article MODES.

M. VALMONT DE BOMARE attribue la petitesse des pieds à la seule coutume de serrer ceux des filles dans leur enfance pour les empêcher de croître ; et confirmant les idées reçues, il dit : « C'est ainsi qu'on immole la liberté à la jalousie: une jolie femme chinoise doit avoir le pied assez petit pour trouver trop aisé le soulier d'un enfant européen de six ans ».

LES Ambassadeurs anglois et hollandois, en se rendant à Gehol, ont observé dans leur voyage, que les familles chinoises établies au-delà de la grande muraille, ont les petites chaussures, mais que dans les campagnes, où les villageoises sont livrées à de rudes travaux de concert avec leurs maris peu endurants, disent-ils, leurs pieds ont la grandeur naturelle, parce qu'en raison sans doute de leur destination à une vie laborieuse, leurs pères et mères ne les ont pas assujetties dès la naissance à cet usage incommode.

LA paire de chaussure de femme que nous

---

(1) Le P. Le Comte, Mémoires, tom. I, in-12, 217, — tom. III, 72. — Duhalde, II, 80. — Mém. des Miss. de Pékin, XI, 392. — Voyage aux Indes Orient. tom. II, in-4°. 30.

avons est très-petite, relevée par la pointe, et prouve que les femmes Tartares ont eu raison de ne pas goûter ce genre de beauté si peu naturel. Une de leurs chaussures que nous nous sommes procurée de Pékin, laisse au pied toute liberté, toute facilité de marcher : composée de plusieurs semelles, soit de laine, soit de peau de veau très-mince, et mise l'une sur l'autre, cette chaussure en forme de sabot paroît plus lourde, plus pesante qu'elle ne l'est, quoique haute de deux pouces et demi. Une dernière semelle de peau de veau lisse recouvre les épaisseurs précédentes : le tout paroît piqué de près ; et les points alignés tant sur la dernière semelle que sur les côtés, sont faits avec une propreté extrême. Le dessus de la chaussure est en étoffe brodée.

L'Empereur Kien-Long a fait proclamer du haut de son trône, la 52e. année de son règne, un édit sévère pour empêcher les femmes tartares de sortir de leurs maisons, sous prétexte de pèlerinages aux Miao ou Temples d'Idoles ; mais ce sexe enchanteur et victorieux en Chine comme ailleurs, a trouvé des moyens d'adoucir l'austérité de la loi impériale, et il use de sa facilité de marcher.

CLOCHES, TAMBOUR, etc.

Yu, premier Empereur, fit attacher aux portes de son palais, selon les Historiens, une cloche, un tambour et trois tables : l'une de fer, l'autre de pierre et la troisième de plomb ; et il fit afficher une ordonnance par laquelle il enjoignoit à ceux qui avoient à lui parler, de frapper sur ces instruments ou sur ces tables, suivant la nature des affaires qu'on vouloit lui communiquer.

La Cloche étoit destinée aux affaires civiles ; le Tambour devoit être frappé pour celles qui concernoient les lois et la religion ; la Table de plomb servoit aux affaires propres du ministère et du gouvernement : si l'on avoit à se plaindre de quelque injustice commise par les Magistrats, on frappoit sur la Table de pierre, et enfin sur la Table de fer, lorsqu'on avoit reçu quelque traitement rigoureux.

Yong-yuen, au rapport des Annales, fut chargé par l'Empereur *Hoang-ti* de faire douze Cloches de cuivre qui représentoient les douze mois de l'année.

Sur la plupart des tours de la ville de *Yu-tching-hien*, on voit des cloches de fer fondu assez grosses (1).

La Cloche de Pékin qui sert à sonner les heures de la nuit, est peut-être la plus grosse Cloche du monde. Son diamètre au pied, tel qu'il fut mesuré par les PP. Schaal et Verbiest, est de douze *coudées chinoises* et huit dixièmes ; son épaisseur vers le sommet est de neuf dixièmes de coudée, sa profondeur intérieure de douze coudées, et son poids de cent vingt mille livres.

Le son ou plutôt le rugissement de cette grosse Cloche, est si éclatant et si fort, qu'il se fait en-

---

(1) Hist. gén. des Voyages par M. de La Harpe, VII, 222.

tendre de fort loin dans le pays : elle fut élevée sur la tour par les Jésuites avec des machines qui firent l'étonnement de la Cour de Pékin.

Avec cette Cloche extraordinaire, les Empereurs de la Chine en ont fait fondre sept autres, dont cinq sont demeurées sans usage et à terre.

Le P. Verbiest, dans ses Lettres, et le P. Couplet, dans sa Chronologie, rapportent l'origine de ces Cloches à l'année 1404 : elles furent fondues par l'ordre de l'Empereur *Yong-lo.* On en comptoit cinq, dont chacune pesoit cent vingt mille livres (1).

La Cloche de la grande tour de Pékin se fait entendre aussitôt que l'Empereur sort de son appartement pour aller, le premier jour de l'an, faire sa visite à l'Impératrice sa mère, et continue de sonner jusqu'à ce qu'il soit rentré dans son palais.

Les Chinois ont dans toutes leurs villes de fort grosses Cloches pour sonner les veilles de la nuit (2). Celle de Nankin et de Pékin surpassent toutes les autres. Les Cloches de la capitale sont au nombre de sept; elles ont douze pieds de hauteur, treize de diamètre et quarante de circonférence. Le P. Le Comte dit qu'elles sont fort inférieures aux nôtres pour la beauté du son, parce qu'on les frappe avec un marteau de ce bois dur qu'on appelle *bois de fer :* le métal est plein de grumeaux et aigre,

---

(1) Duhalde, 1, 290, 297, 75.
(2) Hist. univers. Angl. in-4°. XX, 220.

leur forme, peu satisfaisante, étant presque aussi large en haut qu'en bas. Mais le P. Magalhaens pense tout autrement, et il avance que le son est éclatant, et tellement agréable et harmonieux, qu'il paroît bien moins venir d'une Cloche que de quelque instrument de musique.

Voila des sentiments très-opposés, mais à l'appui du P. Magalhaens, ne peut-on pas dire que le son qui provient d'une grosse Cloche, n'est agréable et harmonieux qu'à des distances très-grandes et convenables, au lieu qu'il ne produit de près qu'un bruit confus et assourdissant : ne peut-on pas dire aussi contre ce qu'avance le P. Le Comte, que le battant de bois est favorable, en ce qu'il affoiblit la force du son, qu'il en déploie la douceur et les effets dès le moment qu'il frappe et qu'il ne produit pas les mêmes retentissements que le battant de métal, retentissements qui, entendus de près, sont dépourvus de toute harmonie ?

Pour annoncer les veilles de la nuit et donner les signaux, les Chinois se servent aussi de deux espèces de Tambours.

Colliers. On en a parlé à l'article Chapelets.

COMÉDIENS.

Les Comédiens dont l'état est vil dans l'opinions des Chinois, vont chez les grands, lors d'une fête ou d'un grand Banquet, et voici quelle est leur conduite.

Quand les conviés ont pris place, on voit

entrer dans la salle quatre ou cinq des principaux Comédiens richement vêtus; ils s'inclinent profondément tous ensemble et frappent du front la terre jusqu'à quatre fois, au milieu des deux rangs de table, le visage tourné vers une table dressée en forme de buffet et chargée de lumières et de cassollettes remplies de parfums. Ils se relèvent et l'un d'eux s'adressant au premier des convives, lui présente comme pour le prier de choisir une pièce à jouer sur le champ, un livre en forme de longues tablettes sur lesquelles sont écrits en caractères d'or les titres de 50 ou 60 Comédies qu'ils savent par cœur et qu'ils sont prêts à représenter.

Ce premier convive s'excuse de faire un choix et renvoie poliment le livre au second avec un signe d'invitation; le second au troisième: tous s'excusent et font reporter le livre au premier qui enfin le reçoit, l'ouvre, le parcourt en un instant et choisit la Comédie qu'il croit devoir le plus agréer à la Compagnie. S'il y a quelque inconvénient à la représenter, comme par exemple, si un des principaux personnages de la Pièce, se trouve porter le nom de quelqu'un de ceux qui sont présents, le Comédien doit l'en avertir: après quoi il montre à tous les conviés le titre de la Comédie dont on a fait choix, et chacun par un signe de tête témoigne qu'il l'approuve.

La représentation commence au bruit des instruments propres à cette Nation. Ce sont des bassins d'airain ou d'acier, dont le son est aigre et perçant, des tambours de peaux de buffle, des flûtes, des fifres et des trompettes, don[t] l'harmonie ne peut guère charmer que les Chi[-]nois.

Il n'y a nulle décoration pour ces Comédie[s] qui se représentent pendant un festin : on s[e] contente de couvrir d'un tapis le pavé de l[a] salle, et c'est de quelques chambres voisines d[u] Balcon que sortent les Acteurs pour jouer leu[r] rôle, en présence des conviés, et d'un gran[d] nombre de personnes connues, que la curiosit[é] y attire, que les domestiques laissent entrer et qui dans la cour voient ces sortes de spec[-]tacles. Les Dames qui veulent y assister, son[t] hors de la salle, placées vis-à-vis les Comédiens et delà au travers d'une jalousie faite de bam[-]bous entrelacés de fils de soie à réseau, elle[s] voient et entendent tout ce qui s'y passe, san[s] être aperçues. Les meurtres apparents, le[s] pleurs, les soupirs, et quelquefois les hurle[-]ments de ces Comédiens, font juger à un Eu[-]ropéen, qui ne sait pas encore la langue, qu[e] leurs pièces sont remplies d'événements tra[-]giques.

Ce n'est pas que les Chinois ignorent ou né[-]gligent l'art des décorations : ils les aiment e[t] dressent avec goût fort promptement de joli[s] théâtres, lorsque quelques hommes en dignité veulent sur les ordres de l'Empereur donner de[s] fêtes à des Étrangers.

Ces Comédies sont mêlées de musique et d[e] simples récits : il y a du sérieux et du plaisant mais le sérieux y domine : il s'en faut qu'elle[s] soient aussi vives et aussi propres à remuer les passions que les nôtres; elles ne se bornent pas non plus à représenter une seule action, ni à ce qui peut se passer en une journée. Il y a des Comédies qui représentent différentes actions, qui se seront passées dans l'espace de dix ans. C'est à peu près comme la vie de quelque personne illustre divisée en plusieurs chapitres: ils y mêlent la fable. (1)

Près des *Miao* dans les grandes villes, il y a des Théâtres bâtis solidement et qui subsistent toujours. Voyez notre article *Fêtes publiques*. M. Pallas (2) fait mention de celui de Maitmaskin, ville frontière de la Chine et de la Russie : d'après sa description, cette loge publique des Comédiens ne peut pas aller de pair avec le Théâtre de nos danseurs de corde. On pourroit, dit-il, la comparer à une Serre de Jardin; cependant ce Théâtre est construit avec plus de goût. On voit à côté deux grands mâts sur lesquels s'arborent les jours de fête, de grands pavillons où sont peints des caractères Chinois. On y joue de petites Comédies en l'honneur des Idoles : les acteurs sont des garçons de boutiques; les spectateurs se tiennent dans la rue. Ce parterre ne doit pas être commode. Il n'en est pas de même des Théâtres des grandes villes de l'Empire.

M. Anderson, (3) dans sa relation de l'am-

---

(1) Duhalde, II, 112.— IV, 284.
(2) Pallas, Voyages en Sibérie, IV, 155.
(3) Trad. fr. *Paris, an* 4. tom. I, *in*-8°. 119.

bassade de la Grande-Bretagne en Chine, dit que lord Macartney, en se rendant à Pékin, fut accueilli avec la plus grande distinction sur toute sa route, en raison des ordres de l'Empereur, par les Gouverneurs, Vice-rois, et Mandarins des villes, bourgs et villages, qui étoient sur son passage; qu'en traversant la ville de *Tiensing*, le Gouverneur fit représenter, en l'honneur de l'Ambassadeur et de sa suite nombreuse, une pièce dans laquelle des Eunuques jouoient les rôles des femmes; il remarque que les décorations théâtrales étoient d'une rare perfection, et leurs changements très-rapides; mais que la musique chinoise, privée de toute mélodie et harmonie, fut désagréable aux oreilles européennes. M. Van Braam fait au contraire l'éloge de cette musique. L'habitude, les préjugés, donnent des affections et des jugements différents sur les effets qui résultent des sons musicaux. *Voyez* Danseurs et Spectacles.

Cris de Pékin. Voyez à la fin du Traité.

CUIRASSE, TARTARE ET CASQUE.

Cette Cuirasse est composée de deux pièces. L'une est une espèce de jupon avec quoi ils ceignent le corps et qui leur descend au-dessous du genou, lorsqu'ils sont à pied, mais qui couvre totalement les jambes, quand ils sont à cheval: l'autre pièce est à peu près semblable aux cottes d'armes des Anciens; les manches en sont plus longues et leur couvrent le bras presque jusqu'au poignet. L'une et l'autre de ces pièces en dehors sont de satin, et à fond violet pour la plupart, avec une broderie plate, d'or, d'argent et de soie de différentes couleurs, outre plusieurs pièces de taffetas, qui servent de doublure. Cette cuirasse est garnie et fortifiée de feuilles de fer ou d'acier bien battu, et ordinairement fort luisantes, qui sont rangées comme des écailles sur le corps d'un poisson; et c'est delà qu'ils en ont pris l'idée : chaque pièce de fer, longue d'environ un pouce et demi sur un peu plus d'un pouce de large, est attachée au satin avec deux petits clous, dont la tête, bien ronde et bien polie, paroît au dehors et est rivée en dedans. Il y en a qui mettent en dedans un autre taffetas pour couvrir les lames de fer, de sorte qu'elles ne paroissent ni à l'intérieur ni à l'extérieur, mais la plupart n'en mettent point.

Les Cuirasses des grands Seigneurs ont cela de commode, qu'étant ainsi composées de petites parties rangées les unes sur les autres, elles ne contraignent pas le corps, qui peut se tourner, se remuer et s'agiter aisément, malgré la pesanteur qui en résulte : mais elles ont l'avantage d'être à l'épreuve des flèches et des armes courtes, non cependant des armes à feu, quoique les Grands n'épargnent rien pour les rendre aussi bonnes et d'une aussi dure résistance qu'il est possible, particulièrement l'Empereur, qui a témoigné plus d'une fois qu'il souhaiteroit fort d'avoir des Cuirasses à l'épreuve du mousquet. Peut-être y est-on parvenu depuis que Duhalde a donné ces renseignements.

Le Casque n'est proprement qu'un pot, ou du moins la calotte d'un de nos casques : il couvre simplement le dessus et le tour de la tête : le visage, la gorge et le col demeurent à découvert. On le fait de fer ou d'acier bien battu et luisant, avec des ornements de damasquinure pour les officiers : il est surmonté, comme les nôtres, d'une aigrette : l'ornement du casque des simples soldats est une touffe de poil de vache de Tartarie peint en rouge, que les Tartares portent sur leurs bonnets d'été ainsi qu'au haut de leurs étendards, de leurs lances, et au col de leurs chevaux. Cette touffe est attachée au-dessous d'une petite pyramide de fer damasquiné ou doré, et de forme quarrée, qui fait le couronnement. L'aigrette des Mandarins est faite de six bandes de peau de zibéline doublées de brocard d'or, larges chacune d'environ un pouce, attachées au-dessous d'une pyramide d'or, d'argent ou de fer doré. La zibéline est belle à proportion du rang des Mandarins qui la portent. Celle du Casque de l'Empereur et de son fils étoit noire et fort luisante : ils attachent ce Casque avec des cordons de soie par-dessous le menton, afin qu'il ne tombe pas.

Tous les Grands, les Officiers et les simples cavaliers, ont chacun une petite banderolle de soie de la couleur de l'étendard sous lequel

quel ils sont enrôlés : elle est attachée derrière leur casque et au dos de leur cuirasse : sur cette banderolle est marqué le nom de celui qui la porte, et de la compagnie dont il est : si c'est un Mandarin, on y voit sa qualité et sa charge : c'est afin que chacun puisse être reconnu dans la mêlée.

Souvent les Cuirasses des grands Seigneurs n'ont pas de broderie extérieure : le fond de satin violet est semé d'une infinité de têtes de clous bien ronds et bien polis, et l'on y remarque une plaque ronde d'acier poli, d'environ six pouces et demi de diamètre : cette pièce d'acier, faite en bosse, pourroit passer pour un vrai miroir; on en place une sur l'estomac, et une autre au milieu du dos (1).

DANSEURS DE CORDE, BATELEURS.

Les Chinois font leurs tours avec une grande souplesse. Les Européens n'ont pas été leurs maîtres : le désir de surprendre et de fixer l'attention, l'*ingenii largitor venter*, la certitude de se procurer les moyens de vivre, donnent du ressort dans tous les états; et dans tous les Empires policés il y a une classe d'hommes qui se dévouent à l'amusement des autres.

Les Danseurs de corde à la Chine connoissent nos tours de force sur la corde, soit tendue, soit lâche, avec ou sans balancier, plusieurs siècles avant qu'Angelo Tuccaro eût écrit

---

(1) Duhalde, IV, 273 et suiv.

Seconde Part.

et donné des leçons de cet Art en Europe. (1)

M. de la Harpe, dit dans son Histoire générale des Voyages (2) d'après la relation d'*Isbrands Ides*, « Des Chinois soutenoient sur la pointe d'un bâton des boules de verres aussi grosses que la tête d'un homme, et les agitoient de différentes manières, sans les laisser tomber : ensuite dix hommes ayant pris une canne de bambou d'environ sept pieds de long, la levèrent droite, et tandis qu'ils la soulevoient dans cet état, un enfant de dix ans se glissa jusqu'au sommet avec l'agilité d'un singe, et se plaçant sur le ventre à la pointe, il s'y tourna plusieurs fois en cercle ; après quoi, s'étant levé, il se soutint sur un pied à la même pointe, et dans cette situation il se baissa jusqu'à saisir la canne de la main : enfin quittant prise, il battit d'une main contre l'autre, et s'élança légèrement à terre, où il fit d'autres exercices de la même agilité. »

Le Recueil des *Peintures Chinoises* que j'ai dans mon Cabinet de Paris, me fournit les sujets suivants : les autres seront imprimés à la fin de ce petit Traité.

La *Peinture* cotée 31, présente une Escarpolette sur laquelle une femme un pied en l'air, et l'autre posé sur une planchette, tenue par deux cordes à la traverse du haut de l'escarpo-

---

(1) L'ouvrage est dédié à Henri IV. Voici son titre : *Trois Dialogues* de l'exercice de sauter et de voltiger en l'air. *Paris*, 1599, *petit vol.* in-4°. avec fig. en bois.
(2) Tom. VII, in-8°. 201.

lette, et les mains attachées aux deux cordes, se balance et fait différents tours de souplesse.

Peint. 33. Une femme, un long balancier dans les mains, marche sur la corde tendue, tandis qu'un homme bat du tambour en cadence et marque la mesure des pas de la danseuse. Ces sortes de femmes, décriées par leur état, n'ont pas la permission d'entrer dans les villes.

Peint. 34. Deux hommes tiennent élevé sur leurs épaules, à la hauteur de quatre pieds environ, un long bambou en manière de corde; un troisième, après être monté sur le bambou, fait des tours de voltige, en se tenant lancé en contre-bas et tenu seulement au bambou par la pointe du pied gauche; dans cette attitude il a les bras tendus au-dessus de terre.

Peint. 35. Deux hommes portant chacun une espèce d'étendard lourd et pesant d'environ 60 livres, donnent preuve de leur force, de leur adresse, et reçoivent sur différentes parties de leur corps cet étendard toujours en équilibre.

Peint. 36. Un baladin fait différents sauts sur plusieurs tables élevées par étage au-dessus les unes des autres, et de la table supérieure sur une urne : là, un pied en l'air, il se tient en équilibre ayant sous chaque aisselle un œuf, dans le repli de chaque bras relevé vers la tête, un œuf, puis dans chaque main un œuf, et à la bouche un septième œuf, sans par ses différents sauts et mouvements en faire tomber un seul.

Peint. 37. Un autre dont l'adresse et la force sont remarquables, jette en l'air une lourde brique du poids de 80 livres, et après l'avoir lancée en l'air d'un seul bras, il la retient par une coche pratiquée sur le travers de la brique.

Peint. 38. Un homme couché sur une table a les pieds relevés perpendiculairement, et il soutient une urne que deux hommes robustes auroient de la peine à lever ; un autre homme se met dans l'urne, et celui qui la soutient en équilibre, la fait sauter à quelques pouces de haut, puis la reçoit sur la plante de ses pieds.

Peint. 39. On voit des Sauteurs qui s'élancent de terre et passent au travers d'une longue natte roulée et fixée sur une table élevée ; ils font tour-à-tour la culbute en dedans, et retombent de l'autre côté perpendiculairement sur leurs pieds. Un homme, le pied appuyé sur une des traverses de la table, frappe sur un bassin de cuivre pour donner à ses camarades le signal du moment auquel ils doivent partir. Nos sauteurs font le même tour d'adresse en s'élançant au travers d'un tonneau suspendu en l'air et fermé des deux côtés par du papier.

M. Anderson, dans la Relation curieuse citée précédemment (1), dit que les Auteurs Chinois lui ont paru infiniment supérieurs à ceux de sa Nation dans l'art de l'équilibre ; et que dans des tours nombreux d'escamotage, Bres-

---

(1) Traduct. de cette Relat. *Paris, an* 4, tom. I, in-8°. 240.

law et Comus, tout sorciers qu'ils semblent être en Europe, ne les surpasseroient jamais. Puis il raconte ainsi le fait suivant : « Par un mouvement imperceptible des jointures de leurs bras et de leurs jambes, les Sauteurs Chinois sembloient donner à des vases plein d'eau une force motrice, au moyen de laquelle ces vases se mettant progressivement en équilibre, passoient et repassoient, sans se répandre, d'une partie du corps de l'acteur à l'autre, avec une rapidité si extraordinaire, que je n'osai en croire le témoignage de mes propres yeux. » Voyez *Spectacles*, et à la fin de ce volume l'explication d'un Recueil de Peintures relatives aux Sauteurs, Bateleurs, etc.

Dépêches, voyez Postes.

DEUIL.

Après la mort de l'Empereur Yao, Chun, son successeur, s'enferma dans le sépulcre du Prince, et y resta trois ans, pour se livrer plus librement aux regrets que lui causoit la perte de celui qu'il regardoit et respectoit comme son père. C'est delà qu'est venu l'usage de porter pendant trois années le deuil de ses pères et mères.

Lors du deuil on ôte des bonnets les houpes de soie rouge, dont ils sont ordinairement couverts.

Pendant les trois ans que doit durer le deuil ordinaire, et qui, comme nous le verrons, se réduisent à vingt-sept mois, on ne peut exercer aucune charge publique. Un Mandarin est obligé de quitter son Gouvernement, et un Ministre d'Etat le soin des affaires de l'Empire, pour vivre dans la retraite, et ne s'occuper que de sa douleur et de la perte qu'il a faite; à moins que l'Empereur, pour de grandes raisons, ne l'en dispense. Ce n'est qu'après les trois ans qu'il lui est permis de reprendre son emploi. Telle est la sévérité de l'ancienne étiquette.

Le deuil des autres parents est plus ou moins long, selon le degré de parenté. (1)

Le grand habit de deuil est d'une grosse toile blanche cousue grossièrement : il a des bandes de toiles à demi-effilées, au lieu de boutons et de boutonnières. (2) Les Grands et les Princes sont au niveau du Peuple à cet égard : leur habit de deuil est aussi grossier et aussi négligé que celui des autres pauvres Citoyens ; toutes les marques de leur grandeur disparoissent. (3)

Les fils ne paroissent à l'enterrement de leur père qu'en habit de deuil sale et noirci de poussière ; en prendre un blanc, seroit une indécence.

---

(1) Duhalde, fol. I, 76, 287. — *Ib.* II, 124.
(2) Les femmes Romaines portoient, selon Plutarque, dans le deuil, des robes blanches et des voiles de même couleur. A Argos, au rapport de Socrate, on portoit aussi dans le deuil, des robes blanches lavées dans l'eau pure,
(3) Mémoires des Missionnaires François de Pékin, XV, 39.

Dans le grand deuil les Chinois se défendent, ou doivent s'interdire les plaisirs les plus permis; c'est un temps sacré pour eux.

Par le grand deuil on entend trois années, pendant lesquelles étoient interdites toutes les affaires à celui auquel la mort avoit enlevé son père ou sa mère. Mais comme ce terme étoit long, et pouvoit nuire à une infinité de circonstances, les usages par l'ancienneté des temps s'affoiblissant progressivement, on a restreint le temps du deuil, sous la Dynastie régnante, à la durée de cent jours.

La douleur, la tristesse et l'affliction sont plus criardes ici, dit M. Cibot, qu'en Europe. Quand l'Empereur alla voir *Tchao-Hoei*, son grand Général, l'instrument de ses conquêtes, et qui étoit déjà mort, il poussoit de si grands cris, qu'on l'entendoit de l'appartement du défunt dès la porte de l'hôtel.

Tant que le deuil des parents duroit chez les Hébreux, il ne falloit ni s'oindre, ni se laver; mais porter des habits sales et déchirés, ou des sacs, c'est-à-dire, des habits étroits et sans plis, et par conséquent désagréables. Ils les nommoient aussi cilices, parce qu'ils étoient faits de gros camelot, ou de quelque étoffe semblable, rude et grossière. Ils avoient les pieds nuds, aussi bien que la tête, mais le visage couvert: quelquefois ils s'enveloppoient d'un manteau, pour ne point voir le jour et cacher leurs larmes.... Ainsi leur deuil n'étoit pas comme le nôtre, une simple cérémonie, dont il n'y a que les riches qui s'acquittent régulièrement, pour donner tout aux apparences; il renfermoit toutes les suites d'une douleur effective: jeûne, silence, ou cantique lugubre; dès-lors plus de parure, de divertissements, mais retraite austère. (1) Cette manière de deuil étoit adoptée et pratiquée chez les autres Orientaux. Les Chinois l'ont prise ou instituée chez eux dès les premiers temps de la Monarchie.

A la mort de l'Impératrice tout l'Empire prend le deuil; l'empereur en fixe la durée. Les Mandarins, les fils même de l'Empereur dorment au palais sans quitter leurs vêtements. Tous les Mandarins à cheval, et non en chaise, vêtus de blanc, et avec peu de suite, vont pendant trois jours faire les cérémonies ordinaires devant la tablette de l'Impératrice défunte. Les Tribunaux sont fermés tout le temps du deuil, et la soie rouge est proscrite; ainsi le bonnet est sans aucun ornement. (2)

En 1777, la quarante-deuxième année du règne de l'Empereur Kien-Long, ce Prince perdit sa mère, âgée de 87 ans, puis l'aîné de ses fils, et le sage Chouhedé, son premier Ministre. Plongé dans la douleur de pertes si considérables, il ne se permit pas les plus légers adoucissements. Enfermé dans son palais d'*Yuen-Ming-Yuen*, il ne s'occupa avec ses Ministres et ceux de son Conseil, que de ce qui concer-

───────────

(1) Fleury, Mœurs des Israélites.
(2) Duhalde, I, 548.

noit le Gouvernement. Il prit à peine une heure de temps chaque jour pour parcourir quelques allées de son jardin, et pour visiter les différents ateliers des Artistes qui travaillent pour lui.

Le lendemain de la mort de l'Impératrice-Mère, tous les Mandarins sans exception prirent le grand deuil, c'est-à-dire, se revêtirent d'un habit long de simple toile blanche, sur lequel ils mirent un surtout de satin noir : ils laissèrent croître leurs cheveux, ôtèrent les houpes de soie rouge qui couvrent la partie supérieure du bonnet, et chaussèrent des bottes de toile. Pendant dix-sept jours entiers il ne leur fut pas permis de se montrer autrement ; ils durent surtout s'abstenir de tous les divertissements, tels que la comédie, les concerts, les promenades, les festins entre amis, etc : ils durent même s'abstenir de leurs femmes ; et pour ne pas manquer à ce point essentiel du cérémonial, la plupart passèrent les nuits dans leurs Tribunaux respectifs pour y prendre du repos.

Outre ce deuil rigoureux, qui ne regardoit que les Princes, les Grands et les Mandarins de tous les ordres, on en prescrivit un qui fut pour tout le monde dans toute l'étendue de l'Empire, et dont le terme devoit être le centième jour après la mort de l'Impératrice. Durant tout cet espace de temps il n'étoit permis à personne, de quelque état, qualité et condition qu'elle fût, de se faire raser, de jouer des instruments de musique, de prendre et de donner aucun repas de cérémonie ou d'invitation, etc...... On publia aussi la défense des noces solennelles ; mais cette prohibition n'eut lieu que pour un mois, à compter du jour, non de la promulgation, mais de la mort de la Princesse. En un mot tout le monde devoit donner des marques extérieures de douleur. Tous ces points prescrits s'observent avec une décence surprenante de la part du Peuple et des Grands. (1)

On n'entre jamais au Palais en habit de deuil de famille. Ce n'est que dans les grands deuils de la Cour, et alors il faut le porter pour y paroître.

Les femmes Tartares ne se coupent les cheveux qu'à la mort du mari, du père ou de la mère. Les femmes chinoises veuves, déchirent leurs habits dans leurs grandes douleurs et dans leur colère.

DISTINCTIONS DES RANGS, RÉCOMPENSES HONORIFIQUES, etc.

La distinction des Rangs étant fortement prononcée en Chine, il en résulte une grande et stricte subordination qui n'est jamais franchie : les Anglois l'ont observée (2).

Le *Kata* ou *Kota* est un nœud de soie de la grosseur d'une prune ordinaire. L'empereur, hors des temps du cérémonial, en porte un de soie rouge sur son bonnet : ses fils en portent un pa-

---

(1) Mém. des Miss. de Pékin, VI, 346.— XV, 39.
(2) Ambass. de L. Macartney, II, 192.

reil, ainsi que les *Régulos* du premier ordre, quand ils sont fils ou frères d'Empereur.

On appelle *Bouton* un petit globe de pierres précieuses, de corail, de verre ou de métal rouge, bleu, blanc et jaune, que les Princes, les Grands, les Mandarins et les Lettrés portent sur leurs bonnets pour marque distinctive de leurs rangs.

Ouang est le titre des Princes du premier et du second ordre: *Peilé*, celui des Princes du troisième; *Peitsée*, celui des Princes du quatrième, et *Koung*, le titre de ceux qui viennent après.

On distingue les Grands et les Mandarins simplement par les noms du premier et du second ordre, etc.

Tous les Princes jusqu'au *Koung* inclusivement, portent le bouton rouge uni; les Grands du premier ordre en portent un semblable. Ceux du second le portent rouge aussi, mais raboteux. Le bouton des Grands du troisième ordre est de verre bleu uni et clair, c'est-à-dire, d'un verre transparent. Ceux qui n'ont pas le titre de Grands et qu'on appelle Mandarins, sont du quatrième ordre, et portent un bouton de verre bleu opaque.

La permission que l'Empereur accorde de porter sur le bonnet une plume de paon à deux yeux et le bouton de rubis, est une récompense.

Celle de porter la ceinture jaune et le manteau à quatre dragons en broderie d'or, comme les Princes titrés de la famille royale, est une récompense encore plus grande. Les Princes du sang de la ligne féminine ont une ceinture rouge.

La casaque de satin jaune est, selon que nous l'apprend M. Amiot, une marque de distinction aussi honorable que le cordon bleu l'étoit à la Cour de France.

Mais ce qui nous paroîtra fort étrange, c'est une grande faveur de l'Empereur que d'envoyer un *To-lo-pei*, ou un suaire, avec des dragons en broderie : il n'accorde cette grâce qu'aux princes de son sang et aux Ministres d'Etat qui ont rendu des services extraordinaires dans l'exercice de leur emploi, et lorsqu'ils sont mourants (1).

Les Chinois, dit M. Thomas, ce peuple antique, si renommé dans l'Asie, élèvent des arcs de triomphe aux Magistrats célèbres, comme aux guerriers fameux par leurs victoires (2). Cet usage est remarqué dans les mémoires de l'Ambassade de Lord Macartney. Les bourses, dit-on encore dans la même Relation, sont *les cordons ou les rubans* que le Monarque chinois distribue à ses Sujets, pour récompenser leur mérite ; mais il nous semble que l'on a été induit en erreur sur cette faveur si mince et si peu distinctive des rangs.

---

(1) Mém. des Miss. de Pékin, XI, 505. — *Ibid*. 52. — XIII, 429.

(2) Eloge de Daguesseau, Œuvres de Thomas, t. III, in-12, 80.

ÉCOLES.

Les *Y-hio*, ou Écoles fondées et entretenues par les libéralités du Prince, des Mandarins, ou des gens riches qui ont du zèle pour le bien public, sont assez rares à la Chine, quoique les simples *Hio* ou Écoles soient si communes, qu'il n'y a peut-être pas de village où l'on n'en trouve plutôt deux qu'une. Un jeune homme qui n'a point étudié est une preuve évidente de l'extrême pauvreté de ses parents.

On exerce vivement la mémoire des écoliers... La classe du soir finit tous les jours par une courte histoire, et encore avant de renvoyer les écoliers, on expose une petite planche vernissée, sur laquelle sont quatre petits vers qui renferment une instruction d'usage dans le commerce de la vie. Chacun transcrit ces vers, et tous les lisent à haute voix jusqu'à trois fois, puis on se sépare.

Les Maîtres s'attachent à faire aimer la vertu, à en amener la pratique, à faire connoître à la jeunesse ses défauts, à les combattre, à les vaincre, à refondre leur naturel, et à les rendre doux, complaisants, civils, modestes, et à leur faire respecter l'âge et les rangs.

On leur interdit la lecture des romans, des comédies, des pièces de vers et des chansons peu honnêtes. L'Empereur Cang-hi a défendu de vendre des livres contraires aux bonnes mœurs, comme certains romans capables de corrompre la jeunesse. Les Mandarins font des visites dans les boutiques des libraires ; mais ceux-ci ne laissent pas d'en vendre en secret, parce qu'il est difficile que tous les membres d'un corps soient sains, honnêtes, que l'appât du gain ne les égare pas, et qu'ils n'échappent souvent à l'activité des recherches.

Ce que dit le père Duhalde nous présente plutôt des Écoles de village que des colléges : ces Écoles ont pour but d'apprendre à lire, à écrire, à enseigner les rites et les usages, à donner les premières instructions sur la morale et à cultiver la mémoire dès le bas âge, objets vraiment essentiels ; mais qui tient ces Écoles, et sont-elles gratuites ? Nous voyons aussi dans les précédents renseignements qu'il y a quelques Écoles fondées, sans que l'on nous indique s'il existe dans la capitale et dans les villes des différents ordres de l'Empire quelques établissements publics et des Professeurs habiles, pensionnés par l'état, pour répandre l'étude des lois et propager la connoissance des lettres, des sciences et des arts. On sait que les Lettrés et les Militaires sont les deux grands états distingués en Chine : on sait que de la classe des Lettrés sortent tous les Mandarins, et d'entr'eux les Examinateurs des jeunes sujets qui aspirent aux places et à se faire un nom par leur mérite ; mais faut-il donc que chaque candidat puise ses lumières dans la lecture des livres et qu'il s'ouvre un chemin par ses propres forces, sans avoir eu d'autres premiers éléments que dans les simples Écoles, et sans que les hommes savants lui en-

facilitent la route ? Les pères et mères se livrent, il est vrai, sans interruption, à l'éducation de leurs enfants; mais au sortir de l'adolescence, les jeunes gens n'ont-ils pas besoin de maîtres plus habiles ? A-t-on ces secours en Chine, ou non ? On les a, dira-t-on, en s'attachant à des Lettrés recommandables par leur savoir. On doit dire encore que les parents qui jouissent d'une certaine fortune, donnent à leurs enfants des Précepteurs pour les instruire, les accompagner, former leur cœur à la vertu, et qu'ils ont, en Chine, plus de considération que leurs collègues en Europe. On sait bien d'ailleurs qu'à la Cour de Pékin il y a des classes et des instituteurs choisis dans le savant collége des *Hanlin*, mais à l'effet de suivre l'éducation des Princes qui, mariés et en charge, sont obligés encore de s'y rendre, pour se perfectionner dans l'éloquence, dans la science de l'histoire et des mathématiques, leur jeunesse n'étant jamais abandonnée par les parents à la fougue des passions ni au caprices de ses goûts. Voyez dans nos articles suivants Education et Filles.

ECRAN.

Les Ecrans portatifs sont en usage en Chine, non pour modérer l'action du feu sur le visage, les Chinois n'ayant que des brasiers dans leurs appartements, ou des poëles dont les tuyaux, passés sous les carreaux, entretiennent une température douce dans la saison rigoureuse : mais ces Ecrans leur servent vraisemblablement contre les rayons du soleil, s'ils se promènent, ou pour se cacher le visage à volonté, ce que font surtout les femmes.

Il y a des Ecrans qui sont fort beaux, et qui font ornement dans les mains des Dames. Nous en avons un de la hauteur de 15 à 16 pouces au moins, dont le bâton, ou la poignée, très-légère, est en ivoire, et peint par place en beau rouge, ce qui relève la blancheur de sa forme arrondie. L'Ecran est de gaze, fond brun, peint des deux côtés en fleurs nuées fort brillantes, et tenu dans un encadrement de bois de bambou très-mince. Sa forme est ovale ; elle prend d'un côté, trois pouces avant sa sommité, une demi-courbure ; une belle et grosse pendeloque en soie jonquille, tombe de l'extrémité du manche et ajoute à son ornement. L'Ecran s'enferme dans un sac de taffetas jaune ; et tout cela est extrêmement léger.

Peut-être que ce qui nous semble un Ecran, est un Eventail ; car il en peut aussi tenir lieu à tous égards.

ÉDUCATION.

L'Éducation des enfants est un des grands objets de l'intention des pères et mères ; ils ne la perdent point de vue pour leurs fils, soit en leur apprenant dès le bas âge à lire les caractères et à les tracer avec exactitude, soit en cultivant leur mémoire par des petits traits de morale et d'histoire mis à leur portée qu'ils leur font retenir ; soit enfin, lorsqu'ils sont plus forts et plus grands, en les habituant à tous les exercices

exercices du corps, et en les ployant à toutes les formes cérémonieuses si multipliées de civilité pratiquées chez eux.

M. Cibot, dans ses Mémoires (*b*), cite l'usage suivant que nous avons recueilli avec plaisir.

Les enfants de qualité, dit-il, sont promenés par des moutons et par des brebis dans l'enceinte de la maison paternelle, et même dans les grandes rues de Pékin, où nous en avons rencontré plusieurs fois assis sur de petites bergères à roulettes et environnés d'un groupe de leurs gens. Les moutons et les brebis sont dressés à ce tirage et guirlandés, selon la saison, de rubans ou de fleurs : ils traînent fort joliment et quelquefois assez vite la petite voiture à trois ou quatre roues qui est toujours d'une forme élégante, mais peu élevée de terre. Les Seigneurs Tartares donnent une selle à un mouton choisi, bien dressé, et le font monter à leur enfant, dès qu'il a quatre ou cinq ans, pour l'accoutumer au cheval, exercice qui réussit toujours, parce qu'on gouverne le mouton à souhait, et qu'on soutient le petit cavalier des deux côtés. S'il montre de l'adresse, du courage, et ne veut plus être soutenu, cela fait une nouvelle dans la famille, et son père ne manque pas de lui donner, en vantant sa hardiesse, des éloges et des embrassades.

ÉVENTAIL.

L'Éventail des Anciens étoit fait de feuilles

d'arbres ou de plumes de paon : il avoit aussi la forme d'une feuille de lierre, plante consacrée à Bacchus, comme on le voit ainsi sur plusieurs pierres gravées du beau travail des Grecs (1).

En Chine les hommes et les femmes se servent de l'Eventail comme en Italie. La chaleur du climat a fait recourir à ce moyen, pour rafraîchir l'air autour de soi, ou pour chasser les insectes.

La forme de l'Eventail est la même que celle qui existe en Europe. Le choix des maîtres brins et des brins particuliers des bois de bambou qui le compose le plus ordinairement, est tantôt d'un travail simple, tantôt sculpté et décoré soit d'ivoire, soit de nacre de perle, ou d'écaille incrustée de fleurs en relief, ou sans reliefs. Le papier de l'Eventail est toujours joli, agréable, et souvent on l'embellit, de même que la gaze ou la soie qu'on met en place, de dessins élégants en fleurs nuées, en oiseaux, ou en paysages.

Les plus communs sont faits proprement et jouent très-commodément, très-librement, quand, selon l'expression usitée parmi les Dames françoises, ils ont été *déniaisés*.

Nous avons, par singularité, plusieurs Even-

---

(1) MARIETTE, Traité des pierres gravées du Cabinet du Roi. *Paris*, 1750, tom. I, petit in-fol. p. 327. — Traité des pierres gravées du Cabinet du Duc d'Orléans, *Paris*, 1780, tom. I, petit in-fol. p. 111 et suiv.

tails peu flatteurs à l'œil, mais en usage parmi les peuples tributaires de la Chine; tels que ceux du royaume de Corée, etc.

L'Éventail propre est ordinairement enfermé dans un étui d'étoffe de soie, brodé en fleurs nuées : il est tenu en haut par des cordons de soie pour l'attacher à la ceinture, et fait par lui-même ornement. Les Femmes de qualité s'occupent de ces sortes de broderies, dont quelques unes tissues en or et en argent, se font au tambour, d'autres sont en broderie plaquée et prennent du relief. Les plus beaux sont destinés à des présents, offerts à des Grands de la Cour ou donnés par eux.

Dans le nombre de plusieurs Eventails qui nous restoient, une femme, attentive par inclination et par goût, nous en fit remarquer un qui lui étoit destiné, ou plutôt qu'elle avoit droit de choisir, dont les menus brins étoient vernissés d'une couleur jonquille fort légère, qui laissoit paroître les veines fines et déliées du bois de bambou, et rien de plus ; mais ces brins d'en bas, présentés au jour, montroient alors dessous le vernis, des dessins de montagnes et d'animaux que, sans cette exposition entre le jour et soi, on n'apercevoit pas.

Cet art de masquer le dessin, ou une peinture foible au trait sur l'Eventail mis à plat, nous est inconnu.

Les commerçants anglois auront vraisemblablement observé cet art, et auront pris sans doute à Canton, où leurs vaisseaux se rendent annuellement en nombre, quelques renseignements des ouvriers chinois sur ce joli procédé. Leur industrie toujours active l'a aussitôt étendu et perfectionné.

Nous avançons cette conjoncture, parce qu'ayant acheté en l'année 1792, une jolie édition angloise de Milton, imprimée à Londres en 1790, format *in-*12, relié en vélin, doré sur le plat et sur tranche, tabis en dedans, etc. la tranche du volume vue avec la plus scrupuleuse attention, n'offre à l'œil qu'une belle dorure; mais en l'inclinant avec le pouce dès la première page jusqu'à la dernière pour *l'effeuiller*, c'est-à-dire détacher les feuillets des uns des autres, la dorure de chaque feuillet, dans sa longueur, disparoît entièrement, et on aperçoit alors sur cette tranche inclinée, un paysage très-agréable, formé de maisons et d'arbres, avec ciel et terrasse, peints au bistre sur un fond vert pâle. Cette heureuse imitation fait honneur à l'artiste inventeur de ce nouveau procédé, bien supérieur à ce que les tranches antiquées ou *gauffrées* des reliûres du quinzième siècle leur ajoutoient de mérite.

Nous avons un autre Eventail également en bois de bambou du plus beau poli, dont les maîtres brins sont sculptés avec délicatesse. C'est un présent d'un Vice-Roi, qui a peint lui-même le papier, et y a mis son cachet, selon que nous l'a écrit le respectable Missionnaire qui nous l'a envoyé. Cette peinture, où le paysage domine, ne plairoit pas ici. L'Eventail a son étui d'étoffe rouge, chamarré de dessins légers tracés en points de soie blanche, représentant divers instruments militaires.

FAMINE.

L'INONDATION des rivières, les sauterelles qui ravagent les moissons, une stérilité presque générale, tous ces fléaux réunis ont porté plusieurs fois la désolation dans les différentes provinces de l'Empire, et en ont enlevé la majeure partie des habitants (1).

LES magasins d'abondance en grains et en riz formés dans les villes principales de chaque province, suite d'une administration paternelle, et aussi sage que prévoyante, sont venus au secours des peuples qu'attaquoit cette calamité ; mais souvent les ordres de l'Empereur ont été mal exécutés : la lenteur employée par les Vice-Rois, par les Gouverneurs, à donner la connoissance du mal qu'ils avoient intérêt de déguiser, a multiplié l'indigence et la mortalité. Les abus du pouvoir et l'avidité du gain ne se renouvellent que trop malgré les lois ; mais sous un Prince vigilant et sévère à propos, la punition en Chine est prompte et terrible.

DES lettres de Canton, selon les papiers de Londres du 17 mai 1793, annoncent qu'une fa-

---

(1) Duhalde, tom. I, fol. — Mém. des Miss. de Pékin, tom. XIII, 378.

mine a fait périr dans cette ville plus de cinquante mille ames. Peut-être ces lettres rappellent-elles ce que le capitaine J. Meares a consigné dans son voyage intéressant et traduit tout récemment. C'est à l'occasion du changement des moussons, vers les mois d'avril et d'octobre dans les mers de Chine, qu'il a dit : « Les Chinois redoutent au-delà de ce qu'il est possible d'exprimer ces terribles ouragans, qui détruisent quelquefois des villages entiers avec leurs habitants. Souvent encore toutes les moissons sont enlevées par leur souffle meurtrier, et la famine avec toutes ces horreurs vient désoler ces climats. Ce fut un de ces cruels accidents qui, avec une excessive sécheresse, occasiona en 1787, la plus affreuse disette dans les provinces méridionales de la Chine, et fit périr un nombre incroyable de leurs habitants. Il étoit très-ordinaire à Canton de voir les malheureux que la faim dévoroit rendre le dernier soupir, tandis que les mères regardoient, comme un devoir pour elles, de donner la mort à leurs enfants pour leur épargner une fin plus douloureuse (1) ».

M. Cibot, dans sa Notice sur les Abeilles et la Cire, donne la recette suivante pour suppléer aux aliments dans des temps de détresse et de famine : « Faire cuire dans l'eau en pâte très-épaisse six onces de fleurs de farine, cinq onces de belle colle forte (celle qu'on indique est transparente comme de la gomme, faite avec beau-

---

(1) Voyage de la Chine, en 1786 — 1789, trad. de l'Angl. par Billecoq. *Paris*, an 3, 3 vol. in-8°. fig.

coup de soin et parfumée par des aromates qu'on y mêle). Quand la pâte sera cuite et refroidie, formez-en de petites boules, grosses comme des pois; et lorsqu'elles seront sèches, jetez-les dans trois onces de cire jaune fondue, et remuez-les jusqu'à ce qu'elles l'aient toute pompée : puis laissez-les sécher à l'ombre : une fois séchées, on les met dans un vase de terre et on les garde pour le besoin. Quand on a pris à jeun quarante à cinquante de ces petites boules, on peut rester plusieurs jours sans prendre de nourriture; l'unique attention qu'il faut avoir, c'est de boire chaud après les avoir avalées........ Un fameux Bonze n'avoit pas d'autre secret pour soutenir, aux yeux du public, le spectacle d'une abstinence qui paroissoit tenir du prodige, et qui ne fut plus rien quand on eût observé qu'il prenoit furtivement des boulettes préparées avant le thé qu'on lui donnoit deux fois par jour.

On conçoit que quand un grand Etat est dans la détresse des aliments, les hommes bien intentionnés, ceux qui ont des lumières, sont naturellement appelés à réunir tous leurs moyens pour venir au secours du Gouvernement; mais si la cupidité et la charlatanerie déterminent ces moyens, on doit s'en défier ».

Cette réflexion nous rappelle que les Philosophes Economistes, les Dupont, Quesnay et autres, ont présenté à la Cour et au Peuple, sans un besoin marqué, des mélanges de farine qu'il est dangereux d'enseigner, parce qu'on ne tarde pas à en abuser. Le pain de ces Docteurs, présenté avec emphase sur les tables distinguées, étoit seulement goûté ; et quoiqu'il ne contînt pas de farine de froment, on s'extasioit sur son mérite. Considérons que l'intérêt est un redoutable professeur, et qu'il prend toujours le titre d'*Ami du Peuple*.

FEMMES.

Clôture des Femmes, et des Femmes publiques.

Selon les Auteurs de l'Histoire universelle les Femmes chinoises sont en général d'une taille médiocre, bien faites et adroites ; mais elles ne se soucient point d'avoir la taille fine, ni que la gorge et les hanches soient prononcées : au contraire, elles cherchent à être également grosses depuis la tête jusqu'aux pieds (1).

Lorsque les Grands ainsi que les Missionnaires Européens sont admis dans l'intérieur des Palais de l'Empereur, ils sont précédés d'Eunuques qui, lors de la traversée des cours, des terrasses, des galeries, d'où l'on pourroit avoir vue sur les appartements où peut se trouver quelque Princesse, ou autre personne du sexe, font des signaux, afin d'avertir les autres Eunuques qui sont en sentinelle, de fermer les portes, les fenêtres des endroits d'où l'on pourroit être aperçu, et encore afin de savoir si quelque Princesse ne seroit pas en chemin pour en visiter une autre, ou pour quelque affaire particulière.

---

(1) Hist. univ. trad. de l'Angl. in-4°. XX, 199.

Car, quoique dans l'intérieur du Palais, les Princesses et toutes leurs femmes, quelque proches que soient leurs appartements, ne peuvent aller de l'un à l'autre que dans des chaises fermées portées par des Eunuques, et différentes, suivant les divers degrés de dignité de ces Dames ; et que dès-lors aucun homme, même un fils ou un frère de l'Empereur, ne peut se rencontrer sur le chemin, les Eunuques ayant donné le signal, on se détourne aussitôt, ou si les circonstances en empêchent, on tourne le dos à la chaise lorsqu'elle passe (1).

CHEZ les Particuliers la chambre située à l'occident est destinée à l'épouse, aux femmes qui la servent et aux petits enfants. Chez l'Empereur, l'Impératrice, les Reines, ainsi que les Dames d'Honneur, et les femmes qui les servent, ont leur appartement séparé.

ON n'aperçoit jamais les femmes dans les rues ; on ne les voit ni vendre ni acheter dans les boutiques des marchands : les mœurs s'y opposent ; cependant lors du temps annuel des réjouissances, les femmes sortent et vont aux théâtres. *Voyez* ci-après FÊTES du mois de Novembre.

LES Anglois et les Hollandois, dans les dernières Relations publiées de leurs Ambassades, confirment bien qu'on ne voit pas de femmes dans les boutiques des villes ; mais ils disent en avoir vu nombre dans les rues de Pékin, ou d'autres villes des provinces, lors de leurs tra-

---

(1) Lettres édif. tom. 24, 322.

versées, soit à pied soit en voiture, et que ces femmes étoient fort avides et curieuses de voir des Etrangers Européens : c'étoient sans doute des femmes Tartares du peuple; car tous les renseignements antérieurs disent qu'il est bien rare qu'on en rencontre. Comment concilier ce fait avec la marche pénible des petits pieds des femmes Chinoises? Celles que l'on voit sont portées dans des chaises fermées, d'où elles voient et peuvent être vues.

La tolérance de certaines maisons de débauche, est un mal politique jugé cependant nécessaire; mais plus les Gouvernements ont été sages, plus ils ont surveillé la conduite des Femmes publiques, et montré de sévérité dans les lois, pour punir leurs excès, diminuer leur nombre, et les séquestrer de la société.

Il y a, comme ailleurs, des Femmes publiques et prostituées à la Chine; mais à cause du désodrre qui marche toujours à leur suite, il ne leur est pas permis de demeurer dans l'enceinte des villes. Leur logement doit être hors des murs; encore ne peuvent-elles pas avoir des maisons particulières : elles logent plusieurs ensemble, et souvent sous l'inspection d'un homme qui est responsable du désordre, s'il en arrivoit. Au reste, dit Duhalde (1), ces Femmes libertines ne sont que tolérées, et on les regarde comme infâmes ; c'est pourquoi il y a des Gouverneurs de villes qui n'en souffrent point dans

---

(1) Duhalde, II, 51.

leurs districts. Les Femmes qui dansent sur la corde sont également décriées par leurs mœurs, et on ne leur permet pas l'entrée dans les villes.

Cette police sévère est fort exemplaire, il seroit à souhaiter qu'une corruption bien plus criminelle fût restreinte au moins avec la même rigueur des lois : le crime contre nature étant public en Chine, si l'on en croit les Européens qui ont séjourné à Canton, les sages Historiens cependant des deux dernières Ambassades en Chine, ne se sont pas permis un mot sur cette dépravation.

M. Cossigny, *Voyage à Canton*, vol. in-8°. de l'an 1800, dit que les Femmes publiques sont en très-grand nombre dans cette ville de commerce si peuplée, où abordent tous les étrangers.

FESTINS, REPAS ET VISITES.

Les Chinois font deux sortes de Festins, les uns ordinaires, qui sont de douze ou seize mets ; d'autres plus solennels et plus somptueux, où l'on sert jusqu'à vingt-quatre plats sur chaque table, et où les cérémonies sont sans nombre (*c*).

Quand on veut observer exactement ce cérémonial, un Festin doit toujours être précédé de trois invitations qui se font par autant de *tie-tsée*, ou de billets qu'on écrit à ceux qu'on veut régaler. La première invitation se fait la veille, ou tout au plus l'avant-veille, ce qui est rare : la seconde se fait le matin du jour même destiné au repas, pour en faire ressouvenir les convives et les prier de nouveau de n'y pas manquer : enfin la troisième se fait lorsque tout est prêt, et que le maître du Festin est libre, par un troisième billet qu'il leur fait porter par un de ses gens, pour leur dire l'impatience extrême qu'il a de les voir.

La salle du Festin est ordinairement parée de fleurs, de peintures, de porcelaines et d'autres ornements semblables : il y a autant de tables que de personnes invitées, à moins que le grand nombre de convives n'oblige d'en mettre deux à chaque table; car dans ces grands repas, il est rare qu'on en mette trois.

Ces tables sont toutes sur la même ligne, le long des deux côtés de la salle, et répondent les unes aux autres, en sorte que les convives soient assis sur des fauteuils et placés vis-à-vis l'un de l'autre : le devant des tables a des ornements de soie, faits à l'aiguille, qui ressemblent assez à nos paremens d'autel, quoiqu'on n'y mette ni nappes, ni serviettes : elles sont cependant très-propres au moyen du vernis admirable de la Chine.

Les bords de chaque table sont souvent couverts de plusieurs grands plats, chargés de viandes coupées et arrangées en pyramides, avec des fleurs et des citrons au-dessus sur les côtés de la table. On ne touche pas à ces viandes qui ne servent qu'à l'ornement, à peu près comme on fait à l'égard des figures de sucre qu'on met sur la table dans les Festins d'Italie. Nos surtouts de dessert sont souvent aussi de représentation ; mais auparavant on a pu grandement dîner.

Il n'y a plus de comparaison à faire des repas donnés par l'Empereur avec ceux d'usage en Europe, qui devront toujours nous paroître préférables (*d*). Les premiers consistent en plusieurs grands bassins de chair bouillie, quelques plats de crème et des fruits secs, des pains de fleur de farine, cuits à la vapeur de l'eau ; tout cela préparé à l'office et aux cuisines du Palais, et porté gravement à deux mains par des Eunuques, forme ici ce qu'on appelle Festin dans ces sortes d'occasions, et ce que nous présenterions à peine sous le nom de collation. La sobriété est le propre de cette Nation.

L'usage étant général dans les grands Festins du Palais, chacun a sa table : dîner avec l'Empereur, c'est, à parler exactement, manger en sa présence, à une table qui est au bas de l'estrade élevée sur laquelle est celle du Souverain.

En Chine il n'y a point d'assemblées nocturnes : le souper étant à deux heures, toutes les affaires qui se traitent et qui commencent dès la pointe du jour, sont finies pour la journée. Le souper est le repas des festins de cérémonie, de réjouissance et d'amitié.

A l'égard des visites, il y en a de deux sortes, qui ont leurs époques marquées : l'une entre les amis qui demeurent proches les uns des autres ; elle se fait le dernier jour de l'année, après le coucher du soleil : on s'assemble et on se rend mutuellement le salut, en se prosternant jusqu'à terre. L'autre Visite se rend avec les mêmes cérémonies, ou le premier jour de l'année, ou les jours suivants: plutôt on s'acquitte de ce devoir, et plus on marque de respect et de considération aux personnes à qui on le rend.

Lorsqu'on veut faire une Visite de cérémonie, on prend le costume suivant: par dessus la veste on porte une longue robe d'une étoffe de soie assez souvent bleue, avec une ceinture; sur la robe un petit habit noir ou violet qui descend aux genoux, fort ample et à manches larges et courtes; un petit bonnet, fait en forme de cône raccourci, chargé tout autour de soie flottante, ou de crins rouges; des bottes d'étoffe aux pieds et un éventail à la main. Quand on va visiter un Gouverneur, ou quelqu'autre personne en dignité, ou de considération, il faut y aller avant dîner, ou s'il arrive qu'on déjeûne, il faut du moins s'abstenir de vin: ce seroit manquer au respect dû à un Homme de Qualité, si celui qui lui rendoit visite sentoit tant soit peu le vin.

Le dernier jour de l'année chinoise, la nuit suivante et les dix-huit premiers jours de l'année sont le temps de leurs grandes Fêtes de réjouissances. On ne songe alors, comme dans notre carnaval, qu'à se divertir et à faire bonne chère.

Les Missionnaires de Pékin ont donné le détail des cérémonies et du pompeux cortège qui accompagne l'Empereur, quand il vient saluer l'Impératrice, sa mère, le premier jour de l'an. Cette Visite du Souverain offre une grande idée du *respect filial*; tous les honneurs, tous les hommages que l'Empereur reçoit, il va les déposer aux pieds de sa mère, et renouveler à ses Peuples l'exemple le plus frappant de sa soumission (1).

FÊTES, RÉJOUISSANCES PUBLIQUES,
ET FÊTES DONNÉES PAR L'EMPEREUR.

Dans le Supplément à l'Histoire générale de la Chine, M. Grosier, d'après Duhalde et Lecomte, a présenté un choix fait avec goût des traits principaux qui caractérisèrent les Fêtes et les Réjouissances publiques en Chine : savoir; la Fête du Printemps ou de l'Ouverture des Terres, célébrée pompeusement à Pékin par l'Empereur, et le même jour par tous les Gouverneurs des Provinces, à l'exemple du Prince. Nous en parlerons cependant encore, mais d'une manière neuve, en recourant au Philosophe d'Yverdon (M. Poivre); nous donnerons aussi des résumés sur les *Ouan-Chéou* et les *Grands Yen*, en consultant les Mémoires des Missionnaires de Pékin et nos Lettres particulières.

Il est nécessaire de savoir que l'année chinoise commence à la conjonction du soleil et de la lune, la plus proche du quinzième degré du verseau, signe dans lequel, suivant la supputation des Européens, le soleil entre vers la fin du mois de Janvier, et demeure pendant le mois suivant presque entier. C'est de ce point que les Chinois

---

(1) Duhalde, II, 104. — IV, 154. III. — Mém. des Miss. de Pékin, IV, 140. — *Ibid.* tom. XV, 94.

comptent leur printemps. Le quinzième degré du taureau fait le commencement de leur été; le quinzième degré du lion, celui de leur automne, et le quinzième degré du scorpion, celui de leur hiver.

La Fête du commencement de l'année, pendant laquelle tous les Tribunaux sont fermés, le service des postes arrêté, toutes les affaires de la Nation suspendues, est consacrée, tant qu'elle dure, à se visiter et à se faire mutuellement des présents, à se donner des repas, à s'occuper uniquement de spectacles et de plaisirs. Par le commencement de l'année (1), les Chinois entendent la fin du douzième mois et vingt jours de la première lune de l'année suivante.

Cette Fête porte le nom de *Clôture des Sceaux*, parce que les petits coffres où l'on renferme les sceaux de chaque Tribunal, sont alors fermés avec beaucoup de cérémonie : elle est suivie d'une autre plus éclatante, qui est fixée au quinzième jour du premier mois : elle commence le 13 au soir, et finit le 16 ou le 17; on la nomme la *Fête des Lanternes*. Elle est universelle dans l'Empire, et l'on veut dire que le même jour, à la même heure, toute la Chine est illuminée. Les villes, les villages, les rivages de la mer, le bord des rivières, sont garnis de lanternes peintes et d'une forme variée. Les cours et les fenêtres des maisons les plus pauvres sont

---

(1) Hist. gén. des Voyages par M. De la Harpe. *Paris*, 1780, in-8°. VII, 340.

ornées

ornées de lanternes : les Citoyens riches, les Gens en place, les Grands, les Princes et l'Empereur déploient, dans ces décorations, la plus riche somptuosité. Telle lanterne vaut 3 à 4000 l. de notre monnoie. Les Sommes chinoises, ou vaisseaux, au rapport de M. Cossigny, illuminées en lanternes depuis le haut jusqu'en bas, donnent, par leurs lumières sur l'eau, un reflet surprenant. C'est un spectacle dont on ne peut se faire l'idée, quand on ne l'a pas vu (1).

Nous n'entrerons pas sur ces Fêtes dans un plus grand détail, parce qu'elles ont été déjà décrites ailleurs. Nous ajoutons seulement qu'elles sont embellies par des feux d'artifices (2) d'un grand effet, principalement par la variété de leurs couleurs, et bien propres à servir de spectacle et d'amusement à un peuple naturellement sérieux, à un peuple laborieux par nécessité dans tout autre temps de l'année. On sait qu'en Chine la pyrotechnie a été portée fort loin, et que c'est au P. d'Incarville qu'est due la connoissance que nous avons de la composition de ces feux : on la trouve dans les Mémoires in-4°. des Savants Étrangers, correspondants de l'Académie des Sciences.

Le Frère Attiret dit que les lanternes qui servent à l'illumination des Palais et des Jardins de

---

(1) Voyage à Canton, in-8°. An 7, p. 258.
(2) Les Chinois ont l'art d'habiller le feu à leur fantaisie. *Ambass. de L. Macartney*, tom. III, in-8°. p. 120.

Seconde Partie.   E e

l'Empereur, sont d'un travail fini et délicat; qu'aux unes il y a des figures de poissons, d'oiseaux, d'animaux; que d'autres sont en forme de vases, de fruits, de fleurs, de barques; qu'on en fait de toute grandeur en soie, en gaze, en corne peinte, en nacre, en verre et autres matières. Des lampes suspendues en dedans font briller la variété de leurs couleurs, la beauté de leurs dessins et la richesse de leurs ornements.

Iº. Cérémonie de l'Ouverture des Terres.

Chaque année, dit M. Poivre (1), le quinzième jour de la première lune, qui répond ordinairement aux premiers jours de Mars, l'Empereur fait en personne la cérémonie de l'Ouverture des Terres. Il se transporte en grande pompe au Champ destiné à la cérémonie. Les Princes de la Famille Impériale, les Présidents des cinq grands Tribunaux, et un nombre infini de Mandarins l'accompagnent : deux côtés du champ sont bordés par les Officiers et les Gardes de l'Empereur ; le troisième est réservé à tous les Laboureurs de la province, qui accourent pour voir leur art honoré et pratiqué par le Chef de l'Empire ; les Mandarins occupent le quatrième.

L'Empereur entre seul dans le champ, se prosterne et frappe neuf fois la tête contre terre, pour adorer le *Tien*, c'est-à-dire le Dieu du Ciel : il prononce à haute voix une prière, ré-

---

(1) Voyages d'un Philosophe. *Yverdon*, 1768, in-12.

glée par le Tribunal des Rites, pour invoquer la bénédiction du Grand-Maître sur son travail et sur celui de son Peuple, qui est sa Famille; ensuite, en qualité de premier Pontife de l'Empire, il immole un bœuf, qu'il offre au Ciel, comme au Maître de tous les biens : pendant qu'on met la victime en pièces, et qu'on la place sur un autel, on amène à l'Empereur une charrue attelée d'une paire de bœufs magnifiquement ornés. Le Prince quitte ses habits impériaux, saisit le manche de la charrue, et ouvre plusieurs sillons dans toute l'étendue du champ; puis d'un air aisé il remet la charrue aux principaux Mandarins, qui labourent successivement, se piquant les uns et les autres de faire ce travail honorable avec plus de dextérité. La cérémonie finit par distribuer de l'argent et des pièces d'étoffes aux Laboureurs qui sont présents, et dont les plus agiles exécutent le reste du labourage avec adresse et promptitude en présence de l'Empereur.

Quelque temps après qu'on a donné à la Terre tous les labours et les engrais nécessaires, l'Empereur vient de nouveau commencer la semaille de son champ, toujours avec cérémonie et en présence des Laboureurs.

La même cérémonie se pratique le même jour dans toutes les provinces de l'Empire, par les Vice-Rois, assistés des principaux Mandarins, des Gouverneurs des villes et Magistrats de leur département, et toujours en présence d'un grand nombre de Laboureurs de la province.

J'ai été témoin, continue M. Poivre, de cette Ouverture des Terres à Canton (1), et je ne me rappelle pas avoir jamais vu aucune des cérémonies inventées par les hommes, avec autant de plaisir et de satisfaction que j'en ai eu à considérer celle-là ».

II°. Fête célébrée en Chine dans le mois de Novembre.

Cette Fête se fait partout après la récolte; elle consiste dans des comédies qui durent plus de quinze jours. Les fêtes fondées sur la Religion, sont consacrées à rendre des actions de grâces pour les moissons qu'on a recueillies; les autres sont de pures réjouissances. Alors on joue les comédies de distance en distance dans les campagnes: c'est surtout devant les grands Miao, ou Temples d'Idoles, qu'on les représente. Le théâtre n'est point dans l'enceinte du Miao: il est bâti solidement, et subsiste toujours. Lorsque le temps des Fêtes est arrivé, on voit sur les chemins une foule de monde qui vient des autres villages pour entendre la comédie.

Les femmes ont droit de sortir dans ce temps-là; ordinairement elles portent avec elles des bâtons d'odeur, leur premier soin est d'aller au Miao, où elles offrent ces bâtons à l'Idole; et tandis qu'ils brûlent, elles font le *ko-téou* (les prosternations.) Cela fini, elles vont entendre la comédie : les environs du théâtre sont chargés de tables, et les tables de différents comes-

---

(1) Faite par le Vice-Roi.

tibles, qui ne manquent pas de consommateurs. Tant que la journée dure, les spectacles se renouvellent, et toute la journée on mange. Voilà ce que j'ai vu, dit M. Bourgeois, dans sa lettre du 10 octobre 1788.

Ceci est d'autant plus remarquable que le silence des Missionnaires nous faisoit douter qu'on eût construit d'une manière solide des théâtres dans les villes, ou près des villes. Cette lettre nous apprend aussi que les femmes, dont la clôture est si sévère en Chine, ont, à l'occasion de cette Fête et sur ce prétexte, la liberté d'aller au spectacle.

IIIº. Après ces Fêtes annuelles, il y en a d'autres qui reviennent à certaines époques ; par exemple, la cérémonie du *Ouan-chéou*. Elle se fait avec beaucoup de pompe, de dix en dix ans, pour célébrer la naissance de la Mère de l'Empereur, et la sienne même.

C'est dans cette circonstance que le Souverain fait des dons et des largesses immenses ; qu'il décharge ses peuples de tous impôts, qu'il pardonne aux coupables, et qu'il fait ouvrir les prisons.

Ainsi en usa Kien-Long pour la célébration de sa soixante et dixième année ; mais ayant perdu peu de temps auparavant sa Mère, qui approchoit de quatre-vingt-dix ans, il ne voulut pas que ses sujets signalassent ce jour par aucunes dépenses, il le leur défendit même expressément par un *Chang-yu*, ou Discours d'en-haut, plein de bonté et de générosité, qu'on verra dans le tome IX, Mém. des Missionn. Fr. de Pékin. Cette 70e. année du Prince tomboit à l'année 1780.

La célébration de la 60e. année de l'Impératrice Mère fut faite en 1751, avec une magnificence incroyable : elle est décrite tout au long dans le XXVIIIe. Recueil des Lettres Édifiantes, pag. 188 et suiv., par M. Amiot, qui termine son récit en disant : Qu'on évalue la dépense qui fut faite pour cette Fête, tant par l'empereur que par les différents Corps et particuliers qui y contribuèrent, à plus de trois cents millions. Il faut en lire les détails pour en avoir une idée juste.

L'Empereur a fait graver cette Fête sur des planches en bois, ainsi qu'on en use à la Chine : elles forment deux petits minces volumes *in-fol.* que j'ai dans mon cabinet. Cette même Fête peinte auroit coûté plus de cent taëls, ou 750 livres de notre monnoie, selon que me l'a marqué le P. Benoist en 1772, époque à laquelle les Fêtes pour célébration de la 70e. et de la 80e. année de l'Impératrice Mère, qui ont été données en 1761 et 1771, n'étoient pas encore gravées.

Une lettre, du 14 novembre 1790, écrite par M. Raux, (1) Supérieur de la Maison des Missionnaires François à Pékin, nous apprend que l'Empire de Chine, jouissant d'une paix pro-

---

(1) Cité plusieurs fois dans l'Ambass. de Lord Macartney et dans celle de Hollande de M. Van-Braam.

fonde, vient de donner à son Souverain octogénaire, une fête brillante, nommée *Ouan-chéou*, qu'elle a attiré dans la capitale, soit des provinces, soit des royaumes voisins, un peuple immense; que le roi du Tong-king, nouvellement installé, s'y est trouvé en personne; que cet *Ouan-chéou* a coûté des sommes considérables, estimées, selon les uns, à trente millions, et, suivant d'autres à quarante-cinq millions de France.

Les Chinois donnent de l'éclat à toute espèce de cérémonie publique. Un Gouverneur de province, un Vice-roi ne sort jamais de son palais qu'avec une pompe majestueuse.

Ce faste est bien inférieur encore à celui que déploie le Souverain dans certaines occasions, soit quand il sort de son palais, soit surtout quand il va sacrifier dans le temple du *Tien*. Alors toute sa maison et sa musique le précèdent; les Grands de sa cour et les Princes l'accompagnent; deux mille Mandarins lettrés, et deux mille Mandarins d'armes, tous en habits de cérémonie, ferment la marche. On peut se représenter combien un pareil cortège est imposant.

IV°. GRANDS *YEN-YEN*.

« En Chine les grands *Yen-yen* (1) qu'on donne aux Princes étrangers, et à leurs Ambassadeurs, ont toujours lieu sous des tentes faites

---

(1) Mém. des Mission. de Pékin, XIV, 338 et suiv.

exprès, qu'on dresse dans les jardins. Ces tentes sont vastes et plus ou moins magnifiques, selon que l'Empereur veut plus ou moins faire honneur à ceux à qui il accorde un *Yen-yen*. Quand le nombre des convives est grand, on unit plusieurs rangs de tentes, et on forme comme une galerie immense, qui a des bas côtés; mais cela arrive rarement. La tente de *Yen-yen* est environnée d'une grande enceinte de toiles peintes, proprement tendues en murailles. On y entre par des portes de toiles également peintes, auxquelles on arrive par une avenue proportionnée et symétrisée. Les Chinois entendent fort bien ces sortes de décorations: elles sont toutes assorties au plus ou moins de magnificence de la tente; et plus riches, et plus chargées d'ornements, selon qu'elle l'est plus ou moins elle-même. La tente est toujours tournée au midi. Quand l'Empereur préside au *Yen-yen* à la tête des Princes et des Grands de sa Cour, il est au fond de la tente sur une estrade couverte de magnifiques tapis, et où l'on monte par trois grands escaliers. La partie de la tente qui la couvre, est plus élevée et beaucoup plus richement ornée que le reste, en dehors comme en dedans.

L'ORIGINE des tentes dans les *Yen-yen* se dérobe en partie à nos recherches. Nous croyons cependant qu'elles ont commencé à être en usage dans les festins que l'Empereur donnoit aux Princes et aux Grands, pendant les chasses générales qui étoient si fréquentes sous les premières Dynasties. Comme les salles et les appartements du palais n'étoient pas assez vastes dans les premiers temps pour les *Yen-yen* qu'on donnoit aux Princes qui venoient aux grands jours, on se servit de tentes. En consultant les *King*, on trouve cet ordre, *que quand les Princes viendront à la Cour, on aura soin de tirer les tentes des magasins, pour les tendre dans la cour des cérémonies*. *Tso-chi* dit que les Princes Tchao-kong et Ngei-kong donnèrent, sous des tentes, de grands repas à leurs Cours; et on les voit en usage sous les *Han*, jusque-là que l'Empereur *Vou-ty* fit bâtir un palais en tentes le long du lac *San-hou*, pour donner une fête aux Reines.

On a donc conservé l'usage des tentes pour les *Yen-yen*, parce qu'il étoit établi, parce que les grandes salles du palais ne sont pas assez vastes, parce que ces fêtes entraînent une foule de préparatifs qui blesseroient la majesté de l'appareil impérial, causeroient de l'embarras dans les audiences, et troubleroient le profond silence qui y règne. Un fait viendra à l'appui.

L'Empereur *Yang-ty*, de la Dynastie des *Soui*, voulant donner une idée de sa magnificence et de ses richesses à des Ambassadeurs Tartares, qui étoient venus apporter le tribut de leurs Maîtres, fit servir un *Yen-yen* à cent mille Mandarins, et à tout le peuple de la capitale. Soit pour sauver l'étiquette des tentes, soit pour s'accommoder aux circonstances, on imagina de tendre, d'une maison à l'autre, dans toutes les grandes rues, des toiles colorées : les tables étoient au milieu et les façades des maisons étoient cachées par des tentures de soie : comme il y avoit, de distance en distance, des chœurs de symphonie et de voix, des théâtres de baladins, des pyramides de viandes et de fruits, et des fontaines de vin, ces bons Tartares, à qui on affecta de faire traverser toute la ville pour les conduire au grand *Yen-yen*, disoient entr'eux que la Chine étoit *le vestibule des immortels*. Les Historiens Chinois, moralistes sévères, ne parlent, au contraire, de la somptuosité de ces fêtes, qu'en plaignant le Prince qui les donne, en relevant les secours qu'elles procureroient à ses peuples par un autre emploi. (Il est cependant vrai de dire, ajouterons-nous, que c'est un moyen politique d'attirer les Princes étrangers et d'accroître le trésor d'un État, enfin de faire refluer l'argent dans toutes les classes, jusqu'à celle de l'indigence).

La magnificence des tentes chinoises est au-delà de toute idée dans les fêtes extraordinaires, à cause de l'éclat du jaune citron, qui est la couleur impériale : les cordons des tentes sont en fil d'or, le dehors et le dedans de la tente sont en satin ou en brocard, les pommeaux, avec leurs aigrettes, répondent à ce luxe. *Les hommes sont si peu conséquents*, dit *Tang-tchi*, philosophe peu courtisan, *que les Princes trouvent plus de facilités pour ruiner l'État que pour y procurer et maintenir l'abondance.*

CEUX qui ont voyagé dans l'Asie occidentale savent que dans l'Inde, en Perse et en Turquie, le luxe a l'adresse d'employer d'aussi grandes sommes à orner une tente qu'un appartement. La tente du fameux Kouli-kan étoit brodée en perles; les pommeaux qui soutenoient les aigrettes, étoient garnis de diamants et de rubis; les clous même qu'on fichoit en terre, pour la tendre, étoient d'or massif, comme l'a assuré le frère Bazin, témoin oculaire. Il est évident que quand on dressoit cette tente, celles des Princes, des Grands et des Ministres, devoient être assez magnifiques pour pouvoir paroître à côté d'elle. En Chine les tentes de chasse, qui doivent être des tentes militaires, étoient si follement ornées, qu'il a fallu faire parler la loi, pour en déterminer les dimensions et les ornements...

Dès que les chaleurs de l'été commencent à se faire sentir, on tend dans l'intérieur du Palais, de hautes tentes aussi vastes que les cours, pour empêcher que le soleil ne donne sur les appartements de l'Empereur, de l'Impératrice, etc. Les tentes sont soutenues en l'air par leurs montants, et se baissent sur les côtés à hauteur d'homme, pour que le vent puisse circuler librement dessous, et y entretenir la fraîcheur. Cette manière de les tendre est certainement la plus propre à obtenir ce qu'on souhaite; parce que les cordes qui sont tout autour, les appelant vers la terre, le moindre vent dans l'air s'y engouffre, et les agite de mamière à donner un zéphir fort agréable. Mais quand le vent est fort, la tente lui donnant beaucoup de prise, il l'enlèveroit sûrement, si les cordes qui la tendent n'étoient attachées de façon à pouvoir résister aux bouffées les plus violentes. L'industrie chinoise a imaginé de les attacher à d'énormes colonnes (tronquées), ou plutôt à de gros blocs de marbre, dont la pesanteur s'oppose aux plus fortes secousses de la tente. « Ceux que M. Cibot a vu sont ronds, de marbre blanc et hauts de plus de quatre pieds, sur trois environ de diamètre. Ces blocs, au nombre de quatre, de huit et de dix, selon la grandeur de la cour, sont placés dans des angles et au bas des perrons. Pour y attacher plus sûrement et plus fortement les grosses cordes qui assujettissent, ils sont surmontés d'un gros anneau qu'on a taillé et pris sur leur hauteur.

Une Impératrice, à son avénement à la couronne, donne concurremment avec l'Empereur, un *Yen-yen* aux Princesses, aux Reines, et à toutes les Femmes de la Cour. Les tables sont vis-à-vis l'une de l'autre ; le cérémonial est fort long et majestueux.

C'est dans l'Asie que le luxe a toujours déployé son faste. Qu'on voie dans le tome XIV des *Mém. des Miss. de Pékin*, pages 71 et suiv. la description de la fête d'Assuérus; dans les Histoires modernes, les richesses du Grand-Mogol et de Delhi sa capitale, avant l'invasion de Thamas-kouli-kan, en 1738; et enfin récemment la magnificence, la somptuosité du Palais et de la Cour de Typo, dont les Anglois ont conquis les Etats et enlevé les trésors, et l'on verra la même continuité de l'expansion du luxe, en or, en pierreries, en revenus, etc.

FILLES. (Jeunes)

Selon le *Liki*, à sept ans on sépare les filles des garçons, et on ne leur permet pas de s'asseoir sur la même natte, ni de manger ensemble (1). Quoique l'austérité des mœurs se soit rélâchée, il est d'usage général dans l'Empire que les filles s'enferment après sept ans dans l'appartement des femmes, et qu'elles n'en sortent qu'à leur mariage. Aucun homme ne peut entrer dans ces appartements, et comme elles-mêmes n'en sortent jamais, et qu'elles sont toujours sous les yeux de leur mère, grand'mère et sœurs, il est visible que leur innocence n'a pas besoin pour ainsi dire de leur vertu, et qu'il est difficile à une fille, pour ne rien dire de plus, de ne pas conserver sa virginité jusqu'au moment de son mariage.

La loi ordonne aux pères et mères de veiller sur l'innocence de leurs filles : si par une accusation portée en justice, il est prouvé que l'une d'elles se soit laissée corrompre, les pères et mères sont punis corporellement, ainsi que les proches parents et leurs voisins, dès qu'ils ne les ont pas dénoncés. Pour la fille, dans le cas où il est prouvé qu'elle est consentante, et

---

(1) Mém. des Miss. de P. II, 392.

que ses parents sont complices, l'officier public de la justice la vend comme esclave, à moins que son amant, s'il n'est pas marié, ne veuille l'épouser pour réparer son honneur. Ces sortes d'affaires sont terribles pour leurs suites et par leur éclat; aussi sont-elles fort rares.

M. Staunton remarque que les jeunes personnes élevées délicatement et non occupées de travaux rudes, ont en Chine une grande blancheur de peau et la régularité des traits (1).

Les habitants de *Yang-tchéou*, ville voluptueuse, aiment fort le plaisir; ils élèvent avec beaucoup de soin plusieurs jeunes filles, auxquelles ils font apprendre à chanter, à jouer des instruments, à peindre, et à se livrer à tous les exercices qui font le mérite du sexe : ces soins intéressés ont pour but de vendre ces jeunes filles dans la suite bien cher, au moyen de cette belle éducation, à de grands Seigneurs, qui les mettent au rang de leurs concubines, c'est-à-dire, de leurs secondes femmes (2).

D'autre part M. Van-Braam Houckgeest dit, qu'à *Sou-tchéou* les habitants vendent celles de leurs filles qui annoncent de la beauté; qu'on leur enseigne la musique, qu'on cultive tous les talents propres à leur sexe; que les plus belles sont ordinairement achetées pour les Mandarins de la première classe; et que celles qui réunissent aux grâces de la figure, l'agrément, les talents, sont payées depuis 450 louis

---

(1) Ambass. de lord Macartney, III, 257.
(2) Duhalde, I, 134.

d'or de France jusqu'à 700 : les autres pour moins de cent louis (1). Peut-être parle-t-on aussi d'*Yang-tchéou*, et il y a grande apparence.

Voyez l'article *Mariages et Noces*.

FOIRES.

IL y a tous les mois dans différents quartiers de Pékin, des Foires, qui se tiennent dans les grands Miao, dont les vastes et nombreuses cours, toutes bordées de galeries, sont fort propres pour cela.

EN traitant de la beauté des jardins de l'Empereur, et des Fêtes dont il régale sa cour, nous avons dit que ce Prince donne dans certain temps le spectacle d'une Foire publique. Les boutiques ouvertes offrent de riches étoffes, des porcelaines précieuses, des bijoux et des marchandises de différentes parties du monde. Les Eunuques du Palais tiennent ces boutiques, d'autres sont les acheteurs. La représentation des diverses espèces du commerce en activité dans une grande ville, contribue à l'amusement de ceux que l'Empereur a invités (2).

GUÉRITES.

DANS les provinces de *Tche-kiang*, de *Kiannan* (3), de *Chan-tong* (4) et de *Petche-*

---

(1) Ambass. Holland. tom. I, in-4°, 348.
(2) Mém. des Miss. de Pékin, II, 571.
(3) Province orientale et maritime de la Chine.
(4) Les Européens prononcent *Canton*, province méridionale et maritime.

li (1), il y a, de demi-lieue en demi-lieue, des Guérites où l'on pose des sentinelles : elles se font des signaux, la nuit par des feux qu'elles allument au haut de la Guérite, et le jour par des drapeaux qu'elles y suspendent. Ces Guérites ne sont faites que de gazon, et souvent de terre battue : elles sont quarrées, élevées en talus, et ont douze pieds de haut (2).

HOROSCOPES, voyez ci-après **SUPERSTITION**.

JEUNE.

Il consiste, de la part des Chinois, à ne manger que du riz, des légumes, et de ce qui n'a pas vie : il concerne moins le peuple que l'Empereur et les Mandarins, qui paroissent de même que les Princes, s'y assujettir par politique. Lors des jeûnes, ceux de l'Empereur montent à plus de cinquante, selon le calendrier de sa maison. La police se borne à faire fermer les boucheries, mais bien négligemment. Dans l'antiquité, tous les marchés étoient fermés dans les jeûnes publics, toutes les fêtes étoient suspendues : on ne rendoit pas même la justice.

JEUX.

Quoique le Jeu soit également défendu aux Mandarins et au peuple, cela n'empêche pas

---

(1) Province septentrionale, la première de ce grand Empire, Pékin en étant la capitale.
(2) Duhalde, I, 72.

qu'en

qu'en Chine on ne se livre avec fureur à cette passion, et qu'on ne perde souvent tout son bien, sa maison, ses enfants, sa femme même, en risquant sa liberté sur une carte : car il n'est pas d'excès où, selon le P. Lecomte, le désir violent de gagner et de s'enrichir ne porte un Chinois; les Beverley ne se bornent donc pas à l'Angleterre ?

La Nation Chinoise, et celle des Tartares Mantchous fondue avec elle, sont peut-être, dit M. Amiot (1), de tous les peuples du monde, ceux qui en apparence ont le plus d'aversion pour le Jeu. Ce déguisement de l'inclination est nécessaire : car un joueur, un homme capable de tous les crimes et un malfaiteur, sont ici des termes presque synonymes. On a fait en différents temps des ordonnances très-sévères contre le Jeu. Les Empereurs de cette dynastie, par une politique semblable à celle d'un de nos Rois, qui, voulant arrêter le cours du luxe en France, permît aux courtisanes seulement ce qu'il défendoit aux personnes d'honneur, prohibèrent rigoureusement le Jeu dans toute l'étendue de leur Empire, et le permirent aux seuls porteurs de chaises, gens sans aveu, qui sont dans un mépris général; mais cette politique n'ayant pas eu tout le succès qu'on s'en étoit promis, l'Empereur régnant, en renouvelant ses défenses, n'a excepté personne.

Le Jeu des échecs, très-anciennement connu

---

(1) Mém. des Miss. de P. VII, 41.

Seconde Partie.

à la Chine, a été faussement attribué au sage Empereur *Yao*. Duhalde dit qu'il n'a commencé qu'à ces temps malheureux, où l'empire fut désolé par des guerres intestines. Indépendamment des échecs, les Chinois ont un autre Jeu plus grave, qui consiste dans un échiquier divisé en trois cents carreaux et deux cents pièces, les unes blanches et les autres noires. L'habileté du joueur est d'attirer au milieu de l'échiquier les pièces de son adversaire et de saisir les cases qu'elles remplissoient. La victoire reste à celui qui en gagne le plus. La planche XXV, d'un de mes Recueils de peintures chinoises, donne la forme de ce dernier échiquier.

Le Jeu de Dés leur est très-familier, et celui des cartes ne l'est pas moins. On sait que les cartes n'ont paru en France, que dans les temps désastreux de l'infortuné Charles VI, qu'il falloit distraire de ses maux habituels pendant son long règne, ou pour mieux dire pendant celui des factions puissantes, qui sous son nom déchirèrent la France et l'abreuvèrent de sang. Ainsi les échecs en Chine, et les cartes en France, ont une origine funeste. Leurs cartes, beaucoup plus petites que les nôtres, sont noires et sans autre couleur. Voyez *Planche XXV*, du même recueil déjà cité (1).

Au rapport de M. Pallas (2), tous les instants

---

(1) On a lieu de croire que les Vénitiens ont introduit les cartes en Europe au retour de Chine de leur voyageur Marc Paul.

(2) Voyages en Sibérie, IV, 177.

de loisir sont donnés au Jeu par les négocians chinois. On les voit assis autour d'un damier, ou les cartes à la main, dès que leurs affaires leur laissent quelques moments de libres. Les Chinois de distinction s'amusent aussi à jouer avec un chapelet qui pend ordinairement à leur ceinture; mais le savant Voyageur n'indique pas le procédé de ce Jeu, qui n'est peut-être qu'une manière de contenance. Un Italien a toujours les mains ou les doigts en mouvement quand il parle; un Turc est dans l'habitude de passer sa barbe entre ses doigts, etc.

Les Chinois se plaisent à faire jouter des coqs en leur présence; c'est un divertissement commun dans l'Orient, selon Duhalde. Les combats opiniâtres de ces animaux, qu'on arme de rasoirs, et qui se battent jusqu'à la mort avec un courage et une adresse incroyable, ont quelque chose de fort agréable aux yeux de cette nation. Les Grecs et les Romains connoissoient cet amusement, et il a encore son activité dans la Grande-Bretagne.

L'adresse et la bravoure d'un animal fier comme le coq, ont stimulé la patience et la cupidité des Chinois, et les ont engagé à d'autres essais. Ils élèvent des cailles qu'ils accoutument à combattre mâles contre mâles. Bien plus encore, ils font jouter ensemble les grillons, jeu défendu comme le précédent, et tous autres, à cause des gageures qu'ils occasionnent. Dans cette lutte singulière les deux champions, pleins de colère, ont pour arène un tamis de forme circulaire que l'on pose sur une table. Les maîtres des grillons sont devant la table : l'un d'eux, planche XXVII de mon Recueil, anime son élève avec un brin de bambou : les deux athlètes en présence s'attaquent, se pressent, cherchent à se blesser : le plus foible cède, et le vainqueur tâche d'emporter une cuisse au vaincu, qui reste demi-mort sur le champ de bataille, ou qui se retire comme il peut, s'il est moins grièvement blessé, son ennemi ayant été plus généreux ou moins sanguinaire. Ainsi finit le combat : tel grillon bien instruit par son maître, se vendra quelquefois une pistole et plus ; mais les paris, dès que les champions se montrent dans l'arène, donnent lieu souvent à de grosses pertes.

M. Darchenbole, ancien capitaine au service du roi de Prusse, parle, dans son Tableau de l'Angleterre, *tome II, chap. VI*, d'une course de poux, substituée à celle des chevaux et des ânes, dans les hôpitaux et à l'hôtel des Invalides. La passion des Anglois pour les paris est, dit-il, si forte, que les malades même, ne pouvant entretenir ni chevaux ni ânes, ont imaginé de les remplacer avec des poux ; nonobstant la grande propreté qui règne dans ces maisons, on est cependant contraint de les y supporter. On les place sur une table, et le plus ou le moins de célérité de cette vermine, détermine la perte ou le gain des paris. Ce n'est point de l'or, mais des pots de bierre, cette boisson favorite du bas peuple, que l'on met en jeu.

Il faut des Jeux pour tous les âges : ceux les

plus ordinaires pour la jeunesse chinoise sont comme en Europe.

1º. LE volant. On s'y exerce à retenir le volant avec le pied, le coude, la tête, sans le laisser tomber : les jeunes gens s'interdisent d'y porter la main, et reçoivent le volant plus adroitement que nous avec les raquettes. Voyez ibid. pl. XXIII.

2º. Le sabot. On le fait agir, tourner et dormir avec un fouet de même qu'ici. La toupie, le petit palet et la boule amusent les différents âges.

3º. LE cerf-volant. Leurs formes sont infiniment plus variées et plus élégantes que les nôtres. C'est un immortel sur un nuage; ce sont des oiseaux de proie, des animaux, des papillons : des peintures agréables qui en font briller les figures. Voyez ibid. pl. XXVIII. Le cerf-volant une fois en l'air, on fait partir sur la corde une petite boîte de papier renfermant un papillon fait aussi de papier, qui, lorsqu'à l'aide du vent, il atteint le cerf-volant, le heurte et se développe de lui-même. On connoît en Chine la Grande Balançoire. Voyez le deuxième Recueil de *Peintures*, nº. 31; mais la Course de Bagues n'y a pas été inventée ni introduite.

Jou-y, voyez *Plumail*.

LIVRE qui contient l'ÉTAT DE LA CHINE.

CE LIVRE renferme les noms des Mandarins, leurs surnoms, leurs emplois: il indique s'ils sont Chinois ou Tartares, s'ils sont bacheliers ou docteurs : il marque encore en détail les changements des officiers des troupes, tant de celles qui sont en garnison, que de celles qui sont en campagne; et pour faire connoître ces changements, sans imprimer de nouveau tout le livre, on se sert de caractères mobiles. Au moyen de cet État, que l'on vend, chacun a la facilité de savoir à qui il a à faire pour ses sollicitations (1).

Tel étoit ici notre ancien Almanach Royal remplacé par l'Almanach Républicain.

LOUPES.

Un tiers des habitants des montagnes affreuses qu'on trouve à quelques journées de la ville de *Tai-ngau-tchéou*, province de *Canton*, a de grosses loupes à la gorge (des goîtres) : on attribue cette incommodité à la crudité des eaux de puits, dont ils sont obligés de se servir (2).

La même cause produit les mêmes effets physiques dans d'autres pays.

MANDARINS.

Dès les premiers temps de la monarchie, les Mandarins ont été partagés en neuf ordres différents. La subordination de ces ordres est si

---

(1) Duhalde, I, 119.
(1) *Ibid.* I, 73.

grande, que rien ne peut se comparer au respect et à la soumission que les Mandarins d'un ordre inférieur ont pour ceux d'un ordre supérieur (1).

Les Mandarins portent au sommet de leur bonnet de cérémonie une pierre précieuse. Les petits Mandarins du neuvième ou huitième rang n'ont que des pointes d'or. Depuis le septième jusqu'au quatrième, le bouton est en cristal de roche taillé. Le quatrième a une pierre bleue ; et depuis le troisième jusqu'au premier, elle est rouge, toute taillée en facettes ; mais la nuance de la couleur est encore un attribut distinctif. Par exemple, le bouton d'un Mandarin du premier ordre dans son habit de cérémonie, est rouge clair ou transparent. Voyez mon *Recueil 2e. de Peintures Chinoires*, 3e. fig. Les Mandarins des lettres ont sur leurs habits, pour marques de leur dignité, des oiseaux en broderie d'or ; et les Mandarins de guerre y portent des animaux, tel que le dragon, le lion, le tigre, etc. Ces marques d'honneur font connoître au peuple les rangs que tiennent ces officiers dans les neuf premiers ordres (2).

L'auteur du Voyage aux Indes Orientales (3). dit qu'on distingue les Mandarins par le bouton d'or, de perle ou de corail qu'ils portent au bonnet, suivant leur grade. C'est encore à la ceinture qu'on distingue les états, par la quan-

---

(1) Hist. univers. trad. de l'Angl. XX, 107.
(2) Duhalde, 1, 275. — IV, 224.
(3) Tome II, in-4°, 32.

tité de perles dont elle est surchargée. Les **Man**darins de la première classe portent sur la poitrine et sur le dos une pièce d'étoffe quarrée où brillent l'or et l'argent, etc. On les reconnoît à cette marque et à la quantité de gens qui les précèdent et qui portent, les uns des banderolles, des parasols, les autres des chaînes et des bambous : ils en imposent au peuple, qui tremble à la vue de ce redoutable et nombreux cortége.

Dans les plus beaux jours de la République Romaine les Consuls n'étoient-ils pas escortés de leurs licteurs ? Et cet appareil n'annonçoit-il pas que les lois devoient être respectées, la justice observée, l'ordre maintenu ? Lorsqu'ici les Grands se sont volontairement dépouillés des signes qui les faisoient reconnoître, lorsqu'ils ont renoncé à ces marques extérieures qui annonçoient leur supériorité, quand on a pu confondre les richesses avec la dignité ; lorsqu'enfin le Souverain n'a plus eu sa maison militaire, et que sa marche a cessé d'être imposante, qu'en est-il arrivé ? Tout le monde le sait.

En Chine il n'y a que l'Empereur et le Prince héritier, qui portent une perle de très-grand prix au sommet de la coiffure.

Les lois, dit Duhalde, interdisent aux **Man**darins la plupart des plaisirs ordinaires : il ne leur est permis que de régaler quelquefois leurs amis, et de leur donner la comédie ; ils risqueroient leur fortune, s'ils se permettoient le jeu, la promenade, les visites particulières, ou s'ils assistoient à des assemblées publiques : ils n'ont de divertissements, que ceux qu'ils peuvent prendre dans l'intérieur de leurs hôtels.

Le Gouvernement donne le logement à presque tous les Mandarins de robe et d'épée, qui ont des emplois dans la capitale et dans les provinces.

Coxe nous apprend qu'on connoît un Mandarin gouverneur d'une ville au bouton de cristal de son bonnet et aux plumes de paon qui tombent par derrière. Les Chinois lui donnent le titre d'*Amban*, ce qui signifie commandant en chef, et personne ne paroît devant lui, sans plier le genou. Celui qui vient présenter une requête, doit demeurer dans cette posture jusqu'à ce qu'il reçoive la réponse. Les honoraires de ce gouverneur (à l'extrémité de la Tartarie chinoise) ne sont pas considérables ; mais les présents que lui font les négociants, montent fort haut. C'est une marque d'un rang élevé, que d'avoir une voiture à quatre roues. Le gouverneur de Maitmaschin sort dans une voiture qui n'en a que deux (1).

MARIAGES ET NOCES.

Les anciens Chinois regardoient le mariage de leurs enfants, comme la plus grande affaire de leur vie. La loi de l'Etat leur en faisoit un devoir et vouloit qu'il dépendît entièrement d'eux.

---

(1) Nouvelles découvertes des Russes, in-4°. 274.

La jurisprudence n'a pas changé à cet égard : les pères et mères donnent une épouse à leurs fils, comme ils donnent un mari à leur fille. S'ils étoient morts, les plus proches parents succéderoient à leurs droits, et seroient responsables comme eux, à la justice, de tout ce qui seroit contraire aux lois dans le mariage de leurs parents.

On ne consulte point, dit Duhalde (1), les inclinations des enfants, quand il s'agit de les unir par les liens du mariage. C'est avec le père ou avec les parents de la fille que l'on convient du mariage, et qu'on passe le contrat ; car en Chine il n'y a point de dot pour les filles, et la coutume est que les parents de l'époux futur conviennent avec les parents de l'épouse d'une cetaine somme, qui s'emploie à acheter les habits et autres ustensiles, ou petits meubles que la mariée emporte le jour de ses noces. C'est ce qui se pratique surtout parmi les familles de basse condition ; car les grands, les mandarins, les lettrés et les personnes riches dépensent beaucoup plus que ne valent les présents qu'ils ont reçus.

Comme le sexe féminin est toujours enfermé, et qu'il n'est pas possible aux hommes de le voir, les mariages ne se contractent que sur les témoignages des parents de la fille qu'on recherche, ou sur le portrait qu'en font des femmes âgées, dont le métier est de s'entremettre de ces sortes d'affaires : les parents ont soin, par des présents

---

(1) Descript. gén. de la Chine, in-fol. II, 119, 121.

qu'ils leur font, de les engager à faire une peinture flattée de la beauté, de l'esprit, des grâces et des talents de leur fille : mais on ne s'y fie guère, et si elles portoient la mauvaise foi jusqu'à un certain point, elles en seroient sévèrement punies.

Quand, par le moyen de ces intrigantes, on est convenu de tout, on passe le contrat, on délivre la somme arrêtée, et l'on se prépare à la célébration des noces.

Le jour des noces convenu, on enferme la fiancée dans une chaise magnifiquement ornée : toute la dote qu'elle porte l'accompagne et la suit. Parmi le menu peuple, elle consiste en des habits de noces enfermés dans des coffres, et en meubles que le père donne. Dans un état considérable, un cortége de gens accompagne la chaise avec des torches et des flambeaux, même en plein midi. Cette chaise est précédée de fifres, de hautbois, de tambours, et suivie des parents et des amis particuliers de la famille. Un Domestique affidé garde la clef de la porte qui ferme la chaise, pour ne la donner qu'au mari : celui-ci, magnifiquement vêtu, attend à sa porte l'épouse qu'on lui a choisie.

Aussitot qu'elle est arrivée, il reçoit la clef que lui remet le domestique, et il ouvre avec empressement la chaise. C'est alors qu'il voit pour la première fois sa fiancée, et qu'il juge de sa bonne ou mauvaise fortune. Il s'en trouve qui, mécontents de leur sort, referment aussitôt la chaise, et renvoient la fille à ses parents, aimant mieux perdre l'argent qu'ils ont donné, que de faire une si mauvaise acquisition ; c'est néanmoins ce qui arrive rarement, attendu les précautions qu'on a soin de prendre.

Les fils de l'Empereur vont également chercher leur épouse en cérémonie dans sa maison. Dès que l'épouse est sortie de sa chaise, l'époux se met à côté d'elle ; ils passent tous deux ensemble dans une salle : là ils font quatre révérences au *Tien*, et après en avoir fait quelques autres aux parents de l'époux, on la remet entre les mains des dames qu'on a invitées à la cérémonie : elles passent ce jour-là toutes ensemble en divertissements et en festins, tandis que le nouveau marié régale et traite ses amis dans un autre appartement.

Les anciens usages, toujours si précieux et ramenés aux temps présents par M. Cibot, nous apprennent :

Que les mariages étoient défendus, sous les peines les plus graves, pendant le grand deuil ; que des aiguilles de tête, des bagues, des pendants d'oreille pour la fille, des étoffes et des fruits pour la famille, étoient les présents des fiançailles.

Que ces fiançailles consistoient proprement dans l'acceptation des arrhes et dans la signature du contrat. La fiancée, qui avoit eu jusque-là une partie de ses cheveux pendants, les relevoit sur sa tête ; et voilà probablement la vraie et primitive origine des aiguilles de têtes. Les fiançailles étoient toujours accompagnées d'un festin.

La cérémonie proprement dite du Mariage consistoit dans les prosternations que faisoient ensemble les deux époux au *Tien* (le Maître du ciel et de la terre) en présence de toute la parenté, et dans le repas qu'ils prenoient ensemble tête à tête, mangeant dans le même plat, et changeant continuellement de coupe, comme cela se pratique encore aujourd'hui.

L'épouse, ajoute-t-il, a toujours été chargée du gouvernement et des détails de l'administration des affaires. Outre que les contrats, l'argent et tout ce qui est un peu précieux, sont entre ses mains, c'est à elle à veiller sur l'intérieur de sa maison, à donner ses ordres pour toutes les dépenses, à présider à ce qui concerne la police, l'économie et les détails du ménage. Maîtres d'hôtels, hommes d'affaires, portiers, servantes de peine, tout le monde n'agit que par ses ordres, et lui rend compte de tout. Les Princesses même se font honneur de ces soins, et l'épouse du dernier premier Ministre s'est fait un nom par son habileté à gouverner sa maison.

On voit donc que le partage des femmes à la Chine leur donne tout ce qu'elles peuvent souhaiter, la confiance, la disposition et l'emploi des revenus; mais on n'y viole pas aussi légèrement et avec autant d'impunité les lois rigoureuses du mariage.

Les mœurs des anciens peuples, et les pensées de leurs sages, devenant objets de réflexions utiles pour notre siècle, on rappelle ici le passage suivant de Plutarque, extrait du discours, *Préceptes du Mariage,* trad. de M. Ricard. « Il faut que le mari et la femme mettent en commun tout ce qu'ils possèdent, et qu'il n'y ait rien de particulier pour chacun d'eux. Le mélange du vin et de l'eau, lors même que celle-ci est en plus grande quantité, conserve le nom de vin. Ainsi la maison doit toujours s'appeler du nom du mari, quand même la femme auroit apporté plus de bien que lui ». Le savant Traducteur ajoute : « Apparemment que du temps de Plutarque, l'usage s'introduisoit déjà de nommer presque toujours la maîtresse de la maison, et très-rarement le maître ». Nous disons que si c'est un abus, ses excès vont loin dans notre âge.

Les Chinois, après avoir contracté leurs mariages avec les solennités prescrites, sont liés indissolublement. Il y a des peines sévères contre ceux qui prostitueroient leurs femmes, ou qui les vendroient secrètement à d'autres. Si une femme s'enfuyoit de la maison de son mari, celui-ci peut la vendre après qu'elle a subi le châtiment ordonné par la loi. Si le mari abandonnoit sa maison et sa femme, elle peut présenter une requête et exposer sa situation aux Mandarins qui, à la suite d'un mûr examen, peuvent lui donner la liberté de prendre un autre mari : elle seroit rigoureusement châtiée, si elle se marioit sans observer cette formalité.

Il se trouve cependant des cas particuliers où

un mari peut répudier sa femme, tels que l'adultère, qui est fort rare en raison de la clôture des femmes : l'antipathie, ou l'incompatibilité des humeurs, la jalousie, l'indiscrétion, la désobéissance portée aux plus grands excès, la stérilité et les maladies contagieuses, sont des causes de répudiation; et dans ces occasions la loi autorise le divorce : mais on ne voit de ces exemples que parmi le peuple, et très-rarement parmi les gens de qualité.

Les infractions aux lois entraînent des châtiments très-rigoureux; le détail qu'on en donneroit ici, d'après le Code pénal, blesseroit gravement notre ton de galanterie européenne pour les femmes : le compilateur ne manqueroit pas de leur déplaire, malgré toutes les autorités qu'il apporteroit. Il renvoie ses lecteurs aux *Lettres Édifiantes*, 42e. Recueil, pag. 134 et suiv. Mais il croit nécessaire de faire connoître la sagesse et les précautions des Chinois relativement aux hommes en place et en dignité. Par exemple, si un Mandarin de justice se marie, ou prend une concubine dans le territoire où il exerce sa magistrature, la loi, qui n'épargne personne, le condamne à une dure bastonnade, et son mariage est déclaré nul : on inflige le même châtiment au mari qui chasse sa femme légitime sans raison, et on l'oblige de la reprendre, etc.

On ne se marioit, dans l'ordre des Lettrés, et on n'entroit en charge que vers l'âge de trente ans. Les mœurs à cet égard ont changé, et surtout à Pékin. Presque tous les gens de distinction marient leurs enfants fort jeunes; mais quoique mariés, ce qui est bien opposé à nos opinions, ils n'en vont pas moins en classe. *Un Lettré*, dit l'ancien proverbe, *doit avoir jusqu'à trente ans la modestie et la timidité d'une jeune vierge; depuis trente jusqu'à cinquante, la fécondité d'une femme mariée; après cinquante, le zèle et la sagesse d'une matrone*; c'est-à-dire, d'une femme douée d'une parfaite expérience du monde (1). Vieux adages orientaux sans doute, qui depuis le dernier siècle n'ont plus de partisans dans la Gaule.

Il y a une vingtaine d'années que j'ai vu une jeune personne de quatorze à quinze ans, très-aimable de figure, douée de talents, formée et ployée déjà aux belles manières du temps : elle venoit de jouer un rôle dans une comédie de société et d'amis. Des femmes raisonnables lui faisoient compliment sur la sûreté de sa mémoire, et particulièrement sur sa contenance assurée dès le début de son rôle, en observant qu'elle n'avoit pas rougi un moment. *Rougit-on donc présentement, Mesdames?* répondit-elle avec confiance. Etoit-ce le fruit de son éducation, ou une épigramme contre les femmes qui la complimentoient?

Théophraste, disciple de Platon, et qui vivoit vingt-deux siècles avant nous; lui, dont on a les *Caractères* d'après lesquels la Rochefoucault, la Bruyère, etc. ont écrit les leurs, disoit

---

(2) Mém. des Miss. de P. IX, 376.

à

à un jeune homme qui rougissoit : *Courage, mon enfant, telle est la couleur de la vertu.*

Parmi mes recueils de peintures chinoises, j'en ai une dans laquelle on voit au fond du sallon une longue estrade : un homme est assis à la droite, et deux femmes à la gauche : ce sont sans doute les pères et mères des mariés. Sur une estrade plus basse, revêtue d'étoffes et vis-à-vis de la première, sont le marié et la mariée. Un esclave apporte une cassette contenant des présents de noces. A la droite du tableau, on voit deux Chinois debout à l'entrée de la pièce ; et de l'autre côté, deux femmes, dont l'une tient par la main un enfant.

MARIONNETTES.

Dans tous les pays et chez toutes les nations, on trouve à peu près les mêmes amusements pour les enfants ; et parmi les peuples policés, les amusements se ressemblent davantage.

Les Marionnettes font le plaisir du jeune âge à la Chine comme en Europe. Dans mon Recueil de Peintures des *Cris de Pékin*, on voit, fig. 48, un montreur de Marionnettes enfermé dans une haute boîte d'environ six pieds. Cette boîte, ou loge portative, dont le haut est plus large que le bas, ressemble à une grande gaîne largement évasée. La partie supérieure, qui est un couvercle à charnière, se relève par derrière, et laisse voir un petit bout de décoration, formée par des pilastres : du centre de la boîte, l'homme élève au-dessus de lui, et sans pouvoir être vu

Seconde Partie.   G g

des spectateurs, les Marionnettes qu'il fait mouvoir et parler : il change à son gré les acteurs, et les met en scène.

Dans les places publiques de Pékin et dans les rues, il y a pour les enfants et pour les gens oisifs, d'autres spectacles qui offrent les mêmes amusements qu'à Paris. La figure 30, d'un autre Recueil de Peintures, *Habillements, Jeux*, etc. présente un homme qui donne la comédie, avec un singe et un chien. Il porte au-dessus et en dedans de sa caisse les instruments de son petit spectacle : il ne crie point, on connoît son état au bruit qu'il fait en battant sur un tambour avec un bâton, dont l'extrémité en boule est entourée de linge. Le tambour est une plaque de cuivre qui est suspendue, afin de rendre un son plus clair : il a pour ses deux acteurs, dociles à ses ordres, et encore plus à son bâton, différentes parures de corps et de tête.

D'autres montreurs de curiosités y abondent, selon le premier Recueil, fig. 47. On voit un homme assis sur un siége élevé, ayant pardevant un marchepied : un enfant monté sur un petit escabeau regarde attentivement, en fixant les yeux sur les verres au travers desquels il voit la curiosité. L'extérieur de la machine est fait avec propreté et décoré d'une manière agréable. Le montreur tient de la main droite une baguette, dont il frappe légèrement le côté de la machine, en indiquant les différents points de vue, ou les diverses scènes qui se passent intérieurement.

A tout âge n'avons-nous pas nos hochets successifs ?

MIAO-TSEE. (DES)

Les *Miao-tsee*, ces redoutables montagnards libres et indépendants pendant deux mille ans, n'existent plus en Chine depuis 1776, quarante-unième année du règne de Kien-Long, époque à laquelle leurs Princes subjugués, faits prisonniers par le général *Akoui*, furent condamnés à mort comme rebelles, exécutés à Pékin, et les peuples dispersés dans tout l'Empire (1). Le P. Duhalde a donné des détails assez amples sur les mœurs et usages de cette nation sauvage et vaillante qui habitoit le *Kin-tchouen*, pays de montagnes dans la Tartarie Chinoise. Quelques étranges qu'ils soient, les voici.

La coiffure des femmes a quelque chose de grotesque et de bizarre. Elles mettent sur leur tête un ais léger, long de plus d'un pied, et large de cinq à six pouces, qu'elles couvrent de leurs cheveux, en les y attachant avec de la cire; de sorte qu'elles semblent avoir un chapeau de cheveux. Elles ne peuvent s'appuyer ni se coucher qu'en se soutenant par le col, et elles sont obligées de détourner incessamment la tête à droite et à gauche le long des chemins, qui dans cette contrée sont pleins de bois et de broussailles.

---

(1) Après la conquête, le P. Félix d'Arocha, Président du tribunal des Mathématiques, alla par ordre de l'Empereur au *Kin-tchouen*, pour lever la carte du pays, et rapporta quelques bracelets des infortunés *Miao*.

La difficulté est encore plus grande quand elles veulent se peigner : il faut qu'elles soient des heures entières près du feu pour faire fondre et couler la cire. Après avoir nettoyé leurs cheveux, ce qu'elles se bornent à faire trois ou quatre fois pendant l'année, elles recommencent à se coiffer de la même manière.

Les *Miao-tsee* trouvent que cette coiffure est charmante, et qu'elle convient surtout aux jeunes femmes. Les plus âgées n'y font pas tant de façons : elles se contentent de ramasser sur le haut de la tête leurs cheveux avec des tresses nouées. Pourquoi les femmes âgées ne faisoient-elles pas comme les nôtres, qui croient devoir aussi prendre les coiffures de la jeunesse, parce que *c'est la Mode ?*

Les hommes vont pieds nus, et à force de courir sur leurs montagnes, ils se les sont tellement endurcis, qu'ils grimpent sur les rochers les plus escarpés, et marchent sur les terrains les plus pierreux avec une rapidité incroyable, sans en recevoir la moindre incommodité.

Leurs chevaux sont fort estimés, à cause de la vitesse avec laquelle ils grimpent les plus hautes montagnes et en descendent au galop ; leur habileté à franchir des fossés fort larges est extrême.

Les *Miao-tsee* n'ont pour habit qu'un caleçon et une espèce de casaque qu'ils replient sur l'estomac. Ils emploient les peaux de vaches, de bœufs et de buffles à se faire des cuirasses qu'ils couvrent de petites plaques de fer ou de cuivre battu, qui les rend pesantes, mais aussi très-fortes.

Une autre partie des *Miao-tsee* s'habille mieux. Leur vêtement a la forme d'un sac à manches larges par les bouts, et taillé en deux pièces au-delà du coude. Il paroît dessous une espèce de veste d'autre couleur : les coutures sont chargées des plus petites coquilles qu'ils peuvent trouver dans les mers de *Yun-nan*, ou dans les lacs du pays. Le bonnet et le reste sont à peu près de même. La matière est faite de gros fils retors d'une espèce de chanvre et d'herbes qui nous sont inconnues. C'est apparemment celle qu'ils emploient pour faire les tapis dont ils se servent comme couvertures pendant la nuit. Cette herbe est tantôt tissue toute unie, et d'une seule couleur, et tantôt à petits quarrés de couleurs différentes.

Parmi les instruments de musique dont ils jouent, on en voit un composé de plusieurs flûtes insérées dans un plus gros tuyau, qui porte un trou ou une espèce d'anche, dont le son est plus doux et plus agréable que le *Chin* chinois, qu'on regarde comme un petit orgue à main qu'il faut souffler.

Ils savent danser en cadence, et en dansant ils expriment fort bien les airs gais, tristes, etc. Tantôt ils pincent une manière de guitare ; d'autres fois ils battent un instrument composé de deux petits tambours opposés : ils le renversent ensuite, comme s'ils vouloient le jeter et le mettre en pièces (1).

Nous avons à Paris un beau Recueil de Peintures sur soie formant un volume *in-*4°. et offrant le costume des habillements des hommes et des femmes *Miao-tsee*, ainsi que la représentation de leurs temples, de leurs cérémonies religieuses, de leurs différents exercices et jeux: il est d'autant plus curieux que ce peuple n'existe plus, et que je crois être le seul qui possède ce volume: il appuie la relation consignée dans le tome III des *Mémoires des Missionnaires de Pékin*, p. 388 et suiv. Les onzes peintures dont il est composé, rendroient ce volume intéressant, si on les faisoit graver au trait, pour les enluminer.

Voici les explications des Peintures. Ce même Recueil fait connoître que plusieurs peuples, savoir: les *Mo-sie*, les *Ly-ly*, les *Si-fan*, les *Ko-lo*, les *Pat-sou*, les *Jin*, les *Tse-mao*, les *Nou-Jin*, les *Kirou-Jin*, sont compris dans la dénomination générale de *Miao-tsee*.

Explication des onze Planches qui représentent quelques-unes des mœurs des *Miao-tsee*, peuples que l'on n'avoit pas encore pu réduire, et qui étoient répandus dans quelques lieux déserts de la Chine, surtout dans les provinces de *Se-Tchuen* et *Yun-nan* (1).

---

(1) Duhalde, in-fol. I, 58.
(2) *Se-Tchuen* est une grande province occidentale de la Chine, bornée N. par le Chensi, S. par l'Yunnan, E. par le Hou-quang, O. par le Thibet.

DES CHINOIS. 475

Cette Explication et le Livre de Peintures sur soie ont été envoyés, en 1754, à M. G..... par le P. Benoist, son correspondant en Chine et son ami.

PREMIÈRE PEINTURE. Plan de la ville de *Ly-kiang-fou* dans le *Yun-nan*.

PEINTURE II. Les peuples appelés *Mo-sié*. Leur pays n'est pas loin de *Ly-kiang-fou*, dont ils dépendent; leurs habitations sont faites de planches; leur pays produit quelques grains; ils suivent la loi de *Fo* : les hommes portent des pendants d'oreilles et des chapeaux plats, les femmes des chapeaux pointus. A la première lune de l'année, ils vont à leur temple demander au Ciel l'abondance pour cette année : à la sixième et onzième lune, ils invitent les Bonzes, qui viennent planter un châtaignier, afin, disent-ils, que l'Esprit protecteur vienne se reposer dessus. Quand leurs pères et mères sont morts, ils ne les mettent point dans un cercueil, mais ils vont dans la campagne brûler leurs cadavres : ce que le feu n'a pas consumé, et les cendres, ils les portent à leurs maisons, et leur rendent les honneurs funèbres; ils portent tous le même nom de famille.

PEINTURE III. Les Lamas ou Bonzes. Ce sont des ministres de *Fo*; ils ne rasent point leurs cheveux; leurs habits sont jaunes et rouges; ils portent une écharpe en forme de bandoulière; ils proscrivent principalement ces trois vices, le vin, l'impureté et le vol; ils récitent des prières en langue *Indimur*, trois fois par jour; ils portent en main un chapelet; ils reçoivent dans leurs monastères autant qu'ils peuvent d'enfants pour les instruire et les faire leurs successeurs.

Peinture IV. Les peuples *Ly-ly*. Ce sont des sauvages qui habitent des montagnes escarpées; ils n'entendent point la langue chinoise; ils se plaisent aux vols et aux brigandages, et pour un léger déplaisir qu'ils ont reçu de quelqu'un, ils ne font pas difficulté de le tuer. Quelquefois les femmes accordent le différent en buvant du vin: leurs habits sont de peau d'arbres et de plantes sèches; ils portent toujours sabres, arcs, flèches empoisonnées et autres armes, qu'ils ne quittent pas même pendant le sommeil; ils n'ont point d'autres occupations que de chasser pour se nourrir.

Peinture V. Les peuples *Si-fan*. Ils sont naturellement cruels et brigands; ils demeurent dans des antres de montagnes et des lieux déserts; ils nourrissent des buffles, et vont à la chasse pour vivre. Les femmes s'ornent la tête de pierreries, coquillages et autres productions de la mer; la quantité d'ornements distingue les différentes conditions.

Peinture VI. Les peuples *Ko-lo*. Ils vivent en sauvages et dispersés; mais ils sont d'un caractère humain et affable: ils n'ont aucune loi et ne connoissent aucun caractère; ils cultivent la terre, et vont dans les bois chercher leurs provisions; ils honorent les esprits, et un dragon, à qui ils s'adressent pour obtenir l'abondance.

Peinture VII. Les peuples *Pa-tsou*. Ils aiment le voisinage des montagnes et des rivières : leurs habitations sont faites de feuillages, et ils n'en ont pas de fixes ; ils font de la toile de chanvre, dont ils s'habillent. Quand leurs pères et mères sont dangereusement malades, ils invitent leurs parents et amis pour faire des fêtes et réjouissances en présence du malade, qu'ils jettent ensuite à la voirie.

Peinture VIII. Les peuples *Jin*. Leurs habillements et leurs habitations sont semblables à celles des peuples *Mo-sie* ; ils s'occupent à labourer la terre et à faire du sel ; ils ont de l'humanité et de la douceur de mœurs.

Peinture IX. Les peuples *Tse-mao*. Ils aiment à demeurer sur le bord des rivières ; ils sont grossiers, mais droits et sincères ; ils s'occupent à la culture des terres. Leurs habillements sont de toile blanche jusqu'à leurs bonnets, comme s'ils étoient en deuil ; et effectivement ils disent qu'ils le portent d'un ancien Régulo de la dynastie des *Han*, qui les avoit comblés de bienfaits.

Peinture X. Les peuples *Nou-Jin*. Ils demeurent dans des montagnes escarpées, à l'Occident de *Ly-kiang-fou* : ils n'ont ni bœufs, ni chevaux, ni autre bétail ; ils ne se couvrent le corps que d'herbes et de feuilles d'arbres ; ils ne vivent que de ce qu'ils attaquent et prennent à la chasse ; ils mangent la viande crue avec un peu de sel : pendant l'hiver ils vont sur les frontières de leur pays pour y échanger les toiles de chanvre et le sel qu'ils ont fait pendant l'année.

Peinture XI. Les peuples *Kirou-Jin*. Leur pays est rempli de montagnes inaccessibles. Les hommes se font, avec du vernis noir, des marques sur les bras et les jambes; les femmes en font de même jusques sur leur visage : ils ont pour habits quelques peaux d'animaux qu'ils ont pris à la chasse pour se nourrir.

Ces peuples sont tous appelés du nom général de *Miao-tsee* : dispersés dans des déserts inaccessibles ; on leur a fait long-temps la guerre avant de pouvoir les subjuguer.

MIROIRS.

D'après les recherches de M. Cibot, l'invention des Miroirs est fort ancienne en Chine, et elle date de plus de mille ans avant l'Ere chrétienne.

Il paroît que les premiers Miroirs furent de pierre de yu noire, espèce d'agate très-dure. On fit ensuite des Miroirs de métal. *Tsin-chi-hoang* en avoit un de six pieds de haut sur quatre de large. Il est fort difficile d'articuler comment les anciens s'y prenoient pour faire leurs Miroirs de métal. On trouve dans un ancien recueil d'inscriptions de Miroirs le procédé suivant : *On met les métaux ensemble, ce qu'il y a de plus subtil dans le mercure s'évapore, et après cent purifications le miroir est fait.* La note sur cette indication si vague, dit que du temps des *Han,* on mettoit ensemble du cuivre, de l'argent, de l'étain purifié, pour faire des Miroirs très-nets (1).

Une pareille explication ne serviroit pas à nos plus habiles chimistes.

Les Miroirs actuels sont d'un métal très-poli : l'objet, quoiqu'il y soit bien représenté, prend une légère teinte de jaune; ils sont épais, dès-lors lourds et pesants; on les tient dans des boîtes d'étoffes, l'humidité en altère aisément le poli. J'en ai deux d'environ six pouces quarrés dans mon cabinet. L'un a été terni et taché par quelque accident dans le transport ou par l'action de l'air qu'on respire en mer; les soins que je me suis donné pour lui rendre son lustre ont été inutiles ici; mais en Chine, comme cela arrive souvent, il y a de petits marchands qui courent les rues, et qui ont l'art de rendre le premier poli à ces Miroirs : l'autre est mieux conservé. Des Miroirs plus grands doivent devenir d'un poids considérable. On les emploie en Chine comme nous employons les glaces en Europe. Les femmes ont de ces Miroirs à leurs toilettes. Un joli tableau peint sur verre, qui m'est venu de Can-

---

(1) Mém. des Miss. de P. XIV, 515. — Plutarque dans son Discours sur la *Tranquillité de l'âme*, pag. 473, fait mention des *Miroirs lissés* connus de son temps et avant lui dans la Grèce. A. C. Brotier, neveu, éditeur de ce Moraliste, observe que cette expression est remarquable, en ce que faisant connoître le poli et le lissé des Miroirs anciens, c'étoient des Miroirs de métal, tels qu'on en voit encore dans la Chine.

ton tout emborduré, donne l'intérieur d'un cabinet et d'une toilette montée, ornée de son Miroir, vis-à-vis duquel une femme est assise. La peinture en est agréable et rehaussée des plus belles couleurs : on y voit même, ce qui est rare, quelque peu de science de la perspective, ce qui pourroit faire soupçonner qu'elle n'est pas absolument inconnue aux artistes de cette nation.

Les Chinois ignorent l'art de couler des glaces et de les étamer. L'Empereur a, dans ses palais, bâtis à l'Européenne, à *Yuen-min-Yuen*, beaucoup de glaces, les unes étamées, les autres sans tains ; mais elles lui sont venues d'Europe en présent. On connoît à la Chine l'art de la verrerie.

Notre marche dans la carrière des arts a été lente ; les procédés ne se sont perfectionnés qu'avec le temps. Les petits Miroirs de verre, étamés étoient fort rares dans le quinzième siècle, (s'il est constant qu'on en ait eu peut-être à cette époque par les Vénitiens) ; et l'ancien usage des Miroirs de métal poli subsista encore long-temps. La Reine Anne de Bretagne, épouse de Louis XII, en avoit un de cette dernière espèce. Alors les appartements des Rois et des Princes, dit Villaret (1), étoient couverts d'ardoises ou de tuiles, et l'on se contentoit de chaume pour les autres parties du bâtiment.

---

(1) Histoire de France, tome XI, *in*-12, page 142, an. 1380.

A cette époque le luxe et les arts qui le favorisent, nous avoient bien devancé en Chine: nos perfections acquises leur semblent encore misérables, parce que dans leur vanité ils nous traitent de barbares, et ne veulent rien tenir de nous, si modernes à leur égard dans nos inventions, toutes perfectionnées qu'elles leur paroissent.

MODES.

La constance des Chinois dans leurs usages, leur persévérance dans les lois qui règlent leurs costumes, les a préservés de cette extrême mobilité qui caractérise les modes des peuples Européens. Les femmes chez ce peuple antique ne peuvent pas donner de ton aux caprices, ou à la versalité des goûts, des penchants d'une imagination légère que rien ne subjugue dans les autres pays. Car on sait qu'il y a telle contrée qui ne doit l'extravagance et souvent l'indécence de ces innovations dans les costumes qu'aux femmes galantes et aux filles du monde (*e*).

NOBLESSE.

La Noblesse à la Chine n'est point héréditaire, quoiqu'il y ait des dignités qui restent dans quelques familles, et qui se donnent par l'Empereur à ceux de la famille qu'il juge avoir le plus de talents. On n'y a de rang qu'autant que la capacité et le mérite se montrent. Quelque illustre qu'ait été un homme, fût-il même parvenu à la première dignité de l'Empire, les enfants qu'il laisse après lui, ont leur fortune à faire; et s'ils sont dépourvus d'esprit, ou livrés à l'indolence, à l'oisiveté, ils rampent avec le peuple et sont souvent obligés d'embrasser les plus viles professions.

Il est vrai qu'on peut succéder aux biens de son père, mais on ne succède ni à ses dignités, ni à sa réputation; il faut s'y élever par les mêmes degrés que lui, et pour cela se livrer à l'étude la plus constante.

Tout en Chine est peuple, ou lettré, ou mandarin : il n'y a que ceux de la famille régnante qui soient distingués : ils ont le rang des princes, et c'est en leur faveur qu'on a établi cinq dégrés de Noblesse titulaire à peu près semblables à ceux qu'on donne de Ducs, de Marquis, de Comtes, de Barons et de Seigneurs en Europe.

On accorde ces titres aux descendants de la Famille Impériale, tels que les enfants de l'Empereur, et à ceux qu'il fait entrer dans son alliance, en leur donnant ses filles en mariage. On leur assigne des revenus propres à soutenir leurs dignités, mais on ne leur donne aucun pouvoir.

Le cinquième degré est au-dessus encore des plus grands Mandarins de l'Empire. Les autres qui suivent n'ont pas comme les précédents, des marques extérieures qui les distinguent des Mandarins, soit dans leurs équipages, soit dans leurs habits : ils ne portent que la ceinture jaune, qui est commune à tous les princes du sang;

tant à ceux qui possèdent des dignités qu'à ceux qui n'en ont pas. (1)

La Nation qui s'est fait de telles lois, donne une grande opinion de la sagesse de ses réflexions : elle n'en donne pas une moindre par la constance de son attachement aux anciens principes seuls conservateurs des Empires. Une ancienne Constitution, quoiqu'elle ait amené des abus nombreux et nécessaires à réformer, ne se renverse pas impunément (2); il faut pour réformer ces abus des grands hommes d'État, profondément sages, méditatifs et essentiellement vertueux : *rari nantes in gurgite vasto.*

ODEURS ET PARFUMS.

Les Grecs, comme le rapporte Plutarque, grandement désireux de Parfums, les ont tenus de l'Asie et les ont fait passer chez les Romains. On voit cependant que ces derniers ont poussé loin, et fort anciennement le luxe et les odeurs, soit pour l'usage des sacrifices et la célébration des funérailles, soit pour les salles des repas, les bains et les spectacles; et que les dames Ro-

---

(1) Duhalde, II, 58.
(2) Qu'on lise le philosophe Montagne, *Edition de Paris*, 1588, *in*-4°. Liv. 1, chap. XIII, sur la fin; et l'on verra si, d'après le fruit de ses réflexions, il ne redoutoit pas les innovations dans tout gouvernement. (Il y en a cependant de nécessaires). Les partisans de sa liberté de penser et d'écrire citent ses tirades souvent hardies et qui sentent par fois le fagot; mais ils se donnent garde de mettre en lumière ses bonnes opinions.

maines ne s'épargnoient pas dans leurs toilettes les parfums, les essences et les pommades. On sait que les Grecs en portoient sur eux, et que leurs orateurs en montant à la tribune étoient couronnés de roses.

Les Parfums selon le même auteur, étoient composés chez les Grecs de Cinnamome, de Nard, de Cannelle, de Cannes d'Arabie. Les hommes sensuels ne vouloient pas habiter avec leurs femmes, si elles n'étoient pas parfumées des essences les plus précieuses. *OEuvres Mor. nouv. trad.* XIII, 352.

Si les Chinois ont aimé de tout temps avec passion les Odeurs et les Parfums, il n'y a nulle raison d'en être surpris, puisque la région qu'ils habitent leur en a tant fourni, et de toutes espèces, depuis des milliers de siècles. Ils en ont de toutes les sortes, de simples et de composés de ceux qui se trouvent dans leur propre pays, et d'autres qu'ils font venir des pays étrangers, comme de l'Arabie et des Indes. Tantôt il en font des pastilles odoriférantes, tantôt ils forment des bâtons de diverses poudres de senteur qu'ils plantent dans un brasier plein de cendres : ces bâtons ayant pris feu par une des extrémités, exhalent lentement une douce et légère vapeur ; et à mesure qu'ils se consument, les cendres tombent dans le brasier, sans se répandre au-dehors. A l'égard des autres Parfums, tels que l'encens et les poudres odorantes, ils les jettent, comme nous, sur les charbons allumés dans le brasier.

L'ART

L'art s'est étendu chez eux jusqu'au point qu'en mêlant différents ingrédients, ils font élever d'une manière agréable la vapeur en forme de colonne à une juste hauteur, sans qu'elle puisse s'éparpiller aux environs.

L'encens réduit en poussière et mêlé avec une égale quantité de moelle de jonc rend une odeur plus douce. Il y en a qui pétrissent cette poussière et qui en font des pastilles odorantes. On ne trouve rien de bien fixe sur la proportion de la moelle de jonc et de l'encens pour la composition de ces pastilles parfumées : il paroît cependant que l'on met plus d'encens que de moelle.

Parmi les ameublements dont ils sont fort curieux, ils estiment surtout les cassollettes et les vases, où l'on fait brûler des Odeurs et des Parfums. Un cabinet ne seroit pas bien orné, si ce meuble y manquoit, ou s'il n'étoit pas d'un goût ou d'une forme assez élégante propre à attirer l'attention de ceux qui viennent rendre visite.

Le Sandal par exemple dont les Chinois font grand usage, est un bois odoriférant, précieux et fort recherché d'eux : on le tire du royaume de Carnate.

Le bois d'Aigle, une des productions de la Cochinchine, dit l'abbé Raynal, est plus ou moins parfait, selon qu'il a plus ou moins de résine. Les morceaux qui contiennent le plus de cette résine sont communément tirés du cœur de l'arbre, ou de sa racine. On les nomme *Ca-*

Seconde Part. H h

lambac, et ils sont toujours vendus au poids de l'or aux Chinois qui le regardent non seulement comme Parfums exquis, mais comme le premier des cordiaux. On conserve ces morceaux dans des boîtes d'étain pour qu'ils ne sèchent pas. Quand on veut les employer, on les broie sur un marbre avec des liquides convenables aux différentes maladies qu'on éprouve. Le bois d'Aigle inférieur qui se vend au moins cent francs la livre, est porté en Perse, en Turquie et en Arabie. On l'y emploie à parfumer les habits, les appartements, etc. (1)

Nous avons reçu de Pékin, comme objet de curiosité, des sachets d'Odeurs de toute espèce, de toute forme, et des chapelets dont les grains sont très-parfumés, ainsi que des pastilles odorantes, des poudres de senteur, des bougies parfumées et un morceau de bois de *Calambac* enfermé dans sa boîte d'étain : son odeur principale est celle du Poivre. Mais dans les Parfums Chinois, il semble que le musc si abondant chez eux, en fait la base, et que cette dernière odeur adoucie par les mélanges est néanmoins dominante. Etoffes, papiers, enveloppes, fleurs artificielles, bijoux, bourses, éventails, etc, etc. tout en est imprégné.

PESTE.

Sous le règne d'Hiao-Tsong, IX.e Empereur

---

(1) Lettres édif. Rec. XXII, 450. — Mémoires des Miss. de P. IV, 484. — Voyage de M. Sonnerat, *in*-4°. II, 35. — Hist. phil. des deux Indes, 1770. II, 41.

de la XXIe. Dynastie, la famine fut si grande dans les provinces d'Occident, qu'on vit des pères manger leurs propres enfants : la peste, qui est un mal presque inconnu à la Chine, ravagea les provinces du Midi vers l'Orient, et il y eut des tremblements de terre si affreux, que plusieurs milliers d'habitants y furent engloutis.

Voila plus de deux cents ans, dit M. Cibot, que les Européens fréquentent la Chine et y habitent, sans qu'ils aient vu de Peste, ni qu'ils y aient entendu parler de ce redoutable fléau. La Chine cependant n'en est pas exempte, puisque les livres de Médecine et de Morale en parlent. Les premiers en distinguent plusieurs espèces, selon la saison, les lieux et les circonstances où elle commence. « Dès que le levain pestilentiel, dit le *Kou-kin-y-tong*, prend son dernier développement, il se répand rapidement d'une maison à l'autre, du quartier de l'Orient à celui de l'Occident, d'un village de la plaine à celui des collines ; gagne de proche en proche plusieurs districts à la fois, attaquant en même temps tous les âges et toutes les conditions, multipliant les maladies d'un jour à l'autre, en laissant à peine assez de vivants pour enterrer les morts ». Cette description certainement ne peut convenir qu'à la Peste, et fait foi que la Médecine chinoise a eu l'occasion de l'étudier, mais bien plus rarement sans comparaison que celle d'Europe, puisqu'en deux mille ans on en compte à peine quatre époques dans les annales de l'Empire (*f*). Ce qu'elle en rapporte pourroit peut-être aider à fixer les idées de l'Europe sur la manière de traiter ceux qui en sont attaqués, et d'en préserver les autres...

La morale chinoise, plus sévère que la nôtre dans ce siècle, continue notre habile Missionnaire françois, laisse à la Médecine les raisonnements pratiques (mais bien utiles cependant), et dit crûment : « Que la Peste *Ouen-ping*, est une maladie, un châtiment, une vengeance éclatante de la colère du *Tien* (de Dieu), et que c'est en particulier le châtiment de la luxure et de l'intempérance » ; ce mal consumant ses victimes par un feu intérieur et par une soif inextinguible.

Ces sentiments ne sont pas particuliers aux Lettrés Chinois. Hippocrate, lors de la Peste d'Athènes, en 431 avant J. C. venu au secours de ses compatriotes, et ayant en vain employé les ressources de son art, appela la Peste un *Mal divin*, parce qu'il provenoit de la vengeance des Dieux.

Thucidide reconnoît la même cause, quand il dit que cette maladie est au-dessus des forces humaines, et qu'elle s'écarte des lois ordinaires de la nature.

DES PLUMAILS et du JOU-Y.

On doit à M. Cibot, sur les Plumails chinois et le *Jou-y*, une très-bonne notice dont nous donnons seulement l'extrait : il considère les plus légers articles, sous les points de vue de l'utilité publique, de la politique et de l'agrément. En voici la preuve.

1°. Des Plumails. Le génie, le caractère et les goûts d'une grande nation se peignent, dit-il, dans les plus petites choses. En Europe, des femmes et même des hommes appellent un domestique pour leur donner un mouchoir, une tabatière, un livre qu'ils pourroient prendre en faisant à leur avantage quelques pas de plus, ou en étendant le bras, ou en se courbant un peu. Ici les personnes du plus haut rang de l'un et de l'autre sexe, prennent un Plumail sans hésiter, et secouent elles-mêmes la poussière qu'elles ont remarquée sur une table ou sur quelqu'autre meuble. — Les Lettrés de l'esprit le plus délicat ont employé les richesses de la poésie en l'honneur du Plumail : il en a résulté des pièces charmantes, où la plaisanterie et la philosophie ont brillé tour-à-tour.

Si l'on demande ce qui a mis les Plumails tant en vogue à la Chine, on répondra que cette bagatelle, comme bien d'autres, tient au climat, au caractère national, aux mœurs, aux usages, et aux soins du gouvernement qui s'étendent à tout. Les grandes chaleurs et les grands froids ont fait préférer les rez-de-chaussées pour toutes les maisons ; et comme, outre les pluies ou les ouragans de sable et de poussière, la grande sécheresse fait que le moindre vent obscurcit l'air de poussière, on ne sauroit en défendre l'intérieur des salles, des chambres et des cabinets les mieux clos. D'un autre côté, les plus petits soins de la propreté étant une suite de la première éducation des Chinois, qui les érigent en devoirs, le Plumail est un meuble nécessaire, meuble dont il a fallu diversifier la forme, selon qu'on s'en sert pour des choses plus proches ou plus éloignées, plus grandes ou plus petites. L'éclat même du vernis, la finesse des broderies, la beauté des porcelaines et de toutes les autres choses d'un travail délicat, qui décorent les appartements, ont obligé à en imaginer d'assez fins pour en ôter la poussière sans les endommager. La solitude des femmes dans leurs appartements, l'entrée si difficile dans les cabinets des gens en place et des hommes de lettres ont donné aux unes et aux autres l'usage de plumail: puis l'industrie et le bon goût, le caprice et la mode, le luxe et la mollesse les ont façonnés, ornés et embellis de tant de manières, qu'ils en ont fait un meuble de décoration, jusque dans les salles du palais.

Les Plumails entrent dans les présents que l'étiquette, le respect et l'amitié ont tant multipliés en Chine. Il est assez indifférent qu'il y ait ou non des Plumails; mais dès qu'ils sont devenus un meuble de besoin et de décoration dans les maisons, il importe beaucoup à l'État de protéger cette branche de commerce et d'industrie: il a intérêt que les manches qui y sont adaptés, que les plumes dont on les fait, que le grand débit qu'on leur procure en étendent au loin les profits; en sorte qu'une racine singulière, par exemple, une branche d'arbre de figure remarquable, les plumes d'un oiseau étranger deviennent l'objet du désir de tel homme riche qui, peut en payer la valeur ou la nouveauté.

Un autre meuble destiné contre la poussière est la *Queue de cheval:* elle consiste en un manche léger, auquel de longs crins tiennent solidement. Les malades s'en servent pour écarter les mouches et pour s'en défendre. Cette espèce d'émouchoir coûte si peu, qu'on pourroit dans les hôpitaux en pourvoir les pauvres malades, que ces insectes désolent en certaines saisons.

Les gens en santé n'ont pas manqué de chercher le mérite de la bonne grâce dans la manière d'agiter, comme émouchoirs, soit le Plumail, soit la queue du cheval, et de les faire passer d'une main à l'autre, avec l'air de légèreté et d'adresse convenable. (1) Ils sont également en usage dans l'Inde.

II°. Du *Jou-y.* Ces deux mots signifient à la lettre *au gré de vos désirs.*

Il date du règne de *Tsin-chi-hoang.* La fable débite que ce Prince le reçut de quelqu'Immortel. Les ornements du *Jou-y* sont la chauve-souris, la cigogne, le lichin, le pin, etc. c'est-à-dire, tout ce qui est le symbole de la longue vie et de la paix du cœur (2) ; aussi donne-t-on un *Jou-y* en présent le jour de la naissance, ainsi qu'aux mariages, à la cinquième année, quand on entre en charge, ou en d'autres occasions de marque.

---

(1) Mém. des Miss. de Pékin, XI, 355, 360.
(2) Mém. des Miss. de Pékin, tom. XV.

Dans la doctrine des idolâtres, le *Jou-y* détourne les malheurs, appaise les troubles du cœur, etc. Il présente des vœux de prospérité. Tout cela paroît dériver de l'ancienne idée du *sceptre* qui étoit le bâton ou la baguette pour interroger le ciel.

L'Empereur, lors de sa brillante et magnifique fête donnée en 1785, aux vieillards rassemblés dans son Palais, parmi les présents partagés également entre eux, a fait don à chacun d'un *Jou-y*.

Le *Jou-y* est une espèce de sceptre d'un pied de haut environ et très-léger. Celui que j'ai dans mon cabinet est très-artistement travaillé et d'une sculpture si légère, qu'elle est presqu'à jour; il rassemble en relief les ornements décrits ci-dessus, et en pierre d'Yu, imitant la nacre de perle; plusieurs Chauve-souris y sont appliquées: il a une poignée au moyen de laquelle on le tient commodément dans la main, et il est terminé par de belles pendeloques de soie jaune, couleur adoptée par la Dynastie régnante.

POMPE FUNÈBRE.

Les Pompes funèbres sont d'un grand appareil en Chine, selon les états, les dignités et les rangs que les défunts ont tenus. La piété filiale qui porte l'homme indigent à tout sacrifier pour donner un cercueil distingué à ses père et mère, et à leur faire les honneurs de la sépulture, excite les grands à mettre un appareil bien plus éclatant aux derniers devoirs qu'ils remplissent à l'égard de ceux qui leur ont donné la naissance.

L'Empereur Kien-Long voulant en 1780 honorer la mémoire (1) d'*Yu-ming-tchoung*, son favori, grand maître de la doctrine et l'un de ses ministres qui l'avoit long-temps servi par la sagesse de ses conseils et qu'il venoit de perdre, envoya son huitième fils à la tête des Grands du premier ordre, pour rendre les devoirs funèbres à son corps et faire les autres cérémonies d'usage. Il ordonna ensuite que le tribunal des rites délibérât sur ce que lui Empereur pouvoit faire pour le cérémonial, et qu'il eut égard, en ce qui concernoit la pompe des funérailles, à tous les genres de mérite que réunissoit le grand homme dont il regrettoit la perte.

Le résultat du tribunal des Rites fut conforme aux intentions de l'Empereur, qui nomma son gendre pour ordonner toutes choses suivant le Rite Mantchou, tel qu'il se pratique à l'égard des Princes titrés qui sont du sang royal. Le convoi fut des plus magnifiques. On y voyoit toutes les enseignes qui précèdent ou accompagnent l'Empereur lui-même, quand il voyage en cérémonie : les étendards avec les dragons, les chaises à porteurs, les chaises roulantes, les chevaux de main, les chevaux d'équipage, les bêtes de somme, les chameaux, les chiens de chasse, les éperviers et tout le reste. La seule différence consistoit en ce qu'il n'y avoit de tout

---

(1) Mém. des Miss. de Pékin, tom. XV.

cela que la moitié du nombre de ce qui forme le cortége Impérial. Les joueurs d'instruments et autres musiciens étoient à cheval, ce qui ne se pratique que quand ils assistent pour le Souverain à une pareille cérémonie.

Yu-ming-tchoung laissa après sa mort une succession immense; mais par des discussions maladroites entre ses parents et une jeune femme du second ordre, ou concubine, dans laquelle le vieux ministre avoit mis sa confiance, dont elle avoit tiré grand profit, soixante et douze ouan d'onces d'argent, c'est-à-dire, cinq millions trois cent mille livres de notre monnoie, trouvés chez cette femme, repassèrent dans le trésor de l'empereur, en vertu de l'instruction du procès et de la réponse du Prince.

Ainsi finissent toutes les fortunes à la Chine: elles retournent dans le trésor du Souverain. Il en est de même à la cour de Constantinople, lorsque de grandes richesses ont été amassées par un homme en place et qu'elles donnent lieu, soit à quelques soupçons dans sa conduite, soit à des abus dangereux. A. S. Pétersbourg Catherine I, épuisoit la fortune des Grands, ou des plus riches particuliers pensionnés par elle, en les obligeant à tenir un brillant état de représentation, ou à donner des fêtes et des repas splendides.

Voyez Sépultures.

PORTEFAIX, BROUETTES, CHAISES
POUR VOYAGER, ET CHAISES A PORTEURS.

On trouve à la Chine de grandes facilités pour voyager par terre (1). Les Portefaix se chargent des bagages, et font par heure une bonne lieue d'Allemagne : ils attendent les voyageurs et les marchands à la sortie des barques, et transportent les marchandises sur les montagnes : ils gagnent ainsi leur vie à aller et venir continuellement tous chargés, tant sur ces montagnes, qui sont fort escarpées, que dans les vallées qui sont également profondes. Dans la ville de *Pou-tchin-hien*, peu distante de la rivière de *Min-ho*, où les barques s'arrêtent, on trouve huit à dix mille de ces Portefaix, qui attendent l'arrivée des barques. Dans d'autres villes, comme Canton, où l'on se fait porter en chaise, la plupart des Porteurs n'ont aucune espèce de chaussures, et vont même nue tête, ou couverts seulement d'un chapeau de paille d'une vaste circonférence, et d'une figure assez bizarre, qui les garantit de la pluie, ou des ardeurs du soleil (2). On rencontre presque tous ces pauvres gens chargés de quelque fardeau ; car il n'y a pas d'autre commodité, pour voiturer ce qui se vend et ce qui s'achète, que les

---

(1) Duhalde, I, 67, 156. — II, 55.
(2) Voyez les Mémoires des Ambassadeurs anglois et hollandois. Ces Porteurs, qu'ils nomment *Coulis*, se relayent en nombre de distance en distance pour porter les chaises, et marchent rapidement.

épaules des hommes, et il faut tous ces travaux, dans une population si nombreuse, pour la nourrir.

Les voyageurs procèdent ainsi à leur égard. Chaque ville offrant un grand nombre de ces portefaix, on s'adresse à leur chef avec la plus grande sûreté ; et quand on est convenu avec lui du prix, il vous donne autant de marques que vous avez arrêté de porteurs, moyennant quoi il vous les fournit à l'instant, et répond de tout ce que contiennent vos ballots. Lorsque les Portefaix ont rendu leur charge au lieu désigné, vous leur donnez à chacun une des marques que vous avez reçues, et ils la portent à leur chef, qui les satisfait sur l'argent que vous lui avez payé d'avance.

Ils sont tous enregistrés à leurs bureaux dans chaque ville, et ils donnent une bonne et sûre caution. Le prix ordinaire est d'environ dix sols par cent livres pour le transport de la journée. Chaque directeur du bureau d'une ville a son correspondant dans une autre; ainsi tous les transports se font sans embarras et sans inquiétude.

Les Portefaix se servent de perches de bambous, au milieu desquelles ils suspendent le fardeau avec des cordes : à chaque perche il y a deux hommes qui portent les deux bouts sur leurs épaules. Si le fardeau est trop pesant, on y met quatre hommes avec deux perches : on en change tous les jours, et ils sont obligés de faire les mêmes journées que ceux qui les emploient. Le paiement étant par livre, ils portent le plus qu'ils peuvent, et mettent en usage différents moyens propres à alléger les plus lourds fardeaux. On en voit qui font dix lieues par jour portant cent soixante de nos livres.

Les effets se transportent aussi à dos de mulets, et encore plus souvent les ballots et les marchandises dans des chariots à une roue. Ces chariots sont de véritables Brouettes, si ce n'est que la roue est fort grande et placée au milieu : l'essieu s'avance des deux côtés, et soutient de chaque côté un treillis, sur lequel on place les fardeaux avec un poids égal : l'usage en est fort commun en plusieurs endroits de la Chine : un homme seul pousse ce chariot; ou si la charge est forte on en ajoute un second qui tire par devant, ou bien un âne, et quelquefois l'un et l'autre. Ils ont aussi des Brouettes semblables aux nôtres, et dont la roue est par devant; mais ils ne s'en servent guère pour les voyages.

Quand on est obligé de quitter les barques, si les chemins par terre sont trop rudes pour aller à cheval, on se sert de Chaises, que les Chinois nomment *Quan-kiao*, c'est-à-dire, Chaises à la madarine, parce que celles des Mandarins ont à peu près cette forme.

Le corps de la Chaise approche assez pour la figure de celui de nos Chaises à porteurs; mais il est plus large, plus élevé et plus léger. Il est construit de bambous, c'est-à-dire, d'une espèce de cannes, également fortes et légères, croisées à jour en forme de treillis, et liées fortement ensemble avec du rotin, espèce de canne forte et déliée, qui croît en rempant jusqu'à huit cents ou mille pieds de longueur.

Ce treillis est entièrement couvert depuis le haut jusqu'en bas d'une garniture ou ornement de toile de couleur, ou bien d'étoffe de laine ou de soie, selon que le demande la saison, avec une seconde garniture de taffetas huilé, qu'on met par dessus en temps de pluie.

Cette Chaise, qui a les dimensions nécessaires pour y être assis fort à l'aise, est soutenue par deux bras ou bâtons semblables à ceux de nos Chaises portatives. Si elle n'est portée que par deux hommes, les deux bâtons sont appuyés sur leurs épaules : si c'est une Chaise à quatre Porteurs, les extrémités, tant devant que derrière, sont passées dans des nœuds coulants d'une grosse corde forte et lâche, pendue par le milieu à un gros bâton, dont les Porteurs de Chaises soutiennent chacun un bout sur une épaule, et alors on a d'ordinaire huit et même douze Porteurs, afin qu'ils puissent se relever les uns les autres (1).

Il n'est accordé d'aller en Chaise à Porteur ou en voiture qu'aux Princes, aux plus grands Seigneurs, et aux premiers Magistrats: tous les autres Mandarins Tartares doivent aller à cheval hiver et été.

Les Auteurs de l'Histoire Universelle (2) ne donnent pas aux Européens le désir d'imiter la

---

(1) Mém. des Miss. de Pékin, IX, 347.
(2) Tome XX, *in-4°*, 191.

construction des Chaises à Porteurs des Chinois. Il y en a de deux sortes, disent-ils ; celles des personnes de condition ont deux ou plus de Porteurs qui les portent sur les épaules ; les autres n'ont qu'un seul bâton qui passe par un anneau placé en haut : elles ressemblent à de grandes cages portées entre deux hommes, à peu près comme nos porteurs de bierre portent un barril...... Les unes et les autres sont si basses, que la personne qui est assise sur un coussin, les jambes croisées, touche presque de la tête au haut. Les communes, qui sont ordinairement de bois vernissé, ont de petits trous, ou quelques fentes étroites, pour donner de l'air et procurer aux femmes qui y sont le plaisir d'entrevoir ce qui se passe dans les rues ; mais les plus riches sont si bien couvertes d'une étoffe de soie, que le jour ni l'air n'y peuvent pénétrer. On ne se sert de ces sortes de Chaises, et de celles à deux roues, que dans les villes, ou pour quelque promenade, mais dans les voyages plus longs, les gens de qualité ont ordinairement des chariots ou des litières bien fermées pour leurs femmes et leurs suivantes.

Cette description des Chaises à Porteurs contredit entièrement le récit de Duhalde, relativement à la hauteur et à la commodité de ces voitures. Tout dépend de l'exactitude des Mémoires d'après lesquels on écrit, et de la confiance qu'ils méritent.

Ces Chaises de différentes espèces ont souvent servi aux derniers Ambassadeurs Anglois et Hollandois, en 1794 et 1795, dans leurs voyages par terre ; et ils ne s'en louent pas infiniment, surtout M. Van-Braam, qui se plaint de leur dureté et des secousses fatiguantes qu'il en éprouvoit. Les Porteurs se relayoient fréquemment ; ils recevoient les ordres des Mandarins chargés des dispositions des routes à faire : ils manquoient par fois les rendez-vous donnés, et obligeoient les Excellences à prendre de fort mauvais gîtes ou auberges pour les nuits mais ils n'épargnoient pas les excuses : l'honnêteté est ce qui coûte le moins à un peuple doux et poli comme le Chinois.

POSTES ET DÉPÊCHES.

EN remontant au temps de l'antiquité elle nous apprend que Cyrus, dont l'empire étoit d'une grande étendue, pour en recevoir de promptes nouvelles partout où il faisoit sa résidence, avoit fait examiner ce qu'un cheval pouvoit faire de chemin d'une traite en un jour, et qu'à distance convenue il avoit établi des hommes chargés de tenir ces relais prêts pour remonter les courriers qui venoient vers lui.

PERSONNE n'ignore, dit Dubos (1), que les Empereurs Romains avoient sur toutes les grandes routes des maisons de poste placées à une distance convenable les unes des autres, et qu'on y fournissoit, sans payer, à tous ceux qui

---

(1) Dubos, Monarchie Françoise, tome I, in-4°, page 142.

étoient

étoient porteurs d'un ordre du Prince expédié en forme de brevet, déclarant qu'ils voyageoient pour son service, des chevaux et des voitures, tant pour eux que pour leur suite, en un mot ce qui étoit nécessaires aux personnes qui sont en route. C'étoit une espèce de crime d'État que de prendre des chevaux dans une de ces maisons, sans avoir l'ordre en question.

Le précis suivant donnera les renseignemens que l'on peut désirer sur l'usage des Postes en Chine, plus ancien que celui de l'Empire Romain.

Les Postes, d'après les savants Missionnaires françois de Pékin, étoient établies en Chine cinq cents ans avant l'ère chrétienne; mais les Postes continuelles, qui ne datent en France que du règne de Louis XI, n'ont eu véritablement lieu en Chine que vers l'an 230. La raison en est fort simple : elles n'étoient pas nécessaires, quand chaque Prince vassal de l'Empire gouvernoit ses petits Etats : mais lorsque *Tsin-chi-Hoang* eût tout subjugué et renversé l'ancien Gouvernement, les Postes continuelles devinrent nécessaires pour que la Cour fût instruite à temps de tout ce qui se passoit, et pût donner des ordres sans aucune interruption. Aussi ce fameux usurpateur qui étoit un homme plein de vues, appliqua-t-il ses premiers soins à se ménager cette ressource: il l'avoit tellement à cœur, que la division nouvelle de la Chine fut faite d'après les chemins de Poste.

A en juger par l'histoire des *Han*, les Postes

à franc étrier n'eurent lieu que sous le troisième Empereur de cette Dynastie : jusque-là on s'étoit servi de chars à la manière des anciens. On porta successivement la diligence des courriers jusqu'à leur faire faire en vingt-quatre heures cent lieues au lieu de cinquante. Le plan des Postes et leur administration ont éprouvé en différents siècles bien des changements, suivant les abus, les inconvénients et les malheurs qui sont survenus successivement. Aujourd'hui, quant au fond et aux résultats, cette administration est à peu près la même qu'en France, à cette différence près, qui ne laisse pas d'être importante, que les courriers et les chevaux de Poste en Chine servent uniquement pour le service de l'Etat, comme dans l'Empire Romain. Le Gouvernement permet que les négociants donnent leurs lettres au bureau de la Poste, mais c'est seulement une tolérance que l'intérêt pressant du commerce a obtenue, et qui cesse en bien des circonstances. Les principes de la politique chinoise sont si rigoureux, que *Cang-hi* n'avoit pas osé donner une permission juridique aux Missionnaires qu'il affectionnoit, de faire venir par la Poste leurs lettres d'Europe. L'Empereur régnan *Kien-Long* ne la leur a accordée que depuis quelques années.

Quant au plus ou au moins de célérité des Postes, il y a des règles fixes; c'est la nature des Dépêches qui décide de la longueur du temps qu'elles seront en chemin. Les courriers ordinaires ne font guère que vingt-quatre à trente lieues par jour. Les courriers du cabinet font depuis cinquante jusqu'à quatre-vingt, quatre-vingt-dix lieues en vingt-quatre heures. Un courrier du cabinet va de Pékin au fond de la Tartarie, comme on va en France de Paris à Lyon. Pour que l'on sache, en cas de retard, à qui en attribuer la faute, on tient registre exact dans les bureaux de la Poste du jour et de l'heure où a passé le courrier, etc. L'administration de France si éclairée, si surveillante, ne suit pas d'autres principes généraux ; mais elle admet encore bien d'autres détails de perfections pour assurer le service public. En Chine, où le ministère n'a rien perdu de vue dans l'ordre des précautions et de l'utilité, les corps-de-gardes établis sur le bord des grands chemins, contribuent à faire passer avec une diligence incroyable les Dépêches d'un bout de l'Empire à l'autre.

Comme la Cour envoie souvent des Commissaires, des Grands, des Suppléants dans les provinces, ou des Officiers à l'armée, la loi a décidé le nombre de chevaux qu'ils doivent avoir selon leur grade. Les Comtes de l'Empire, par exemple, ont dix-huit chevaux à cause de leur suite : quand leurs ordres les obligent à forcer les Postes, ils sont précédés par des postillons, qui font tout préparer à chaque endroit pour leur arrivée.

Lorsqu'après la soumission et la conquête du pays des Éluthes, un des Missionnaires du Tribunal des Mathématiques partit en Poste, afin d'en dresser la carte, l'Empereur lui donna trois Seigneurs Tartares pour commander sa route et le conduire. Cette course, qui ne ressemble pas à celles d'Europe faites en chaise de poste, est de près de cinq mille lieues en allant à franc étrier. Il faut faire attention que les Postes de Chine vont depuis les bords du *Hei-long-kian* en Tartarie, jusqu'aux frontières *Pépou*, et depuis la mer de *Cao-ly*, jusqu'assez près de la mer Caspienne.

Les Postes où l'on change de chevaux ne sont pas toujours en égale distance entr'elles : les plus proches sont de cinquante lis ; il y en a rarement de quarante : *Dix lis font une lieue commune de France*. Les chevaux n'ont pas beaucoup d'apparence, mais ils n'en sont pas moins bons, et en état de soutenir les longues courses qu'on leur fait faire : la réputation des chevaux Tartares est faite (1).

M. Muller (2) dit qu'en 1684, règne de Cang-hi, les Chinois avoient établi de Pékin jusqu'à Aigun (en Sibérie, le long du fleuve Amur, appelé par Duhalde le *Sagalin-ula*) des stations de Poste, au moyen desquelles on changeoit de chevaux quatre fois par jour; que, de cette manière deux Russes faits prisonniers par les Chinois, et chargés ensuite par cette nation de porter une Dépêche de la Cour, ne mirent que quinze jours pour aller

---

(1) Mém. des Miss. de P. XV, 32.—Duhalde, II, 57.— Hist. gén. de la Chine, XI, 381.
(2) Voyages des Russes, tom. II, *in*-12, 119.

de Pékin à Aigun, forteresse située sur la rive septentrionale du fleuve Amur.

L'Histoire générale de la Chine apprend que dans les affaires pressées on attache au paquet des Dépêches une plume, et qu'alors il faut que ceux qui la portent marchent jour et nuit, et fassent la plus grande diligence.

La Relation de l'Ambassade du lord Macartney en Chine dans les années 1792 à 1794, donne les détails suivants (1).

Les lettres et paquets sont renfermés dans une caisse de bambou, quarrée et large, portant un double fond, et assujettie avec des rotins qui la croisent dans tous les sens. Elle est fermée, et la clef donnée en garde à l'un des soldats qui accompagnent le courrier, et dont l'office est de la délivrer au maître seul de la Poste. Cette caisse (d'un bois très-léger) est ornée tout à l'entour d'un nombre de petites sonnettes, dont le son agité par le mouvement du cheval, annonce l'approche de la Poste. Cinq gardes à cheval escortent le courrier, pour qu'on ne le vole, ni ne l'insulte. Des relais sont établis de distance en distance, et on n'emploie que les chevaux les plus légers à la course.

PRÉSENS. (Usage des).

C'est en remontant aux époques les plus reculées et après avoir consulté les fastes les plus

---

(1) Trad. franç. *Paris*, an 4, tom. II, *in-*8°, 37.

anciens que M. Cibot nous instruit de ce qui a rapport aux présens usités en Chine.

On voit effectivement dans le *Li-ki*, dans le *Tchéou-li*, etc. qu'il est établi très-anciennement, que les Princes feroient des Présens à leurs sujets, les sujets à leur Prince, les parents à leurs amis, pour serrer les nœuds de la société civile.

Un supérieur ne reçoit jamais en entier les Présens qu'on lui offre; mais plus il reçoit, plus il honore celui qui les lui fait.

Un inférieur reçoit comme grâce tout ce que lui donne son supérieur, et se prosterne devant ce don pour le remercier: mais d'égal à égal, on doit accepter le Présent en entier; n'en recevoir qu'une partie seroit affecter un air de supériorité qui deviendroit une offense.

L'Empereur fait diverses sortes de dons: les uns sont des Présens de parenté, les autres sont des cadeaux d'un bon Maître, qui témoigne sa bienveillance aux serviteurs de sa maison. Tels sont ceux qu'il donne aux trois saisons, c'est-à-dire, à la fin de l'année, au printemps et en automne, à tous ceux qui l'approchent, ou qui travaillent pour lui.

Indépendamment de ces Présens, il en fait encore qu'on nomme Présens de satisfaction; d'autres, présens d'amitié, comme d'envoyer quelque plat de sa table aux Princes, aux Ministres, aux Lettrés, aux Artistes; d'autres, Présens de joie d'allégresse, à la suite d'une heureuse nouvelle, comme la cessation d'une trop grande pluie, ou d'une trop grande sécheresse, ou la naissance de quelque fils, ou petit-fils de Sa Majesté ; enfin des Présens de fête. Par exemple, à l'occasion du couronnement d'une Impératrice, ou à celle de la soixantième, soixante-dixième et quatre-vingtième année, soit de l'Impératrice mère, soit de l'Empereur, tout l'Empire prend part à ces cérémonies, et chacun offre des Présens, selon le rang qu'il tient dans la Famille impériale, dans la Maison de l'Empereur, ou dans l'État : Sa Majesté fait à son tour des dons extraordinaires.

Chun-chi, premier Empereur de la Dynastie régnante, donna, à l'occasion d'une de ces fêtes, aux Princes du premier ordre, cent onces d'or, dix mille d'argent et cent pièces de soie ; aux Princes du second ordre, cinquante onces d'or, cinq mille d'argent et cinquante pièces de soie ; aux Princes du troisième ordre, vingt-cinq onces d'or, deux cent cinquante d'argent et vingt-cinq pièces de soie ; aux Princes du quatrième ordre, treize onces d'or, cent vingt-cinq d'argent et treize pièces de soie, etc.

Cette magnificence encore n'est pas comparable à ce qu'ont fait les Empereurs des Dynasties précédentes.

L'usage des Présens n'est que trop suivi pour aborder, séduire et se rendre favorables les Grands. Leur fortune, à la vérité, s'accroît d'autant par cette voie dangereuse qu'ils provoquent souvent ; mais malheur à eux, si le vent de la disgrâce vient à souffler : les dépositions alors s'accumulent contr'eux, et les peines qu'ils ont eues à recueillir le fruit de leurs exactions, tournent enfin uniquement à l'avantage du trésor de l'Empereur, par la confiscation de leurs biens.

L'objet qu'on s'est proposé, de resserrer par des présens les liens de la société, est très-politique ; si l'abus se glisse insensiblement dans la plus sage institution et vient à la corrompre, que peut faire le Gouvernement ? Des exemples fréquents de punition : il le fait et frappe les têtes les plus distinguées. Aussi en Chine, malgré la corruption des Mandarins, qui tirent illicitement grand parti de leurs places, de même que les Vicerois, Gouverneurs de villes, de provinces, etc. ils ont toujours à trembler des suites de leurs concussions ou de leurs prévarications ; parce que le ministère qui a d'amples moyens de les surveiller, s'en occupe sans relâche.

Les hommes, dit l'Empereur *Kung-hi*, se doivent réciproquement des Présens ; et il est convenable entre amis de s'offrir mutuellement des choses dont on peut faire usage, ou qu'on ait paru désirer. (1)

PRISONS.

Ces Prisons, selon le P. Duhalde (2), n'ont ni

---

(1) Mém. des Miss. de P. XIV.
(2) Duhalde, II, 131.

l'horreur, ni la malpropreté des Prisons d'Europe, et elles sont beaucoup plus commodes et plus spacieuses : elles sont bâties de la même sorte presque dans tout l'Empire, et situées dans des lieux peu éloignés des tribunaux.

Quand on est entré par la première porte qui donne sur la rue, on marche dans une allée qui conduit à une seconde porte, par où l'on entre dans une basse-cour qu'on traverse pour arriver à une troisième porte, qui est le logement des geôliers. Delà on entre dans une grande cour quarrée ; aux quatre côtés de cette cour sont les chambres des prisonniers élevées sur de grosses colonnes de bois qui forment une espèce de galerie. Aux quatre coins sont des prisons secrettes où l'on renferme les scélérats : il ne leur est pas libre de sortir pendant le jour, ni de s'entretenir dans la cour, comme on le permet quelquefois aux autres prisonniers. Cependant avec de l'argent, ils peuvent obtenir pour quelques heures cet adoucissement ; mais on a la précaution de les retenir pendant la nuit arrêtés par de grosses chaînes, dont on leur lie les mains, les pieds et le milieu du corps ; ces chaînes leur pressent les flancs et les serrent de telle sorte, qu'à peine peuvent-ils se remuer.

Ceux dont les fautes ne sont pas considérables, ont la liberté pendant le jour de se promener et de prendre l'air dans les cours de la prison : on les assemble tous les soirs, on les appelle l'un après l'autre et on les enferme dans une grande salle obscure, ou bien dans leurs petites chambres, quand ils en ont loué pour être plus commodément.

Une sentinelle veille toute la nuit pour tenir les prisonniers dans un profond silence, et si l'on entendoit le moindre bruit, ou si la lampe qui doit être allumée, venoit à s'éteindre, on avertiroit aussitôt les géoliers pour remédier au désordre.

D'autres sont chargés de faire continuellement la ronde, et il est difficile qu'aucun des prisonniers s'exposé à tenter les moyens de s'évader, parce qu'aussitôt il seroit découvert et ne manqueroit pas d'être sévèrement puni par le Mandarin qui visite très-souvent les Prisons, et qui doit être toujours en état d'en rendre compte; car s'il y a des malades, il en doit répondre : c'est à lui de faire venir les médecins, de procurer les remèdes aux frais de l'Empereur, et d'apporter tous ses soins à rétablir leur santé. On est obligé de faire connoître à l'Empereur tous ceux qui y meurent; et souvent sa Majesté ordonne aux Mandarins supérieurs d'examiner si le Mandarin de justice subalterne a fait son devoir.

Il y a de grandes Prisons, comme celles de la Cour souveraine de Pékin, dans lesquelles on permet aux marchands, aux ouvriers, aux tailleurs, bouchers, marchands de riz et d'herbes, etc. d'entrer pour le service et la commodité de ceux qui y sont détenus. Il y a même des cuisiniers qui apprêtent à manger, et tout s'y fait avec un grand ordre, par la vigilance des officiers.

La prison des femmes est séparée de celle des hommes; on ne peut leur parler qu'à travers une grille, ou par le trou qui sert à pourvoir à leurs besoins; mais il est très-rare qu'aucun homme en approche.

En France on doit à M. Necker, à cet homme populaire par ambition, n'ayant aucune capacité comme ministre, et voulant encore donner des élans philosophiques pour des sentiments religieux, la suppression du petit Châtelet et du Fort-l'Évêque, prisons vraiment affreuses; on lui doit, pendant son ministère, l'établissement de la prison dite *l'Hôtel de la Force* pour renfermer les prisonniers pour dettes. Depuis 1790 cette prison a changé de destination, elle ne renferme plus maintenant que des malfaiteurs, ils y sont placés convenablement et d'une manière plus saine qu'ils ne l'étoient d'abord : elle est plus célèbre par l'horrible massacre qui s'y est commis au nom de la liberté, en septembre 1792, que par le souvenir de son fondateur.

Depuis un nombre d'années on s'est occupé de l'Histoire générale des Chinois et des Mémoires qui concernent cette Nation si ancienne. Les esprits portés aux innovations les plus étranges, n'y ont pas vu que le bonheur des peuples consiste dans l'observance des lois, dans la soumission aux pouvoirs : il n'ont pas vu qu'il est impossible, avec la volonté de l'ordre, que le grand nombre commande, qu'il soit revêtu de la force, de l'autorité, et que le petit nombre soit astreint à obéir; mais ils ont remarqué que

les Prisons chinoises étoient construites différemment des nôtres, et que les prisonniers éprouvoient un meilleur traitement. C'est toujours un bien de fait : espérons-en d'autres du bénéfice du temps.

SALLE où l'on prend le thé.

Dans les hôtels des Grands chaque appartement a sa destination : le Salon à prendre le thé n'y est pas oublié, autrement la distribution ne seroit pas exacte. Celui dont on donne ici la décoration fait l'objet d'une des peintures de mon Recueil : il est simple et conforme à la manière chinoise.

Au fond de la pièce est une grande estrade revêtue d'étoffes, sur laquelle sont assis deux Chinois, ayant entr'eux une petite table, pour poser les tasses et la théière que deux esclaves leur apportent. De chaque côté de l'estrade sont deux Chinois qui paroissent venir aussi prendre le Thé ; peut-être leur situation debout annonce-t-elle qu'ils sont les officiers de la maison.

Cette peinture est proprement exécutée et forme un ensemble très-agréable.

SÉPULTURES et CÉRÉMONIES avant et après les obsèques.

Article I. Les cimetières des Juifs et des Anciens, comme on le sait, étoient hors de l'enceinte des villes. Il en a toujours été de même chez les Chinois, et il leur est défendu d'enterrer leurs morts dans les villes et dans les lieux qu'on habite; mais il leur est permis de les conserver dans leurs maisons enfermés dans des cercueils, et de les garder plusieurs mois, même plusieurs années, comme en dépôt, sans qu'aucun magistrat puisse les obliger à les inhumer.

La salubrité de l'air n'est pas altérée par ce dépôt, attendu que les cercueils des personnes aisées, dont il s'agit ici, sont faits de grosses planches épaisses d'un demi-pied et davantage, et qu'ils sont si bien enduits en dedans de poix et de bitume, et si bien vernissés en dehors, qu'ils n'exhalent aucune mauvaise odeur. On en voit de délicatement ciselés et tout couverts de dorures. Tel homme riche emploie jusqu'à 300, 500 écus, et même mille, pour avoir un cercueil de bois précieux, orné de quantité de figures.

On lave rarement les corps morts, mais on revêt le défunt de ses plus beaux habits et des marques de sa dignité. Avant de le placer dans le cercueil, on répand de la chaux au fond, et quand le corps y est placé, on y met un coussin, ou beaucoup de coton, afin que la tête soit solidement appuyée et ne vacille pas. Le coton et la chaux servent à recevoir les humeurs qui pourroient sortir du cadavre. On remplit aussi de coton tous les endroits vides pour entretenir le corps dans la situation où on l'a mis. Ce seroit, selon la manière de penser en Chine, une cruauté inouie d'ouvrir un cadavre, et d'en tirer le cœur et les entrailles pour les enterrer séparément; de même que ce seroit une chose monstrueuse de voir, comme en Europe, des ossements de morts entassés les uns sur les autres et exposés aux yeux des passants.

Il est incroyable à quel point va la prévoyance des Chinois pour avoir un cercueil après leur mort. Tel qui n'aura que neuf ou dix pistoles de bien, en sacrifiera une partie pour se préparer un cercueil, quelquefois plus de vingt ans avant qu'il en ait besoin : il le garde comme le meuble le plus précieux de sa maison, et il le considère avec complaisance : quelquefois même, par suite d'un excessif amour filial, le fils se vend et s'engage pour avoir de quoi procurer un cercueil à son père.

La forme des sépulcres varie selon les différentes provinces : la plupart sont fort bien blanchis, faits en forme de fer à cheval, et d'une construction assez agréable. On écrit le nom de la famille sur la principale pierre. Les pauvres se contentent de couvrir le cercueil de chaume ou de terre élevée de cinq à six pieds en espèce de pyramide. Plusieurs renferment le cercueil dans une petite loge de brique en forme de tombeau.

Chaque sépulture forme une enceinte fermée de murailles de terre, et plantée en dedans d'arbres assez élevés (1).

Les tombeaux des Grands et des Mandarins sont d'une structure magnifique. Une voûte enferme le cercueil ; on forme au-dessus une élévation en terre battue, haute d'environ douze

---

(1) Duhalde, Hist. de Chine, in-fol. I, 11 et suiv.

pieds sur huit ou dix de diamètre, qui prend à peu près la figure d'un chapeau : on couvre cette terre de chaux et de sable auxquels on donne la consistance d'un mastic pour que l'eau n'y puisse pénétrer. Autour on plante avec symétrie des arbres de différentes espèces. Vis-à-vis est une grande et longue table de marbre blanc et poli, sur laquelle est une cassolette avec deux vases et deux chandeliers, aussi de marbre et très-bien travaillés : de part et d'autre on range quantité de figures d'officiers, d'eunuques, de soldats, de chevaux sellés, de chameaux, de tortues, et d'autres animaux, en différentes attitudes, qui marquent du respect et de la douleur : car les Chinois sont habiles à donner de l'âme aux ouvrages de sculpture et à y exprimer les passions. Dans la province de Canton les tombeaux sont en terre et de figure pyramidale : ils sont entourés de bosquets, de sapins et de cyprès.

M. de Saint-Pierre (1), qui a gourmandé un peu sévèrement les Grands, notre Clergé, nos opinions religieuses, lui qui se plaît tant à former des Élysées, dit éloquemment que les Chinois font de leurs tombeaux des lieux enchantés, qu'ils les placent aux environs des villes, dans des grottes creusées dans le flanc des collines; qu'ils en décorent l'entrée d'architecture, et qu'ils plantent, devant et autour, des bocages de cyprès et de sapins, mêlés d'arbres qui portent des fleurs et des fruits ; que ces lieux ins-

_____
(1) Etudes de la Nature, tom. III, 362.

pirent une profonde et douce mélancolie, non seulement par l'effet naturel de leur décoration, mais aussi par le sentiment moral qu'élèvent en nous les tombeaux, *qui sont des monuments posés sur les frontières des deux mondes.*

Une note savante de M. Amiot nous instruit de l'ancienne forme des tombeaux (1); la voici. « 2207 ans avant l'Ere chrétienne, ceux qui étoient allé à *Tsang*, ou lieu champêtre destiné à la sépulture de l'Empereur *Chun*, aperçurent un *Ping-siao*, oiseau qui a, dit-on, quelque ressemblance avec les moineaux ordinaires, et admirèrent la manière singulière dont il avoit construit son nid. Il avoit fait un grand amas de résine de couleur tirant sur le noir, et l'avoit si bien travaillé qu'elle formoit sur sa petite habitation, comme un dôme, qui le garantissoit de toutes les injures de l'air : ce qui leur fit naître l'idée de faire avec de la terre sur le tombeau de *Chun* ce que l'oiseau avoit fait avec de la résine pour couvrir son nid. Cette manière passa peu à peu en coutume, et s'établit si bien que l'on ne donna plus aux tombeaux que le nom de *terre élevée*, ou élévation de terre. La forme s'est conservée ; mais cette antique simplicité des premières mœurs s'est perdue.

Ce fut sous la troisième Dynastie, celle des *Tchéou*, qu'on ajouta (2), disent les Historiens,

---

(1) Eloge de Moukden, *in*-8°. 215.
(2) Mém. des Miss. de Pékin, IV, 11.

divers

divers ornements sur les tombeaux qui étoient auparavant très-simples.

Dans les siècles suivants on éleva, en l'honneur des Empereurs décédés, des monuments superbes. La grande décoration des Chinois en architecture, est réservée pour ces sortes d'édifices nés de la vanité humaine et du désir de perpétuer sa mémoire jusqu'aux races futures; mais les cendres que les tombeaux renferment ont toujours été un objet respectable pour tous les peuples. Rappelons-nous ces principes pour ne plus nous en écarter.

Le fondateur de la Dynastie des *Yuen* qui, en 1295, ordonna la destruction des tombeaux des Empereurs de la Dynastie précédente (*des Song*) rendit sa mémoire odieuse à la postérité...

Article II. *Description de trois Peintures faisant partie de mon Cabinet à Paris.*

Le N°. 1 donne la vue d'une plantation d'arbres, d'un feuillé touffu, faisant le fond du tableau.

Sur le devant on voit le tombeau de la Souche de la famille : il est remarquable par la place la plus élevée qu'il occupe au centre, et par ses accessoires décorés de sculptures. Sur les deux côtés sont rangés en demi-cercle les autres tombeaux au nombre de quatre, tant à droite qu'à gauche : ils sont terminés en calottes d'un blanc de stuc, et chaussés d'un socle de couleur grise, et ornés de moulures. Mais les deux qui sont à droite et à gauche le plus près de la Souche, ont devant eux chacun une tablette qui s'élève à la majeure partie de la hauteur des tombeaux, et qui porte une inscription : ces inscriptions sont enrichies de quelque sculpture à la partie supérieure, et de même au-dessus immédiatement de leur base, d'une tête d'animal appuyée sur une draperie tenant à l'encadrement du pilastre, ou plutôt, selon l'expression chinoise, à la tablette chargée de l'inscription.

Un plan encore antérieur est fermé en dehors par une balustrade rustique qui enveloppe le terrain, s'élevant depuis l'entrée toujours en hauteur.

Le N°. 2 offre également la vue d'un bocage agréable, devant lequel est le tombeau de la Souche principale, et accompagné de trois autres tombeaux de chaque côté rangés en fer à cheval.

Une table, en pierre ou en marbre blanc, servant de base à la Souche de l'ancêtre, a vers le milieu une tablette soutenue par des consoles aussi en marbre, et cette tablette présente des vases remplis de fruits ; un autre vase placé au milieu porte trois bougies, et est suivi de deux chandeliers avec leurs bougies, ou flambeaux de cire.

Devant ces socle et tablette est un feu allumé : on voit sur le devant du tableau plusieurs Chinois agenouillés, faisant les *cérémonies de sépulture*, et dans une chaire, espèce de grand fauteuil sur la droite, un parent vraisemblablement du défunt, prononçant son éloge.

Le N°. 3 représente les cérémonies devant le *Koan-tsai* d'un mort : c'est la vue d'un salon de l'intérieur d'une grande maison.

Des inscriptions, des ballons de verre, ou de corne avec des bougies, pendus au plancher, décorent le salon, dont le fond est tendu en blanc.

Devant cette tenture est le cercueil ou la représentation, comme cénotaphe, surmonté d'une draperie tombante, et recouvert d'une autre draperie blanche. Ce cénotaphe porte un large gradin sur lequel est posée une sorte de boîte élevée plus large par la base; la boîte est terminée en cône tronqué et couverte d'étoffe rouge; aux deux côtés sont des vases de porcelaine garnis de fleurs, et d'autres vases de fruits; dans le milieu on voit un vase portant trois bougies, et deux chandeliers avec leurs bougies aussi allumées, l'accompagnent.

Sur le plan antérieur on remarque un vase d'airain contenant du feu, et sur les côtés, des Chinois à genoux faisant les cérémonies.

La boiserie du salon se montre dans la majeure partie de son étendue.

Au devant du cénotaphe, ou du cercueil véritable, est une sorte d'estrade sur laquelle un Chinois à genoux a derrière lui un enfant; et plus loin, sur la droite, un parent la tête inclinée se tient debout. Tous sont en habit de deuil, c'est-à-dire, en robes de toile d'un blanc sale.

A gauche, sur une table de bois rouge et assez grossièrement faite, sont posées une théière et deux tasses ; un petit banc de bois rouge est près la table.

Article III. On sait, par les documents donnés sur le respect filial, combien ce sentiment profond chez les Chinois leur fait prendre de soins de leur vivant dans tous les états, pour leurs cercueils et sépultures, les cérémonies et devoirs en usage s'acquittant scrupuleusement après la mort des pères par les enfants ou parents des défunts.

M. Van-Braam-Houckgeest, second chef de l'Ambassade Hollandoise en Chine dans les années 1794 et 1795, nous dit, dans le journal qu'il a tenu exactement de ce voyage (1) : 1°. « Qu'il existe à la Chine un bois considéré comme impérissable, qu'on emploie aux cercueils ; (mais quel est ce bois ?) et qu'il est de ces cercueils dont le prix monte à plus de cent cinquante louis d'or de France : somme très-considérable, si l'on n'y comprend pas les frais de sculpture et bien d'autres ornements que le rang et le luxe peuvent exiger.

2°. Il nous donne l'observation suivante toute neuve qu'il a faite dans son retour de Pékin à Canton avant d'arriver à *Hong-tchéou*. « Dans les basses terres et humides, exposées aux inondations des fleuves, les cercueils qui y sont dé-

---

(1) Journal du Voyage de l'Ambass. holland. tom. I, in-4°. p. 289, 358.

posés sont brûlés avec les cadavres, et l'on recueille leurs cendres dans des urnes. C'est la première fois, dit-il, que j'ai appris en Chine qu'il y eût une province où cet usage fût pratiqué, comme chez les Romains; et je n'en avois rien ouï dire de semblable depuis *trente-six ans que je connois ce pays*, malgré mes informations successives, sur les mœurs des habitants, auprès des hommes lettrés et savants, de tout ce qui pouvoit avoir trait à l'histoire, aux usages et autres particularités concernant cet Empire. Les urnes sont alors déposées sans risque dans la terre, et la vénération pour les morts est encore d'une nouvelle évidence par cette preuve ».

Il a été facile à cet amateur, d'après ses connoissances des mœurs et des curiosités chinoises, de se former une riche et belle collection, telle qu'il dit se l'être procurée.

L'article ci-après fournira des explications relatives aux obsèques.

Article IV. Le *Tiao*, ou la cérémonie solennelle qu'on rend au défunt, dure ordinairement sept jours, à moins que quelque raison n'oblige de la borner à trois jours seulement.

Pendant qu'il est ouvert, tous les parents et les amis qu'on a eu soin d'inviter, viennent rendre leurs devoirs au défunt; les plus proches parents restent même dans la maison. Le cercueil est exposé dans la principale salle, parée d'étoffes blanches qui sont souvent entremêlées de pièces de soie noire et violette, et d'autres ornements de deuil : on met devant le cercueil une table sur laquelle on place, soit l'image ou le portrait du défunt, soit un cartouche où son nom est écrit, et qui de chaque côté est accompagné de fleurs, de parfums et de bougies allumées.

Ceux qui viennent faire leurs compliments de condoléance, saluent le défunt à la manière du pays, c'est-à-dire, qu'ils se prosternent et qu'ils frappent du front la terre à plusieurs reprises devant la table, sur laquelle ils mettent ensuite quelques bougies et quelques parfums qu'ils ont coutume d'apporter avec eux. Les amis particuliers accompagnent ces cérémonies de gémissements et de pleurs, qui se font entendre de fort loin.

Tandis qu'ils s'acquittent de ces devoirs, le fils aîné, accompagné de ses frères, sort de derrière un rideau qui est à côté du cercueil, se traînant à terre dans un morne et profond silence, montrant un visage sur lequel la douleur est peinte et fondant en larmes : ils rendent les saluts avec la même cérémonie qu'on a pratiquée devant le cercueil. Le même rideau cachent les femmes, qui poussent à diverses reprises les cris les plus lugubres.

Quand on a achevé cette cérémonie, un parent éloigné ou un ami du défunt, étant en deuil, fait les honneurs ; et comme il a été vous recevoir à la porte, il vous conduit dans un autre appartement, où l'on vous présente du thé et quelquefois des fruits secs et d'autres rafraîchissements semblables, après quoi il vous accompagne jusqu'à votre chaise.

Lorsqu'on a fixé le jour des obsèques, on en donne avis à tous les parents et amis du défunt, qui ne manquent pas de se rendre au jour marqué.

On trouvera dans Duhalde, qui donne ces renseignements, la description du convoi jusqu'au lieu de la sépulture (1).

Quand on y est arrivé, on voit à quelques pas de la tombe des tables rangées dans les salles qu'on a fait élever exprès; et tandis que les cérémonies accoutumées se pratiquent, les domestiques y préparent un repas qui sert ensuite à régaler toute la compagnie.

S'il s'agit d'un grand Seigneur, il y a plusieurs appartements à sa sépulture; et après qu'on y a porté le cercueil, un grand nombre de parents y demeurent un ou même deux mois, pour y renouveler tous les jours, avec les enfants du défunt, les marques de leur douleur. *Voyez* Deuil.

SPECTACLES.

La vie des Chinois est tellement occupée, qu'on apprendra sans étonnement qu'il n'y a point dans les villes de Pékin, Nankin, et celles du premier ordre, de Spectacles, de concerts, de bals, de promenades publiques. *Voyage de*

(1) Duhalde, I, 126, 127.

M. Cossigny à Canton, vol. in-8°. pag. 80. Cependant on voit à Pékin, dans les places publiques, de petits théâtres moins soignés que ceux de nos foires; mais ils ont pour objet d'amuser le peuple.

Les danses sur la corde lâche et tendue, les tours d'adresse et d'escamotage, font partie des Spectacles de la Chine.

M. Anderson, qui le premier a donné une Relation de l'Ambassade du lord Macartney à la Cour de Pékin, fait le récit de plusieurs des Spectacles chinois, et une mention plus détaillée du Spectacle que l'Empereur *Kien-Long*, très-avancé en âge, et qui a terminé peu après sa longue et brillante carrière dans son palais de Géhol en Tartarie, donna à l'Ambassadeur de la Grande-Bretagne et à sa suite (1).

A cet effet, dit-il, on dressa dans une cour intérieure du palais un théâtre qui fut orné d'une quantité énorme de rubans et de bannières de toutes les couleurs. L'illumination, genre de fête et de décoration si familier et si brillant chez les Chinois, avoit autant de goût que de magnificence.

Aux représentations de batailles, d'évolutions militaires et de danses graves, succédèrent des sauts périlleux et des tours d'adresse incroyables.

Ces spectacles, dont on trouvera plusieurs

___

(1) Trad. franç. de la Relat. de M. Anderson. *Paris*, An IV, tom. I, *in*-8°. 240.

détails curieux donnés par M. Staunton, rédacteur ou historien de lord Macartney, consistent aussi en comédies et pantomimes, mais peu goûtées des Anglois, qui ne furent sensibles qu'à l'effet de la grande musique de l'Empereur. Les gens riches ou titrés font venir chez eux, comme nous l'avons dit, dans certaines occasions d'éclat, des Comédiens qui donnent au maître de la maison le choix de la pièce qui lui conviendra, et la représentation suit immédiatement la demande.

L'article des Danseurs de corde nous a permis le narré de quelques traits plus singuliers et plus frappants les uns que les autres. Nous y renvoyons.

SUPERSTITION, HOROSCOPE et ASTROLOGIE JUDICIAIRE.

La Superstition sur les jours heureux et malheureux va en Chine au-delà de tout ce qu'on peut dire : on les consulte, on les discute pour se mettre en voyage, pour signer un contrat, bâtir une maison, et pour se choisir une sépulture. Une éclipse de soleil ou de lune, quoique annoncée dans le calendrier, est regardée comme un jour sinistre. M. Grosier a un bon chapitre sur les superstitions, pag. 604 de son supplément à l'histoire générale de la Chine.

La Superstition a exercé son empire sur toute la surface de la terre : dans l'antiquité les peuples les plus sages, les plus éclairés, n'ont pu s'en garantir (g), et dans chaque nation ce n'est pas le peuple seul qui est curieux de connoître l'avenir, quoique ce soit un grand bienfait de la Providence de l'avoir dérobé à nos regards. L'ambition a déterminé et détermine les hommes de chaque siècle à consulter le sort, à s'appuyer de prédictions, soit en les adoptant lorsqu'elles sont favorables, soit en ne leur donnant qu'une croyance politique pour arriver aux places, aux dignités, aux honneurs qu'ils convoitent, ou pour se flatter d'éviter des malheurs qu'ils ont la folie de redouter et que souvent ils s'attirent.

Chez les Chinois la superstition a toute sa force, même parmi les Lettrés. Du temps de Confucius elle portoit déjà au suicide. On prétend que les Superstitions de l'Astrologie et de l'Idolâtrie nuisent encore au succès de la médecine. Plusieurs Empereurs ont tâché de s'opposer à ce que l'on consultât les sorts et à ce qu'on ajoutât foi aux inductions qu'en ont tiré les Bonzes en général, particulièrement ceux de la secte des *Tao-see*, en flattant les Grands d'espérances vaines et chimériques, dont eux seuls retirent de prompts avantages.

L'an 626 de notre ère, l'Empereur *Kao-tsou* fit publier un ouvrage contre les augures et la divination. Le fameux breuvage de l'immortalité a enivré *Tsin-che-Hoang-ti* et beaucoup d'autres têtes impériales, l'événement en a découvert la folie. Les siècles se sont succédés et ont transmis sous d'autres formes des erreurs tout aussi grossières. La recherche de la pierre philosophale n'a-t-elle pas encore des adeptes parmi nous, malgré les preuves tant de fois données de l'inutilité d'une pareille poursuite? Dans l'ordre de nos espérances et de nos craintes, dès que la foiblesse humaine n'est pas soutenue par des principes élevés et sûrs, elle s'attache sans choix, sans discussion, à ce qui est autour d'elle, et se laisse aveuglément prendre à tous les pièges. Que d'exemples ne fourniroient pas des personnes considérables de la cour de Louis XIV sur la fin du XVIIe siècle! Plus un royaume est en proie aux désastres, aux calamités, plus l'esprit est accessible aux prédictions. Dès 1500 les Historiens disent que l'Astrologie s'étoit emparée du gouvernement du monde (1). Sous le règne de Catherine de Médicis, on consultoit journellement les astres, et Gauric étoit en grande faveur. Marie de Médicis eut Fabroni pour son Astrologue; Anne d'Autriche, Morin, etc.

Avant notre révolution n'avions-nous pas la folie du Magnétisme, du Mesmérisme, et l'exemple miraculeux du philosophe Court de Gébelin, mort près du bacquet? N'avions-nous pas le grand jongleur Necker, si jaloux de la noblesse françoise par le désespoir seul de n'avoir pas d'ayeux à citer à ces Grands de la Cour de Louis XVI, qui étoient assez dégénérés pour flatter un Ministre étranger, dépourvu des talents

---

(1) La connoissance des choses futures est tellement au-dessus de nos esprits, qu'il est inconcevable qu'on ait pu même imaginer ce qu'on appelle l'*Art de la Divination*. C'est le plus grand délire où l'esprit humain ait pu tomber. *Berthier, Isaie*, tom. II, in-12.

qui font l'homme d'Etat, mais gonflé d'amour propre, hypocrite adroit et profond, dont les fausses vertus en imposoient tant à toute la France ?

Revenons à nos Chinois, et ne nous étonnons pas de leur manie. Tout est plein, parmi eux, dit Duhalde, de tireurs d'horoscopes que le peuple consulte : ce sont pour la plupart des aveugles qui jouent d'une espèce de petit tuorbe et qui vont de porte en porte offrir de dire la bonne aventure pour deux ou trois caches. C'est une chose merveilleuse d'entendre ce qu'ils débitent sur les huit lettres qui composent l'an, le mois et le jour de la naissance de chacun, et qu'on appelle par cette raison la *Pa-tsée*. Ils vous prédisent des malheurs généraux qui vous menacent; ils promettent plus ordinairement des richesses, des honneurs et de grands succès dans le commerce ou dans les études, etc. et c'est le moyen de se faire mieux écouter.

Le trait suivant pris dans la traduction françoise des Voyages du savant M. Pallas, est une nouvelle preuve de la confiance que les Chinois ont dans les sorts.

On voit à Maimat-schin, ville frontière de la Chine et de la Russie, dans les temples des Idoles, deux tables ou autels, sur le devant desquels sont des urnes, des boîtes à l'encens, des flambeaux et des lampes. On y remarque un vase qui a la forme d'un carquois rempli de pièces plates de roseaux sur lesquelles sont empreintes de petites devises chinoises. Les Chinois vont y tirer une de ces devises le jour de l'an : ce sont pour eux des oracles qui annoncent ce qui leur arrivera d'heureux ou de malheureux dans l'année. Cet article des superstitions m'entraîne encore dans une digression sur nos erreurs européennes qui devroient entièrement disparoître à la lueur d'un flambeau plus lumineux ; elles nous dominent cependant : un pareil rapprochement doit nous rendre moins sévères sur les foiblesses des Chinois, dont les plus sages ne connoissent que la religion naturelle bien affoiblie encore dans leurs esprits.

On trouvera dans le texte que nous allons citer des vérités fortes dont quelques unes sont favorables aux Chinois, malgré leur attachement connu à l'Astrologie judiciaire ; et les autres sont bien propres à renverser les bases sur lesquelles le philosophisme de nos jours a fondé ses modernes opinions. Ce texte est tiré des *OEuvres du Roi de Prusse*, édition de Berlin, tome XI, *in*-8º. pag. 61.

« La Nation, dit le Prince, qui paroît la moins imbue de superstitions, est sans contredit la chinoise ; mais si les Grands suivent la doctrine de Confucius, les peuples ne peuvent s'en accommoder ».....

Cette doctrine de Confucius, puisée dans la religion naturelle, est cependant la seule avouée en Chine par le Gouvernement.

Le Monarque philosophe fait ensuite un calcul d'après lequel il établit que sur dix millions d'habitants, il n'y aura que mille personnes dégagées de tout préjugé, et que leurs leçons produiront de minces effets sur le public.... qu'en conséquence la superstition ou le merveilleux doit conserver son empire.

« La commission d'éclairer le peuple, ajoute-t-il, est souvent très-dangereuse pour ceux qui s'en chargent : il faut se contenter d'être sage pour soi-même (bonne leçon en politique), et abandonner l'erreur au vulgaire, en tachant de le détourner des crimes qui dérangent l'ordre de la société. Si je voulois, a dit le même Prince, punir une de mes provinces, je la donnerois à gouverner aux Philosophes »...

La lettre, pag. 69 et suiv. est encore à lire relativement aux superstitions. Frédéric le Grand, irréligieux, embarrassé au milieu des systèmes dont les Dalembert, les Voltaire et autres prétendus philosophes du siècle l'environnoient, et ne voulant pas admettre, selon son expression, le système de la création, admettoit celui de l'éternité de l'Univers, et s'en tenoit là (1). Mais grand politique il vouloit une tolérance absolue ; et sachant tout ce qu'il falloit pour gouverner les hommes et les tenir dans l'obéissance

---

(1) L'éloquent auteur du voyage d'Anacharsis observe que ceux même des philosophes qui soutiennent *que le monde a toujours été*, n'en admettent pas moins une première cause, qui de toute éternité agit sur la matière : et que, suivant eux, il est impossible de concevoir une suite de mouvements réguliers et concertés, sans recourir à un moteur intelligent. *Edition* in-4°. 1788, IV, 288.

aux lois : il a dit, page 80 du volume déjà cité, en parlant du *système de la nature* : « Qu'il ne » concevoit pas comment il se trouvoit des au- » teurs assez étourdis dans leur impiété pour » publier des ouvrages qui exposent eux et les » autres à des malheurs réels. Il faut, ajoute-t-il, » se contenter de penser pour soi et laisser un » libre cours aux idées du vulgaire ».

Puis page 113, sont ces phrases remarquables : » Je suis persuadé qu'un philosophe fanatique, » est le plus grand des monstres possibles, et » en même temps l'animal le plus inconséquent » que la terre ait produit. Je me contente donc » de n'être pas gêné sur ce que mon peu de foi » me permet de croire ; et loin d'être conver- » tisseur, je laisse à chacun la liberté de bâtir » un système selon son bon plaisir ». Qu'auroit-il dit d'un Dictionnaire des Athées ?

L'HISTORIEN élégant de l'Astronomie an-cienne, *inscius heu futuri*, s'exprime ainsi :

« L'ASTROLOGIE judiciaire est une des ma-ladies de l'esprit humain : elle est née sans doute de l'Astronomie. Tous les hommes impatients de toucher à l'avenir, voudroient au moins re-connoître celui qui les attend. Le sage seul sait que cette connoissance seroit funeste. Malheu-reux du passé, mécontent du présent, l'homme ne vit que par l'espérance. L'incertitude de sa destinée le soutient dans une course qu'il s'ef-force de précipiter. Si l'avenir s'ouvroit devant lui, tourmenté par les maux futurs rendus pré-sents, peu sensible à des biens usés avant la jouissance, son existence ne seroit plus qu'un fardeau. La sagesse divine nous a épargné tous ces maux que l'Astrologie a voulu répandre sur la terre ».

« L'Astrologie naturelle est une observation.....et l'Astrologie judiciaire, un système..... qui a eu sa source dans le matérialisme ». Bailly, *Histoire de l'Astronomie anc.* 1782, in-4°.*Discours prélim.* page 14, et texte page 273.

Le même auteur, *Lettre XI sur l'Atlantide*, édit. de 1779, in-4°., a dit ce qui suit : Quoiqu'étranger à mon sujet je ne puis me refuser à l'occasion de citer cette énergique réflexion de l'Académicien philosophe, relativement aux malheurs que le changement de ses sentiments a fait fondre sur lui.

« Les conquérants (Alexandre le Grand,
» Jules César, Pompée, Gengiskan, Tamer-
» lan, etc.) ont des pieds de fer, ils brisent en
» marchant; et la poussière qui s'élève à leurs
» passages, couvre ce qu'ils laissent en arrière.
» Tout finit et tout recommence avec eux. Ne
» souhaitons jamais de révolutions, plaignons
» nos pères de celles qu'ils ont éprouvées. Le
» bien dans la nature physique et morale ne des-
» cend sur nous que lentement, peu à peu, j'ai
» presque dit goutte à goutte. Mais tout ce qui
» est subit, instantané, tout ce qui est révolu-
» tion, est une source de maux. Les déluges
» d'eau, de feu et d'hommes, ne s'étendent
» sur la terre que pour la ravager : ce sont les

maux

« maux des révolutions qui font la nuit des
« temps (1) ».

Presque de nos jours, le comte de Boulainvilliers, mort en 1722, homme d'ailleurs de beaucoup d'esprit, étoit infatué de l'Astrologie judiciaire sur laquelle il a beaucoup écrit, et il se montroit assez incrédule en matière de Religion: quel contraste?

TABAC.

On ne prend guère de Tabac qu'à Pékin; il vient de Portugal: on le met dans de petits flacons de verre coloré, dont la forme est appropriée à la manière dont les Chinois le présentent et le prennent (2).

Cela est vrai pour le Tabac en poudre; mais les Chinois et les Tartares se passeroient plutôt de thé, leur boisson ordinaire, que de Tabac à fumer. Ils ne peuvent rester un quart-d'heure sans avoir la pipe à la bouche; et on ne les voit guère sans fumer partout où ils se trouvent, même dans la rue. Comme leurs pipes ne sont pas plus fortes qu'un dé à coudre, ils ont le plaisir de les charger et de les allumer fréquemment (3). La classe distinguée des Magistrats et

---

(1) M. Montjoie, in-8. *Hist. de la Révol. françoise* a tracé le caractère de Jean-Sylvain Bailly auquel il accorde une grande bonhomie. Je dirai plus, une modestie, une honnêteté marquée; mais ces qualités étoient en lui avant 1789, et depuis elles ont disparu dans son caractère.
(2) Mémoires des Missionn. de Pékin, VIII, 267.
(3) Traduction des Voyages de Pallas, IV, 176.

des Lettrés n'est pas comprise dans cet usage de fumer en public.

On tire de Canton de jolies tabatières en porcelaine; mais les Chinois sont plus curieux de celles venues de France, dont les formes et l'élégance sont remarquables.

TIRER AU BLANC.

La Loi qu'on observe dans cette sorte de jeu, est que celui de la compagnie qui touche le but, oblige les autres à vider une petite tasse de vin, en buvant à sa santé.

L'Empereur *Cang-hi*, remarquant la mollesse et l'indolence des Tartares, mit en vogue cet exercice, dans lequel personne ne pouvoit lui disputer l'honneur de tirer une flèche avec plus de force et de justesse. L'exemple fut suivi, et les pères firent aussitôt exercer leurs enfants, pour les rendre adroits et forts dès le bas âge. Les Tartares et les Chinois parvinrent promptement ensuite à acquérir une grande adresse à tirer de l'arc (1).

TROMPETTES.

Les Trompettes des Mantchous (Tartares) ne sont autre chose que des coquilles de la grosse espèce, dont ils tirent des sons aussi mélodieux, et beaucoup plus doux que ceux de la Trompette. Les Tartares Mantchous font la force des armées Chinoises.

---

(1) Duhalde, I, 102.

DEUX autres sortes de Trompettes ont été imaginées pour les troupes : elles sont à l'octave l'une de l'autre, et s'accordent avec le son du tambour qui entre dans la musique chinoise. Toutes deux sont de cuivre battu ; elles pèsent chacune sept livres, et diffèrent entr'elles par leur figure et leur construction. Le prix de chaque Trompette revient à 13 liv. 2 sols 6 den. de notre monnoie (1).

ON trouvera dans le tome VII, des *Mémoires des Miss. Franç. de Pékin*, la description des instruments militaires en usage dans les armées chinoises, et tout ce qui peut faire connoître la *Tactique* de cette nation : on doit ces renseignements savants et neufs à M. Amiot.

TRONE DE L'EMPEREUR.

LE TRÔNE, qui est à Pékin dans le palais impérial, au milieu d'une salle longue d'environ cent trente pieds et presque quarrée, consiste en une haute strade, mais qui n'est ni riche ni magnifique : elle porte pour toute inscription la lettre *Ching*, que les auteurs de Relations ont traduit par le mot *Saint*. Elle n'a cependant pas toujours cette signification, et elle répond quelquefois mieux au mot latin *eximius*, ou aux mots françois *excellent*, *parfait*, *très-sage*. Sur la plate-forme du devant sont des grands vases de bronze fort larges et

---

(1) Eloge de Moukden ; notes, p. 301. — Mém. des Miss. de Pékin, VII, 379.

très-épais, dans lesquels on brûle des parfums aux temps de cérémonie : il y a aussi des candelabres façonnés en oiseaux propres à porter des flambeaux de cire.

Le lambris de cette Salle du Trône est tout en sculpture vernissé de vert et chargé de dragons dorés. Les colonnes, qui soutiennent le toit en dedans, sont de six à sept pieds de circonférence par le bas : elles sont incrustés d'une espèce de pâte enduite d'un vernis rouge.

Le pavé est en partie couvert de tapis, façon de Turquie, très-médiocres : les murailles sont dénuées de tout ornement, fort bien blanchies, mais sans tapisseries, sans glaces, sans lustres, ni peintures (1).

Le Siége de l'Empereur, dans ses Palais, dans ses Maisons de plaisance, est toujours appelé *Trône* (h).

VOLEURS, FILOUX ET MENDIANTS.

Les Voleurs n'usent presque jamais de violence : ce n'est que par subtilité et par adresse qu'ils cherchent à dérober. Il y en a qui suivent quelquefois un marchand deux ou trois jours, jusqu'à ce qu'ils aient trouvé le moment favorable de faire leur coup.

Ils se glissent dans les barques pendant la nuit : on dit même qu'au moyen de la fumée d'une certaine drogue qu'ils brûlent, ils endorment tout le monde au point qu'ils puissent

---

(1) Duhalde, I, 17.

en pleine liberté et sans être aperçus, fouiller et emporter tout ce qui est à leur convenance.

Les voleurs de grand chemin sont rares à la Chine : il s'en trouve quelquefois dans les provinces voisines de Pékin ; mais ils n'ôtent presque jamais la vie à ceux dont ils prennent la bourse : quand ils ont fait leur coup, ils se sauvent promptement. Dans les autres provinces on parle très-peu de Voleurs de grand chemin.

Ceux qu'on prend armés, sont punis de mort. Pour vols d'adresse, on leur applique avec un fer chaud une marque la première fois sur le bras gauche, la seconde fois sur le bras droit, et la troisième on les livre au tribunal des crimes. Le vol entre parents est considéré comme grave, et puni plus sévèrement que lorsqu'il est fait à des étrangers : on ne traite pas en général les malfaiteurs avec la même rigueur qu'en Europe.

En France, par exemple, un Voleur est pendu ou envoyé aux galères (1) : à la Chine il en est souvent quitte pour quelques coups de bâton. Tel étoit l'ancien ordre des choses.

Il paroît qu'il existe un grand nombre de Mendiants en Chine, et les Bonzes ne doivent

---

(1) Notre Code criminel n'est plus le même depuis 1789. Il étoit peut-être trop sévère ; mais porté à l'excès contraire, les coupables ont bien profité de son indulgence plénière, et les honnêtes gens sont devenus leurs victimes : heureusement un Gouvernement plus sage et plus éclairé s'est occupé et s'occupe d'y remédier.

pas être oubliés dans cette liste : ils ne volent que ceux qu'une fausse compassion rend sensibles. Parmi ces Mendiants on en voit qui, conduits par un chien, à cause de leur cécité, sollicitent des aumônes : d'autres, aveugles aussi, jouent de la guitare aux portes des maisons et ne quittent que quand on leur a donné ; l'importunité de leur part est le moyen le plus sûr d'obtenir la charité (1).

Un de mes Recueils de Peinture offre les sujets suivants décrits à la fin du volume.

Peinture XVI. Mendiant qui porte sa mère sur ses épaules, pour toucher de compassion par cet exemple de la piété filiale. Il est aveugle ; le chien qui le conduit porte à la geule une tasse pour recevoir l'aumône que les gens charitables font à son maître : il a au bas un panier pour mettre le riz qu'on lui donne.

Peinture XVII. Aveugle qui joue de la guitare : grand nombre de ses pareils gagnent leur vie à ce métier.

Peinture XVIII. Filou qui vole une pipe à un voyageur monté sur un âne.

Lord Anson (*Voyage autour du Monde*),

---

(1) Duhalde, I, 67. — II, 77. — Mém. des Miss. de Pékin, VIII, 115, 161. — Les Mémoires et Journaux des deux derniers Ambassadeurs anglois et Hollandois, disent cependant que dans leurs longues traversées ils n'ont pas vu de Mendiants en Chine. Faire une route ou séjourner long-temps, donne lieu à d'autres observations.

a rudement inculqué les Chinois en général, et principalement les marchands de Canton, sur la passion excessive qu'ils ont pour l'argent. Il est vrai que les marchands se prêtent souvent à toutes les voies et moyens de tromper, qu'ils y excellent, et que les artistes exécutent toutes les peintures obscènes qu'on leur commande d'Europe. Les étrangers, par leur immoralité, n'ont-ils pas encouragé ces peintures lubriques qui ne pénètrent jamais dans l'intérieur de l'Empire, et ne sont-ils pas aussi coupables que les chinois de Canton ?

Le capitaine anglois *Jean-Méarès*, dans son dernier voyage de la Chine, est plus équitable à l'égard des Chinois : il avoue quelques-uns de leurs tours de friponnerie ; mais il dit qu'il y a dans ce port et dans toutes les grandes villes de la Chine des maisons de commerce auxquelles on peut donner avec sûreté sa confiance.

Nos États d'Europe sont-ils exempts des vols et des voleurs ? Non certainement.

VOYAGEURS.

On ne trouve pas dans les auberges de lits dressés : la coutume est que les Voyageurs portent leur lit avec eux, à moins qu'ils n'aiment mieux coucher fraîchement et durement sur une simple natte (1), selon l'usage fréquent dans l'Asie.

Les mœurs et les usages étant si différents

---

(1) Duhalde, 1, 96.

dans les diverses parties du monde, qui seroit surpris de ne pas trouver en Chine des hôtels garnis, pourvus de toutes choses commodes pour des hommes fatigués ; quand on sait, malgré notre luxe et nos recherches européennes, qu'il n'y a pas 60 à 80 années, qu'en voyageant en Espagne, les aubergistes, entendant très - mal leurs intérêts, ne vouloient pas fournir dans leurs hôtelleries d'aliments, ni les choses dont on avoit le plus de besoin, et qu'ils se contentoient d'indiquer ceux qui vendoient les comestibles ; etc.

USAGES ANCIENS ET MODERNES. (Quelques)

PAR UN attachement outré aux anciens usages les Chinois aimèrent mieux, lors de l'invasion des Tartares qui sont aujourd'hui sur le trône, se *laisser couper la tête, que de raser leurs cheveux* (1), et s'exiler de leur patrie, que de porter des habits fendus par devant et par derrière. Cette opiniâtreté ridicule n'étoit qu'une suite de l'abus de cette grande maxime, qu'*il faut conserver son corps tel qu'on l'a reçu de son père et de sa mère, et ne point changer ce qu'ont établi nos ancêtres.* Il faut n'avoir aucune connoissance de l'histoire ni des mœurs des Chinois, pour ignorer que c'est cet article de la piété filiale, poussée hors de son vrai sens, qui fait porter des ongles si longs aux personnes

---

(1) Sous le règne de Pierre I, les Russes ne se sont-ils pas portés aux plus grands excès pour ne pas perdre leur barbe ?

de qualité, aux lettrés et aux personnes du sexe; que c'est lui qui a fait préférer la mort aux amputations salutaires de la chirurgie; qui fait regarder d'avoir la tête tranchée comme une fin plus infamante que d'être pendu, et qui perpétue une infinité d'usages et de coutumes, malgré *tous les cris* de la réflexion. Mais cette erreur a un avantage : c'est elle qui dégoûte les Chinois de toute nouveauté, et qui les sauve de ces changements perpétuels dans la manière de se nourrir, de s'habiller, de se loger, de se meubler; qui mettent en Europe une génération si loin de l'autre, et font succéder en quelque sorte une nation à une autre nation dans le même pays. (L'empire de la mode, qui subjugue tout en France, qui entraîne à sa suite tant d'excès, de folies et de dépenses, est inconnu en Chine; et l'on n'y respecte que l'empire des anciens usages).

C'EN est un universellement reçu de donner de grandes démonstrations de joie à la naissance d'un fils. On cuit, on durcit quantité d'œufs (1), de poules et de cannes : on prépare du riz clair pour ceux qui viennent prendre part à la joie....; on envoie chez eux divers présens de choses propres à les régaler : c'est ce qui s'appelle le régal du poil follet.

LA cérémonie est plus grande le troisième jour qu'on lave l'enfant : on prépare des œufs par centaine et par mille; on les peint de toutes

---

(1) Ce même usage relativement aux présens d'œufs durs a lieu en Russie.

sortes de couleurs, et on les nomme les œufs du troisième jour; c'est alors que les parents et les voisins viennent en foule à la porte de la maison pour offrir pareillement des œufs et diverses sortes de gâteaux sucrés (1).

Parmi les riches la dépense est bien plus grande, surtout s'il y a long-temps qu'ils attendent un héritier : on tue une grande quantité de poules, de canards, etc. on fait un grand festin, et l'on n'épargne rien pour donner des marques de réjouissance. Un héritier, un successeur, même adoptif, est un bonheur nécessaire à un Chinois.

Les Chinois distinguent la nuit en cinq parties, par les veilles qu'ils font battre sur le tambour d'intervalle en intervalle. La première est à l'entrée de la nuit, et la dernière se bat à l'aurore.

La viande est ce qu'il y a de plus exquis pour les Tartares et pour les Chinois; mais ils ne sont pas délicats sur le choix... La chair de cheval, de chameau, d'âne, et de chien même, est excellente à leur goût. Encore la plupart de ces animaux, quand on les vend au marché, sont morts de vieillesse ou de maladie : car il est défendu de tuer les chameaux, les chevaux, et non les chiens que le peuple aime beaucoup. La prodigieuse population entraîne de grands besoins et décide l'usage de tous les aliments qui peuvent soutenir la vie.

---

(1) Duhalde, III, 134. — Mém. des Miss. de Pékin, IV, 287.

C'est une coutume à la Chine de délasser les bêtes de somme, chevaux, mulets, et autres, en les faisant aller et venir à pas comptés, pendant environ une demi-heure de temps, surtout si c'est après une course un peu longue : sans cette sage précaution, les bêtes seroient bientôt hors de service.

Les Chinois, de même que les Tartares, ne ferrent pas leurs chevaux. A Rome on ne ferre pas les pieds de derrière des chevaux de carrosse : dans nos pays montueux méridionaux, on ferre les pieds des vaches.

Chaque nation a ses préjugés et ses travers. La frisure des cheveux, accompagnée de pommade et de poudre, est aussi ridicule dans les idées des Chinois, que la longueur de leurs ongles dans les idées des Européens. Encore faut-il ajouter, selon la réflexion des Missionnaires de Pékin, qu'il y a incomparablement moins de personnes en Chine, toutes les proportions du rang et des conditions gardées, qui aient les ongles longs, qu'il n'y en a de frisées et de poudrées en Europe (1).

M. Paw est le seul qui ait avancé que les Femmes Chinoises allongent leurs paupières par artifice. Mais que n'a-t-il pas dit d'absurde ?

---

(1) Mém. des Miss. de Pékin, II, 458. — VII, 32.

Fin de la seconde et dernière Partie.

NOTES
SUR LES MŒURS ET USAGES DES CHINOIS.

P. 374. (*a*) Plusieurs Historiens considèrent les Chinois comme une colonie, qui, après la confusion des langues, lors de la construction de la Tour de Babel, en l'an 2247, avant l'ère chrétienne, s'est portée des plaines de Sennaar, vers la Chine, et est venue s'établir dans la province de *Chan-si*, et selon d'autres, dans celle de *Chan-tong*.

P. 421. (*b*) Mém. des Miss. de Pékin, Tom. XI, 40. — Les Grecs, selon Plutarque, étoient fort soigneux et difficiles dans le choix des nourrices qu'ils donnoient à leurs enfants, quand les mères ne les allaitoient pas elles-mêmes. Ces premiers essais de la vie physique et morales étoient considérés par eux comme très-importants. Au sortir de l'enfance, le choix des esclaves qu'on mettoit auprès d'eux et des instituteurs, en méritoit encore bien davantage : car de former des sujets vertueux, c'est de la part des parents les premiers biens qu'ils aient à transmettre, sans crainte de la vicissitude des événements et le principal devoir qu'ils aient à remplir.

Quand on dérange, dit ici le Traducteur des *Œuvres morales* de ce Philosophe, tout le système d'éducation reçu, qui a donné avec succès pendant plusieurs siècles, de grands hommes à l'Etat dans les différents ordres où la Providence les avoit fait naître : quand on substitue des idées nouvelles, souvent plus spécieuses que solides ; et encore plus, si l'on se permet d'exclure ces principes de morale, qui peuvent seuls rendre les hommes heureux par la pratique constante de la vertu, en assurant les liens de la société, on a bien à redouter les maux qu'on prépare à la jeunesse qu'on élève, et on doit craindre de ne former qu'une génération perverse. Les Philosophes, grecs et romains, Socrate, Platon,

Cicéron, etc. étoient trop éclairés pour traiter de fables tout ce qui regardoit le bonheur ou les peines d'une autre vie.

Le même savant Traducteur relève l'assertion de J. J. Rousseau, sur l'âge du discernement du bien et du mal à quatorze ans pour les jeunes gens, tandis que les anciens Philosophes, et Aristote en premier, le fixent vers l'âge de sept ans, terme plus conforme à la raison et à l'expérience, comme bien plus utile dans les suites, relativement aux passions dont il faut prévenir la fougue. *Plutarque, œuvres morales, trad. par Ricard.* Tom. I, in-12. — Tom. XII, p. 333. — Et dans la traduction des Vies des Hommes Illustres, *Notes*, Tom. III, in-12, p. 320, il ajoute : « Que les étrangers mêmes cherchoient avec empressement à se procurer des nourrices de Lacédémone, parce qu'elles mettoient dans leur manière d'élever les enfants beaucoup de soin et d'art ».

P. 431. (o) Au rapport de Plutarque, chez les Grecs, chaque convive avoit dans les anciens temps sa table particulière, étoit servi séparément et de la même manière que tous dans la même salle. Cet usage fut aboli ensuite avec raison. Le repas chez les Anciens étoit partagé généralement en deux services, dont le premier étoit composé de viande et de légumes ; le second, de fruits, de confitures et de pâtisseries sèches. Les Chinois ont de même l'usage des viandes, les légumes fort relevés d'épices, les fruits et les pâtisseries de toute espèce en grande abondance.

P. 433. (d) Oui certainement les repas d'étiquette des grands et des riches, entre hommes seulement, doivent être souverainement ennuyeux, à cause du cérémonial si respecté et si suivi ; mais il est question ici des habitudes et des usages d'un peuple grave, et non de les comparer avec nos mœurs françoises, qui admettent la gaîté, l'enjouement, la liberté, les saillies, les épigrammes ; puis le charme des conversations générales devenant plus ou moins intéressantes, polies et délicates, selon le caractère des convives des deux sexes ; autre avantage inappréciable. Combien le vin de Champagne et les chansons n'animoient-ils pas, il y a trente années, nos repas? Une sotte vanité, une somptuosité coûteuse, et une élégance recherchée, adoptées depuis, rendoient les tables tristes et monotones. Mais la situation a bien changée en 1792.

P. 481. (*e*) Par exemple la variation de nos modes, en France, a été grande sous chaque règne de nos Rois, et se distingue essentiellement. Les costumes gravés qu'on en conserve dans les cabinets, sont et seront recherchés des curieux : ces costumes de la *belle mise* des deux sexes, sous Louis XIII et Louis XIV seulement, démontrent la mobilité de la Nation. Sous Louis XV, il y a eu encore un peu moins de disparate dans les modes, eu égard aux changements absolus qu'elles ont éprouvés chaque mois sous son successeur, surtout depuis 1789. Ces trois règnes antérieurs de Princes heureux dans leurs guerres, et brillants par le faste de leurs cours, entourés comme ils l'étoient des plus savants hommes dans tous les genres et des artistes les plus célèbres, propageoient nécessairement, les lois, les mœurs et les institutions françoises, et leurs modes chez tous les autres peuples voisins. En 1760 et après, la Russie même vouloit les modes de France, en avoit des modèles aussitôt qu'ils pouvoient lui être envoyés, et les Nations étrangères suivoient cette impulsion de richesse et de luxe qu'on voyoit parmi nous. Tout a changé avec le changement de l'Etat. On n'a rien trouvé depuis qui eût le plus foible rapport avec ce qui avoit précédé et ce qui a suivi. Les costumes qu'on en a gravés jusqu'à-présent, et que quelques citoyens aisés, en très-petit nombre, se seront procurés, prouveront combien les changements ont été extrêmes.

On a donné il y a au moins une douzaine d'années un volume in-12 sur les Modes françoises. Mais c'est un sujet à traiter de nouveau, et à présenter moralement, sans le dénuer de la plaisanterie et de la gaîté dont il est susceptible. L'instruction s'y trouveroit avec le rappel des anciens usages, en revenant à chaque siècle; et tout lecteur raisonnable n'en seroit pas ennuyé, si une bonne plume en traçoit le tableau.

J'AI dans mon cabinet à Paris un Recueil précieux, volume petit *in-fol.* de 70 portraits environ, aux trois crayons attribués au peintre Dumoustier, célèbre en son temps. Ils donnent les costumes exacts des deux sexes, mais surtout des femmes de la cour, depuis François I jusqu'à Louis XIII. Les noms sont au bas de la majeure partie des Portraits.

MONTAGNE, l'un des plus célèbres écrivains du XIVe siècle, a un bon et libre chap. 48, livre I, à sa manière dans lequel il reproche à notre Nation *de se laisser piper et aveugler à l'authorité de l'usage présent et de changer d'opinion, d'avis (et de modes) tous les mois, s'il plaît à la coustume.* Il en cite plusieurs exemples. Et *liv. II, chap. 12, pag.* 183. En parlant de l'homme qui s'enveloppe d'habits et dont la peau peut résister par l'habitude à la variation des saisons, il ajoute en rappelant nos usages: « La partie en nous foible, et qui semble devoir craindre la froidure, ce devroit être l'estomac où se fait la digestion: nos pères le portoient découvert, et nos dames ainsi molles et délicates qu'elles sont, elles s'en vont tanstot entr'ouvertes jusqu'au nombril ».

QUE diroit donc de nos derniers temps de folie ce philosophe véridique, s'il considéroit que les femmes après avoir été serrées étroitement dans des corps durs et baleinés, qui rétrécissoient étrangement la taille, elles ont pris subitement en renonçant à ces entraves incommodes à un certain point, la manière large et libre de l'habillement des femmes asiatiques; elles ont adopté leurs robes ouvertes ou fendues, les pantalons de tafetas, etc. Pour paroître sveltes et donner leurs proportions, elles ont renoncé alors aux croupes postiches qui étoient le comble du ridicule.

L'INDÉCENCE du beau sexe se fortifiant ensuite dans ses progrès a amené une mode aujourd'hui bien plus funeste et plus meurtrière, celle de ne plus se vêtir et de porter des robes et des jupes d'une telle légèreté que les formes du corps y sont aperçues de même qu'au travers des draperies des statues qui sortoient du ciseau des habiles sculpteurs grecs. Notre climat cependant trop inégal, n'a pas la chaleur brûlante de l'Inde. Cette mode en vigueur dans la saison froide a conduit bien des jeunes femmes au tombeau, ou malgré les leçons d'une expérience journalière, et malgré les avis des médecins les plus prudents, elles persistent et refusent de se vêtir davantage, même quand des raisons impérieuses le leur ordonnent. L'expectative de longues infirmités, si leur tempérament résiste à une mode si dangereuse ne les intimide pas. Françaises de ce temps-ci, vous n'entendez pas vos intérêts et vous ne connoissez plus *l'art de piper* des amants honnêtes.

Nous renvoyons à l'*Année littéraire*, N° 12, an 9 (1801), page 367 et suiv. Article *Geoffroy* traitant de l'*Anglomanie en France*, et par suite, de l'adoption des modes actuelles par les dames françoises. Leur amour propre, malgré l'énergie du censeur et les couleurs vives de ses pinceaux, pourra peut-être encore être content; car souvent plus l'excès est frappant, plus on s'applaudit.

P. 487. (*f*) L'Hist. gén. ou les grandes Annales de la Chine, trad. en Fr. par le P. de Mailla, Miss. Jés. Fr. ont été publiées par MM. Des-Hautes-Rayes et Grosier. *Paris*, 1777 *et suiv.* 12 *vol. in-*4°. — Il faut que M. Cibot ait fait ses recherches dans d'autres ouvrages, ou mémoires, car je n'ai trouvé dans les Annales qu'il cite, que l'époque de l'an 1332, sous l'Empire de *Li-tsong*, de la XIX.e Dynastie, d'une Peste terrible dans ses effets. Elle commença à la cinquième Lune à *Cai-tsong-fou*, capitale de la province de Honan, appelée *jardin de la Chine*, et située au Sud du fleuve Jaune. Elle fit tant de ravages dans cette ville environnée des horreurs de la guerre entre les Chinois et les Mongous, qu'en cinquante jours qu'elle dura, il sortit plus de neuf cent mille cercueils sans compter un grand nombre de pauvres qui ne laissoient pas après leur mort de quoi s'en procurer. *Tom. IX*, in-4°. p. 170.

Ces

CES Annales disent aussi que durant seize jours, pendant lesquels le général Mongou *Soupoutai* avoit fait, auparavant la Peste, attaquer nuit et jour *Caï-tsong-fou*, sans pouvoir s'en emparer, il périt des deux côtés un million de personnes. Je ne relève ce fait que pour montrer l'ancienne et énorme population de la Chine. On douteroit de la fidélité des Annales, si elles ne disoient pas, *ibid.* pag. 188, à l'année suiv. 1233, que quand le général Mongou parvint à soumettre cette capitale, on y comptoit encore, outre la garnison, un *million quatre cent mille familles*.

L'AUTEUR d'un ouvrage de grand mérite qui vient de paroître, en parlant de la Peste noire de 1347, réfute le sentiment de Villani, qui dit que ce fléau, qui enleva les quatre cinquièmes des habitants de l'Europe, partit en 1346 du royaume de Catai, au nord de la Chine, se glissa dans l'Inde, parcourut la Turquie d'Asie et d'Europe, pénétra en Egypte et dans une partie de l'Afrique, fut portée en Sicile par des vaisseaux venant du Levant, infecta l'Italie, la France, l'Espagne, l'Angleterre, l'Allemagne, revint en France et la désola en 1361, etc. *Epoques mémorables de la Peste,* etc. par J. Papon. *Paris,* an 8, 1800, 2 vol. in-8°..... Et Notice de ces *Epoques,* par M. Grosier, *Année littéraire,* an 9, N° VIII, pag. 129 et suiv.

Nous avons fait aussi mention de la Peste dans le petit Traité sur la *Médecine.* Voyez article *Petite Vérole,* pag. 296 et suiv.

P. 525. (*g*) DOIT-ON être surpris de ce que les Chinois attribuent tant d'influence aux astres sur le sort des humains? Les plus instruits ont donné dans cette erreur. Qu'on lise *Manilius,* poëte qui vivoit du temps d'Auguste; ou, si l'on veut, dans la savante Traduction que nous a donné de son Poëme M. Pingré, sous le titre d'*Astronomiques,* et l'on verra combien les Romains furent livrés par goût à l'Astrologie judiciaire et à cette prétendue science, d'après laquelle Manilius se flatte d'apprendre à ses contemporains quels sont les années,

Seconde Partie. M m

les mois, les jours, les heures mêmes de la vie, qui appartiennent à chaque signe, et quel nombre d'années leur est promise par chacune des douze maisons célestes. Le poëte ne se contente pas d'en avoir parlé une première fois, il revient encore à ce système chéri dans le IVe et V^e livre de son ouvrage; il y traite des décrets des astres, c'est-à-dire de leur influence sur la destinée des hommes.

Observons que dans ce beau siècle de Rome, l'Astrologie étoit autant estimée qu'elle est justement décriée dans celui où nous vivons.

« L'augure Vettius, vers la fin du VIIe siècle de la Capitale du monde, dit à Varron, si célèbre par sa science, et qui vivoit cent ans avant Jésus-Christ, que selon ses supputations de la durée de l'*Empire éternel*, il ne devoit pas, en raison de l'apparition des douze Vautours, lorsque Romulus jetoit les fondements de Rome, passer 1200 ans; et cette date se portoit à l'an 447 de l'ère chrétienne; temps où les irruptions antérieures des Barbares et les soulèvements précédents des peuples admis forcément dans les Gaules, comme dans plusieurs autres parties de l'Empire, formoient de petits Etats sous leurs Rois : d'autres, tels que les confédérés Armoriques, avoient déjà une République qui s'est long-temps soutenue. On s'appuyoit quarante années, avant l'événement de cette prophétie; on s'appuyoit de ces bruits vulgaires, parce que dans nos Gaules on désiroit un changement de gouvernement, celui ancien (dénaturé), étant devenu intolérable sous le faix des impôts et de l'injustice des Préfets du Prétoire, (raison plus que suffisante à un pays qui ne connoissoit pas le joug de l'Evangile). On profitoit des circonstances pour préparer les esprits aux innovations. Dans cet ordre la marche des révolutions est souvent accompagnée de meurtres, de massacres et de l'anarchie : cette marche varie selon les siècles, mais elle est à peu près la même au fond, de la part des chefs, qui présentent toujours le seul but général pour satisfaire leurs vues particulières d'ambition et pour se venger de leurs ennemis. La superstition n'est pas dans les chefs, mais ils en tirent bon parti en politiques habiles. On sait que l'an millième de l'ère chrétienne a donné des alarmes de la fin du monde, et chacun arrangeoit alors ses affaires et prenoit ses mesures en conséquence du terme fatal ». *Dubos, Mon. franç. Paris*, 1742, *tom. I, in-4°.* 341 *et suiv.*

Au rapport de Brantome on avoit prédit à Henri II, qui avoit fait tirer son horoscope, qu'il seroit tué en duel. Le roi n'y ajouta aucune foi ; et dans les guerres qu'il eut à soutenir, il exposa souvent sa vie, mais il voulut que l'horoscope fut gardée et déposée entre les mains de Laubespine, secrétaire d'état... Après le fatal événement, en 1569, de la joute de Henri II contre le C. de Montgommeri, on rapporta la prédiction déposée, qui autorisa les calculs bizarres de l'astrologie judiciaire. *Hist. de Fr. de Daniel.*

On dira qu'il y a des Princes nés malheureux, et on appuie cette assertion sur les premiers pas chancelants qu'ils ont fait vers le trône, et qui sont devenus pour les peuples des indices d'une fin tragique.

L'HISTOIRE dit d'Henri III, si différent du Duc d'Anjou, dont il portoit le nom avant son règne, lorsqu'il fut sacré à Rheims en février 1575, qu'après son retour, ou son évasion de Pologne, on oublia de terminer cette pompeuse cérémonie par le chant solennel du *Te Deum.* L'histoire ajoute, que quand on posa la couronne sur la tête du Prince, il dit qu'elle le blessoit, et qu'on la soutint deux fois, sans quoi elle seroit tombée : et dernière circonstance, qu'Henri III, s'étant amusé à choisir des diamants pour la Reine, on ne célébra la messe que le soir..... Le 1er. août 1589, il fut assassiné par le frère Jacq. Clément, jacobin. *Journ. de Henri III.*

Dans les dernières années de Louis XV, on faisoit circuler des calculs sur la durée de sa vie. On citoit, d'après un *in-folio* sous le titre de *Fatum mundi*, du capucin Yves, de Chartres, des prédictions sinistres qui menaçoient la France et la fin du siècle. On rappeloit d'autres anciens ouvrages, tirés également de la poussière et méritant l'oubli le plus profond, mais qu'on alloit consulter dans les bibliothèques pour en annoncer des présages désastreux, dont l'exécution, les plans, se méditoient dans l'ombre et à l'aide d'une philosophie meurtrière. La superstition n'est utile qu'aux projets du crime et aux ambitieux qui s'y prennent de loin pour profiter des circonstances.

L'augure Vettius, cité par Dubos, paroît avoir eu grande confiance dans sa science conjecturale. Il ne pensoit pas comme Cicéron, dont les œuvres philosophiques font connoître l'étendue du génie et des lumières. L'orateur Romain, qui étoit du collége des Augures, disoit à ses amis qu'il ne concevoit pas comment deux augures qui se rencontroient, ne rioient pas de leur prétendue science de l'avenir, bonne seulement pour le vulgaire. Mais d'autre part, homme d'État, sentant l'importance de ne pas ébranler par des innovations l'ordre social, et de ne pas rompre l'harmonie du Corps politique, il pense que tout citoyen qui oseroit désobéir aux décrets des augures mérite une peine capitale.

P. 536. (*h*) J'ai reçu depuis 1778, les étoffes provenant d'un des trônes de Kien-Long, qui forment ordinairement une grande estrade avec un dossier, élevé plus haut vers son milieu, et diminuant à mesure qu'il s'approche des deux extrémités. Cette étoffe jonquille, de la couleur de la Dynastie régnante, est du Pékin très-fort, brodé artistement en couleurs nuées : elle représente des terrasses, des rochers, des plantes, des arbres avec leurs fruits, des animaux, des oiseaux, la cicogne surtout, de petits palais, et un ciel. Les couleurs en sont très-brillantes ; et quoique cette étoffe n'ait été enlevée que pour en mettre une plus riche ou plus fraîche, à l'époque sans doute du renouvellement des meubles, elle m'a paru si bien conservée que pour la rendre en partie à sa destination première, mais en l'appropriant à nos usages, j'en ai fait tapisser une niche de lit de repos dans un cabinet de ma maison de campagne. Ainsi la décoration d'un trône de l'Asie est venue se perdre dans l'intérieur modeste de la retraite favorite d'un petit Particulier : son emploi simple et ordinaire empêcheroit qu'on ne connût son illustre origine.

Fin des Notes.

DESCRIPTION
D'UN RECUEIL DE CINQUANTE PEINTURES
DES CRIS DE PÉKIN,
DE MON CABINET DE PARIS.

Le célèbre Bouchardon, un des plus habiles Dessinateurs et Sculpteurs du dernier siècle, a dessiné les Costumes de nos petits marchands parcourant les rues, vendant leurs marchandises et denrées de tous comestibles ; puis les porteurs d'eau, crieurs de vieux chapeaux, revendeurs, etc. Ces Dessins recherchés et gravés ensuite, ont été connus sous le nom de *Cris de Paris*. Je donne le même nom aux cinquante Peintures qui me sont venues de Pékin, puisqu'elles ont le même objet.

I. COMESTIBLES ET BOISSONS.

1. Vendeur de Vermicelle. Cette pâte est dans des seaux portés sur les épaules, à l'aide d'un bâton, à l'extrémité duquel sont attachées de chaque côté les cordes qui tiennent les seaux ou paniers.

2. Vendeur de l'espèce de Vermicelle nommé *Long-su-mien*, porté également dans des seaux.

3. Vendeur de Jus de pois, porté dans des seaux tenus à un grand bâton placé sur les épaules.

On voit dans chaque seau la mesure pour verser ce Jus.

4. Vendeur de Ventres de mouton. Les deux marmites de cuivre sont couvertes. Dessus l'une on voit quelques tasses et un instrument tranchant.

5. Vendeur d'une espèce de Bouillie appelée *Mien-tcha*. Sur les couvercles des seaux de bois sont des tasses, une jatte de porcelaine et une cuiller pour verser cette Bouillie à ceux qui achètent.

6. Vendeur d'Eau-de-vie portée dans des seaux, sur le des-

sus desquels on voit une jatte en bois et quelques petites tasses.

7. Vendeur de Iuen-siao, espèce de petits pâtés étalés sur une boutique portative, avec le fourneau, et dessus est le vase qui contient la pâte délayée.

8. Vendeur de Confitures sèches et de Sarbacanes. Plusieurs jattes remplies de ces Confitures sont étalées sur la petite table du marchand. On y voit aussi des piles de petites corbeilles propres pour les mettre.

9. Vendeur de petits Patés faits en forme de grenade. Le fourneau et la chaudière dans laquelle se prépare la pâte sont à la gauche du pâtissier, et à sa droite on voit une armoire fermée garnie de tablettes destinées à recevoir la pâtisserie, et à l'empêcher de refroidir.

10. Vendeur de Sucreries portées dans des seaux de bois, ou de cuivre, sur l'un desquels est une espèce de tiroir garni de Sucreries.

11. Vendeur de Patisseries frites. Les seaux de cuivre, ou marmites couvertes, sont plus grands que les précédents. Sur l'un des deux est le fourneau et les ustensiles nécessaires pour faire ces pâtés; mais tout cela est bien plus propre que la boutique de nos faiseurs de Beignets sur les ponts ou sur les quais.

12. Autre Vendeur de Patisserie frites portées dans des seaux de cuivre, dont l'un contient un fourneau, sa chaudière, et la pâtisserie.

13. Vendeur de Patisserie faite au bain-marie. D'un côté on voit le petit fourneau portatif formé d'un bâti léger en bois et quarré, assemblé haut et bas par des traverses, supportant la chaudière, ouverte sur le côté, et contenant la braise allumée : la partie supérieure reçoit l'air par une grille sur laquelle est posée une bouilloire de cuivre remplie d'eau. De l'autre côté est une marmite de cuivre, et dessus un plateau à rebords contenant la pâtisserie dans des jattes, ainsi qu'un vase plein de bâtonnets, qui sont les fourchettes chinoises pour prendre les pâtisseries.

14. Vendeur de Pommes. Elles sont dans des paniers d'osier ou de nattes fortes et attachées par des cordes qui passant sous les paniers se réunissent aux extrémités du bâton que le vendeur charge sur ses épaules. Tout ce qui précède est porté de même.

15. Vendeur de Bouillon. Ce Bouillon est dans des seaux de bois cerclés de cuivre. Dessus l'un des deux est une grande bouilloire, où, à l'aide d'un double fond, il y a un fourneau allumé, recevant l'air par un cilindre qui traverse la bouilloire, et qui tient le Bouillon chaud et prêt à être vendu.

16. Vendeur d'Herbages. La brouette qu'il traîne n'a qu'une roue, comme celle de nos vinaigriers, mais beaucoup plus large; elle supporte une grande manne faite d'osier ou de natte, remplie de différentes sortes d'Herbages.

17. Vendeur de chair de Cochon. Cette chair est coupée par morceaux, attachés au grand

DES CRIS DE PÉKIN.

bâton que le vendeur met sur ses épaules. A chaque bout du bâton est une espèce de petit tréteau léger composé de deux montants, qui en se rétrécissant par le haut, s'élargissent par le bas : ils sont assemblés de même par des traverses légères et tenus par en haut au grand bâton, de manière que le marchand pose sa petite boutique où il veut. Les instruments nécessaires pour couper les morceaux au gré des acheteurs, sont dans des petits seaux de bois ou d'osier, attachés aux traverses des tréteaux, qui peuvent avoir trois pieds de hauteur.

18. VENDEUR DE DIFFÉRENTES AMANDES GRILLÉES, SÉCHÉES, etc. La brouette, semblable à celle décrite ci-dessus, présente des clayons en bois, vernissé, contenant les Amandes grillées. Au brancard gauche de la brouette, près du marchand, est planté un grand bâton surmonté d'un fer poli recourbé, emmanché à douille au haut du bâton. Ce morceau de fer tient une banderolle composée de filets de soie de diverses couleurs.

19. VENDEUR D'UNE ESPÈCE DE PETITS PÂTÉS cuits au bain-marie. Les deux armoires de ce marchand sont suspendues par un long bâton qu'il porte sur ses épaules. L'intérieur des deux petites armoires, d'égale hauteur chacune, fait voir quatre tablettes, et que l'une d'elles renferme le fourneau nécessaire pour avoir une bouilloire d'eau chaude. Le marchand tient de la main droite une cuiller de bois, et de la gauche une jatte de porcelaine.

20. PILEUR DE RIZ. A un long bâton est suspendu d'un côté un panier fait de nattes, et un van propre à vanner le Riz ; de l'autre est une espèce de seau en bois cerclé de fer ou de cuivre, pour mettre le Riz et le pilon pour le broyer.

II. USTENSILES DE MÉNAGE.

21. VENDEUR DE VASES DE CUIVRE. Il tient à la main un bassin de cuivre et une baguette, dont il le frappe pour avertir de son passage. Sa boutique, posée à terre, consiste en deux cassettes ou coffres tenus par des bâtons de bambou attachés par l'extrémité supérieure à un long bâton, et par le bas aux coffrets. Dessus ces coffrets sont différents ustensiles en cuivre, et des bouilloires, des théières pendent à des cordes de chaque côté et au milieu.

22. VENDEUR DE VASES DE TERRE POUR LE THÉ. Deux mannequins d'égale grandeur, posés à terre, sont suspendus à un long bâton. Chaque mannequin contient des Vases de terre variés, quant aux formes et aux couleurs, pour mettre le thé.

23. VENDEUR DE DIFFÉRENTS PETITS OUVRAGES DE CUIVRE BLANC. Sa boutique est sur une table, dont les bords paroissent retomber de chaque côté, et se relèvent ensuite pour enfermer les différents petits Ouvrages qui sont à découverts dans des layettes inclinées. De chaque côté de la table est un coffret quarré et fermé : sur le gradin du fond sont attachés, par des bâtons légers formant un quarré d'environ deux pieds de hauteur, des chaînes et chaînettes de diverses formes et

Mm 4

grosseurs : sur les côtés, et dans la traverse supérieure, on voit en caractères chinois le nom du marchand et le prix de ses ouvrages.

24. Vendeur de Charnières, Porcelaines a rétablir, etc. Deux boîtes tenues en bas par de petits bâtons de bambou, et attachées par le haut en faisceau à un long bâton, forment la boutique de ce marchand ambulant. On voit à ses pieds plusieurs vases de porcelaine cassée, un marteau, différents autres instruments nécessaires pour les raccommoder ; et derrière lui un petit siége sur lequel il peut s'asseoir pendant son travail. Une des boîtes montre une ouverture qui indique un fourneau dont il se sert au besoin. Nos raccommodeurs de faïence n'ont pas autant de dextérité, mais ils ont leur petit mérite.

25. Vendeur d'Huile de Gorgelin. Il tient de la main droite une plaque ovale en cuivre, enlassée par le haut d'une bride de cuir, dans laquelle la main est passée ; et de la gauche une baguette à bouton, pour frapper dessus et avertir de sa marche. Deux seaux en bois et bien cerclés sont posés à terre ; ils se rétrécissent en haut et ont un couvercle relevé qui ferme bien exactement les seaux, sur les côtés desquels on voit des courroies qui servent à les attacher à chaque extrémité du long bâton que le marchand porte sur ses épaules quand il enlève sa boutique. Quelques instruments propres à verser l'Huile sortent au-dessus de chacun des seaux où ils sont enfermés.

26. Décrasseur de Miroirs et Éguiseur de Couteaux. Ses instruments paroissent peu nombreux et fort simples. Sur l'épaule gauche, il porte un petit banc d'une construction facile et solide, qui lui sert à s'asseoir et à polir les Miroirs de métal qu'on lui donne à décrasser : de la main droite, il tient un autre instrument dont j'ignore l'usage. On n'a pas ici le secret de rendre le poli à ces Miroirs chinois. *Voyez pag.* 479.

27. Vendeur de Seaux d'osier. Ces Seaux sont oblongs et de la forme d'une olive : une corde en tient les anses en faisceau, et ils s'attachent au bout d'un long bâton, que le vendeur porte sur ses épaules.

28. Vendeur d'Images et Peintures. Il tient un rouleau ouvert en partie ; plusieurs autres rouleaux de papiers peints sont à demi-déployés devant lui. A l'extrémité de chaque rouleau est un léger bâton sur lequel le papier peint est collé, et au milieu est un cordon pour attacher le rouleau.

29. Vendeur de Lien-tse, qui, pendant l'été, se mettent aux portes et aux fenêtres. Ces *Lien-tse* sont de petits treillis très-fins, composés de très-petits bâtons de bambou, refendus en filets de la manière la plus mince, tenus ensemble par des fils et colorés de différentes manières. Au travers de ces jolis treillis connus ici, mais moins communs qu'à Londres, on peut recevoir l'air, sans être incommodé du soleil. Les rouleaux dans cette peinture sont posés sur des plateaux, et les plateaux tenus en faisceau, comme

DES CRIS DE PÉKIN.

ceux d'une balance, s'attachent au bâton que le marchand porte sur ses épaules.

30. VENDEUR DE PORCELAINE ANTIQUE. Sa boutique légère présente plusieurs gradins, sur lesquels sont rangées des Porcelaines de différentes espèces. Le marchand tient à la main droite un *Plumail* pour ôter la poussière.

31. BARBIER. A un long bâton pend d'un côté un petit siége propre pour asseoir celui qui veut se faire raser. De l'autre côté pend à des cordes un petit corps de tablettes, sur lesquelles sont rangées différentes boîtes. Le corps de tablettes est terminé par un bassin à barbe. Le Barbier, en marchant, tient de la main gauche un rasoir, et de la droite une pierre ou un cuir pour le repasser.

32. SAVETIER ET COUSEUR DE PEAU. On le voit assis sur un escabeau qui a un marchepied pardevant: il raccommode un soulier d'homme. A ses côtés sont des boîtes contenant des cuirs, un petit baquet et plusieurs marteaux: des fils de différentes espèces sont attachés au-dessus des petits coffres; et il peut emporter aisément le tout au moyen des bâtons ployants qui les environnent et les supportent.

33. VENDEUR DE FILOSELLE. Il tient de la main droite, en marchant, un grand panier à anse recouvert et plein de Filoselle: il porte de la main gauche un petit tambour où il y a un long manche.

34. VENDEUR DE COLLETS ET MANCHES DE PEAU. On voit les uns et les autres étalés sur sa petite boutique, et deux gradins de tiroirs contenant encore des marchandises. Le vendeur est assis sur un siége élevé, et à côté de lui est un coffre fermé, sur lequel il y a une théière et une tasse.

35. VENDEUR DE BONNETS. Une table sur des tréteaux légers porte des Bonnets de diverses couleurs mis en pile. A côté est une très-grande boîte ronde qui contient d'autres Bonnets, ou que sa forme rend propre à serrer ceux qui sont étalés.

36. VENDEUR DE CEINTURES ET DE CORDONS DE SOIE. Il tient au bout d'un long bâton les Ceintures et les Cordons, et de la main droite il porte un petit bassin creux, au centre duquel est un battant aussi de métal: le bassin a un long manche qui lui sert à le remuer et à faire du bruit pour avertir les passants.

37. VENDEUR DE PEIGNES DE BOIS. Une brouette à une seule roue, de fabrique très-légère, porte une table à trois étages, chargée de Peignes et de boîtes pour les mettre. Un long bâton de bambou, emmanché dans le brancard du devant de la brouette soutient un très-large parasol, des branches duquel pendent encore des enfilades de Peignes, et un petit cheval de carton.

38. VENDEUR DE BOURSES, BRIQUETS, etc. Sa boutique consiste en une grande caisse quarrée à layettes ou tiroirs: sur l'un des côtés sont suspendues des Bourses de différents modèles et de diverses couleurs. Au-dessus

de la caisse est un petit cadre léger, auquel tiennent encore des Bourses et des Briquets. Je ne connois pas l'instrument que le marchand fait mouvoir. On voit à terre quelques Briquets.

39. VENDEUR DE TABAC EN FEUILLES. Il tient deux paniers d'osier, dont les quatre cordes enlacées par-dessous chaque panier passent sur le côté dans des anneaux, et vont se relever en faisceau à un crochet de fer qui se trouve également aux deux bouts du bâton. Des feuilles roulées, d'autres déployées, remplissent les paniers.

40. VENDEUR DE TABAC A PRENDRE PAR LE NEZ. Ce Tabac en poudre est dans des boîtes de différentes formes, et de différentes grandeurs: elles recouvrent le dessus d'une jolie armoire peinte et vernissée, mise sur une table couverte d'un tapis rouge. A côté de la petite armoire est une boîte à coulisse, sur laquelle pose une sonnette de métal. Le marchand est debout, et a près de lui un siége pour s'asseoir.

41. RACCOMMODEUR DE PIPES. Il est assis au milieu de son petit atelier. Un fourneau est à ses pieds: on voit à sa droite une caisse quarrée, sur laquelle il tient une pipe qui vient d'être réparée : à sa gauche est une boîte épaisse, derrière laquelle il tient une béquille. La petite figure de l'ouvrier annonce un homme contrefait. Dessus la boîte est un vase contenant de la pâte préparée pour le raccommodage des Pipes. Près de son atelier on remarque une table légère en bois, surmontée de cartons fermés, contenant des Pipes, et au-dessus un petit étalage d'où pendent des Pipes de différentes couleurs.

III. JOUETS D'ENFANTS.

42. VENDEUR D'AMUSETTES D'ENFANTS, TAMBOURINS, MASQUES, etc. Il est debout, et tient de la main droite un Tambour de basque garni de ses grelots, et de l'autre main une baguette pour en jouer. A côté est une grande et haute boîte ronde, sur laquelle sont posées des piles de Tambours à anses et des Tambourins de basque. Sur les gradins sont rangés vis-à-vis du marchand, des Masques de différentes formes, et un entr'autres qui ressemble beaucoup à celui de notre Arlequin ; puis des poupées et poupards, d'autres petits Jouets, des chevaux de carton, etc.

43. VENDEUR DE PETITS HOMMES FAITS DE PATÉ. Deux tréteaux légers soutiennent une planche, sur laquelle est posée une boîte quarrée à tiroirs, et plus haut un gradin qui porte les Jouets d'enfants, savoir, un petit homme et un oiseau en pâte colorée. Le marchand tient de la main gauche en l'air un de ces petits hommes, etc.

44. VENDEUR DE SINGES FAITS DE POIL. De la main droite il porte sur son épaule un long bâton, terminé par un parasol reployé, sur lequel sont attachés plusieurs petits Singes couverts de poils ; et de la main gauche il tient un bâton moins long, surmonté d'un grand Singe de même fabrique, dans chaque main duquel est une banderolle.

DES CRIS DE PÉKIN.

45. HOMME QUI FAIT DANSER LES SINGES. A sa main gauche est passée entre les doigts une courroie, d'où pendent une plaque de cuivre et une corde assez longue, tenue au collier d'un singe qui danse debout devant son maître. Cet animal appuie sa main droite sur un bâton pour faciliter sa marche, ou sa danse; et il tient de la gauche un morceau d'étoffe dont il s'essuie la face. L'homme, avec une baguette, qu'il tient de la main droite, frappe la plaque de cuivre, et est aussi armé d'un fouet, sans doute plus utile que la musique, pour montrer l'habileté du danseur. Près de cet homme est un coffre quarré et fermé, dans la largeur duquel il y a par le devant une sangle qui lui sert à porter sa boutique sur ses épaules. Le dessus du coffre contient un étalage de masques et de têtes en cartons, d'où sortent des plumes en forme de panache.

46. AUTRE VENDEUR D'AMUSETTES D'ENFANTS. Il tient de la main droite un petit bassin plat et ovale en cuivre, et de la gauche une baguette pour frapper dessus. Deux grandes boîtes rondes recouvertes sont à ses côtés: quatre cordes enlacées à chaque boîte prenant par-dessous, viennent se rattacher en faisceau aux extrémités d'un long bâton, que le vendeur porte sur ses épaules. Sur la boîte la plus grande est un plateau quarré et à rebords, contenant des Joujoux de différentes espèces ; et, derrière, deux bâtons légers qui se fixent sur le dessus de la boîte, et qui ont dans la hauteur deux traverses pour attacher d'autres Jouets, comme plumes, petits moulins, etc.

47. MONTREUR DE CURIOSITÉ. Il est assis sur un siége élevé, ayant pardevant un marchepied. Un enfant, monté sur un petit escabeau, regarde attentivement et a les yeux fixés sur les verres, au travers desquels il voit le dedans de la Curiosité. La machine est à l'extérieur faite plus proprement et mieux décorée que les nôtres. Le montreur tient de la main droite une baguette, dont il frappe légèrement le côté de la machine, en indiquant les différentes scènes qui se passent intérieurement.

48. MONTREUR DE MARIONNETTES. Le montreur est enfermé dans une grande boîte au moins de sa hauteur, rétrécie par le bas et plus large par le haut, en forme d'une grande gaine largement évasée. La partie supérieure, où le couvercle, se relève par derrière pour laisser voir un petit bout de décoration formée par un ordre d'architecture. Du centre de la boîte l'homme élève au-dessus de lui, et sans pouvoir être aperçu des spectateurs, les Marionnettes qu'il fait mouvoir et parler. C'est le même jeu qu'en Europe. D'un côté on voit un Chinois portant son enfant sur les épaules, pour lui donner l'amusement des Marionnettes; et de l'autre un enfant ayant à la main un petit tambour, et montrant du doigt les Marionnettes. *Voyez page* 469.

49. VENDEUR DE TAMBOURINS. Il tient de la main droite, en marchant, un Tambour de basque où il y a un manche, et de la gauche une baguette avec laquelle il frappe dessus. Sur ses épaules est un havresac de peau, rempli sans doute des mêmes instruments : à sa ceinture pend une bourse.

50. VENDEUR DE CERFS-VOLANTS. Le jeune âge a les mêmes plaisirs, à peu près, chez les différentes Nations où les arts se sont introduits. L'étalage du vendeur est attaché sur un tapis ou sur une toile, et consiste en Cerfs-volants de toutes espèces et de toutes formes, pour amuser les enfants. Les uns représentent de gros oiseaux de proie, des papillons, des oiseaux aquatiques les ailes déployées, des serpents creux et propres à recevoir le vent. Ces Cerfs-volants sont tous colorés et artistement faits.

AUTRE RECUEIL
DE TRENTE-NEUF PEINTURES;
HABILLEMENTS, MÉTIERS, MENDIANTS, JEUX ET BATELEURS DE CHINE.

ON trouve les Habillements et Métiers dans les Planches gravées en taille-douce, du grand Ouvrage *in-folio* de Duhalde.

1. OFFICIER dans son habit militaire.

2. SOLDATS qui s'exercent à tirer au blanc.

3. MANDARIN du premier ordre : le bouton de son bonnet est rouge-clair ou transparent.

4. PETIT MÉDECIN qui court les rues : il tient en main un instrument bruyant qui sert à le faire connoître, l'écriteau qu'il porte marque qu'il guérit toutes sortes de maladies.

5. FEMME DE VILLAGE en chemin sur une mule, et suivie d'un homme tenant un fouet à la main droite.

6. VENDEUR DE POISSONS DORÉS. Il porte des balons de verre pour les y mettre : parmi ces balons il y en a un sur un piédestal peint en rouge.

7. DISEUR de bonne aventure. Il pose dans une cage des Tarins (petits oiseaux) qu'il a instruits.

8. BONZE, qui, pour attraper des deniers, se met dans une espèce de guérite toute garnie de clous, dont la pointe est en dedans, de manière qu'il ne peut se tourner sans être piqué. Il de-

Des Habillements, Métiers, etc.

meure ainsi jusqu'à ce que les passants, par compassion, lui aient donné autant de deniers qu'il y a de clous dans sa loge : on lui en retire un à chaque denier qu'il reçoit.

9. Bonze, qui, par une contenance modeste et très-gênante, touche de compassion, et excite les passants à lui faire l'aumône : il ne donneroit pas son habit, tout de pièces, pour un habit neuf et sans pièces. On voit à ses pieds une espèce de gourde, sur laquelle il frappe, et une tasse dans laquelle il boit et mange ; il affecte de n'avoir besoin d'aucun autre meuble.

10. Bonze, qui, par sa modestie, ou son attitude immobile, sans sourciller, sans remuer en aucune manière pendant une demi-journée, et plus, demande ainsi l'aumône, assis sur sa natte.

11. Bonze, qui tous les jours fait sa ronde dans un quartier de la ville, frappant sur une espèce de gourde pour avertir de son passage : il ne prend point d'aumône alors ; mais à la fin de l'année il vient recueillir ce qu'on lui a conservé.

12. Bonze, qui parcourt son district en frappant sur une planche de cuivre, pour avertir les familles qu'il vient chercher le riz qu'elles lui ont réservé dans le mois. Il laisse dans les maisons où l'on a coutume de lui faire l'aumône, un petit sac qui reçoit chaque jour la quantité de riz qu'on a jugé à propos de lui destiner.

13. Espèce de Bonze. Il porte sur une grande gourde, dans laquelle il met des drogues propres à guérir tous les maux, une loupe d'arbre pour lui servir à boire, à manger, recevoir l'aumône, etc. comme le seul meuble dont il ait besoin ; puis un tapis d'une écorce d'arbre dont on fait les cordes en Chine, et sur lequel il peut s'asseoir ; un chasse-mouche, et un long bâton fort et grotesque.

14. Autre Bonze, qui demande l'aumône : il y en a qui l'obtiennent par importunité ; ils ne quittent pas la porte où ils s'arrêtent, en chantant des vers qui contiennent leur morale : ils n'en sortiroient pas plutôt de la journée. Comme on sait cela, on s'en délivre le plus promptement qu'il est possible en leur donnant quelques deniers : si on les faisoit attendre long-temps, peut-être ne se contenteroient-ils pas de peu.

15. Bonze avec son manteau de cérémonie, tenant en main une jatte faite d'une loupe de bois, qui lui sert à manger, boire et recevoir l'aumône. Il tient son bâton en l'air, et chaque fois qu'on lui donne l'aumône il en frappe la terre, et fait croire qu'il délivre une âme de son lieu de supplice.

16. Mendiants et Bonzes, etc. *Voyez page* 538.

17. Aveugle qui joue de la guitare : grand nombre d'aveugles gagnent leur vie à ce métier.

18. Filou qui vole une pipe à un voyageur. *Voyez article* Voleurs, *page* 536. et suiv.

562 DES HABILLEMENTS, MÉTIERS, etc.

19. LAMA du second ordre.

20. DEUX LAMAS avec leurs écharpes de cérémonie: la forme de leur bonnet marque que ce sont des personnes en dignité parmi eux.

21. LAMA en dignité, et un valet qui le suit.

22. ENFANTS qui jouent au volant avec le pied, le coude, la tête, et sans y porter la main; ils le reçoivent plus adroitement sans raquettes que nous avec nos raquettes. *Voyez page 457.*

23. JEUNES GENS qui jouent au sabot. *Voyez page 457.*

24. GENS qui jouent aux cartes: les deniers faisant leur monnoie, sont enfilés suivant l'usage observé à la Chine. *Voyez p. 455.*

25. JEU D'ECHECS Chinois, de DÉS, et des CARTES. *Voyez p. 454.*

26. GENS qui font jouter des Cailles, jeu défendu à cause des paris considérables qu'il occasionne. *Voyez page 455.*

27. JEUNES GENS qui font jouter des Cailles et des Grillons. *Voyez p. 454.*

28. JEUNES GENS qui font partir des Cerfs-volants. *Voy. p. 457.*

29. FAISEUR de Marionnettes et d'Idoles de pâte liée avec de l'eau, dans laquelle on fait bouillir une espèce de riz, dont on fait la bière, et cette eau est très-puante.

30. HOMME qui donne la comédie avec un Singe et un Chien. Il porte dessus et dedans sa caisse les instruments de la comédie. Il ne crie point, on le connoît au bruit qu'il fait sur un tambour avec un bâton, dont l'extérieur en boule est entouré de linge. Son tambour est une plaque de cuivre qui est suspendue, afin de rendre un son plus clair.

Voyez Explicat. des N.os 31, 33, 34, 35, 36, 37, 38, 39 du second Recueil de Peintures, pages précéd. 406, 407, 408.

ÉTAT DE LA COLLECTION DES
RECUEILS DE CHINE,

En Peintures, ou Gravés avec Figures sur bois, venus de Pékin, et faisant partie de mon Cabinet à Paris.

1. *Liber organicus astronomiæ Europææ apud Sinas institutæ sub imperatore Sino-Tartarico* Cam-hi *appellato, auctore* Patre Ferdinando Verbiest, *Flandro Belga Brugensi, e Societate Jesu, Academiæ Astronomicæ in Regia Pekinense Præfecto. Anno salutis* 1668.

    Petit in-folio avec Planches gravées en bois, précédées de Discours et d'Explications des Planches, etc. le tout gravé et imprimé dans le Palais de l'Empereur. La couverture de ce petit volume est fond rouge et fleurs d'or.

2. Cris de Pékin, volume in-4°. contenant 50 Peintures. *Voyez* les Descriptions pages 553 et suiv.

3. Autre Recueil in-fol. oblong de 39 Peintures, décrites pag. 561.

4. Plusieurs feuilles peintes représentant la salle où l'on prend le thé, des fiançailles, des tombeaux, des cérémonies funèbres, etc. décrites dans les *Mœurs et Usages*, pag. 517 et suiv.

5. Un grand volume in-fol. couvert d'une étoffe chinoise, contenant XXVI belles peintures soignées qui donnent tous les procédés de la fabrique de la porcelaine en Chine.

Deux volumes moins grands, couverts également d'une étoffe chinoise, contenant XVI Peintures qui donnent les travaux de la culture du Riz et de sa récolte.

Un volume grand in-4°. couvert d'une étoffe jaune. C'est un Recueil de XI Peintures soignées, encadrée chacune dans des bordures de soie jonquille, représentant les mœurs et usages, etc. des peuples appelés *Miao-Tsée*, et autres barbares leurs voisins subjugués et détruits sous le dernier Empereur *Kien-Long*. Voyez l'explication des Fig. pag. 475 et suiv.

Un volume grand in-4°. contenant XXV Dessins colorés et collés sur papier blanc. Ces Dessins faits sous l'inspection du P. d'Incarville qui se proposoit de donner le Mémoire sur les Vers a soie sauvages de Chine, objet seul de ces dessins, peut-être uniques dans mon cabinet.

Un autre volume, recueil de fleurs et d'oiseaux, peints très-élégamment sur soie, chaque sujet encadré dans des bordures de soie blanche, et mis sur du papier plus grand pour être mieux conservé.

Un *The-ye* ou Livre, qui n'est, comme presque tous les livres de Chine, qu'une longue feuille ployée. Ce volume contient dix fleurs différentes.

Collection des Recueils de Chine. 565

différentes. Le fond est de soie picté d'or, et la peinture est si légère et si délicate, qu'il faut y donner attention pour la remarquer dans ses contours. Les couleurs peu brillantes sont celles qui flattent et s'accordent le plus au goût des amateurs et des lettrés. Ils gardent précieusement dans leurs cabinets ces sortes de peintures, où sans chercher l'éclat, ils ne veulent que la plus parfaite ressemblance avec la nature. Ce livre est collé dans ses bordures sur tranche, avec une dextérité qui n'appartient à aucun autre peuple.

Un volume de dix dessins, à l'encre de la Chine, qui représentent les différents travaux des *Lanternes de corne*. Chaque dessin est accompagné d'explications, de la main du P. d'Incarville, qui a envoyé dans le temps son Mémoire à l'Académie Royale des Sciences. On le trouve dans un des volumes in-4°. des *Savants Etrangers*, avec figures gravées.

Autre volume, gr. in-4°, de XXIX feuilles de dessins colorés, pour faire connoître les habillements de divers états : mendiants, jeux, bateleurs, en Chine, avec des explications manuscrites au bas de chaque dessin.

J'ai décrit une partie des sujets, pag. 561 précédente.

Un volume in-folio très-mince, contenant seize feuilles peintes, sur tous les procédés successifs de l'*Art du Vernis*, avec des explications sommaires au bas de chaque peinture.

Seconde Part.   N n

L'Art de faire le papier, et ses différentes sortes pour l'impression, l'écriture, etc.

Premier Recueil contenant 26 peintures.

Second Recueil de 24 peintures, plus soignées encore que les premières, etc. accompagnée chacune d'explications.

Ces deux Recueils ont été faits sur ma demande, et au moyen des fonds que j'avois envoyés. M. Turgot, Contrôleur-général, ne les a reçus que d'après les dessins faits pour mon exemplaire, et il n'en a pas eu les explications.

Recueil des différentes boutiques et des marchandises qu'on y trouve. Ces boutiques d'arts et métiers, au nombre de 400, sont représentées sur XVII grandes peintures, faites selon que me l'a marqué, en 1771, le P. Benoist, par d'habiles Peintres de *Sou-tchéou*. Le volume couvert d'étoffe m'a coûté en taels l'équivalent de douze louis : il est enfermé dans une boîte particulière de carton.

Un volume de dessins colorés, au nombre de XXXVI, des différents édifices ou palais qui sont élevés dans le parc de *Ge-ho-eulh*, ou *Gehol*, en Tartarie, qui étoit le *Fontainebleau* de l'Empereur *Kien-Long*.

Maisons de plaisance, gravées très-finement sur bois, au nombre de 48 ou 50, du même Empereur, dans son parc d'*Yuen-ming-Yuen*, à trois lieues de distance de Pékin. Portefeuille in-4°.

J'ai pareillement en portefeuille six *belles feuilles* peintes dans le palais impérial, représentant six de ces charmantes maisons de plaisance. Elles sont chacune sur du papier de Chine, de la grandeur de notre papier appelé *quarré*. V. leur descrip. *Jardins*, p. 190 et suiv.

En 1784 j'ai reçu du respectable M. Dugad, ancien Missionnaire jésuite, en Chine, un rouleau, peint à Canton ou à Pékin avec grande élégance, long de 25 à 30 pieds, donnant les vues de la rade du Tigre, qui est la rivière de de Canton, ses îles, ses vaisseaux, son port, etc. On n'a épargné aucun des détails nécessaires.

Et un autre rouleau, aussi long, qui a son mérite également, mais dont le fond rembruni représente une grande route à la sortie de Pékin. Vers une des extrémités, il est terminé par plusieurs inscriptions en caractères chinois, anciens et modernes, dont l'explication seroit désirable et qui en feroit vraisemblablement connoître les sujets.

Et encore un autre *rouleau*, d'une grande dimension en longueur et en hauteur, sur fort papier de Corée. Il est d'une couleur de jaune foible, au recto et au verso d'un blanc de lait, avec un filet doré très-artistement sur tranche. Ce papier est uni comme une glace et épais: les Peintres s'en servent pour les portraits, n'employant pas la toile.

Presque tous les Recueils de Peintures des pages précédentes sont enfermés dans des boîtes de fort carton, formant volumes in-fol. ou in-4°. avec leurs titres en or sur le dos.

PLUSIEURS boîtes semblables, contenant un nombre de petits volumes minces avec figures en bois, relativement à l'Astronomie chinoise.

UNE BOÎTE contenant une douzaine de petits volumes, figures en bois, pour les villes du second ordre. Ces cartes géographiques sont sur très-beau papier.

UNE AUTRE boîte de volumes imprimés, contenant des mélanges.

UNE AUTRE boîte de plusieurs volumes sur la *Religion existante en Chine*, avec fig. en bois.

DEUX VOLUMES, petit in-fol. contenant les gravures en bois, des *superbes fêtes* données par l'Empereur *Kien-Long*, à la soixantième année de l'Impératrice sa mère : planches en bois bien finement gravées, qui suppléent, chez les Chinois, à notre taille-douce. *Ces deux volumes* sont dans une seule boîte.

PLUSIEURS volumes de figures en bois, pour anciens meubles, vases antiques d'une belle forme, contenus dans trois boîtes.

QUATRE boîtes de *Livres de morale*, en caractères chinois, donnant les explications d'un grand nombre de figures gravées en bois et qui enrichissent chaque Traité.

PUIS *collection de curiosités, bijoux, boîtes en laque, raretés, porcelaines de Chine et du Japon, tant à Paris qu'à S. B.*

FIN.

ERRATA.

TABLE *des Chap. et Articles*, pag. XI. VOYAGEURS 639, *lisez* 539.
Page 80, lig. 27, les avant, *lisez* le savant.
—— 121 —— 10, ds, *lisez* de.
—— 127 —— 16, des, *lisez* de.
—— 144 —— 9, onblié, *lisez* oublié.
—— 162 —— 2, oblongo, *lisez* oblong.
—— 200 —— 15, censé, *lisez* sensé.
—— 284 —— 25, iuductions, *lisez* inductions.
—— 328 —— 19, détention, *lisez* dentition.
—— 393 —— 25, Sonnerat, *lisez* Sonnerat.

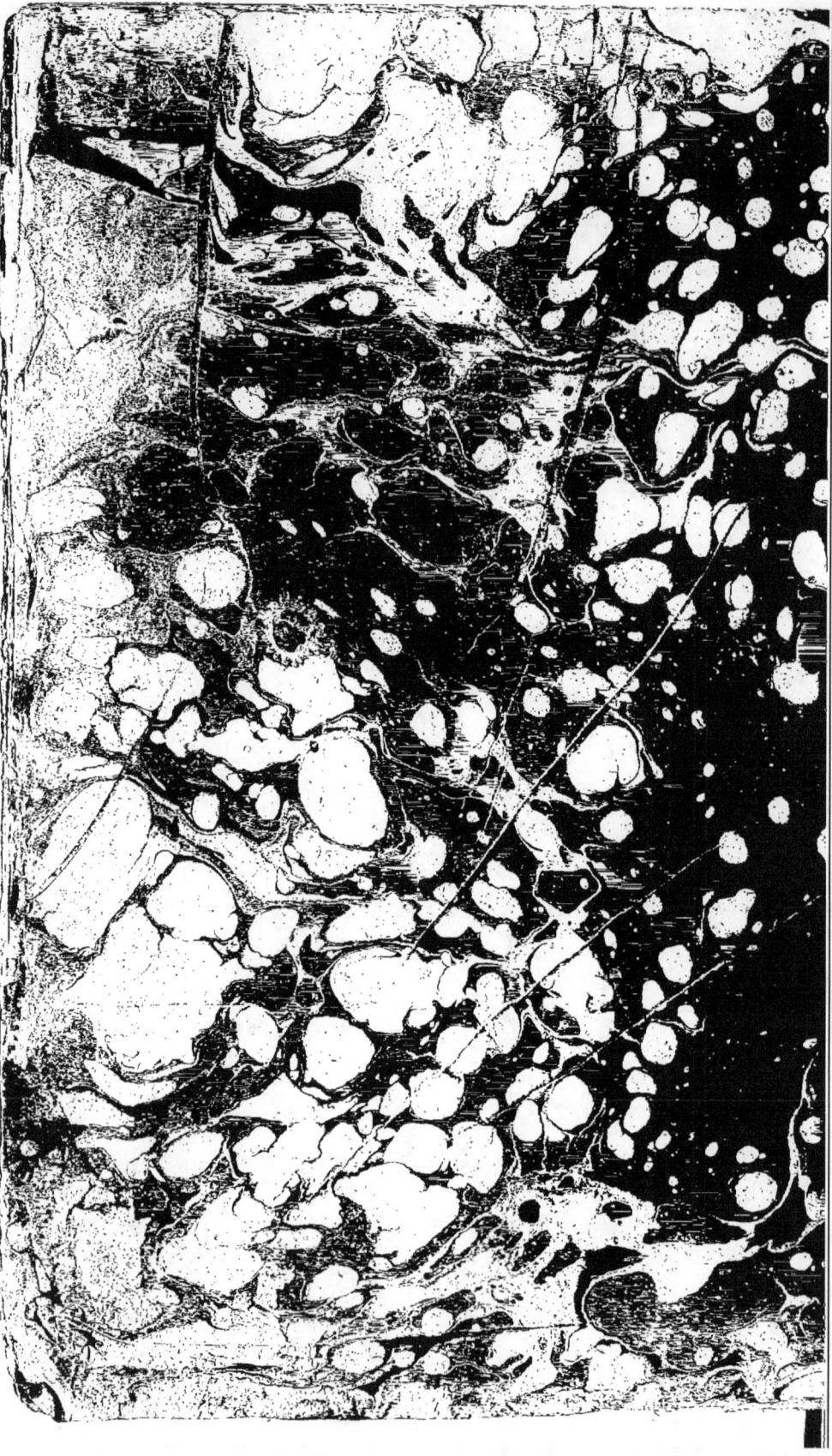

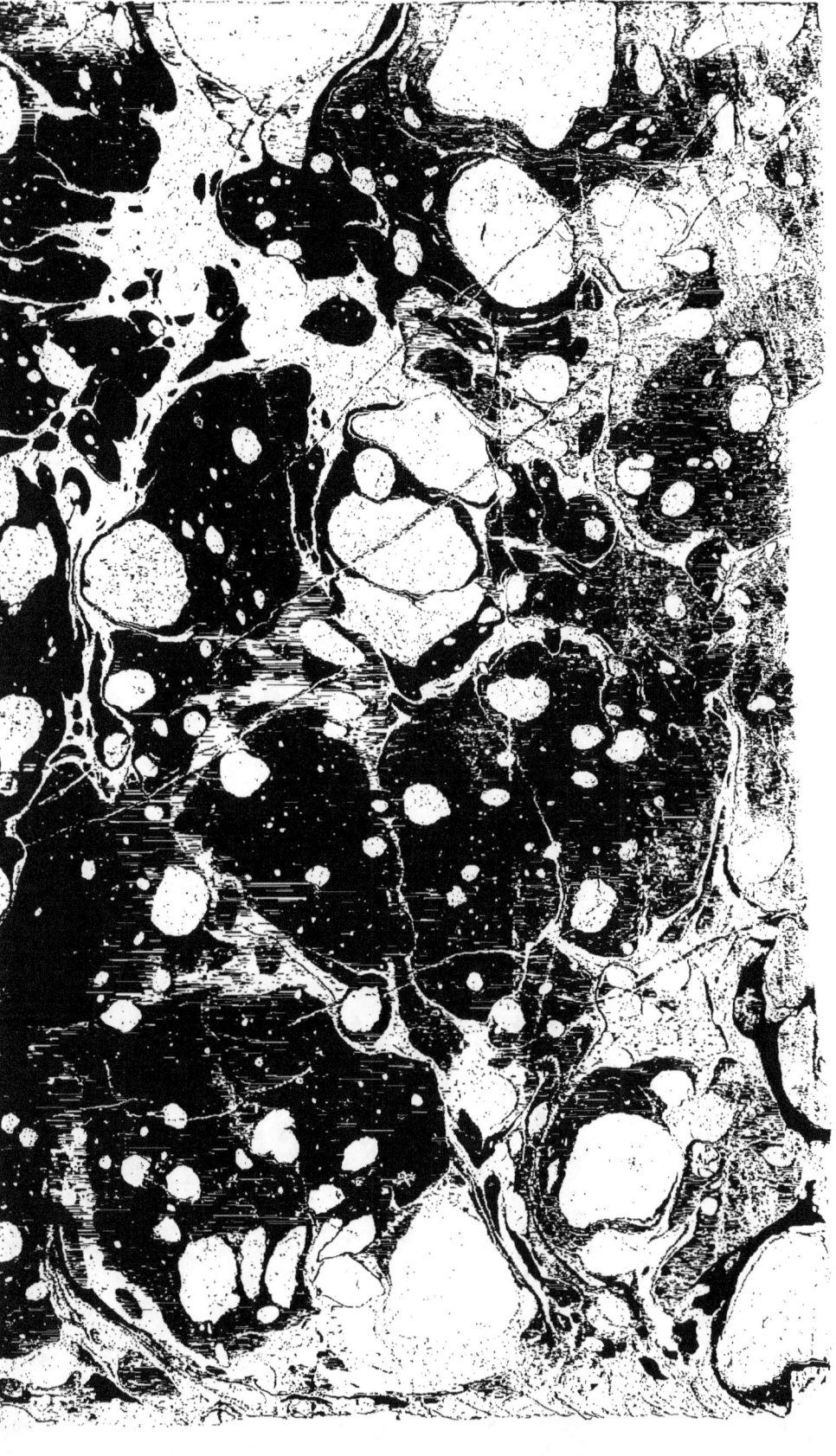

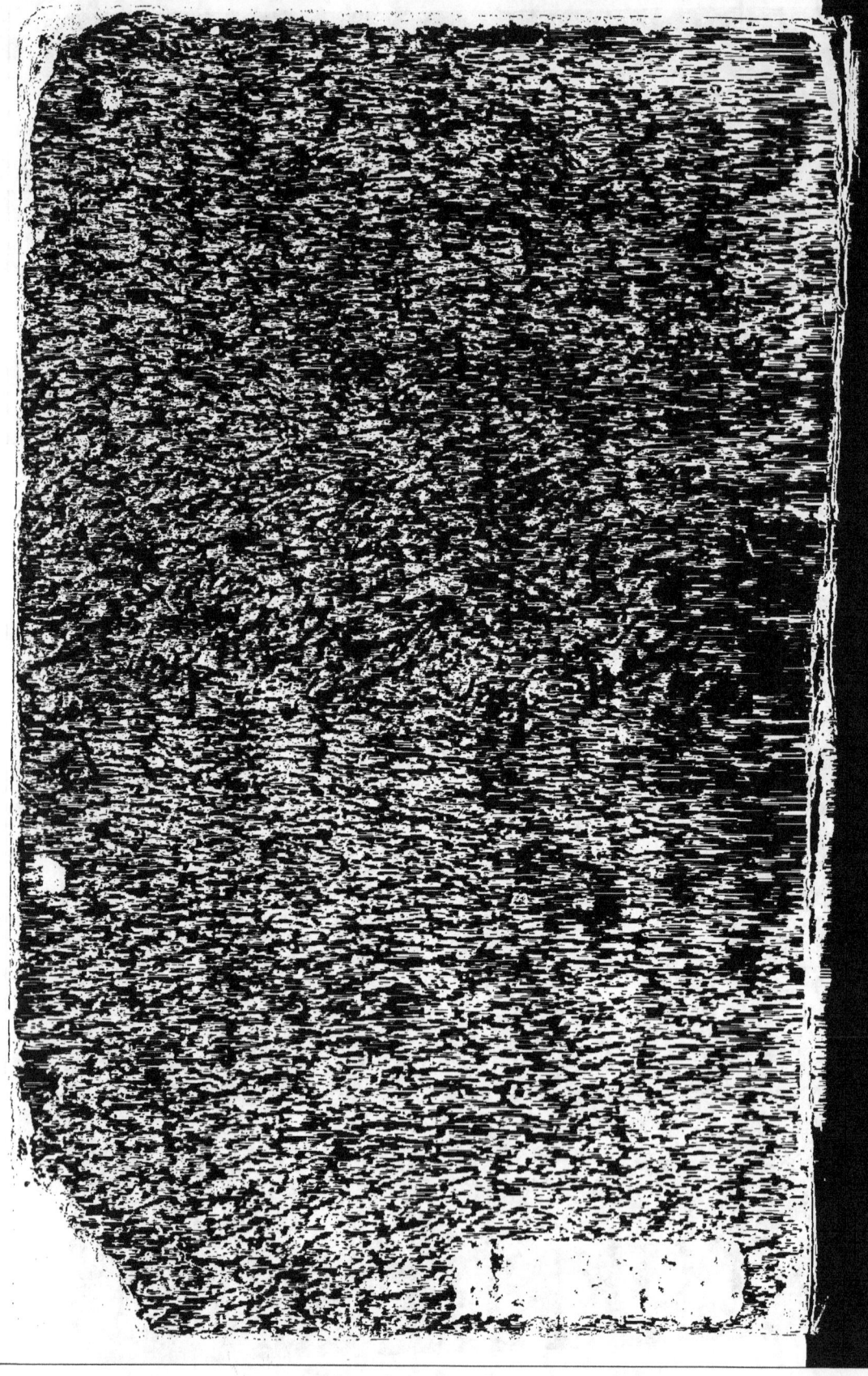